長安時代

唐人生活史

Life in the Tang Dynasty

庄申 著

上海社会科学院出版社

前　言

杨花落，李花开。隋朝结束了南北朝数百年来分崩离析的局面，得以一统天下，只可惜隋炀帝杨广治国不力，断送了整个江山。李世民励精政道，从谏如流，为大唐奠定昌盛的基础。中国那时在军事、经济、文化等各方面均空前发达，影响深远。

时值万国朝唐，唐文化自是百花齐放，博古通今，中西合璧，在历史上确是别开生面，独具一格。

唐人的诗书乐弈、绘画陶瓷、雕刻工艺、舞蹈服饰，凡此种种，无不令人耳目一新。当中的巧思慧心，全在唐人的生活中表露无遗。今人与唐人虽缘悭一面，但愈来愈多的考古文物，使今人也能一窥唐人社会的全貌。

庄申老师是出色的艺术史家，深受学子爱戴。我不是他的爱徒，却也裨益于他的教诲，以至自己毕生醉心于文博事业。如今未能向他当面言谢，实为一憾！

这本唐代生活史研究出唐人的生活百态，也只有庄老师如此渊博的学识，才能留予后人这一旷世遗作。

我十分感谢庄师母及王梁洁华基金会热心的支持，使这本《长安时代》得以面世，也使得念师之情永铭心头。

香港大学美术博物馆

总监　杨春棠

二〇〇八年七月二十一日于山之半馆

目录

语言文字篇

唐人以佛教词汇作为名字

唐人常以佛教词汇作为名或字。从时间上观察，这个取名的方式，大致是在南北朝时代开始的。为了便于了解唐人以佛教词汇作为名字风气，这里先把南北朝时代以佛教词汇作为名字的人物，汇例如下：

表一　南北朝时代以佛教词汇作为名字的人物年表

姓	性别	本名	字	生　年	卒　年	享年	活动时代	资料来源	备　考
高	男	菩萨					北魏孝文帝大和五年至十八年间（481—494 年）	注 [1]	
王	男	云	罗汉		北魏孝明帝熙平二年（517 年）			《魏书》卷三十三，《王宪传》后附《王云传》，第 776 页	
杨	男	津	罗汉	北魏献文帝皇兴二年（468 年）	北魏节闵帝普泰元年（531 年）	63		同上，卷五十八，《杨津传》，第 1296 页	
吕	男	罗汉			北魏孝文帝大和六年（482 年）			同上，卷五十一，《吕罗汉传》，第 1137 页	
吴	男	悉达					约北魏孝文帝大和末期至宣武帝景明时代（496—503 年）	注 [2]	
元	男	叉	夜叉				北魏孝明帝正光时代（521—525 年）	《魏书》卷十六，《广平王传》后附《元义传》，第 403 页	
元	男	罗刹	罗				北魏孝明帝正光时代（521—525 年）	同上，卷十六，《广平王传》后附《元义传》，第 407 页	

（续表）

姓	性别	本名	字	生 年	卒 年	享年	活动时代	资料来源	备 考
元	男	菩萨					东魏孝静帝武定时代（543—550年）	同上，卷十六，《阳平王传》后附《元菩萨传》，第392页	
桓	男	罗汉					北齐文宣帝天保时代（550—559年）	《八琼室金石补正》卷二十一，第1页，《僧静明等修塔造象碑》两侧题名	
刘	男	罗汉					北齐文宣帝天保时代（550—559年）	同上	
鲁	男	悉达	志通	梁武帝普通五年（524年）	陈文帝天嘉二年（561年）	38		注[3]	其生年依据《陈书》《世祖纪》与《鲁悉达传》推算得知
王	男	晞	沙弥	北魏宣武帝永平四年（511年）	隋文帝开皇元年（581年）	71		《北齐书》卷三十一，《王昕传》后附《王晞传》，第417页	
萧	男	摩诃	元胤	梁武帝天监十五年（516年）	隋文帝开皇九年（589年）	73		见《陈书》卷三十一，《萧摩诃传》，第409页	
周	男	罗睺	公布	梁武帝大同七年（541年）	隋炀帝仁寿四年（604年）	64		注[4]	
鱼	男	俱罗					约隋炀帝大业元年至九年（605—613年）	注[5]	
慕容	男	三藏	悟真	东魏孝静帝武定四年（546年）	隋炀帝大业九年（613年）	68		注[6]	《隋书》作“卒于大业七年（611年）”
张	男	须陀		陈文帝天嘉四年（563年）	隋炀帝大业十年（614年）	52		《隋书》卷七十一，《张须陀传》，第1645页	

在上表中，按照出生年代的先后，曾被南北朝人物用为名或字的佛教词汇，共有菩萨、罗汉、悉达、夜叉、罗刹、沙弥、摩诃、罗睺、俱罗、三藏与须陀十一种。现在按照这个顺序，把这十一个词汇的意义，略加解释如下：

一、菩萨

所谓菩萨，是菩提萨埵的简称，而菩提萨埵是中文对梵文 Bodhisattva 的译音。[7] 至于菩提萨埵，据南宋佛僧法云在《翻译名义集》里的解释，具有两种不同的意义；所谓菩提的意思是佛道，也就是了解佛学的知识，而萨埵的意思却是大心或众生。[8] 综合这两个意思，菩提萨埵所具有的两种意义，分属于两个不同的层次，在第一个层次，他要用他自己的知识与智慧以求佛道，在另一个层次，他要用他的慈悲心来拯救众生。

二、罗汉

所谓罗汉，是阿罗汉的简称，而阿罗汉是中文对梵字 Arhat 的译音。[9] 至于阿罗汉，据后秦时代（384—417 年）的鸠摩罗什（Kumārajīva，344—413 年）所译的《大智度论》，共有三种意义：[10]

1. 破贼

阿罗的意思是贼，汉的意思是破。而所谓贼，就是人世间的种种烦恼。根据这个意思，凡能破除一切人世烦恼的人，就是阿罗汉，也就是罗汉。

2. 应供

除了破除烦恼，阿罗汉还可把“一切漏尽”。这句话的意思是抛弃人世间的一切欲念。如果能够达到既没有欲念也没有烦恼的境界，阿罗汉就应该得到“一切世间诸天人供养”。根据这个意思，罗汉是在人世间受到所有佛徒供养的人。

3. 不生

在另一个层面，阿的意思是不，罗汉的意思是生。阿罗汉既然没有欲念也没有烦恼，已经成为佛教的完人。既是完人，所以他可以保持现况，不需经过生死果报的涅槃（Nirvāṇa，死亡）与再生。根据这个了解，罗汉的第三个意义是不生。

三、悉达

所谓悉达，是萨婆悉达多的简称，而萨婆悉达多是中文对梵字 Sarvārthasiddha 的音译。[11] 至于这个字的意义，在南北朝时代《大智度论》里虽然译为成利，唐代的玄奘（602—664年）却译为义成。[12] 释迦牟尼（Śākyamuni）在未出家之前的本名是乔达摩（Gautama），萨婆悉达多是乔达摩的小名。

四、夜叉

所谓夜叉，又称阅叉或药叉，都是中文对梵字 Yakṣa 的音译。[13] 至于夜叉的意思，在南北朝时代虽然根据鸠摩罗什翻译，而有贵人与轻健等两种不同的字义，[14] 可是到了南宋时代，当法云（1088—1158年）编辑《翻译名义集》的时候，却认为夜叉意思如果不是勇健就是暴恶。[15] 可见在十二世纪，夜叉虽已不再具有贵人意思，却又增加了暴恶的新义。至于由法云所提出来的勇健，与在第四世纪所提出来的轻健，虽然不尽相同，不过这两个译名都使用了健字，可多少还有若干接近的地方。在书面上夜叉含有轻健之义，与夜叉能飞的性能是有关系的。因为在种类上，夜叉共有三种：第一种在地面上，第二种住在天与地之间的虚空里，第三种住在天上。除了第一种夜叉，因为负有在地面施财的任务，所以不能飞行以外，其他两种夜叉，因为要守卫佛教天城，是能够飞行的。夜叉之名在书面上具有轻健之义，应该与虚空夜叉和佛天夜天可以飞行的特征有关。此外，在书面上具有贵人之义，又应该与地面夜叉施财的特征有关。在十二世纪把贵人的含义由夜叉的字义里剔除，再把暴恶增加为夜叉的新的含义，应该都是错误的。

五、罗刹

在佛经中，面具极丑，但能飞行的吃人鬼，叫 Rākṣasa。[16] 中文对这个梵字的音译或者是罗刹娑，或者是罗刹。根据中唐时代的西域佛僧慧琳（737—820年）的慧见，对 Rākṣasa 而言，罗刹娑的译法是正确的。至于罗刹，只不过是罗刹娑简译而已。[17]

六、沙弥

在印度，接受十戒（Śikṣāpada）而未出家的佛家弟子称为 Śrāmaṇera。[18] 中文对这个梵字的译法有三种；在唐代，较早的译名出自玄奘（602—664年），他对此字的音译是室利摩拏路迦，义译是息慈。[19] 稍晚的译名出自义净（635—713年），他对此字的音译是室罗末尼，义译是求寂。[20] 至于比玄奘的时代更早的译法则称为沙弥。[21] 可是根据南宋的佛僧法云的意见，沙弥只是一种时代悠久的错误的译名而已。[22]

七、摩诃

所谓摩诃，是中文对梵字Maha的音译，Maha的字义是大。[23] 因此，萧摩诃的书面意义应该是萧大。不过直到南北朝时代，中国人很少用大字来称呼自己的本名。所以萧摩诃之名，似乎应该不是萧大而是应该另有含意的佛教词汇。据大乘佛教的经典，大势至不但与观自在都是既要以智慧以求佛道又要以慈悲拯救众生的菩萨，而且他们两位还形成一对，经常站立在释迦牟尼的身旁。[24] 摩诃那伽钵是中文对梵字Mahāsthāmaprāta的音译。[25] 这个梵字的书面字义就是大势至。阿罗汉与菩提萨埵既可分别简化为罗汉与菩萨，摩诃那伽钵当然也可按照同样的简化方式而简称摩诃。这样看，萧摩诃的意思可能应该不是萧大而是萧势至。

八、罗睺

释迦牟尼的本名是乔达摩（Gautama），也是净饭国国王首图驮那（Śuddhodana）的太子。乔达摩在未成佛之前，是曾经娶妻生子的。[26] 罗睺罗就是释迦牟尼的儿子的名字。罗睺罗是中文对梵名Rāhula音译。[27] 此字的字义是障月。[28] 因为他是在阿修罗（Asura）用手遮住月亮的时候出生的。阿罗汉既可简化为罗汉，所以罗睺罗也可简化为罗睺。

九、俱罗

所谓俱吠罗，是中文对梵字Kuvera的音译。[29] 按照阿罗汉简化为罗汉、罗睺罗简化为罗睺的例子，俱罗也许是俱吠罗的简称。

十、三藏

所谓三藏，又称大藏，中文即对梵字Tripiṭaka之意译，[30] 也就是佛经

（Sūtra）、佛律（Vinaya）与佛论（Śāstra 或 Abhidharma）等三种性质不同的佛教经典的总集。[31] 据一般的说法，大藏是由大乘佛教之大迦叶（Mahākāśyapa）结集的。[32]

十一、须陀

所谓须陀，一名修陀，是中文对梵字 Śūdra 的音译。[33] 此字的意译是天食。[34]

把以上的十一个佛教词汇加以观察，可以看出在南北朝时代，用佛教词汇作为俗世人物的名或字，具有下列的三种现象：

第一，作为名或字的佛教词汇，几乎完全是佛教人名：菩萨、罗汉、悉达、夜叉、罗刹、沙弥、摩诃与罗睺等八种，如不是佛教人名，就是专有名词。只有俱罗、三藏与须陀等三种，是人名以外的专有名词。在比例上，人名占十一种的百分之七十三，名词占十一种的百分之二十七。

第二，在人名之中，以罗汉为名的共有五人，以菩萨为名的共有二人。此外，以悉达为名的，也有二人。这就反映在南北朝时代，国人对于罗汉与菩萨的崇拜，大于释迦牟尼。

第三，对于佛教词汇的使用，似乎并未深思熟虑，譬如，罗刹是食人鬼，而俱罗是蛟。从汉末到南北朝国人以鬼与蛟为名，是罕见的。南北朝时代的人物以罗刹与俱罗为名，虽可反映当时热爱梵名的风气，但也可从这两个译名的使用，而看出当时国人对某些经过翻译而来的梵字的字义，可能并不十分清楚，否则应该不会有人愿意以食人鬼作为名字的。

到了唐代，以佛教词汇作为国人之名或字的风气，似乎更加普遍。现把从史书中与墓志铭中所得到的，以佛教词汇为名字的唐代人物，汇列如下：

表二　以佛教词汇作为名字的唐代人物年表

姓	性别	本名	字	生年	卒年	享年	活动时代	资料来源	备考
宗	男	罗睺					唐高祖武德元年（618年）	注[35]	
宋	男	金刚					唐高祖武德二至三年（619—620年）	注[36]	

（续表）

姓	性别	本名	字	生　年	卒　年	享年	活动时代	资料来源	备考
王	男	摩娑					唐高祖武德六年（623年）	《新唐书》卷一，《高祖纪》，第15页	
王	男	进	悉达	隋文帝开皇九年（589年）	唐高宗显庆四年（659年）	71		《千唐志斋藏志》上，图148，《大唐故五君墓志铭并序》	
张	男	晔	文殊	北齐隆化元年（576年）	唐高宗龙朔元年（661年）	86		《唐代墓志汇编》上，第657页，《大唐故郑州管城县令张君墓志铭》	
孙	男	达	舍利	隋文帝仁寿元年（601年）	唐太宗贞观十四年（640年）	40		《千唐志斋藏志》上，图88，《唐故公孙君墓志铭并序》	
张	男	阿难					唐高祖武德（618—626年）至唐太宗贞观（627—649年）时代	见《金石萃编》卷五八，第2页，《张阿难碑》	
张	男	贞	舍利	隋文帝仁寿二年（602年）	唐高宗显庆四年（659年）	58		注[37]	
杨	女	檀特	毗梨耶	隋炀帝大业四年（608年）	唐高宗永隆二年（681年）	74		注[38]	
张	男	师子		隋炀帝大业九年（613年）	唐高宗开耀二年（682年）	69		注[39]	拓片卒年作六十□。□暂作儿。
卢李	女	灌顶		唐高祖武德三年（620年）	唐高宗永淳二年（683年）	64		注[40]	
何	男	摩诃	迦	唐太宗贞观四年（630年）	唐高宗调露二年（680年）	51		《千唐志斋藏志》上，图325，《唐故何君墓志铭并序》	
张	女	无量			唐高宗咸亨二年（671年）			同上，图267，《唐故荆州大都督郯襄公孙女张墓志铭》	
李	女	无等		唐太宗贞观二十年（646年）	唐高宗咸亨二年（671年）	26		同上，图270，《洛州陆浑县飞骑尉毛君故夫人李氏墓志铭并序》	
男	金刚						周武后圣历元年（698年）以后	《新唐书》卷二〇七，《高力士传》，第5858页	
张	男	先	普贤	唐高宗永徽六年（655年）	唐玄宗开元十七年（729年）	75		《千唐志斋藏志》上，图711，《唐故括州遂昌县令张府君墓志铭并序》	

（续表）

姓	性别	本名	字	生年	卒年	享年	活动时代	资料来源	备考
蒋	男	罗汉					唐代宗永泰元年（765年）或稍后	《金石萃编》卷七九，第11页，《王宥等谒岳祠题记》	所题名列于永泰元年焦锾题名之后
裴	女	太一	贝多	唐高宗龙朔元年（661年）	唐高宗永淳元年（682年）	22		注[41]	
竹	女	须摩提		唐高宗龙朔三年（663年）	大足元年（701年）	39		注[42]	
卢	女	梵儿	舍那	唐高宗开耀元年（681年）	唐玄宗开元廿三年（735年）	55		《千唐志斋藏志》下，图935，《有唐卢夫墓志》	
许	男	力士					力士为许绍嫡孙。绍子钦寂于武后万岁登封元年（696年）为夔州都督府长史。故力士之活动时代或当在中宗、睿宗至玄宗开元初年（705—717年）	《旧唐书》卷五十九，《许绍传》，第2328页	
高	男	力士		周武后光宅元年（684年）	唐肃宗宝应元年（763年）	79		《新唐书》卷二〇七，《高力士传》，第5860页	
王	男	维	摩诘	周武后大足元年（701年）	唐肃宗上元二年（761年）	61		《旧唐书》卷一九〇下，《王维传》，第5051页	
韦	男	弥勒		唐文宗大和五年（831年）	唐文宗开成四年（839年）	9		《千唐志斋藏志》下，图1103，《故京兆韦氏夫人墓志铭》	

根据表二，关于唐人以佛教词汇作为一般人物之名或字的取字法，似乎又可看出三种现象：

第一，若干在唐代立国以前曾经当作一般人物之名或字的佛教词汇，到了唐代，仍然继续使用，譬如罗睺、悉达、舍利、摩诃和罗汉五种，都有相当的使用。

第二，若干在唐代立国以前，曾经当作一般人物之名或字的佛教词汇，到了唐代，已经不再继续使用了。这些词汇，包括菩萨、夜叉、罗刹、沙弥、俱罗、三藏和须陀七种。

第三，在唐代，在作为一般人物之名与字的佛教词汇之中，出现了若干在初唐时代与唐代以前，都未曾作为一般人物之名与字的佛教新词汇。这些词汇，包括金刚、摩娑、文殊、舍利、阿难、檀特、毗梨耶、师子、灌顶、无量、无等、普贤、贝多、须摩提、力士、维摩诘与弥勒十七种。现在就按照以上所列的这个顺序，而把这十七种词汇的意义，略加解释如下：

一、摩娑

所谓摩娑，是中文对梵字 Māmsa 的音译。[43] 此字的意译是“肉”。[44]

二、文殊

所谓文殊师利或曼殊室利，都是中文对梵字 Manjusri 的音译。[45] 此字的意译是妙吉祥。[46] 因此，文殊只是文殊师利的简化而已。在大乘佛经之中，文殊是掌管智慧的菩萨。[47] 所以在佛教艺术中，文殊常持书卷以代表智慧，有时或持以剑，用剑来象征正确地使用智慧可以像剑芒的锋利一样，摧毁一切求佛正果的障碍。

三、阿难

中文对梵字 Ānanda 的音译是阿难陀。[48] 此字的意译是喜庆。[49] 阿难就是阿难陀的简化。在大乘佛教之中，阿难本是释迦牟尼的堂弟。他在二十五岁出家为僧，在跟随释迦牟尼二十五年之后，终于能够掌握一切佛经，而成为佛门大弟子。

四、舍利

所谓舍利子，或称室利罗、实利或谓摄悉蓝，都是中文对梵文 Śarīra 的音译。[50] 由此梵文名词所代表的是释迦牟尼在他涅槃（Nirvāṇa，意指圆寂）之后，所遗留于人世的八斛四斗骨灰。[51]

五、檀特

所谓檀特，是中文对梵文 Dantaloka 的音译。[52] Dantaloka 又译弹多落迦，[53] 意译是阴山。[54] 释迦牟尼在成佛之前，曾经在此苦修。

六、毗梨耶

所谓毗梨耶（或者毗梨利、毗梨离），都是中文对梵字 Vīrya 的音译。[55] 此字的意译是精进。[56]

七、师子

中文对梵字 Siṁha 的音译是枭伽，意译是师子。[57] 在佛教经典，用师子来称呼释迦牟尼，意思是他与邪魔外道力战时，能够勇猛如狮。[58]

八、灌顶

所谓灌顶，是佛徒以净水洗头，相当于基督教徒之受洗。在梵文中，灌顶除用 Abhiṣecana，亦用 Mūrdhābhiṣikta。[59]

九、无量

所谓无量，中文对梵字 Amita 的音译是阿弥陀，[60] 意译是无量寿。[61] 无量应该是无量寿的简化。根据大乘佛教的教义，佛徒死后，由观音引路，将其灵魂带至西方净土之极乐世界。无量寿即为掌管极乐世界之佛。

十、无等

所谓无等，是中文对梵字 Asama 的意译，[62] 音译是阿娑摩。此字的意译是对释迦牟尼的智慧，在一切法中既无可譬类，也无可超逾的状况的情形的赞美。[63]

十一、普贤

中文对梵字 Samantabhadra 的音译是三曼多跋陀罗。[64] 所谓三曼多（Samanta），字义是普，而跋陀罗（Bhadra）的字义是贤。[65] 所以普贤就是三曼多跋陀罗的意译。据大乘佛教，普贤的身份是德行的代表，他与前面已经简介的文殊形成一对菩萨，经常站立在毗卢舍那（Vairocana）佛（又称大日如来）之左右两侧，又称“华严三圣”。[66]

十二、贝多

中文对梵字 Pattra 的音译是贝多罗，[67]意译是贝多罗叶，所以贝多应该是贝多罗的简化。

十三、须摩提

所谓须摩提，是中文对梵字 Sumati 的音译。[68] 此字的义译是阿弥陀佛的住法地，也即西方极乐之净土世界。

十四和十五、力士与金刚

中文虽对梵字 Vīra 的音译是离车或梨（黎）车，义译是力士。[69]可是在佛教信徒的观念中，他们心目中的力士，似乎并不是被译为离车的 Vīra，而是另有其人的。在印度十二明主之一是因陀罗（Indra），他手里的短棒形宝物称为金刚杵（Vajra）。保卫佛国天国的勇士，因为手持金刚杵，所以常把带有这种防卫性武器的勇士称为金刚。佛家所说的力士，一般都指带有金刚杵的大力卫士。

十六、维摩诘

中文对梵字 Vimalakīrti 的音译是维摩诘，[70]意译是无垢。[71]根据《维摩诘所说经》，维摩诘虽然只是一位在家的居士，却充满智慧。他曾借用生病卧疾的现象，而与代表佛教之智慧的文殊师利菩萨，展开一场辩论。后来就连文殊也不得不理屈于维摩诘的辩才。[72]正由于他的智慧与辩才，在唐代，维摩诘成为在家习佛的居士的偶像。

十七、弥勒

中文对梵字 Maitreya 的音译是弥勒。[73] 据大乘佛教，弥勒的住所是 Tusita。

中文对此梵字的正确音译是珊睹史多或睹史多，[74] 珊兜、兜术及兜率天都是不正确的音译，[75] 意译是知足天。[76] 他要在释迦牟尼涅槃后五千年，也即在人间的五千六百七十亿年之后，才会离开知足天，而来到我们人世的凡尘，继承释迦牟尼，成为佛徒的精神领导人。

经过对这十七种佛教词汇的意义的了解，对于唐人喜以佛教词汇作为一般人物之名与字的风气，又可看出几种特征：

第一，由于悉达之名的停止使用，可见唐人对于释迦牟尼的崇拜，似乎衰退了，可是对于帮助释迦牟尼在世间宏扬佛法的人物，譬如文殊和普贤两位菩萨的崇拜，甚至于对于释迦的弟子阿难，还有保卫释迦的金刚力士的崇拜，却相对的提高了。

第二，在释迦牟尼之外，开始崇信其他的佛，譬如一称无量寿佛的阿弥陀佛，还有，到目前为止还住在睹史多天里的弥勒佛，都成为唐代佛徒崇拜的对象。

第三，在被崇信的人物中，最特别的是维摩诘。他不但不是佛，也不是佛的弟子和菩萨，只是一位在家信佛的居士。由于他的辩才能够说倒掌管佛门智慧的文殊师利，所以独来独往的自由之身，也是唐人羡慕的对象。盛唐的名人王维用维摩诘三字作为他的名与字，应非偶然。

第四，其他的佛教词汇，例如檀特、毗梨耶和须摩提都是与佛的事迹有关的地名。在唐代作为一般人物的名或字的佛教词汇之中，除了人名的使用最多，地点使用居次，也是值得注意的现象。

最后，在上述十七种佛教词汇之中，以摩娑、灌顶、无等和师子等词作为名字，比较缺乏重大的意义。至于在唐代立国前已经使用过的夜叉和罗刹，因为贻义不雅，到了唐代，早已放弃不用了。

注释

1 据《魏书》卷十三，《孝文幽皇后冯氏传》，第 333 页，高菩萨与幽皇后私乱，在孝文帝南征时。按《魏书》卷七上，《高祖纪》上，第 150 页，大和五年（481 年）正月，孝文帝正驾车南巡。二月，魏兵俘南齐三万余口送京师。高菩萨与后乱，或当在此年前后。又按《魏书》卷十三，《孝文幽皇后传》，第 333 页，孝文帝幸邺后至洛，执问菩萨。据同书卷七下，《高祖帝纪》下，第 175 页，孝文帝于大和十八年（494 年）十月先幸邺，后至洛阳。执问高菩萨，当在此年。综合上引资料，高菩萨之活动时代，当在大和五年至十八年之间（481—494 年）。

2 《魏书》卷八十六，《吴悉达传》，第 1885 页。传文虽不言吴悉达之生卒年份，然此传前之《閻元明传》与《董吐浑传》，曾纪閻、董二人于孝文帝大和五年（481 年）与宣武帝景明元年（500 年）之事迹。据此推之，吴悉达之活动时代当较閻、董二人之活动时代稍迟。今暂定吴悉达之活动时代为大和末期与景明时代（496—503 年）。

3 名与字之记录，见《陈书》卷十三，《鲁悉达传》，第 198 页。据此传悉达卒于任安南将军之后，卒年三十八。再据《陈书》卷三，《世祖纪》，第 53 页，悉达任安南将军在文帝天嘉二年（561 年）。据此推之，鲁悉达之生年应在梁武帝普通五年（524 年）。

4 名与字之记录，见《隋书》卷六十五，《周罗睺传》，第 1523 页；又见《北史》卷七十六，《周罗睺传》，第 2596 页。据此二史，周罗睺之卒，在陈后主薨后，而未言确在何年。据《陈书》卷六，《陈后主纪》，第 117 页，陈后主卒于隋炀帝仁寿四年（604 年）。今暂定其年为周罗睺之卒年。

5 《隋书》卷六十四，《鱼俱罗传》，第 1517 页；又见《北史》卷七十八，《鱼俱罗传》，第 2641 页。二史俱言俱罗于大业九年（613 年）讨江南乱兵后，被斩于洛阳。今暂定其卒年在大业九年。

6 《千唐志斋藏志》上，图 282，“隋故金紫光禄大夫维南郡太守河内公慕容府君墓志铭并序”；又见《隋书》卷六十五，《慕容三藏传》，第 1531 页。据此传三藏卒于隋炀帝大业七年（611 年），今从墓志铭之记录。

7 William E. Soothill and Lewis Hodous：*A Dictionary of Chinese Buddhist Terms*, p.389.

8 《翻译名义集》（据《四部丛刊》子部影印南宋绍兴二十五年丁丑，1157 年，原刻本）卷一，第 17 页。

9 *A Dictionary of Chinese Buddhist Terms*, p.472.

10 《大智度论》卷三举出杀贼、不生、应供为阿罗汉三义。

11 *A Dictionary of Chinese Buddhist Terms*, p.468.

12 《翻译名义集》卷一，第 16 页。

13 *A Dictionary of Chinese Buddhist Terms*, p.253.

14 见《翻译名义集》卷二，第 14 页。

15 同上注。

16 此鬼之梵名见 *A Dictionary of Chinese Buddhist Terms*, p.471。据慧琳《一切经音义》卷二十五曰罗刹：“此云恶鬼也，食人血肉，或飞空，或地行，捷疾可畏也。”

17 玄应音义卷二十四曰：“刹娑，或言阿落刹娑，是恶鬼之通名也。又云罗叉娑，此云护者，若女则名啰叉私。旧云啰刹，讹略也。”用现代的意思来理解，“略”就是节译。

18 所谓十戒就是 1. 不杀生，2. 不偷盗，3. 不淫欲，4. 不妄语，5. 不饮酒，6. 不非时食，7. 不着华鬘、好香涂身，8. 不坐高广大床、不歌舞倡伎，9. 不往观听，与 10. 不捉金银宝物。至于印度在家佛门子弟的梵名，见 *A Dictionary of Chinese Buddhist Terms*, p.242.

19 《翻译名义集》卷一，第 63 页（后页）。

20 同上注。

21 在年龄上，沙弥又分三种：第一种叫驱乌沙弥，指年龄在七至十三岁之间的幼年沙弥。第二种叫法沙弥，指年龄在十四至十九岁之间的青年沙弥。第三种，年龄在二十岁以上的十戒弟子，才能叫沙弥。

22 《翻译名义集》卷一，第 63 页下。

23 *A Dictionary of Chinese Buddhist Terms*, p.436.

24 最早例子见东汉四川彭山崖墓陶座，上浮雕一佛二菩萨像，一佛为释迦，二菩萨即观自在和大势至，发掘报告见《文物参考资料》1956 年，第 5 期，第 64—65 页；图文见《佛教初传南方之路》（北京：文物出版社，1993），第 10 页及图 32。

25 *A Dictionary of Chinese Buddhist Terms*, p.85.

26 据《十二游经》，释迦牟尼曾娶二妻，第一位是瞿夷（Gopika），字义是明女（见《一切经音义》卷一，第 12 页），第二位是耶输陀罗（Yasodhara），字义是华色，或名闻（见《翻译名义集》卷一，第 35 页下），据《须达拏经》及《瑞应经》，罗睺罗为瞿夷所生。但据《未曾有因缘经》，罗睺罗为耶输陀罗所生。二说有异。

27 *A Dictionary of Chinese Buddhist Terms*, p.472。但《一切音经义》卷二十一，第 8 页下，Rahula 的另一称是较不常用的中译何罗怙罗。

28 《一切经音义》卷二十五，第 5 页上；《翻译名义集》卷一，第 30 页。

29 *A Dictionary of Chinese Buddhist Terms*, p.321。俱吠罗又名多闻天，在印度教中又称为 Kubera，是财宝之神。被单独供奉的多闻天，又被称为毗沙门天（Vaisravaṇa）。

30 *A Dictionary of Chinese Buddhist Terms*, p.95.

31 这三种佛教经典名为“三藏”。

32 参考陈皎皎：《佛教史上的七次结集》，刊《南洋文摘》第 5 卷，第三期，1964 年 3 月。

33 *A Dictionary of Chinese Buddhist Terms*, p.395。

34 须陀之意译，见慧琳《一切经音义》卷四十三，第 48 页。

35 宗罗睺事，见《旧唐书》卷二，《太宗纪》上，第 24 页，又见《新唐书》卷二，《太宗本纪》，第 25 页。

36 宋金刚事，见《旧唐书》卷一，《高祖纪》，第 11 页。据《新唐书》卷八十六，《刘武周传》，第 3712 页，宋金刚于兵败后，北走突厥，“未几，金刚背突厥，欲还上谷，为其追骑斩之”。然此传未记宋金刚为突厥兵所杀之年份。

37 张贞事，见《芒洛冢墓遗文》四编，卷三，第 43 页下，《唐故仁勇校尉飞骑尉张君墓志铭并序》。

38 杨檀特事，见《八琼室金石补正》卷三十九，第 6 页下，《大唐故幽州范阳县令杨府君夫人韦氏墓志铭》。

39 张师子事，见台湾“中央研究院”历史语言研究所藏拓片第 1336 号，《唐故处士张君墓志铭》。

40 卢李灌顶事，见台湾“中央研究院”历史语言研究所藏拓片第 11907 号，《大唐故银青光禄大夫尚书丞卢君夫人李氏墓志铭并序》。

41 裴太一事，见台湾“中央研究院”历史语言研究所藏拓片第 17143 号，《大唐鄜州同仓参军李君亡妻裴氏墓志铭并序》。

42 竹须摩提事，见《千唐志斋藏志》上，图 485，《大唐游击将军左武威卫永嘉府左果毅都尉长上直营缮监上柱国孙阿贵夫人故成都县君竹氏墓志铭》。

43 摩娑名，见 *A Dictionary of Chinese Buddhist Terms*, p.435。

44 廖文灿编《巴利语佛经选译：附巴利字索引》，第 469 页。

45 文殊名，见 *A Dictionary of Chinese Buddhist Terms*, p.153。

46 妙吉祥之义，见慧琳《一切经音义》卷三十二，第 5 页。

47 见于《维摩诘所说经》《妙法莲华经》《华严经》及《楞严经》等。
48 阿难名，见 *A Dictionary of Chinese Buddhist Terms*, p.294。
49 喜庆之义，见慧琳《一切经音义》卷八，第 1 页下。
50 舍利子，见 *A Dictionary of Chinese Buddhist Terms*, p.279。
51 《佛母般泥洹经》。
52 檀特之音译，见 *A Dictionary of Chinese Buddhist Terms*, p.458。
53 弹多落迦之音译，同上引。
54 弹多落迦之意译，见慧琳《一切经音义》卷三十三，第 6 页。
55 毗梨耶之音译，见 *A Dictionary of Chinese Buddhist Terms*, p.306。
56 毗梨耶之意译，见慧琳《一切经音义》卷十三，第 14 页。据慧琳，精进亦可译为“勇进”。
57 师子之名，见 *A Dictionary of Chinese Buddhist Terms*, p.324。
58 《佛说无量寿经》卷上有“人雄师子，神德无量”赞。
59 灌顶之梵字，见 *A Dictionary of Chinese Buddhist Terms*, p.483。
60 阿弥陀之音译，同上引，第 287 页。
61 阿弥陀之意译，见慧琳《一切经音义》卷二十二，第 23 页。
62 无等之意译，见 *A Dictionary of Chinese Buddhist Terms*, p.381。
63 无等之意，见《大日经》疏三。
64 *A Dictionary of Chinese Buddhist Terms*, p.68。
65 跋陀罗的意译，见《一切经音义》卷二十六，第 44 页。
66 著名例子见四川大足石刻宝顶山大佛湾第五龛宋代造像。
67 见 *A Dictionary of Chinese Buddhist Terms*, p.245。
68 同上注，第 394 页。
69 同上注，第 41 页。
70 同上注，第 427 页。
71 维摩诘之意译，见《一切经音义》卷二十八，第 21 页。
72 《维摩诘所说经》卷五，《文殊师利问疾品第五》。
73 *A Dictionary of Chinese Buddhist Terms*, p.456.
74 《大般若波罗蜜多经》及《阿毗达摩大毗婆沙论》等。
75 《大智度论》等经文，主要是道家经典的音译。
76 珊睹史多之意译，见《一切经音义》卷八，第 2 页。

唐人之名与字的关系

中国人在本名之外，往往还有其他的名字。根据一般的用法，中国人的第二个名常称为字，第三名称为号，如果还有第四名以至第五名，就称为别字或别号。字的使用，为时甚早，用比较熟悉的人物为例，孔子的本名是丘，字是仲尼。[1]他的儿子的本名是鲤，字是仲鱼。[2]仲鱼的儿子是孔伋，字子思，[3]也就是《中庸》的作者。在孔门弟子之中，颜回字子渊、[4]闵损字子骞、[5]冉求字子有、[6]仲由字子路、[7]宰予字子我、[8]端沭字子贡、[9]言偃字子游、[10]卜商字子夏、[11]颛孙师字子张、[12]曾参字子舆。[13]由此可知，用“子”这个字作为字的用字，在春秋时代，是相当普遍的，并流行至两汉及魏晋南北朝。

在汉代初年，汉高祖的本名是刘邦，字季。[14]与他同时的楚霸王的本名是项籍，字羽。[15]文学家司马相如（公元前372—289年）的字是长卿。[16]在北海牧羊十九年的苏武（公元前140—60年）的字是子卿。[17]时间稍晚，貌丑而又口吃的扬雄（公元前53年—公元18年）字子云、[18]以在闺中为妻画眉而闻名的张敞（公元48年卒）字子高、[19]《新序》与《说苑》的作者刘向（公元前77—6年）字子政。[20]再晚一点，到东汉末年，因作讽刺文章而被杀的崔琦（约104—58年）字子玮、[21]南昌的方士唐檀（约公元前126年前后在世）字子产、[22]千里寻师的李固（94—147年）字子坚。[23]

在魏晋与南北朝时代，曹操的儿子曹植（192—232年）字子建、[24]司马昭（211—265年）字子上、[25]竹林七贤之一的向秀（约221—300年）字子期、[26]《成公子安集》之作者成公绥（231—273年）字子安、[27] 以“漱石枕流”之语而闻名于世的孙楚（293年卒）字子荆、[28] 为地方除三害的周处（240—299年）字子隐、[29] 郭象（252—312年）字子玄、[30] 书法家王献之（344—386年）字子敬、[31] 其兄王徽之字子猷。[32] 根据以上所举各例，可见自西汉初年至东晋末年，也即在公元前四世纪至公元四世纪这七百年之间，当时的人不但常在本名之外有字，而且还按照从春秋时代开始的传统，继续用“子”这个字作为字的常用字。

可是到了西晋初期也即到三世纪末期，中国文人的名与字开始产生两种密切关系。据第一种关系，本名所用的字，成为字的用字的一部分；据第二种关系，本名与字的用字，是完全相同的。先看第一种关系，十岁能诵《诗经》与《尚书》的范宣（292—345年）字宣子。[33] 在淝水之战大破符坚的谢安（320—385年）字安石。[34] 谢安之弟谢万字万石。[35] 谢安的另一个弟弟谢石字石奴。[36] 从南北朝到隋代，本名之用字成为字之用字的一部分的风气仍然盛行。譬如孔琳之（369—423年）字彦琳、[37] 刘道规（370—412年）字道则、[38] 王广之（425—497年）字林之、[39] 王翊（492—536年）字仕翔、[40] 许亨（517—570年）字亨道、[41] 江总（519—594年）字总持、[42] 元寿（550—612年）字长寿、[43] 杨达（551—612年）字士达。[44] 根据以上所举各例，可见从西晋初期到隋代末年，也即自三世纪晚期自六世纪晚期这三百年内，当时的人物常把他们本名所用字，作为他们第二个名字里的其中一个字。

这个风气，到了唐代，似乎更加流行了。现在可以根据一些从墓志铭里所得到的资料，而把名与字之用字部分相同的唐代人物，列表如下：

表一　名与字之用字部分相同的唐代人物年表

姓	性别	本名	字	籍贯	生年	卒年	享年	活动时代	资料来源
周	男	绍业	弘业	汝南安城	高祖武德六年（623年）	高宗显庆二年（657年）	34		《千唐志斋藏志》（1984年，北京：文物出版社）上册，图133，《唐故宣义郎周君〔绍业〕墓志铭》
张	男	义	世义	洛阳	太宗贞观十三年（639年）	高宗永徽六年（655年）	17		同上，图108，《唐故张君墓志铭》
崔	男	诚	守诚	博陵安平	太宗贞观十二年（638年）	高宗显庆五年（660年）	23		同上，图150，《唐故宣义郎周君墓志铭》
竹	男	敬	思敬	安善郡南阳	高宗显庆四年（659年）	玄宗开元廿五年（737年）	79		同上，图767，《大唐故吏部常选内供奉竹君墓志铭并序》

（续表）

姓	性别	本名	字	籍贯	生年	卒年	享年	活动时代	资料来源
刘	男	穆	穆之	河间郑州	高宗永徽二年（651年）	玄宗先天二年（713年）	62		《芒洛冢墓遗文续编》下册，第2页（前页），《唐故石州刺吏刘君墓志铭并序》
韩	男	思	思盛	颍川	高宗乾封二年（667年）	玄宗开元十九年（731年）	65		《千唐志斋藏志》下册，图729，《给事郎行太平公主邑司录事柱国志铭并序》
曹	男	韶	子韶	鲁郡济阳	武后永昌元年（689年）	玄宗天宝七年（748年）	60		同上，图841，《唐故延王府户曹丁府君墓志铭并序》
马	男	延徽	徽	冯翊郡扶风	则天帝如意元年（692年）	玄宗天宝三年（744年）	53		同上，图817，《大唐故鹤台府果毅扶风马府君墓志铭并序》
张	男	守珍	珍	范阳	则天帝证圣元年（695年）	玄宗开元廿七年（739年）	45		同上，图786，《唐故朝议郎行郴州义章县尉上柱国张府君墓志铭并序》
李	男	休	休烈	密云	则天帝万岁通天元年（696年）	玄宗天宝九年（750年）	55		《京畿冢墓遗文》，中册，第10页下，《〔上泐〕赠秘书少监赵郡李府君墓志铭并序》
李	男	白	太白	陇西成纪	则天帝长安元年（701年）	肃宗宝应元年（762年）	62		李白的字，见《旧唐书》卷一四〇下，《李白传》，其生卒年份则据王琦《李太白年谱》
郑	女	攀	攀然	博陵安平	玄宗开元元年（713年）	玄宗开元廿七年（739年）	27		《芒洛冢墓遗文三编》，第55页下，《唐故荥阳郑宾妻博陵崔氏墓志铭并序》
萧	男	祐	祐之	兰陵		文宗大和二年（828年）			名与字之记录，见《新唐书》卷一六九，《萧祐传》，第5160页，卒年之记录，见《旧唐书》卷一六八，《萧祐传》，第4380页
杜	男	牧	牧之	京兆万年	德宗贞元十九年（803年）	宣宗大中六年（852年）	50		《旧唐书》卷一四七，《杜佑传》后附传，第386页

至于名与字的用字完全相同的第二种名字关系，从时间上看，大体上，也是在西晋时代开始形成的。譬如在当时，司马道子（364—402年）字道子。[45] 到东晋时代，晋安帝（383—418年）司马德宗字德宗、[46] 在位仅二年（419—420年）的晋恭帝（384—420年）司马德文字德文。[47] 到南北朝时代，在南朝，梁代的王僧孺（465—552年）字僧孺、[48] 庾仲容（约475—548年）字仲容、[49] 元延明（484—530年）字延明、[50] 陈代的江德藻（509—565年）字德藻、[51] 北朝北魏的和丑仁（469—532年）字丑仁、[52] 北周的梁子彦（514—571年）字子彦。[53]

到了唐代，名与字的用字相同的这种名字关系，迅速发展，成为一种新风气。现在再把从史书与墓志铭里所得到的资料，汇集起来，编为唐代同名同字人物年表，附列如下：

表二　名与字之用字完全相同的唐代人物年表

姓	性别	本名	字	籍贯	生年	卒年	享年	活动时代	资料来源
孔	男	元	元	下博	高祖武德七年（624年）	则天帝万岁通天元年（696年）	73		《千唐志斋藏志》上册，图467,《大周故同州白水县令下博孔君墓志铭并序》
张	男	守义	守义	魏州贵乡	高祖武德九年（626年）	睿文明元年（684年）	59		同上，图360,《大唐故朝散大夫使持节邵州诸军事守邵州刺史上柱国长乐县开国男□府君墓志并序》
张	男	仁楚	仁楚	南阳白水	太宗贞观元年（627年）	则天帝长安三年（703年）	77		同上，图505,《大周故岷州刺史张府君墓志铭并序》
程	男	思义	思义	东平	太宗贞观三年（629年）	则天帝长安三年（703年）	75		同上，图498,《周故朝议大夫行兖州龚业县令上柱国程府君墓志铭并序》
郑	男	仁恺	仁恺	荥阳				则天帝时代（684—705年）	《金石萃编》卷六八，第1页,《唐故密亳二州刺史赠安州都督□□碑》
独孤	男	仁政	仁政	河南洛阳	太宗贞观六年（632年）	中宗景龙二年（708年）	77		同上，卷六九，第14页,《大唐故朝议郎行兖州都督府方与县令上护军独孤府君之碑铭并序》
王	男	履清	履清	京兆万年	太宗贞观廿一年（647年）	玄宗开元十一年（723年）	75		同上，卷一〇〇，第21页,《唐故同朔方节度副使金紫光禄大夫试太常卿兼慈州刺史汪府君神道碑》
郑	男	元璲	元璲	荥阳开封	太宗贞观廿二年（648年）	玄宗开元十三年（725年）	72		《千唐志斋藏志》上册，图652,《唐故朝议郎德州司仓郑君墓志铭并序》
贾	男	元恭	元恭	长乐	高宗永徽二年（651年）	玄宗开元廿年（732年）	81		同上，下册，图715,《大唐故朝议郎行幽州会昌县令上柱国贾府君墓志铭并序》
乔	男	崇敬	崇敬	京兆渭南	高宗显庆四年（659年）	则天帝长安元年（701年）	43		同上，上册，图669,《唐故梁郡乔公墓志铭并序》
崔	男	光嗣	光嗣	博陵安平	高宗龙朔二年（662年）	玄宗开元廿年（732年）	71		同上，下册，图721,《大唐故扬州扬子县金崔府君墓志铭并序》
袁	男	承嘉	承嘉	扶乐	高宗龙朔三年（663年）	则天帝久视元年（700年）	37		同上，上册，图482,《大周故朝散郎行邓州司法参军事袁府君墓志铭》
朱	男	庭瑾	庭瑾	吴郡	高宗麟德元年（664年）	玄宗开元十七年（729年）	66		同上，下册，图696,《唐故朝散大夫守巴州别驾上柱国朱公墓志铭并序》

（续表）

姓	性别	本名	字	籍 贯	生 年	卒 年	享年	活动时代	资 料 来 源
杨	男	瑶	瑶	弘农华阴	高宗麟德元年（664年）	玄宗开元十八年（730年）	67		同上，下册，图732，《大唐故朝议郎守邛州司马杨公墓志铭并序》
张	男	嘉贞	嘉贞	蒲州猗氏	高宗乾封元年（666年）	玄宗开元十七年（729年）	64		名与字之记录，见《新唐书》卷一二七，《张嘉贞传》，第4441页，卒年之记录，见《旧唐书》卷九九，《张嘉贞传》，第3092页
和	男	守阳	守阳	扶风	高宗乾封元年（666年）	玄宗开元十九年（731年）	65		同上，下册，图824，《唐故中大夫使持节江华郡诸军事江华郡太守上柱国和府君墓志铭并序》
崔	男	泰之	泰之	清河东武	高宗乾封二年（667年）	玄宗开元十一年（723年）	57		同上，上册，图630，《大唐故银青光禄大夫守工部尚书赠荆州大都督清河郡开国公上柱国崔公墓志铭并序》
刘	男	玄豹	玄豹	彭城	高宗总章元年（668年）	玄宗天宝十三年（754年）	86		同上，下册，图895，《唐故左龙武军将军彭城刘公夫人渤海高氏墓志铭并序》
和	男	守阳	守阳	扶风	高宗总章二年（669年）	玄宗开元十九年（731年）	65		同上，下册，图825，《大唐故宣德郎通事舍人和君墓志铭并序》
徐	男	元隐	元隐	济阴	高宗咸亨元年（670年）	玄宗天宝元年（742年）	72		同上，下册，图807，《大唐故鲁郡乾封县令徐府君墓志铭并序》
王	男	元琰	元琰	太原	高宗咸亨二年（671年）	玄宗开元廿四年（736年）	66		同上，下册，图774，《大唐故蔚州刺史兼横野军央上柱国王府君墓志铭并序》
赵	男	怀琎	怀琎	天水	高宗咸亨四年（673年）	玄宗天宝十五年（756年）	84		同上，下册，图907，《唐□□大夫洛交郡长史上柱国赵府君墓志铭并述》
李	男	庭训	庭训	陇西成纪	高宗上元二年（675年）	玄宗开元廿一年（733年）	59		同上，下册，图858，《故济南郡禹城县令李府君墓志铭并序》
张	男	楚璋	楚璋	南阳向县	高宗仪凤元年（676年）	玄宗开元十七年（729年）	54		同上，下册，图688，《□唐□〔朝〕议郎前行忻州定襄县令上柱国张府君墓志铭并序》
段	男	行琛	行琛		高宗仪凤元年（676年）	玄宗天宝九年（750年）	75		《金石萃编》卷一〇一，第11页，《大唐赠扬州大都督段府君神道碑铭》

（续表）

姓	性别	本名	字	籍贯	生年	卒年	享年	活动时代	资料来源
沈	男	浩祎	浩祎	吴兴武康	高宗仪凤二年（677年）	则天帝圣历元年（698年）	21		《千唐志斋藏志》，上册，图483，《大周故左卫翊卫沈君墓志铭并序》
高	男	琛	琛	渤海蓨县	高宗仪凤三年（678年）	玄宗天宝八年（749年）	72		同上，下册，图847，《唐故南充郡司马高府君墓志铭并序》
宇文	男	琬	琬	代郡武川	武后光宅元年（684年）	玄宗天宝三年（744年）	61		《八琼室金石补正》卷五七，第6页，《唐故河南宇文府君墓志铭并序》
杨	女	祁丽	祁丽	弘农华阴	武后垂拱二年（686年）	玄宗开元廿四年（736年）	51		《千唐志斋藏志》，下册，图753，《大唐故陇州刺史薛府君妻弘农杨夫人墓志铭并序》
刘	男	元尚	元尚	彭城	武后垂拱二年（686年）	玄宗天宝十二年（753年）	68		《金石萃编》卷九〇，第4页下，《大唐故云麾将军左监门卫将军上柱国彭城县开国公刘府君墓志铭并序》
冯	女	诚	诚	长乐	武后垂拱三年（687年）	中宗景龙二年（708年）	22		《千唐志斋藏志》，上册，图668，《唐大理正□〔乔〕□〔府〕□〔君〕□〔夫〕□〔人〕长乐冯氏墓志铭并序》
皇甫	男	慎	慎	安定朝邦	则天帝长寿元年（692年）	玄宗开元十九年（731年）	40		同上，下册，图704，《大唐故□□门卫长史安定皇甫公墓志铭并序有盖》
郑	男	瑨	瑨	荥阳开封	则天帝延载元年（694年）	玄宗开元廿年（732年）	39		同上，下册，图799，《大唐故吏部常选荥阳郑公墓志铭并序》
孟	男	浩然	浩然	襄州襄阳				玄宗开元时代（713—741年）	《新唐书》卷一二八，《孟浩然传》，第5779页
张	男	朏	朏	长乐	则天帝天册万岁元年（695年）	玄宗天宝十年（751年）	56		《八琼室金石补正》卷五八，《唐故太中大夫守新定郡太守张公墓志铭并序》
李	男	嗣业	嗣业	京兆高陵				自玄宗天宝时代（742—756年）以迄肃宗乾元二年（759年）	名与字之记录，见《新唐书》卷一三八，《李嗣业传》，第4615页；卒年之记录，见《旧唐书》卷一〇九，《李嗣业传》，第3300页
郭	男	子仪	子仪	滑州郑县	武后神功元年（697年）	德宗建中元年（780年）	85		《新唐书》卷一三七，《郭子仪传》，第4599页

（续表）

姓	性别	本名	字	籍贯	生年	卒年	享年	活动时代	资料来源
樊	男	说	说	南阳	中宗神龙元年（705年）	代宗大历十年（775年）	70		《千唐志斋藏志》下册，图958，《大唐故朝散大夫太子左赞善大夫南阳樊府君墓志铭并序》
田	男	承嗣	承嗣	平州卢龙	则天帝长安四年（704年）	代宗大历十三年（778年）	75		《旧唐书》卷一四一，《田承嗣传》，第3837页
皇甫	男	悟	悟	安定朝邦	中宗神龙二年（706年）	肃宗上元二年（761年）	55		《千唐志斋藏志》下册，图942，《唐赠太子司议郎皇甫府君墓志铭并序》
张	男	巡	巡	邓州南阳	中宗景龙三年（709年）	肃宗至德二年（757）	49		《新唐书》卷一九二，《张巡传》，第5534页
卢	男	仲容	仲容	范阳	睿宗景云二年（711年）	肃宗乾元二年（759年）	49		《千唐志斋藏志》下册，图910，《唐故兖州邹县尉卢君墓志铭并序》
郑	女	敏	敏	荥阳	睿宗景云二年（711年）	玄宗开元廿六年（738年）	28		同上，下册，图784，《故尚辇直长崔公故夫人荥阳郑氏墓志铭并序》
薛	男	迅	迅	河东汾阳	玄宗开元十一年（723年）	德宗贞元十七年（801年）	79		同上，下册，图975，《唐故河南府密县丞河东薛府君墓志铭并序》
臧	男	晔	晔	东莞	玄宗开元十二年（724年）	德宗贞元十三年（797年）	73		同上，下册，图965，《唐故朔方节度十将游击将军左内率府率臧府君墓志铭并序》
郭	男	晃	晃	荥阳	玄宗开元十四年（726年）	德宗贞元四年（788年）	62		《京畿冢墓遗文》中册，第17页（后页），《大唐故赵州司法参军郑公墓志铭并序》
戴	男	休颜	休颜	夏州	玄宗开元十五年（727年）	德宗贞元元年（785年）	59		名与字之记录，见《新唐书》卷一五六，《戴休颜传》，第4899页；卒年之记录，见《旧唐书》卷九四，《戴休颜传》，第3914页
郑	女	进	进	荥阳	玄宗开元十九年（731年）	玄宗天宝十二年（753年）	23		《千唐志斋藏志》下册，图881，《唐荥阳郑夫人墓志铭并序》
李	男	岸	岸	冀州臧城	玄宗开元廿二年（734年）	宪宗元和二年（807年）	74		《京畿冢墓遗文》中册，第28页上，《大唐故李府君夫人徐氏合葬墓志铭并叙》
王	男	仲堪	仲堪	太原	玄宗开元廿三年（735年）	德宗贞元十三年（797年）	64		同上，中册，第20页（前页），《唐故监察御史里行太原王公墓志铭并序》

（续表）

姓	性别	本名	字	籍贯	生年	卒年	享年	活动时代	资料来源
杨	男	颂	颂	弘农	玄宗开元廿六年（738年）	代宗大历元年（766年）	29		《千唐志斋藏志》下册，图955，《唐故舒州太湖县丞弘农杨府君墓志铭并序》
解	男	进	进	京兆府鄠县	玄宗天宝五年（746年）	宪宗元和四年（809年）	65		《金石萃编》卷一〇六，第1页，《大唐故雁门郡解府君墓志铭》
高	男	崇义	崇义	幽州	玄宗天宝五年（746年）	宪宗元和四年（809年）	65		名与字之记录，见《新唐书》卷一七〇，《高崇文传》，第5161页；卒年之记录，见《旧唐书》卷一〇一，《高崇文传》，第4053页
崔	男	荨	荨	博陵	玄宗天宝六年（747年）	宪宗元和九年（814年）	68		《京畿冢墓遗文》中册，第32页下，《唐故左领军卫陕州上阳府折冲员外置同正员试太子文学沂州长史崔府君张夫人合祔墓志铭并序》
崔	男	载	载	博陵	肃宗上元二年（761年）	宪宗元和十四年（819年）	59		《八琼室金石补正》卷七〇，第14页下，《唐故太子洗马博陵崔府君墓志铭并序》
王	男	振	振	太原郡	代宗大历元年（766年）	文宗大和六年（832年）	66		《千唐志斋藏志》下册，图1056，《唐故太原王府君墓志铭并序》
高	男	霞	霞	东海郡	代宗大历三年（768年）	文宗大和七年（833年）	66		《京畿冢墓遗文》下册，第3页下，《唐故幽州节度押衙金紫光禄大夫检校太子宾客摄妫檀义州刺史□□□□□等使兼御墓志铭并序》
王	男	恒汎	恒汎	太原	代宗大历五年（770年）	德宗贞元十八年（802年）	32		同上，中册，第22页上，《唐故云麾将军王公墓志铭并序》
张	女	从右	从右	南阳	代宗大历六年（771年）	武宗会昌二年（842年）	70		《千唐志斋藏志》下册，图1085，《唐故处士张公墓志铭并序》
杨	男	弘庆	弘庆	弘农	代宗大历十二年（777年）	文宗大和八年（834年）	58		《京畿冢墓遗文》下册，第4页（后页），《唐故义武军节度十将陪戎副将守左威卫沁州延携府别将员外置同正员上诣军弘农杨府君墓志铭并序》

（续表）

姓	性别	本名	字	籍贯	生年	卒年	享年	活动时代	资料来源
王	男	景秀	景秀	太原	则天帝圣历二年（699年）	代宗大历十一年（776年）	78		《八琼室金石补正》卷六四，第10页，又见《京畿冢墓遗文》，中，第9页（后页），《大唐故恒王府典军赐紫金鱼袋上柱国太原王府君墓志铭并序》
南	男	升	升	陕	德宗建中元年（780年）	敬宗宝历二年（826年）	47		《千唐志斋藏志》下册，图1032，《唐故讨击使试太子通事舍人南府君墓志铭并序》
曹	男	弘立	弘立	谯郡	宪宗元和三年（808年）	懿宗咸通五年（864年）	59		《京畿冢墓遗文》下册，第18页下，《唐故□州押衙靖边将中大夫检校太子詹事□□郡曹公武威石氏夫人合祔墓志》
敬	男	延祚	延祚	平阳郡	宣宗大中元年（847年）	懿宗中和二年（882年）	36		同上，下册，第22页下，《唐故幽州随使节度押衙遥摄镇安军使充绫锦坊使银青光禄大夫检校国子祭酒兼御史中丞上柱国平阳郡敬府君墓志铭并序》

根据以上二表可以看出四点现象：首先，在数目上，名与字之用字完全相同的唐代人物，远比名与字之用字部分相同的唐代人物为多。其次，在时间上，这两种取名法（包括取字法）的使用，都从初唐的武德时代（618—626年）开始，持续到晚唐的大中时代（847—859年），甚至更晚。如果换成公历，这两种取名字的方法的使用，都从七世纪的二十年代一直使用到九世纪的五十年代，甚至八十年代。使用的时间，前后超过二百五十年。再其次，在地理上，名或字的用字无论是部分相同还是完全相同，这两种取名法在黄河流域的使用，比在长江流域的使用，要普遍得多。最后，在性别上，不但连男性的，就连女性的名与字，也可或者部分相同，甚至完全相同。这与黄河流域地区的唐代人物，不但比长江流域地区的唐代人物常用佛教词汇取名，而且在性别上，男女都用同一类的词汇取名的现象是相当类似的。

注释

1 《史记》(1964 年，北京：中华书局排印标点本）卷四十七,《孔子世家》，第 1905 页。
2 同上注，第 1946 页。
3 同上注，第 1946 页。
4 《史记》，卷六十七,《仲尼弟子列传》，第 2187 页。
5 同上注，第 2189 页。
6 同上注，第 2190 页。
7 同上注，第 2191 页。
8 同上注，第 2194 页。
9 同上注，第 2195 页。
10 同上注，第 2201 页。
11 同上注，第 2202 页。
12 同上注，第 2203 页。
13 同上注，第 2205 页。
14 《高祖本纪》，卷八，第 341 页。
15 《项羽本纪》，卷七，第 295 页。
16 《汉书》(1970 年，香港：中华书局排印标点本）卷五十七上,《司马相如传》，第 2529 页。
17 同上注，卷五十四,《李广苏建传》，第 2459 页。
18 同上注，卷八十七上,《扬雄传》，第 3515 页。
19 同上注，卷七十六,《张敞传》，第 3216 页。
20 同上注，卷三十六,《楚元王传》，第 1928 页。
21 《后汉书》(1971 年，香港：中华书局排印标点本）卷八〇上,《崔埼传》，第 2619 页。
22 同上注，卷八十二下,《唐檀传》，第 2729 页。
23 同上注，卷六十三，第 2073 页。
24 《三国志》(1959 年，北京：中华书局排印标点本）卷十九,《任城陈萧王传》，第 559 页。
25 《晋书》(1974 年，北京：中华书局排印标点本）卷二,《文帝纪》，第 32 页。
26 同上注，卷四十九,《向秀传》，第 1374 页。
27 同上注，卷九十二,《成公绥传》，第 2371 页。
28 同上注，卷五十六,《孙楚传》，第 1539 页。
29 同上注，卷五十八,《周处传》，第 1569 页。
30 同上注，卷五十,《郭象传》，第 1396 页。
31 同上注，卷八十,《王羲之传》后附《王献之传》，第 2104 页。
32 同上注，卷八十,《王羲之传》后附《王徽之传》，第 2103 页。
33 同上注，卷九十一,《范宣传》，第 2360 页。
34 同上注，卷七十九,《谢安传》，第 2072 页。
35 同上注，卷七十九,《谢安传》后附《谢万传》，第 2086 页。
36 同上注，卷七十九,《谢安传》后附《谢石传》，第 2088 页。
37 《宋书》(1974 年，北京：中华书局排印标点本）卷五十六,《孔琳之传》，第 1559 页；又见《南史》(1975 年，北京：中华书局排印标点本）卷二十七。

38 《宋书》卷五十一，《临川烈武王道则传》，第 1470 页；又见《南史》卷十三，《临川烈武王道则传》，第 357 页。
39 《南齐书》（1972 年，北京：中华书局排印标点本）卷二十九，《王广之传》，第 546 页；又见《南史》卷四十六，《王广之传》，第 1159 页。
40 据姜亮夫《历代人物年里碑传综表》（1961 年，香港：中华书局），第 91 页所引《金紫光禄大夫领国子祭酒济州刺史王使君墓志铭》。
41 据《陈书》（1972 年，北京：中华书局排印标点本）卷三十四，《许亨传》，第 458 页。
42 同上注，卷二十七，《江总传》，第 343 页。
43 《隋书》（1973 年，北京：中华书局排印标点本）卷六十三，《元寿传》，第 1497 页。
44 同上注，卷四十三，《杨雄传》后所附《杨达传》，第 1218 页。
45 《晋书》卷六十四，《司马道子》，第 1732 页。
46 同上注，卷一〇，《安帝纪》，第 249 页。
47 同上注，卷一〇，《恭帝纪》，第 267 页。
48 《梁书》卷三十三，《王僧孺传》，第 469 页。
49 同上注，卷五十，《庾仲容传》，第 723 页。
50 《历代人物年里碑传总表》第 87 页，引《雍州刺史安丰王元延明墓志铭》。
51 《陈书》卷三十四，《江德藻传》，第 456 页。
52 《历代人物年里碑传总表》第 80 页，引《平州刺史巨鹿开国公于君妻和夫人墓志铭》。
53 同上注，第 102 页，引《仪同三司大理卿预州刺史梁公墓志铭》。

唐代的隐语

促成本人与他人之间的沟通与了解的工具，如果不是语言，就是文字。所谓语言，除了口头使用的口语，还有用手势表达的手语。这两种语言的使用，既然需要面面相对，所以沟通的方式是直接的，表示的方式是简单的。要通过这种方式，才能使对方了解己方想要表达的意思。可是文字的使用，大体上，并不需要面面相对。所以文字的使用，经常由于间接沟通的功能，而在技巧方面有所发挥。发挥的结果，大致造成两种现象：第一种现象是形成文字的风格之美，第二种现象是形成文义的晦涩。文字是否优美，虽与唐代的生活无关，可是在唐代，晦涩的文义，却不但另有"隐语"之专名，而且还与当时的生活是密切相关的。本文现在要讨论的，正是唐代的隐语。

一、手语里的隐语

据裴铏的记载，美男子崔生的父亲与朝廷里的一位一品大官是很熟的朋友。有一次，这位大官生了病，崔生代表他父亲到大官的家里去看他的病。在接待的过程中，大官家里的一位穿了红衣的家伎，奉命把带有桃子的奶酪喂给崔生吃。然后，红衣女郎又奉命把崔生送离大官之家。崔生在出大门时，向后回顾，于是发现红衣女郎对他举起三个手指，然后又把手掌来来回回地翻了三遍。最后她除

* 本文原载于《编译馆馆刊》第二十一卷，第一期（1992 年 6 月）。

了指着她胸前所挂着的小镜子说："要记得哟"，什么别的话也没说。崔生回去之后，一方面思念红衣女郎，一方面猜不透她的手语究竟代表什么意思，弄得连饭也不想吃。这时候，他家里的老仆磨勒就问崔生到底有什么心事。崔生就把红衣女郎对他所作的"隐语"，向磨勒重说一次。磨勒听完了，就对崔生说：

"这有什么不好懂的？举起三个手指，是说那位一品大官的家里有十座院子，红衣女郎所住的是第三座院子。把手掌来来回回地翻三次，是代表十五个手指。而十五个手指就代表十五这个数目。至于胸前小镜子，是月亮的代表。看来这位姑娘不是邀你在十五日那天晚上，到一品大官的第三座院子里去找她吗？"

后来到了十五那天半夜的三更，磨勒就背了崔生，跳进一品大官的家，果然在他的第三座院子里，找到了那位会作手语的红衣女郎。于是磨勒又背起了崔生与女郎，跳出了大官的家。[1]

以上的故事，说明三件事，第一，崔生在向磨勒重述红衣女郎的手语的时候，他把她的手语称为"隐语"。这就说明，在唐人的生活之中，手语是可以称为隐语的。第二，磨勒虽是崔家的老用人，却并不是中国人。[2]这件事情又可说明，在唐代，懂得手指隐语的人，不一定必须是中国人；在中国久住的外国人，也是了解隐语的。第三，故事发生的时间，虽在唐代宗的大历时代（766—779 年），可是裴铏自己的活动时代，却大致在晚唐懿宗的咸通（860—874 年）与僖宗的乾符（874—879 年）时代，也就是八世纪的中期与后期。这就相当于说，手语里的隐语的使用时代，至少在晚唐（或者八世纪的六十与七十年代）是相当流行的，否则磨勒是不会了解的。

与手语里的隐语有关的资料虽然不多，可是从时间上看，手语里的隐语的使用时间，与文字里的隐语的使用时间，似乎大致相同，这是相当耐人寻味的。

二、文字里的隐语

中国的谜语，英文叫作 riddle。这是中外都有的一种比较简单的猜字游戏。所谓简单，因为在一般情形之下，谜语是用一个字来猜另一个字，或者用一句话来猜另一个字的字谜，比谜语更复杂的猜字游戏，是隐语，英文叫作 conundrum。

简单的隐语往往可以用一个字来表示一件事或者一种意义。代表的方式是把一个字拆开来，变成两个字。此外，也可以把两个字合起来，变成一个字。但是比较复杂的隐语，常常可以用一句话或者几句话，来代表另外的一句话或者几句话。

在唐代，特别是在唐代的后半期，隐语是相当流行的。譬如根据段成式的记载，当张延赏在四川的时候，当地有一个从印度来的和尚，名字是难陀（Nanda），他常能预测别人的未来。由于他的预言是用谜语的方式写出来的，所以在事情未发生之前，他的预言，也就是他的谜语，是没人能懂的。[3] 由段成式所提到的张延赏，在晚唐时代，是相当重要的人物。他不但曾经在唐代宗的大历时代（766—779 年）晚期与在唐德宗的建中时代（780—783 年），在四川同时担任两个节度使，跟着又在德宗的贞元元年（785 年），担任宰相。[4] 既然张延赏在四川的时候，难陀也在四川，可见在时间上，这位印度和尚大概是在第八世纪的七十年代活动于四川的。

难陀既然能够常常用隐语来预测别人的未来，段成式的记录似乎可以说明两件事：在一方面，在八世纪的后期，中国必然流行隐语，否则难陀怎么会想到用隐语的方式来预测别人的未来？在另一方面，他的中文程度，应该是相当不错的。这个情形，看来与玄奘的语文能力很接近。因为玄奘（596—664 年）不但曾经穿过新疆的大戈壁沙漠，而到印度去求学，又把许多用印度的梵文（Sanskrit）所写成的佛经带回中国来。此外，他还在长安设立“译场”，把这些梵经逐一翻译成用字非常典雅的中文。玄奘的梵文程度很好，恐怕正与难陀的中文程度不相上下。可见在唐代，无论是在中国，还是在印度，当地都有一批和尚，能够精通对方的语文。这个问题虽然不必在此细论，不过难陀用中文所写的隐语，到底是怎么回事，恐怕还是值得注意的。

从文献上看，唐代的文字隐语，大致见于以下六个故事。

1. 与许云封姓名有关的隐语

第一个故事是由袁郊所记载的《许云封传》。[5] 故事的内容大致是这样的：

在德宗贞元时代（785—804 年）的初年，韦应物在安徽担任和州刺史。在一个秋夜，他听见有人吹笛子，笛声很像唐玄宗的乐队里所吹奏的法曲里的声调。韦应物就把吹笛子的人找来问一问，为什么他的笛声会这么像法曲。吹笛子的人就说："我是玄宗天宝元年在山东任城出生的。出生以后，不但正好遇见玄宗御驾经过任城，而且李白学士也跟着玄宗一齐到了任城。我的外祖父李謩，就抱着我去找李白，请他给我取一个名字。当时李学士虽然已经有些酒意，不过他还能作诗。他乘着酒意而在我身上所写的一首五言绝句，是这样的：'树下彼何人，不语真吾好，语客及日中，烟霏谢成宝。'

"我祖父看完了这首诗就说：'我是来请你给我外孙取名字的。你不但没取，还在他身上写了这么一首叫人看不懂的诗。'可是李白却对我外祖父说：'你别急，我给他取的名字不就在这首诗里吗？你看，人是可以称为子的，而树也是可以称为木的。所以在第一句诗里的树下人，不就是木下子吗？木字下面又有一个子字，岂不是一个李字吗？

'语是说话，也就是言。而不就是没有，也就是莫。所以不语就是莫言。把莫字与言字相加，所得到的新字，岂不是謩字吗？在同一句诗里，女字指女儿，子字指儿子。女儿的儿子，是不是外孙？

'在第三句诗里，午字代表中午，言字代表说话。语及日中，就是说话一直说到中午，也就是言午。如果把言字与午字相加，所得到的新字，应该是个许字吧？

'至于在第四句里，烟霏是云。成宝是封。把李、謩、外孙、许、云、封等单字加起来，就是李謩的外孙是许云封。'我的外祖父听完李白学士的解释，才知道他在这首难懂的诗里，不但已为我取了名字，而且还说明了我与祖父的亲属关系。"

这样说，李白的这首诗，应该是一首隐语诗。

2. 与两个杀人犯之姓名有关的隐语

在唐代，与姓氏有关的第二个隐语故事，是李公佐所写的《谢小娥传》。籍贯是江西南昌的谢小娥，八岁丧母。她在十四岁左右，嫁给一个叫作段居贞的安徽人。有一次，小娥夫妇与小娥的爸爸一起乘船，出外经商；不幸半路遇见水盗。不法之徒不但把他们的钱跟货都抢走了，又把小娥的爸爸跟丈夫都杀死了。至于小娥，她虽然在被水盗推进水里的时候，撞伤了胸口、又摔断了腿，不过并没有死。她在水面漂流的时候，被别的船上的人救了起来。以后，她就变成一个女乞丐，到处要饭。最后，她在走到南京之后，因为有一个叫做净悟的尼姑收留了她，于是才能暂时住在妙果寺里。

唐宪宗元和八年（813 年），有一个叫做李公佐的人，因为做官的任期满了，于是从江西坐船，到了南京。李公佐在南京有一个名叫齐物的朋友，是个和尚。他们见了面之后，齐物就跟李公佐说："附近的一个寡妇，她给我一个谜语。谜语一共是这么样的十二个字：'车中猴，门东草。禾中走，一日夫。'最近她常到我住的庙里来，问我这个谜语是什么意思。可是我怎么样也猜不透。"李公佐听了齐物所说的谜语后。又想了一会儿，因为想多知道一点与谜语有关的事，就叫齐物去把那个寡妇找来，原来齐物所说的寡妇就是谢小娥。小娥来了之后，李公佐就问她："你这个包括了十二个字的谜语，是从哪里来的？"小娥先把她爸爸与丈夫被害的事情说了一遍，跟着又说："他们死了以后，有一天，我在梦里见到我爸爸。'车中猴，门东草'这六个字，是爸爸对我说的。又有一天，我在梦里见到我丈夫。'禾中走，一日夫'这六个字，是丈夫对我说的。可是这十二字，究竟有什么意思，谁也不懂。"

李公佐听完小娥的话，就对她说："不要急，这十二个字的意思，现在我已经知道了。你好好的听我的解释。先看'车中猴'。车字的第一笔与倒数第二笔都是横划。假使把这两划拿掉，车字就变成申字了。在十二生肖之中，凡是生在申年的，都属猴。所以车中猴，无论是用拆字的方法来看，还是由生肖的排行来推算，都是申字。

"再看'门东草'。门，东、草，是三个独立的字。不过这三个字，似乎互相都有关系。如果把草字写成一个草字头，下面写一个门字，然后在门字里面再写一个东字，那么，这三个字，就可以组成一个兰字。看来由'车中猴、门东草'这六个字所代表的是申兰二字。

"至于'禾中走'，也不难解释。因为禾是稻草，而稻草一定是长在田里的。如果有人在稻田里走过去，那就是'禾中走'。在禾中走，就是穿田而过。而穿田而过，就等于把田字的上下两端各加一条延长线。在加了延长线以后，田字就上下出头了。如果田字上下出头，这个字就不是田字而是申字了。

“最后再看‘一日夫’。春字的上半段，是在一个人字上面另加三横。这个写法，等于是在一个夫字的上面另加一横。如果先在夫字的上面加一横，跟着再在夫字的下面写一个日字，这个字，就是春字。这样看，‘禾中走，一日夫’这六个字，应该代表申春两字。如果真是这样，杀你爸爸的人叫申兰，杀你丈夫的人叫申春。”谢小娥听完李公佐的解释，先对着他，又哭又谢，跟着又把申兰、申春的姓名写在她自己的衣服里面，以免忘了杀她爸爸与丈夫的仇人到底是谁。

此后不久，谢小娥就离开了妙果寺。她一面女扮男装，替人作工。一面慢慢想办法，回到江西去。到元和十二年（817 年），她终于回到江西了。有一天，她在浔阳县一户人家的竹墙上，看见贴着一张招请工人的条子，于是她就进去应征，没想到居然被录取了。更巧的是这家的户长竟然就是申兰。而申春就是申兰的堂弟。谢小娥在申家做了两年多的事，幸好还没有人发现她是一个女人。

有一天，申春买了一条大鲤鱼，又带了一瓶酒来找申兰。在痛饮之后，两人都喝得烂醉如泥。因为申春是睡在屋里的，小娥就先把这间房子的房门锁起来。然后她又找了一把刀，用力一斫，把醉倒在院子里的申兰斫得身首异处。这时候，她才把邻居找来，把申春也逮捕了。

小娥杀了人，本来是要处死刑的。当地的官员因为她是为父与夫报仇才杀人的，觉得情有可恕，于是为她向上级上书陈情。最后，她终于得免死罪。小娥在为父也为夫报了血海深仇之后，觉得此生已无可恋，于是出了家，做了尼姑。元和十三年（818 年），李公佐因为刚好去拜访给小娥削发的女尼会操，才有机会见到已经成为尼姑的谢小娥。谢小娥的复仇记，就是由李公佐加以记录才能流传到现在的。[6]

欧阳修在《新唐书》里，曾为谢小娥为父与夫复仇的事迹，写了一篇传记。[7]在这篇传记里，欧阳修说小娥“梦父及夫告所害主名，离析其文，为十二言。持问内外姻，莫能晓。”这“莫能晓”的“十二言”，欧阳修虽然并没加以记录，不过如用李公佐的《谢小娥传》来对照，应该就是“禾中走，一日夫”与“车中猴，门中草”那十二个字。《新唐书》是严肃的正史。所以像由李公佐加以记载的那十二个“离析其文”的隐语，欧阳修为了保持史书的严肃性，是不便加以记录的。欧阳修虽没记载这十二个隐语，可是他既在《谢小娥传》里提到隐语的辨读，具有“离析其文”的特征，那也就说明谢小娥的为父与为夫报仇，是确有其事的。这也无异于说明，在唐代的民间，的确是有隐语的。

3. 与柳光姓名有关的隐语

第三个故事是由张谓所记载的。故事的内容很简单。[8] 在唐文宗大和时代（827—835 年）的初年，有一个叫做柳光的人，走进一间石室，喝了十几勺泉水，居然像喝酒一样的喝醉了。第二天早晨，他在醒过来之后，发现石壁上刻了一首诗。他虽然看不懂这首诗，不过后来却由一个名叫吕生的人读通了。以下就是这首难懂的诗：

> 武之在卯，尧王八季。我弃其寝，我去其扆。
> 深深然，高高然，人不吾知，又不吾谓。
> 由今之后，焰焰其光，和和其始。
> 东方有兔，小首元尾。经过吾道，来至吾里。
> 饮吾泉以醉，登吾榻而寐。
> 刻乎其壁，奥乎其义。人谁能辨，其东平子。

根据吕生的解释，这首诗是一首隐语诗。诗里所隐藏的意义是这样的：

唐代的第一个年号，是唐高祖的武德（618—626 年）。因为武德元年的干支是戊寅，所以武德二年的干支是己卯。这首诗的第一句的“武之在卯”，等于是武德己卯的缩写，也就等于是武德二年了。唐高祖死后的一百三十四年，是唐肃宗的上元元年（760 年）。在这年，唐肃宗为唐高祖追加了神尧皇帝的谥号。[9] 季是四季的季，一年有四季，两年当然有八季。因此八季指两年，也就是二年，而尧王又是神尧皇帝的缩写。所以第二句诗等于还是说唐高祖武德二年。

在第三句诗里的“寢”字，一向指皇帝的寝宫，也就是皇帝的卧房。在第四句诗里的“扆”字，一向指皇帝的座位。“弃寝”与“去扆”的意思，都是不要。不过这个不要的真正的意思似乎是要不到，而要不到的原因是我走了。所以第三句诗的“我弃其寝”与第四句诗的“我去其扆”的诗意，都等于说我不要了，也就是我走了。

以下从“深深然”到“又不吾谓”的那四句的大意是：由于我隐藏得很神秘，别人既看不见我，也不会批评我。其实这四句诗的主旨就是隐。

第十一句里的“焰”，是火的光。根据五行的观念，火虽代表南方，可是火的代名词却是丙丁。在第一句诗里，卯代表己卯，所以在这句诗里，丁也可以代表丁未。丁未年就是唐文宗大和元年（827 年）。

第十二句里的“和”，可以当作“头”来解释。“头”就是开始。在前面的第十一句里，丁未相当于唐文宗大和元年，现在这句诗就更明白的指出“和和其始”，也就是和字是用“大和”作年号的那个时期的第一年。所以第十一句先指出丁未年，第十二句再跟着指出丁未年就是大和元年。

第十三句是“东方有兔”。在五行观念中，东方是木。在十二生肖之中，兔属卯。所以“东方有兔”，等于是说木有卯。如果木旁有兔，岂不是个柳字？而柳字正好是你的姓。

第十四句的“小首元尾”是个光字，也就是你的名。因为光字的上半部本是一个小字，而“元”字的下半部是“兀”，这一部分也可说是“元”字的尾。把小字写在兀字上面，不正好是光字吗？

以下两句是“经吾道”和“来吾里”。这两句的意思，都在说你来了。

再下两句是“饮吾泉以醉”和“登吾榻以寐”。这两句说出你进入石室所发生的事情。

跟着的两句是“刻乎其壁，奥乎其义”。诗意是说，刻在石壁上的诗句很深奥，你看不懂。

最后的两句是“谁人以辨，其东平子。”意思是说，只有籍贯是东平的人，才能看得懂刻在石壁上的诗。

吕生在为柳光解释完这首诗之后，说了两句话："看来刻在石壁上的诗，大概是得道成仙的人预先留给我们的。因为我不但能读通这首诗，而且我的籍贯也正好是东平"。

4. 与水有关的隐语

在晚唐时代，冯翊并不是一个重要的文人。可是在他所写的那本书名是《桂苑丛谈》的小书里，却记载了两个与隐语有关的故事。透过这两个故事，对于当时的隐语的内容、性质、结构和类型的了解，应该是很有帮助的。现在先看他的第一个故事，是怎么说的：

当令狐绹在淮海的时候，有一次，他跟他的一个名叫班蒙的下属，一齐去参观大明寺。在寺壁上，令狐绹发现有人题了这样的八句诗：

一人堂堂，二曜重光。土深尺一，点去冰旁。二人相连，不欠一边。三梁四柱烈火燃，添却双钩两日全。

令狐绹虽然看完了这首诗，却根本不懂这八句诗的意思。可是班蒙却说他懂。根据他的解释，这首诗应该是这样读的：

第一句是说一个人长得很高大。如果在人字上面加一个一字，应该是个大字。所以第一句诗，等于是个"大"字。

第二句是说太阳与月亮一齐发光。如果它们同时发光，太阳与月亮应该是在一齐的。日月既在一齐，岂不是个明字吗？所以第二句诗，等于是个"明"字。

第三句所说的"尺一"，就是一尺的十分之一，也就是一寸，诗句既说"土深尺一"，代表土字与寸字是可以相加的。"土"与"寸"相加，成为一个寺字，所以第三句诗，等于是个"寺"字。

第四句静的意思，是说把冰旁边的两点拿开。冰字没有两点，岂不是个水字？所以第四句，等于是个"水"字。

第五句的"二人相连"，是把二字加在人字上面。人字上面又有二字，形成一个天字。所以第五句诗，等于是个“天”字。

第六句的“不欠一边”，意思是不字是没有一边的。诗句虽然没说哪一边是欠缺的。可是如果去掉不字的左边的那一撇，这个不字就变成下字了。所以第五句诗，等于是个“下”字。

第七句所说的“三梁”，应指横着平行的三划，而“四柱”又应该指直着平行的四笔。“烈火燃”是指火。在很多地方，火字是可以写成四个小点子的。如果有一个字，在结构上，既有“三梁”，又有“四柱”，而柱子下面又有“火”，这个字，应该是个“無”字。所以这句诗，等于是个“无”字。

至于全诗的最后一句，是说在两个钩里各加一点。如果在两个弯钩的每一钩上各加一点；岂不是个比字？所以这首诗的最后一句，应该等于是个“比”字。

根据这样的理解，题在大明寺寺壁上的这八句诗，应该分别代表大、明、寺、水、天、下、无、比等八个字。把这八个字，按照诗句的前后顺序而重新组织，所得到的，是“大明寺水，天下无比”等两句话。令狐绹听完班蒙的解释，才恍然大悟，原来佛寺墙上所题的那令人难懂的八句话，是用一连串的隐语来赞美大明寺水的诗。[10]

5. 一首诅咒和尚的隐语诗

冯翊所载的另外一个故事，[11] 发生在唐僖宗乾符时代（874—879 年）的末年。在唐代，建于国都长安的青龙寺，是当时学习密宗教义的重心。有一个人从别处到了长安，就赶到青龙寺去拜访寺里的一位和尚。他虽连着去了三次，可是每一次他都没能见到他想要拜访的人。除此之外，青龙寺的主持僧对他的招待也不很好。这个人非常生气，于是就在青龙寺的大门上题了四句诗，然后不辞而别。他的诗句是这么写的：

> 龛龙东去海，时日隐西斜。敬文今不在，碎石入流沙。

全寺的人，除了一个沙弥（沙弥就是虽然住在佛寺里，遵守佛门十戒，而在

身份上，却并不是和尚的人），都不懂这首诗究竟代表什么。沙弥既然说他懂，大家只好请他来解释。谁知道这位沙弥一开口就说，“这是一首骂人的诗！”为什么呢？且来看看沙弥的解释吧。

第一句诗的第一个字是个龛字。而这句诗却说龛里的龙走到东方的海里去了。这就暗示龛里是没有龙的。没有龙的龛字，岂不相当于一个合字吗？所以第一句诗，等于是个“合”字。

第二句诗的第一个字是个时字。可是这句诗却说，代表时间的太阳，已经在西边隐藏起来了（因为日字正好在时字的左边，而左边正好是四个方位里的西边）。这就等于把时字里的日字拿掉了。没有日字旁的时字，是个寺字。所以第二句诗所代表的，等于是个“寺”字。

第三句诗的第一个字是个敬字。这个字，在结构上，是由左边的“苟”字，与右边的“文”字，共同组成的。诗句既说敬字的文字已经不存在了，那么这个字所剩下的，岂不只是一个苟字吗？所以由第三句诗所代表的，等于是一个“苟”字。

至于最后一句诗的第一个字是个碎字。“碎石入流沙”的意思是石头被沙土淹没了。这意思也就是说没有石头了。既是碎字而又没有石字，应该是个卒字。所以第四句诗所代表的，等于是个“卒”字。

这四句诗虽有二十个字，不过每一句只代表一个字。把这四个字，按照诗句的前后的顺序而排列，就形成“合寺苟卒”这么一句话。苟是草，草是会死的。合寺苟卒就是诅咒你们全寺的和尚，会像一片草一样，完全死掉。如果我的解释没错，题在门上的这首诗，岂不是一首骂人的诗吗？

寺里的和尚听完这位沙弥的解释，赶紧追到寺外去，希望还能找到那位在寺门上题字的人。可是怎么还能找得到他呢？

以上的五个故事，都见于唐人的记录。可是还有另一个与唐代隐语有关的故事，却见于宋人吴处厚的记录。[12] 故事的大意是说，浙江义乌许甗庙的庙碑，因为经过很多年，字迹磨灭得很严重。所以在唐玄宗开元时代，许家的后人就把原碑重刻了一次。碑的侧面上刻有这样的八个字：

谈马毕砺，王田数七。

当时大家都不懂这八个字究竟代表什么意思。可是徐铉的父亲徐延林却一看就读通了。他的解释是：

“谈”字是由言字和炎字共同组成的。可是言与炎的发音却都一样，所以可以只选一个言字为代表。谈字下面的字是马字。在十二生肖之中，马是午年。因此马字可以用午字作代表。把言与午字加以组合，得到的新字，是“许”字。

砺虽是专门用来磨刀的石块，却仍旧是一块石。如果把这个石字与砺上面的“毕”字重新组合，所得到的新字，几乎与碑字一样，大致可以当做“碑”字来看待的。

“王田”就是古代的井田。井田共有私田八百亩，公田一百亩，公田与私田的总数是九百亩。不过九可以代表十。所以九百亩代表一千亩。这一千亩又可以代表一千里。把千字与里字加以组合，所得到的新字是“重”字。

至于“数七”，就是数目里面的七。七是六与一的总和。可是如把六字与一字重新组合，所得到的新字，是个“立”字。

所以由“谈马毕砺，王田数七”这八个字所代表的，应该是“许碑重立”等四个字的隐语。

6. 文字隐语使用的时间

在以上所介绍的这六个故事里，有些故事所发生的时间，用其他的文献史料来印证，似乎并不十分可靠。所以这六个故事所发生的时间，应该重新整理一下，然后才能找出文字隐语在唐代的使用时间。以下是对这六个故事的时间的整理。

首先要注意的是《谢小娥传》。如前述，欧阳修既把谢小娥的事迹记入《新唐书》，谢小娥所经历的事迹应当是确有其事的。所以首先要注意的，当然是她的真人真事所发生的时间。在此传中，小娥之父与夫对谢小娥所说的隐语，都在他们被杀之后。这二人被杀的时间既在唐宪宗元和十三年（818 年），所以隐语的使用，似乎至少不会迟于此年。在与唐代隐语有关的五个故事之中，这个年代不但在时间上，为时最早，而且也是确立隐语之使用发生在唐代之后半期的一个定点。

其次要注意的，是由《柳光传》所提到的年代是大和元年（827 年）。在与唐代隐语有关的五个故事里，大和元年是仅次于元和十三年的一个比较早的年代。

由冯翊所记载的，与大明寺水之隐语有关的人物是令狐绹。据欧阳修在《新唐书》里的记录，令狐绹曾经在唐懿宗的咸通时代的初年，担任过河中节度使。不过没有多久，他就被贬到江苏的扬州，去担任淮南节度使的副大使。[13] 如果冯翊所说的，令狐绹曾经住过的淮海，是淮南节度使的官署所在地的别称，由淮海之名所代表的地点，应该是扬州。这样，那就显示欧阳修与冯翊的记录，是一致的。在冯翊的记录里，他所提到的唯一的年代是咸通初年。所谓咸通，是唐懿宗前后共用了十四年的年号（860—873 年）。咸通初，应该指由咸通元年到咸通四年（860—863 年）的那四年。

在由冯翊所记载的第二个故事里，也就是与诅咒和尚有关的隐语故事里，唯一的年代是乾符时代。所谓乾符，是唐僖宗的年号。这个年号，前后一共用了六年（874—879 年）。

这四个故事里的时间，在唐代的历史上，都可各有定点，只有由袁郊写在《许云封传》里的时间，似乎是颇有可疑的。所以由《许云封传》所提到的两个时间，都不得不重新加以考证。根据这篇传记，与许云封的姓名有关的隐语，是在唐玄宗的天宝元年，由李白写在他的一首五言绝句里的。可是事实上，这个说法是有破绽的。因为在地理位置上，任城不但位于山东，而且就在泰山的西南方。唐玄宗虽在开元十五年（727 年）的十一月，曾到泰山去祭天，[14] 不过从那年以后，直到天宝元年这十五年（727—742 年）之中，唐玄宗并没再到泰山去祭天。他既没到泰山去，所以他在天宝元年，并没到过任城。而在同一年，李白也没到过任城。袁郊在《许云封传》里既说李白在天宝元年跟着唐玄宗到了任城，可见这个说法是不可信的。

不过《许云封传》要把李白与任城和泰山加以联系，似乎也有根据。因为李白的确曾在唐玄宗的开元二十八年（740 年），从湖北移家东鲁，然后住在任城。[15]然后，他又在玄宗的天宝元年之夏，到泰山去游历了一个月。[16]根据以上的资料，可以看出来，袁郊对于玄宗曾到泰山去祭天，以及李白曾经住在任城和泰山的事，大概都略有所闻。可是他所得到的资料并不齐全，所以才会在《许云封传》里，产生了李白跟随着唐玄宗，而一齐在天宝元年到了任城的那个错误。这个故事既然出于虚构，由这个故事所记载的，李白用隐语来作诗的事，当然也就不能相信。再说，在李白的《李太白集》里，也没有一首诗是用隐语写成的。看来"树下彼何人"这首包括了隐语在内的五言诗，只是一首托名于李白的诗，李白并不是这首诗的作者。

由《许云封传》所提到的另一个时间与人物，是在唐德宗的贞元元年（785年），担任和州刺史的韦应物。可是如果用韦应物的生平资料与这项记录来对照，可知韦应物虽在德宗建宗四年（783年）之夏，由中央政府里的尚书比部员外郎，转任位于安徽的滁州刺史，可是到德宗兴元元年（784年）之冬，他已被罢刺史之职，不过仍然住在滁州。到德宗贞元元年之秋，他才又重被任命为位于江西的江州刺史。[17]根据这些资料，韦应物并没有担任过和州刺史的官职。那就等于说，袁郊在《许云封传》所记的与李白有关的年代与地点既不正确，就连对与韦应物有关的职位和年代的记载，也是错误的。这些年代既然都不可靠，大概只有与袁郊自己有关的资料，才是可靠的。

据宋人计有功的记载，袁郊虽在唐懿宗的咸通时代（860—873年）担任过中央政府里的祠部郎中，[18]不过在唐文宗的开成五年（840年），诗人温庭筠曾经写过送给袁郊的诗。[19]假如袁郊在开成五年的年龄是二十五岁，到咸通初年，他已经是四十五岁的中年人。如果他在咸通十四年还在世，他的年龄应该已经接近六十岁。袁郊在《许云封传》里所提到的时间和事情，虽然都不可靠，可是他从开成五年一直到咸通十四年（840—873年）的实际生活，却应该是可靠的。如果在《许云封传》里托名于李白的隐语诗，其实就是袁郊自己的作品，那就无异说明隐语的使用，是在唐的后半期（由开成五年到咸通十四年的那三十三年），或者在九世纪的中期。

由吴处厚所记录的故事，虽然发生在唐玄宗开元时代（713—741年），不过许畿庙碑上的隐语，却是由徐延休辨认出来的。所以故事真正的时间，可能并不在玄宗的开元时代，而在徐延休的时代。徐延休的时代虽然不能确知，不过据吴处厚的记录，他是徐铉的父亲。[20]而徐铉（917—992 年）的时代却是十分清楚的。

假如徐延休在徐铉出生之年，也即在后梁末年贞明三年（917 年）的年龄是二十五岁，他自己的出生年代，应在唐昭宗景福二年（893 年）。到五代初年的后梁太祖开平元年（907 年），也即在徐延休年方十五岁那年，唐代亡国。古代的史家，常对于天资特别聪慧的人（包括神童在内），编有传记。徐延休的一生，既然兼跨唐与五代，如果他是一位神童，史家应该会在《旧唐书》或《唐书》里，为他立传。如果他在幼年不是一位神童，可是长大以后，却成为一位重要人物，史家应该也会在《旧五代史》或《新五代史》里为他立传。然而，事实上，不但在《旧唐书》与《新唐书》里，没有徐延休的传记，就在《旧五代史》与《新五代史》里，也同样的并没有他的传记。这个事实似乎可以说明，徐延休在小时，既非神童，长大以后，也不是什么重要人物。根据这个结论再来推测，徐延休辨认许畿庙碑碑文上的隐语，可能应该是在他长大成人以后的事。徐延休的年龄虽是个谜，不过至少可以假设他的年寿在三十岁以上。

前面已经假设，在后梁贞明三年，徐延休的年龄是二十五岁。他三十岁时，应该相当于后梁末年龙德二年（922 年）。如果以上的推测合理，他对许畿庙碑隐语的辨读，应在五代初期的后梁时代，或者是十世纪的初期。据《宋史》里的《徐铉传》，[21]徐铉的籍贯是江苏扬州。徐延休既为徐铉之父，所以他的籍贯当然也是扬州。总之，根据吴处厚在《青箱杂记》里所记载的故事，隐语的使用，可能从唐代后期延长到五代初期（也即从九世纪后期，延长到十世纪初期），可是就在五代初期，隐语使用的地区，正与隐语在九世纪的使用地区一样，仍旧是长江下游的江南地区。

除了由唐、宋文人所记载的与隐语有关的六个故事，活动于中唐时代的李肇的一项与故事无关，但与隐语有关的记录似乎相当重要。李肇的记录是这样的：[22]

初，诙谐自贺知章，轻薄自祖咏，瞤语自贺兰广、郑涉，近代咏字有萧昕，寓言有李纡，隐语有张著，机警有李舟、张彧，歇后有姚岘、叔孙羽，讹语影带有李直方、独孤申叔，题目人有曹著。

引文中所说的“近代”，大致指从唐玄宗开元时代（713—741 年）到唐穆宗长庆时代（821—824 年）的这一百多年。张著的隐语，虽然都已失传，但据李肇的记载，他是以隐语的写作与使用而出名的特别人物。张著的时代，现在虽难考证，但以最保守的方式来推测，他至少曾经活动于长庆时代，也即九世纪初期。而九世纪初期，正是李公佐写《谢小娥传》与张谓写《柳光传》的时代。如果张著的活动时代超过长庆时代，他的时代甚至也许会与袁郊写《许云封传》的时代，相差不远。假如事实真正如此，九世纪初期的中唐时代，也许正是唐代隐语高潮时期的开始。最可惜的是，与张著有关的隐语，现在完全无法再见了。

如上述，张著的活动时代，既然不会迟于 821 到 824 年，《许云封传》的写作时间，大致可以定在从 840 年到 875 年的那三十几年之内，而许氤庙碑隐语的辨读时代，似乎又大致可以定在 915 年到 922 年之间，现在就可以把这三个时间，与前面已经排好的另外四个故事的时间，连同手语隐语所使用的时间，一齐排列如下：

《谢小娥传》	唐宪宗元和十三年（818 年）
张著的时代	至少不迟于唐穆宗长庆时代（821—824 年）
《柳光传》	唐文宗大和元年（827 年）
《许云封传》	唐武宗开成五年至懿宗咸通时代（840—873 年）
大明寺	唐懿宗咸通初年（860—863 年）
青龙寺	唐僖宗乾符时代（874—879 年）
手语隐语	唐懿宗咸通至僖宗乾符时代（860—879 年）
许氤庙碑	后梁末帝贞明至龙德时代（915—922 年）

根据这个时间表，可以清楚地看出来，与唐代的隐语有关的故事的写成时间，不但可以说，无不发生在由元和时代到乾符时代（或者唐代之后半期的这六十几年之内），或者说，几乎无不发生在整个九世纪之内，而且如以许氤庙碑上的八字为例，还可以说，隐语的使用，似乎更曾由唐代后期延长到五代的初期。不过在

唐代前期，是不是完全没有隐语的使用？假如在文献上，能有新资料的发现，这个问题，似乎更是今后值得注意的新课题。

三、唐代以前的隐语

1. 东汉末年的隐语

根据前面所举的六个例子，隐语在唐代的后半期，虽然可说相当流行，不过从历史上看，隐语并不是在唐代创始的。活动于南北朝初期的刘义庆（403—444年），专门喜欢记载当代的与近代的文人生活。根据他的记载，[23] 在三国时代，有一次，魏国的曹操（155—220年）看见一块石碑上刻了“黄绢幼妇外孙齑臼”八字。于是他就问杨修：“你知道这八个字，代表什么意思吗？”杨修说：“我知道。”曹操听了，就赶紧对杨修说：“你先把你的答案，写在一张纸上，可是暂时不要说出来。现在我也来想一想，看看这八个字究竟代表什么意思。”他们一起走了三十里路之后，曹操才对杨修说：“现在我知道了。”于是他接着说：

一般的绢，都是用丝织成的。织好以后的绢的颜色都是白色的。如果绢的颜色是黄的，那就是有颜色的绢了。所以，有颜色的绢，等于是有色的丝。丝字是由两个“纟”部分共同组成的，不过也可以减少一个纟，而只剩下一个纟。有色的纟，就是色纟。把色、纟这两个部分重新组合，可以形成另外的一个字，而这个新字，就是“绝”字。

八个字里的第三、四两字是幼妇，幼妇就是少女。把少女两字重新组合，可以成为“妙”字。

第五、六两字是外孙。外孙就是女儿的儿子。把女、子两字重新组合，可以成为“好”字。至于在最后的两个字里，臼是用来捣东西的器具，齑是打得烂烂的韭菜。而韭菜呢，又是我们所吃的五种辣味（五辛）里的一种。所以齑臼，既是接受韭，也就等于是接受一种辛。如果把受辛两字重新组合，可以得到一个辞字（在当时，辞字也可以写成辤字）。那么，这“黄绢、幼妇、外孙、齑臼”八个字，岂不就是“绝妙好辞”等四个字吗？

曹操说完了，就叫杨修把他已经写好的答案拿过来看。原来杨修所写的，也正是这四个字。曹操看了杨修的答案，就很感慨地说："你的才气比我好。我要走了三十里这么长的路，才能想得通。"

由班固所编写的《后汉书》，是为曹娥写了传记的。[24] 不过这篇传文只说县长为曹娥立碑，而没提到碑文。但是唐人李贤在为《后汉书》作注时，却在注文里引用《会稽典录》，而认为含有"黄绢、幼妇、外孙、齑臼"等八字隐语，是由蔡邕（132—192 年）题在曹娥碑上的。[25] 据《隋书》的记载，《会稽典录》共有二十四卷，作者是虞预。[26] 但据《晋书》的记载，《会稽典录》却只有二十篇。[27] 由于此书现已不存，篇与卷的差别问题，虽可不必再加追论，可是虞预所说的"黄绢"等八字隐语是由蔡邕所题以及由刘义庆所记载的曹操和杨修曾经互猜这八字隐语的那两件事，却都值得重新考虑。何以呢？

南北朝时代的宋代的刘峻，是曾经为《世说新语》作注的。他在注文中，在从《会稽典录》中引录出来的那段文字之后，接着说："按曹娥碑在会稽中，而魏武、杨修未尝过江也。"[28] 他的意思是曹操与杨修，既在他们的生前，都没到过江南，所以根本看不到立在会稽的曹娥碑，更不用说互猜碑上的隐语了。刘峻对虞预的记录有所怀疑，是有根据的。

到了明代，当小说家罗贯中把曹操观碑和猜碑文之隐语的事写进《三国演义》的时候，为了避免接触曹操在黄河流域看到立在浙江会稽的曹娥碑的错误，就把曹操所看到的碑文，改为在墙上挂着的石碑的拓本。[29] 经过罗贯中的改动，曹操在陕西看到浙江的曹娥碑，既然不再有地理上的矛盾，由蔡邕题在曹娥碑上的，由"黄绢"到"齑臼"的八字隐语，就更出名了。至于蔡邕，根据《后汉书》里的《蔡邕传》，他在中平六年（189 年）被董卓召回河南之前，曾从汉灵帝光和元年到中平六年（178—189 年），在江南住了十二年。[30] 所以那由"黄绢"到"齑臼"的八字隐语，倒有可能是由蔡邕题在曹娥碑上的。如果事实的确如此，这八字隐语应与曹操和杨修无关，也就是虞预在《会稽典录》里所写的记录，并不可靠。可是在另一方面，这些隐语的写成时代，似乎又可由于蔡邕的书写而应该定在东汉末年的汉灵帝时代（168—189 年），也即二世纪的末期。同时当然还得说，最初使用隐语的地区，或者写作隐语的地点，应该是中国的江南地区。

这个看法，也许可以用保存在《参同契》里的隐语的写成时代，作为旁证。在三国时代的吴国，有一个非常讲究炼丹术的人，叫做魏伯阳。他所写的书，叫做《参同契》，共有上、下二卷。在内容上，这部书是掺杂了《易经》以及黄帝与老子的学说而写成的。在这部书的下卷的最后一篇，有一首四言古诗，诗文的一部分是这样的：

委时去害，依托丘山，循游寥廓，与鬼为邻。
化形而仙，沦寂无声，百世一下，遨游人间。
陈敷羽翮，东西南倾，汤遭阨际，水旱隔井。
柯叶委黄，失其荣华，各相乘负，安稳长生。[31]

其实由这几句诗所代表的晦涩的文义，也是一种隐语。因为在第一与第四句里，既有委字，也有鬼字。把委、鬼二字重新组合，所得到的新字，是个“魏”字。第七句的意思，似乎是把百字的第一笔拿掉。如把所剩下的白字与第八句所提到的人字重新组合，所得到的新字，是个“伯”字。第十一句是说有一碗汤，被别人放到很危险的山角去了。而第十二句的意思是说汤（湯）字的水字旁，已被阨字隔开来了。那就等于说汤字的水字旁，是可以由阨字的阜字旁（⻖）来代替的。如把阜、昜二字重新组合，所得到的新字，岂不是个“阳（陽）”字吗？

在第十三到第十四句中，既说柯树的树叶不但由绿变黄，而且已经枯干，不再有欣欣向荣的形象。所以可以根据诗文里的“失”字而去掉柯字的木旁，而只剩下“可”字。在第十五句里，“负”的意思是“欠”，而“乘”的意思是“加”。如果把可字与另一个可字相加，所得到的新字是“哥”字。把这个哥字再与欠字相加，所得到的新字，是“歌”字。因此，由“委时去害”，到“安稳长生”的这十六句诗里，一共隐藏了“魏伯阳歌”等四个字。魏伯阳歌就是“这首诗是魏伯阳所作的”的意思。

这首诗虽然作得并不很好，不过魏伯阳既是吴国人，所以从“委时去害”到“水旱隔井”的这几句隐语，也是在江南地区写成的。而且在时间上，吴（222—280 年）的立国，与东汉末年灵帝的中平时代（184—189 年），相隔不过四十年。

易言之，如果说，在二世纪末期开始形成的隐语，到了三世纪初期，不但在江南地区续继发展，而且变成更受文人欢迎的文字游戏，似乎是甚有可能的。从写作的方法上看，魏伯阳把他自己的姓名隐藏在这首四言诗里，与李公佐所记载的，把“车中猴，门东草”与“禾中走，一日夫”当作人的姓名的那种写法，好像并没有什么重大的差别。可见如果写在《参同契》里的那几句隐语诗，真是魏伯阳的作品，唐代的隐语与唐以前的隐语的写作方式，还是一脉相传的。

2. 战国时代的文字隐语

其实在文献中，用隐语来表示姓名，似乎还有比汉代更早的记载。譬如专门记载越国事情的《越绝书》，据说是一位没有作者姓名的人所编写的。可是在这部书的最后一篇，却有这样的八句隐语：

> 以去为姓，得衣乃成。厥名有米，覆之以庚。
> 以口为姓，承之以天。楚相屈平，与之同名。[32]

第一句是说把去字的“厶”部拿掉，意思是只剩下一个土字。第二句是说在土字下面加一个衣字，可以完成另一个字。把土、衣二字重新组合，所得到的新字，是个“袁”字。第三、四两句大致是说把米字写在庚字上面，把米、庚二字重新组合，所得到的新字，是个“康”字。第五句是一个口字。不过天字可以托住这个口字。口字加天字，是个“吴”字。屈原本名是屈平。最后两句既说屈原跟我是同名的，所以这两句等于说的是一个“平”字。那么写在《越绝书》里的这八句四言诗，应该代表“袁康、吴平”等四个字。过去就有人根据这首隐语诗而认为袁康与吴平应该是“越绝书”的作者。[33] 不过袁康与吴平既然都是汉人，所以《越绝书》是否真是战国时代的著作，似乎还是值得再加考虑的。另一方面，如果《越绝书》不是战国时代的著作，那么，在汉代以前，是否已有隐语的使用，恐怕也是值得考虑的另一个问题。

在明末清初之际，反清复明的帮会，是经常使用隐语的。譬如洪门会的隐语是“三八廿一”，这四个字是由于把“洪”字拆散之后所得到的新字。而洪字又是明代开国皇帝朱元璋所用的年号“洪武”里的一个字。此外，在尚地会的八字歌诀之中，最后一句是“八牛下世坐山宗。”隐藏在这句歌词里的“八牛”，其实也就是把朱字拆散以后所得到的两个新字。而所谓朱，指的是朱元璋，那更是不言而喻的事了。

总之，隐语可能是在东汉的末年，或者是在三世纪的后半期，在江南地区开始使用的。在三国时代，继续使用。到了唐代的后半期，隐语的使用，可能才达到高潮。不过在当时，隐语还有别的名称。譬如难陀为人推测未来而写成的隐语，段成式是称为谜语的。[34] 谢小娥在梦中得到的，包括了她的杀父与杀夫之仇人之姓名的四句隐语，李公佐也是称为谜语的。可见唐人所说的谜语，实际上就是隐语。由张著和难陀所写的隐语，由于当时无人加以记载，现在当然不复可见。不过根据由李公佐、袁郊、张读和冯翊等人对当时的隐语所做的记录，张著和难陀所写的隐语的性质，大概还是可以想象得到；如果不是用来称赞人的，恐怕就是用来骂人的。隐语的写作和了解，既需把一个字的结构分散，也需要把分散后的字，组合成另一个新字。欧阳修所说的“离析其文”，就是对隐语的特征的形容。根据以上所举的六个与隐语有关的例子，在拆开或者组合隐语的时候，一般的历史常识，也是需要配合着一齐使用的。从这个角度来看，如果说唐代以前的隐语，是文人生活里的文字游戏，唐代隐语的性质，似乎也不是例外。

注释

1 裴铏：《传奇》内之《昆仑奴》。此据汪辟疆《唐人小说》（1955 年，上海：古典文学出版社出版校录标点本），第 267—269 页。

2 在唐代，所谓“昆仑奴”，都是黑人。关于唐代的昆仑奴的来源，见张星烺《唐时非洲黑奴输入中国考》，载于《辅仁学志》第一卷，第一期（1928 年，北平：辅仁大学），第 93—111 页。

3 段成式：《酉阳杂俎》前集，卷五，第 54 页。

4 《旧唐书》（1975 年，北京：中华书局出版标点本）卷一二九，《张延赏传》，第 3608 页。

5 袁郊：《甘泽谣》内之《许云封》，据汪辟疆《唐人小说》，第 263—264 页。

6 李公佐：《谢小娥传》，据前引汪辟疆《唐人小说》，第 93—95 页。

7 欧阳修：《新唐书》（1975 年，北京：中华书局出版标点本）卷二〇五，《列女传》内之《段居贞妻传》，第 5827—5828 页。

8 张谓：《宣室志》(《稗海》丛书本）卷七，第 2—4 页。
9 刘昫：《旧唐书》(1975 年，北京：中华书局出版标点本）卷一《高祖纪》，第 18 页；又见《新唐书》卷一，《高祖纪》，第 20 页。
10 冯翊：《桂苑丛谈》(1958 年，北京：中华书局出版标点本)，第 66—67 页。
11 同上注，第 71—72 页。
12 吴处厚：《青箱杂记》(《稗海》丛书本）卷七，第 5 页。
13 《新唐书》卷一七二，《令狐楚传》所附《令狐绹传》。
14 《旧唐书》卷八，《玄宗纪》，第 188 页；又见《新唐书》卷五，《玄宗纪》，第 131 页。
15 安旗、薛天伟：《李白年谱》(1982 年，济南：齐鲁书社)，第 51 页，《开元二十八年》条。
16 同上注，第 54—55 页，《天宝元年》条。
17 傅璇琮：《韦应物系年考证》，载于《唐代诗人丛考》(1980 年，北京：中华书局)，第 269—326 页。
18 计有功：《唐诗纪事》(1965 年，北京：中华书局出版标点本）卷六五，第 972 页。
19 据同上书，第 972 页，温庭筠有"开成五年抱疾不得预计偕诗寄郊"诗。诗题所谓郊，就是《甘泽谣》的作者袁郊。
20 见注 11 所揭《青箱杂记》卷七，第 5 页。
21 《宋史》(1977 年，北京：中华书局出版标点本）卷四四一，《徐铉传》，第 13044—13049 页。
22 李肇：《唐国史补》(1957 年，上海：古典文学出版社出版标点本）卷下，第 60 页。
23 原文见刘义庆《世说新语》第十一《捷悟》篇。现据杨勇《世说新语校笺》(1969 年，香港：大众书局出版标点本)，第 441 页；又据徐震堮《世说新语校笺》(1987 年，香港：中华书局出版标点本)，第 318 页。
24 《曹娥传》见班固《后汉书》(1971 年，香港：中华书局出版标点本）卷八四，《列女传》，第 2794 页。
25 同上注，第 2794 页。
26 见《晋书》(1974 年，北京：中华书局出版标点本）卷八二，《虞预传》，第 2143—2147 页。
27 见《隋书》(1973 年，北京：中华书局出版标点本）卷三三，《经籍志》二，第 975 页。
28 见注 20 所举杨勇本，第 441 页，又徐震堮本，第 318 页。
29 见罗贯中：《三国演义》(1982 年，台北：地球出版社影印本）第七十一回，第 586—587 页。
30 《后汉书》卷六〇下，第 1979—2007 页，《蔡邕传》。宋姚宽《西溪丛话》(《啸园丛书》本)，卷上，第 16—17 页，记载莫承之所收藏的一张古琴，有"中平四年，逐客蔡邕吴中断"等十一字的隶书题记。蔡邕自称逐客，似乎未见他例。不过题记中所提到的中平四年，却正与蔡邕住在江南的那十二年的时间相符。
31 《参同契》(《百陵学山》丛书影印明刻本）下卷末篇《自序篇》，第 9—10 页。
32 《越绝书》(1936 年，上海：中华书局出版《四部备要》本）共十五卷。第十五卷的篇名是《越绝篇叙外传记》。这首隐语诗，见于第十五卷，第 3—4 页。
33 纪昀：《四库全书总目提要》(1933 年，上海：商务印书馆出版标点本）卷六六，史部二二，《载记类》，第 1425—1427 页，《越绝书》条。又清赵翼《陔馀丛考》(1957 年，北京：商务印书馆出版标点本）卷二二，第 433—436 页，"谜"字条，引明人黄佐的意见，认为《越绝书》是"吴平因袁康所录成书"。清末名人李慈铭则以为"此书自记其姓名为袁康，定其文辞者邑人吴平"，说见所著《越缦堂读书记》(1963 年，北京：中华书局出版标点本)，第 148—149 页。
34 在南北朝时代，谜语是口语中对于隐语的称呼。在文字上，隐语的称呼似乎是"讔语"，详见刘勰《文心雕龙》(1982 年，台北：明文书局影印王利器标点校注本）卷三，《谐讔》第十五，第 102—103 页。

唐代的骂人语

古代的文献，对于骂人的语言是很少有记录的。所以唐代究竟有多少骂人的语言，现在就很难知道真相。把与唐人生活有关的笔记、小说、诗篇，与史书加以综合，可以看出当时的骂人话，至少有五种：

一、田舍汉（田舍子、田舍奴）

据唐人刘悚的记载，有一次，唐太宗在退朝以后，一面发脾气，一面说："令杀此田舍汉！"[1]这时候，长孙皇后就问他："谁冒犯你了？"唐太宗说："还不是魏徵！每一次他都在朝廷上争着羞辱我，弄得我很不自在。"假使唐太宗所说的"田舍汉"，可以用现代的口语来说，如果要翻译成比较文雅一点的词汇，也许可以翻成"乡下人"，不过如要翻译成比较通俗一点的词汇，也许可以翻成"乡巴佬"。此外，如果要翻译成更通俗一点的词汇，恐怕也许还可以把"田舍汉"翻成"土包子"。这样，唐太宗骂魏徵的那句话，如果用现代口语来重说一遍，大概是可以说成"我真想下令去杀那个土包子"的。

再据刘悚的记载，在武则天（623—705年）做女皇帝的时代，有一次，李昭德与娄师德一齐步行去上朝。李昭德虽然走得并不是特别的快，不过由于娄师德不但长得既高且胖，[2]而且又是一个跛子，[3]所以走得很慢，因此，脚步较快的李昭德，就得常常停下来等娄师德。有时候，当李昭德因为已经停下来等而又看不见娄师德的时候，就不免发起脾气来骂他说："叵耐杀人田舍汉！"可是娄师德在听到李昭德的这句话之后，不但并不生气，反而慢慢地笑着说："师德不是田舍汉，更阿谁是！"[4]

到了北宋时代，宋祁（998—1061年）又对这个故事有所记载。可是根据他的记载，李昭德的骂人话是"田舍子"[5]而不是"田舍汉"。从字面上看，田舍子似乎比田舍汉稍为文雅一点。可是在文义上，"田舍汉"与"田舍子"一样，不但都指"乡下人"或者"乡巴佬"，而且又都是骂人话。如果用现代的口语把李昭德骂娄师德所说的"叵耐杀人田舍汉"重说一遍，大概可以说成："真不耐烦，等这个乡巴佬，真会等死人！"娄师德虽然知道李昭德骂他是乡巴佬，但是为了让李昭德心里觉得舒服一点，所以只好厚着脸皮，承认他就是一个乡巴佬。

除了由刘竦所记载的这两个故事，由薛用弱所记载的，由三位诗人互比谁最出名的故事，不但在唐代脍炙人口，而且故事的结局，也与田舍汉这句骂人话有关。故事的内容大致是：在唐玄宗的开元时代，当王昌龄（约690—756年）、高适（约700—765年）与王之涣（约688—742年）等三位诗人，在一个下着小雪的日子，一齐在旗亭里喝酒。这时候，忽然有十几个乐队里的人，不但也到旗亭里来宴会，而且还有几位穿着华丽的女歌手，在宴会中唱歌。当时因为这三位诗人的作品都已经成为许多可唱的歌曲的歌词，所以他们就自定一个办法来比较三人的诗名。办法是每逢有歌手唱歌，如果歌词刚好是他们之中的某一位的作品，这位诗人就做一个记录，最后再比谁的记录最高。当二王一高定好了比较诗名的办法之后，有一位歌手唱了一首歌，歌词是：

> 寒江连江夜入吴，平明送客楚山孤。
> 洛阳亲友如相问，一片冰心在玉壶。

因为这支歌曲的歌词是由王昌龄所写的七言绝句，所以王昌龄一听见歌声，立即用手在墙上画了一条线，然后说："刚才唱的这首歌的歌词，是我的作品。"

过了一会儿，另外一位女歌手又唱歌了。她的歌词是：

开箧泪沾臆，见君前日书。

夜台何寂寞，犹是子云居。

这时候，高适也用手在墙上画了一条线，然后说：“刚才唱的歌的歌词，是我的作品。”

又过了一会儿，第三位歌手又演唱了。她的歌词是：

奉帚平明金殿开，且将团扇共徘徊。

玉颜不及寒鸦色，犹带昭阳日影来。

王昌龄听完这首歌，又用手在墙上画了一条线，然后说：“现在唱了两首我的作品！”

王之涣因为他的诗，早已出名，现在居然连唱了三首歌，而歌词都不是他的作品，不免显得有点不自在。于是他对着王昌龄和高适说：“刚才的歌手，都不重要。她们所唱的歌的歌词，也都是低俗的东西。那最好的歌词，这些俗人怎么敢去碰呢？”他说完了，就指着这一群歌手里面最漂亮一个，然后说：“现在我们来听听她唱的歌的歌词是什么。假如她唱的歌的歌词不是我的作品，我从此不敢再跟你们两位比较诗名。不过要是她所唱的歌的歌词是我的作品，你们两位可得向我下拜，并且拜我是你们的老师。”他说完了，三个人虽然都笑起来，却也在暗中等待那位梳了两个发鬟的，最漂亮的歌手唱歌。等到她一开口，那首歌的歌词居然是：

黄河远上白云间，一片孤城万仞山。

羌笛何须怨杨柳，春风不度玉门关。

而这首诗正是王之涣的名作。这时候，王之涣就面对着高适与王昌龄而高兴地说：“‘田舍奴’，你们看我说错了没有？”说完了，大家又大笑了一阵。[6]

唐德宗建中四年（783 年），泾原节度使姚令言的属下官军，突然在长安的郊区叛变。这个危机迫使唐德宗不得不放弃他的国都而逃到陕西乾县去躲避叛军。就在这年，叛军拥立原来的卢龙节度使朱泚为元帅，朱泚就住在天子上朝听政的朝元殿里。[7] 朱泚的武力后盾是三个人，魏博节度使田悦、青州刺史李讷与怀冀观察使王武俊。这三人在建中三年的十一月，分别自称魏王、齐王与赵王，朱泚也在同时自称冀王。[8]

朱泚进入长安之后，昭义节度使李抱真、河东节度使马燧、河阳节度使李艽以及唐代中央政府的神策军招讨使李晟四人联合起来攻打朱泚、田悦、李讷与王武俊的叛军，可是并没有显著的胜负。于是李抱真就派了他的辩士贾利到王武俊的部队里去当说客。贾利对王武俊说："你出身于河北方面的大家族。朱泚是一个心胸阴森而又危险的人物。他自称冀王，就是他想占据河北的先兆。假如他再攻下山东，到那时候，你就得向他称臣。如果你不肯向他称臣，他是会攻打河北的。你如看清现在的军事局面，是不是现在就向朱泚称臣比较好？"王武俊听完贾利的话，气得连脸色也变了。不但如此，他还把衣袖一甩然后说："唐代虽已定国二百年，我还不想做个唐臣，谁能臣'田舍汉'？"[9]

在引用过这四条与唐代的骂人语有关的文字资料之后，应该继续注意的是以"田舍汉"（或田舍子、田舍奴）为骂人语的使用时间。关于这一点，上引的三个故事的时间，应该分开来个别讨论。在第一个故事里，唐太宗以"田舍汉"来责骂魏徵的时间，是没有记录的。不过，长孙皇后听见唐太宗使用了"田舍汉"这句骂人语之后，曾经问她的丈夫，"谁冒犯你了"，可见唐太宗骂魏徵的时候，长孙皇后与魏徵是都在世的。在资料上，长孙皇后生于隋高祖仁寿元年（601 年），卒于唐太宗贞观十年（636 年），卒年三十六岁。[10] 而魏徵则生于北周静帝大象二年（580 年），卒于唐太宗贞观十七年（643 年），[11] 享年六十四岁。既然长孙皇后比魏徵早卒七年，可见唐太宗使用"田舍汉"这句骂人语的时间的下限，应该用长孙皇后的卒年作为证据，而不应该用魏徵的卒年作为证据。这样，唐太宗使用"田舍汉"的时间的下限，似乎不会迟于贞观十年，或者 636 年。

关于第二个故事的时间，男主角之一的娄师德生于唐太宗贞观四年（630

年），卒于则天帝圣历三年（700 年），享年七十岁。[12] 男主角之二的李昭德的生年与年寿虽然不详，不过在史料上，至少可知他卒于则天帝万岁通天元年（696 年）。[13] 所以李昭德用“田舍子”来骂娄师德的时间虽然不能确定，不过却可以根据李昭德的卒年，而知道使用这句骂人语的时间下限，至少不会迟于六九六年。可见从唐太宗用“田舍汉”骂魏徵，到李昭德用“田舍子”骂娄师德，在时间上，相距已有三十年。那就等于说从唐太宗的贞观十年，直到则天帝的万岁通天时代，“田舍汉”或“田舍子”一直是一句骂人语。

再看在第三个故事里，三位诗人互比诗名的时间。由于王之涣卒于唐玄宗天宝元年（742 年），[14] 所以二王一高在长安旗亭比较诗名的事，应该不会迟于七四二年。[15] 如果唐太宗以“田舍汉”骂魏徵的事发生在六三六年，王之涣用“田舍奴”骂高适和王昌龄的事发生在七四二年，而王武俊用“田舍汉”骂朱泚的时间，发生在七八三年。可见以“田舍奴”（或“田舍子”“田舍汉”，也就是“乡巴佬”或“土包子”）作为骂人的词汇，在时间上，从初唐经盛唐而到中唐，前后至少曾经超过一百四十七年，接近一百五十年了。

二、獠（獠奴）

在唐代初年，褚遂良（596—658 年）与长孙无忌（？—659 年）不但在唐太宗的贞观时代，是朝廷里的高级官员，而且更是唐太宗在死前，把太子李治与其妻王氏托付给他们的辅政人物。贞观二十三年（649 年）五月，太宗驾崩，同年六月，二十二岁的李治，就以太子的身份即皇帝位，成为唐代的第三位天子唐高宗（650—683 年在位）。

高宗的原配王氏，不但容貌漂亮，[16] 而且个性“婉淑”，[17] 是一位好妻子。高宗即位后，是曾在永徽元年（650 年）的正月，把她立为皇后的。[18] 可是就在同一年，高宗在感业寺见到本来已经落发为尼的武则天之后，被她的美色所迷；所以把她召进宫来，封为昭仪。[19] 武则天进宫之后，不但先在高宗面前，用诬告的手段去打击王皇后，[20] 而且后来更令高宗在永徽六年（655 年）的十月废除王氏的皇后的身份，还把她贬成庶人。[21] 永徽六年（655 年），高宗决定册立武则天为皇后，褚遂良就以先朝托孤大臣的身份，去劝高宗不要这么做。他的理由有三点："第一，王皇后是你爸爸托付给我，叫我照顾她的。如果废了她的后衔，我岂非忘记了你的爸爸对我所说的话？第二，王皇后在行为上，并没有过失。你不能随便废除她的后衔。第三，武则天曾经是你爸爸的人。你如果不考虑这三点理由，贸然废除王皇后的皇后的身份，同时再立武则天为皇后，难道你不怕全国百姓的舆论批评对你不利吗？"[22] 从文义上看，褚遂良的第三点，似乎只说了一半。那没有说出来的下半句话，应该是，你召武则天入宫，根本就是乱伦。

可是唐高宗听完褚遂良的劝告，不但并没改变他要废后的原意，而且还生了气。不过褚遂良既是他爸爸所信任的辅政大臣，一时之间，还不能对他怎么样，只好叫人把他带出宫外。其实当褚遂良向唐高宗陈述不可废后的理由的时候，武则天早已躲在高宗身后的帘子后面，偷听这君臣二人之间的对话。到高宗叫人把褚遂良带出宫去的那一刻，武则天再也忍不住了，于是就在帘子后面高声大叫："何不扑杀此獠？"[23]

所谓獠（或作僚、狫），就是目前分布在贵州、云南、广西三地以及川南与湘西的仡佬与土僚，[24] 也就是一种文化比较落后的少数民族。武则天所说的"何不扑杀此獠"，如果用现代的语体文来重说一遍，大致可以说成："你怎么还不叫人冲上去，把那个野人打死呀？"武则天既把褚遂良称为"獠"，可见在唐高宗永徽六年（655 年），也就是七世纪的中期，"獠"不但是汉人对野人或蛮人的一种称呼，也是一种骂人语。

从文献上看，在唐代初年，"獠"字的使用，似乎相当普遍。据刘肃的记录，有一次，有一位皇帝曾经召见一个名叫贾嘉隐的神童。当时，大臣长孙无忌与李勣都站在上朝的大堂上。大概李勣想要考一考这位神童，所以他就一面靠在大堂的一支木柱上，一面向贾嘉隐提出一个问题："你看我靠着的柱子本来是什么树？"嘉隐说："是松树。"李勣说："这柱子是用槐树做的，你怎么说是用松树做的呢？"嘉隐答他："用公字与木字相配，不是松字吗？"长孙无忌听完他们的对话，连忙又向贾嘉隐提出另一个问题："那你看我靠着的柱子，又是用什么树干做成的呢？"嘉隐想也不想地马上说："是用槐树干做的。"长孙无忌听了这个答案，就说："这次你没办法强辩了吧?”哪知道贾嘉隐马上就说:“我根本不需要强辩,因为用鬼字来配木字,就是槐字。”李勣听完这场答辩,就说:“此小儿作獠面,可是怎么这么聪明?”嘉隐听见这句既是赞又是骂的话,马上又说:“胡面尚为宰相,獠面何废聪明!”[25]由于李勣的样子,长得像从西北方面来华的胡人,而且他又曾做过唐太宗的中央政府的宰相,所以贾嘉隐才说:“既然连长得像个胡人的人都能做宰相,那长得像个西南方向的獠人的人,又怎么会不聪明呢!”

贾嘉隐是在哪一年被哪一位皇帝所召见的,在刘肃的记录之中,是没有一点记载的。不过贾嘉隐既说李勣曾经是宰相,而刘肃又把长孙无忌与李勣,分别称为太尉与司空,所以召见神童的时间,大致是可以根据以上所说的三种官职的任命时间,而加以考证的。首先要考察的,是李勣担任宰相的时间。在唐代,宰相是一个虚位,凡是任命为尚书省之首长(尚书令)、门下省之首长(门下侍郎)或者中书省之首长(中书令)的官员,实际上,都是宰相。[26]不过在尚书、中书与门下等三省之中,尚书省的情形,似乎又有一点特别。武德四年(621年),唐高祖曾经任命秦王李世民为尚书令。[27]等到唐高祖在武德九年(626年)把王位让给秦王,李世民的身份就从太子转变为唐代的第二位天子:唐太宗。从此以后,一般大臣为了表示对于唐太宗的尊重,尚书令这个职位,就一直虚悬着。[28]所以尚书省的副首长:左或右仆射,事实上,就等于是尚书省的首长。那也等于说,凡是担任尚书省之左或右仆射的人,事实上,也就是唐代的宰相。李勣是在唐太宗死后三月,才担任尚书省之左仆射的,[29]当时的天子虽是唐高宗,不过由于高宗在太宗死后的三个月内,还没改用新年号,所以李勣担任宰相的时间,只能说是在太宗死后的贞观二十三年(649年)的九月。到高宗永徽四年(653年),李勣才被任命为司空。[30]至于长孙无忌,他是在高宗时代的贞观二十三年,担任太尉的。[31]从此以后,他再没担任过别的任何职位。刘肃既把长孙无忌称为太尉、又把李勣称为司空,看来召见神童的皇帝,应该是唐高宗;而召见的时间,也应该不会早于永徽四年。这样说,武则天既在永徽六年用“獠”来骂褚遂良,而李勣又在永徽四年用“獠”来骂贾嘉隐,可见至少在从653年到655年的永徽初年,在唐代的上流社会之口语中,“獠”是一个相当流行的骂人语里的词汇。

永徽时代以后，虽有很长的一段时间，不见有关于用“獠”作骂人语的记录，不过这也许只是由于古代的文献，并不屑于对每个时期所使用的骂人语或者每一种骂人的词汇，全部都加以记录。根据这个推想，永徽以后缺乏有关于“獠”字的骂人语，似乎并不代表从永徽四年之后，把“獠”字作为骂人语的词汇，完全停止不用了。譬如说，中唐时代的柳珵，曾经写过一篇题目是《上清传》的小说。小说的主要内容是借上清的回忆，而指出德宗时代的宰相陆贽（754—805年），不但曾经派人去暗杀窦参；也就是与他同时的另一位宰相，而且还曾刮掉某地进贡给天子的银器上面的刻字。据柳珵的描写，唐德宗在听到陆贽曾经做过这么两件丑事之后，是相当生气的。以下的引文，是唐德宗在《上清传》中怒骂陆贽的话：

> 这獠奴！我脱却伊绿衫，便与紫衫着。又常唤伊作陆九，我任窦参，方称意，次须教我枉杀却他。[32]

所谓“脱绿衫”而“着紫衫”，是把陆贽由一个官阶只在六与七品之间的中下级官员的身份，提拔成官阶在三品以上的朝廷大官。[33] 至于“唤陆九”，是用陆贽在陆氏家族中，身份是行九的那个陆族的大排行来称呼陆贽。[34] 用某人的家族排行来称呼某人，是对某人表示亲切的一种称呼。所以在唐德宗责骂陆贽的那一段话里，这位皇帝责骂陆贽的最大的理由，是由于陆贽的关系，他才把窦参杀掉。但是根据《旧唐书》与《新唐书》，事实并不是这样的。贞元八年（792年），窦参虽从宰相的职位上，被调到郴州去担任郴州别驾，可是不知道为了什么原因，窦参在被调之后，居然还敢接受汴州节度使刘士宁送给他的五千匹绢。[35] 为了这件事，窦参又被人在德宗面前参奏了两次。[36] 唐德宗本来是要把窦参处以死刑的，不过他听了陆贽的奏言，才免了窦参的死刑，[37] 而把他由郴州再调到驩州去担任驩州的司马。可是当他正在走向驩州的途中，唐德宗终于还把窦参在邕州赐死。[38]

唐代的州，大致按照州内人口的多寡而分成上州、中州与下州等三个等级。[39] 唐代的郴州，在行政上，属于位于湖南长沙的潭州中都督府所管辖的一个中州。[40] 中州的别驾的官阶是正五品下，[41] 窦参在担任宰相时，他的中书侍郎的官阶是正三品。[42] 郴州的地理位置，大致相当于现代的湖南省南部的郴县。该州与长安的陆路距离是三千三百里。[43] 窦参既被调到离开国都三千多里以外的郴州去担任官阶只是正五品下的别驾，这样的调职，实在就是降级的贬职。至于驩州，就是在秦、汉时代，一向称为日南郡，而地理位置相当于现在的越南以北地区，是唐代的边疆地区。在行政上，驩州是属于安南都督府的一个下州。该州与长安相距一万二千四百余里。[44] 此州司马的官阶是从六品上。[45] 窦参从郴州被调到驩州去，即是从文明世界逐渐走入蛮荒地区，而所担任的职位，又是愈往南调而官阶愈低，实际上，这样的调职，真可说是放逐了。

根据以上的史料，陆贽不但并没派人暗杀窦参，而且还在窦参面临被斩的前夕，向唐德宗说理而救回了窦参的性命。这样说，即使陆贽恐怕还不能称为窦参的救命恩人，至少也没害过窦参。至于窦参最后终于在邕州被赐死，那也完全由于即使窦参已被贬到驩州去，唐德宗却在宫中继续听到宦官们对他的谤言，[46] 所以他才终于发出了那道赐死窦参的御令。看来窦参的接令自尽，应该与陆贽是没有关系的。正因为陆贽是唐代的一位贤相，平常绝无害人之心，所以远在北宋时代，早已经有人挺身而出，为柳珵在《上清传》里所说的，陆贽曾经派人暗杀窦参，以及刮掉进贡给天子的银器上的刻字的那两件丑事抱打不平；据司马光（1019—1086 年）的看法，对陆贽而言，暗杀与刮字，都是“不近人情”的事。[47] 无论陆贽是否的确做过暗杀与刮字的这两件事，柳珵是借用唐德宗之口而把陆贽骂成“獠奴”的。

用“獠”字作为骂人语，从初唐后期的永徽元年（650 年）开始，到中唐时代德宗的贞元八年（792 年）为止，使用的时间，前后已有将近一百五十年的历史。可是用“奴”字作为骂人语，似乎却没有那么长久的历史。根据前面引用过的史料，李昭德卒于万岁通天二年（697 年）。在他未死之前，来俊臣与侯思止曾经先后上奏给武则天，表示他们分别要娶王家与李家的女儿为妻。这时候，李昭德就对几位宰相说：“以前来俊臣强抢王庆诜的女儿为妻，已经是国家的一大耻辱。今‘此奴’又请索李自挹女。对于国家，这不又是一项耻辱吗？”[48]

李昭德对侯思止的另一称呼是“此奴”，用现代的语体文来翻译，这个名词也许可以译成“这个奴才”。奴才当然是一句骂人语。根据这项资料，中唐时代所使用的“獠奴”，应该是把初唐后期所使用的“獠”与“奴”等两个骂人的单字结合而成的一个骂人语里的新词汇。从文献上看，“獠奴”的使用范围似乎相当广泛。何以证明呢？

唐代著名的诗人杜甫（712—770年），从唐代宗大历元年到大历三年的春天（766—768年），在四川的夔州，住了将近两年的时间。[49]在这时期，他写过一首诗题是《示獠奴阿段》的诗。[50]根据杜甫在同一时期所写的诗，大概阿段就是杜甫在夔州所雇用的一个小用人（详下）。既然唐德宗用“獠奴”称呼陆贽的时候，獠奴是一句骂人话，可是杜甫用“獠奴”称呼阿段的时候，“獠奴”的使用方式虽然不很客气，不过似乎并不像是一句骂人话，而只是一种代名词。

这就看出来，用“獠”字作为骂人语的词汇，不但从初唐延长到中唐，而且在用法上，还是有些改变的。主要的改变是：第一，在初唐时代，骂人只用一个“獠”字，可是在中唐时代，骂人是用“獠奴”的。“獠奴”当然是比“獠”更恶毒的新字眼。用这个新字眼，不但可以骂别人是野蛮的獠人，而且更把被骂的人骂成是野蛮人的奴隶。这么说，用“獠奴”来骂人，等于不但骂陆贽没有文化，也骂他是一个没有社会地位的低贱的人。如果这样恶毒的骂人语，真会出于一位皇帝之口，是使人觉得相当不可思议的。第二，在使用的对象方面，既可用“獠奴”当做一句骂人话去称呼一个成人，也可以用“獠奴”当做一个代名词去称呼一个未成年的男孩子。只有把这两种不同的用法稍加区别，才可看出来唐德宗与杜甫所使用的“獠奴”的含义，是并不相同的。

三、“竖子”以及与“竖”有关的骂人语

（1）“竖子”

唐代的第三种骂人话是竖子。这个字眼，在文献上，见于五种著录。第一个记录是由刘肃所写的《大唐新语》。据这个记录，在武则天当政的最后一年，也就

是大周的长安四年（704 年），御史中丞宋璟（663—737 年）向武则天上奏，主旨是要把张易之、张昌宗二人处死。武则天先是不高兴，于是叫人传话，让宋璟离宫。这时候左拾遗李邕（678—747 年）又上奏说："宋璟所奏请的事，与你的社稷有关，希望陛下能够按照他的奏言去办理。"武则天好像听懂了李邕的话，就下令把张易之送到御史台去审问。可是没过多久，她不但又下令赦免张易之，同时还让张易之和张昌宗去看宋璟，并且向他致谢。宋璟虽然并不接见二张，可是他却对身旁的人说："恨不先打竖子脑破！而令混乱国经，吾负此恨。"[51] 如果这句话可以用现代的语体文来重说一遍，也许是可以说成这个样子的："我真恨不得把这两个小子的头打破！把治国家的常道弄乱了，又让我把恨憋在心里的人，就是这两个人。"

第二个记录，见于由宋祁等人所编写的《新唐书》。据此书，在中唐时代的宪宗元和十年（815 年），驻防在河南洛阳的东都留守吕元膺（749—820 年）生擒了一个叫作圆静的人。圆静虽然是个和尚，却也曾是平卢节度使李师古之弟李师道的部将。他年轻的时候，孔武有力，在安史之乱时，担任过史思明的部将。圆静在被擒时，虽然年过八十，身体依然相当强壮。吕元膺部队里的力士虽然想要把圆静的脚腕打断，可能居然不成功。这时候，圆静就骂那个力士："竖子！折人脚且不能，乃曰健儿。"[52] 是说："小子！你连把人的脚腕弄断也不行，还算什么健儿。"

第三个记录，也见于《新唐书》。据此书，在晚唐的乾宁二年（895 年），杨行密（852—905 年）与钱镠（852—932 年）都曾与唐朝的叛臣朱全忠作战。有一次，钱镠的部将马珣先把朱全忠的部将危全讽打败了，可是第二天，危全讽不但打败了马珣，而且还把马珣的营地完全破坏了。当马珣以败军之将去投靠杨行密的时候，杨行密就骂他："竖子！不遂其城邪？"[53] 杨行密的这句骂人话，如果要用现代的语体文来重说一遍，或者应该是这么说的："你这个小子！难道你连去强占对方占有的城市也不会吗？"

至于第四种记录，由于见于杜甫的若干诗篇，显得比较零散。在他的夔州时期的诗篇里，有一首诗的诗题是《驱竖子摘苍耳》。[54] 苍耳是一种可以治疗风湿与其他疾病的药材，[55]而“驱”的文义，如果不是驱逐，就是赶走。所以“驱竖子摘苍耳”就是把一个小子赶到外家外去采集药材。宋璟、圆静与杨行密等三人使用“竖子”的时候，是把这个名词用来当做称呼别人，也就是用来当做称呼并非自己家里的人的骂人语。可是根据杜甫的这首诗的诗题，不但也可用竖子来称呼自己家里的人，而且使用的方式，似乎也不很客气。这个解释也许还可用杜甫在同一时期所作的另一组诗的诗题来作为旁证。这组诗的诗题是《课小竖锄斫舍北果林，枝蔓荒秽净讫，移床三首》。[56]所谓“课”，具有督导的意思，而所谓“床”，应该不是寝室里的卧具，而是可以随意移动的胡床。[57]如果这样的了解无误，假使要把这组诗的诗题译为现代的语体文，也许大致可以译成这个样子：“督导一个小子用工具把我家北面果林的废枝、藤蔓和荒草都修剪好，还有，当他把荒乱和不干净的地方都清扫好以后，把我坐的胡床顺便也搬动了一下。”

杜甫在夔州时期所作的另一首诗的诗题是：《秋行官张望督促东渚耗稻向毕，清晨遣女奴阿稽、竖子阿段往问》。[58]据此诗题，这个在杜甫的督导之下打扫了果林之环境卫生的“竖子”，以及曾被杜甫赶到户外去采集药材的“竖子”，大概都是阿段。也许被杜甫既称为“竖子”又称为“獠奴”的阿段，就是杜甫住在夔州时期所雇的一个小用人吧。综合刘肃与宋祁的记载，以及杜甫的诗题里的资料，在唐代，“竖子”这个名词，虽然是一句相当流行的骂人语，不过使用这个名词的时候，既可用来骂成年人，也可用来骂小孩子，用法是相当灵活的。

如与从初唐到盛唐时代所使用的“田舍奴”以及从初唐到中唐时代所使用的“獠奴”相比，“竖子”的使用时间，似乎是比较晚的。可是如用其他的文献来对照，又可以知道，事实上，把“竖子”当做一句骂人的话来使用，在晚唐以前，早已有相当长久的历史。譬如根据司马迁的记载，在秦三世嬴子婴为王之后（公元前 206 年）的第八个月，项羽先把子婴杀掉，跟着他又立诸侯，分天下。[59]不过在他还没杀子婴之前，曾在陕西新丰的鸿门，举行一个宴会，为刘邦作寿。项羽的军师范增（公元前 275—前 204 年）虽叫人在宴会中以舞剑助兴的名义去杀刘邦，可是由于种种原因，刘邦不但没有被杀，还逃离了项羽的军营。这时候，他为了向项羽和范增赔罪，还派人送给他们每人一对玉器。项羽接受了礼物，没说什么，随手放在他的坐位旁边。范增却不但拔出剑来把刘邦送给他的玉器打破，同时还很感慨地说：“唉！竖子不足与谋。夺项王天下者，必沛公也。吾属为之虏矣。”[60] 范增如果活到现在，他那几句话，大概是会这么说的：“唉！对这么一个小子，我真不值得替他出主意。从此以后，能够从项王的手里抢去他的天下的人，一定就是这个已经逃走的刘邦。将来我们都会变成刘邦的俘虏的。”范增所说的“竖子”，就是他下一句话里所说的项王，也就是项羽。范增是心痛失去斩杀刘邦的良机，才骂他的主帅项羽是个没有用的“竖子”。可见在中国历史上，在楚、汉相争之际，或者在年代上，远在公元前 206 年，“竖子”已是当时的一句骂人话。

事实上，把“竖子”作为骂人话的历史，似乎至少还可以推到鸿门宴以前五十年。在战国末年的赵孝成王九年（公元前 257 年），陕西的秦国派兵围攻河北的赵国的邯郸。[61] 于是赵国的宰相平原君赵胜（卒于公元前 251 年），带着他的说客毛遂，一齐去见楚王；希望楚国可以派兵救赵。在毛遂向楚王分析政情的时候，他认为秦国的大将白起，不过是个“小竖子”。[62]

此外，在赵胜没有出使楚国之前，他的家里，养有不少的门下食客。与赵胜有关的一个故事，就与“竖子”这句骂人话有关。故事大致是这样的：有一天，赵胜家里的一个美人，在楼上看见一个跛子，一瘸一拐地走去打水，不禁在楼上大笑起来。第二天，那个跛子不但找到赵胜家里来，而且还对赵胜说：“我听说因为你喜欢结交士人，所以许多士人愿意不远千里地到赵府来，乐于为你服务，这全是由于他们认为在你的眼里，士人比美人更重要。我的身体因为腰既弯了，背也驼了，本来已经成为一件不幸的事。而你的美人居然还认为我的样子好笑。（其实跛子这句话的真正意思是：‘应该被重视的士人，却被不该被重视的美人看成笑话了。’）所以我请你把笑话我的那位美人的头斩下来，送给我。”赵胜虽然当着跛子的面说：“好，我照办。”可是等到跛子才走，他马上笑着说：“观此竖子！他居然因为我的美人笑了他一下，就要我杀掉美人。他的要求岂不太过分了吗？”赵胜既然没杀美人，也就是没向跛子实践他的诺言。这样，一年多以后，原来为他服务的士人，有一半以上，都离开赵府了。赵胜发现了这个现象，觉得很奇怪，于是说：“我对待大家，并没有失礼的地方。可是怎么会有这么多人离我而他去呢？”

到这时候，才有一个士人对他说："因为你不肯杀掉笑话跛子的美人，所以大家都认为你只是一个看重女人而轻视士人的人。这些士人既不屑于你的为人，当然只好都到别处去为他人服务了。"赵胜听了这句话，终于恍然大悟；于是他不仅把那位美人处死，而且还亲自到跛子家里去道歉。这样，有一部分已经离开他的士人，就又回到赵府来了。[63]

可是从另一个角度观察，在唐代，"竖子"似乎只是一种骂人语的基本形式。如果用某些形容词与"竖子"互相组合，可以形成若干复合的骂人字眼。从文献上看，这些字眼也许共有三组：第一组是"小竖"与"老竖"，第二组是"凶竖"与"逆竖"，第三组是"宫竖"与"阉竖"。现在按照这个顺序，再把这三组骂人语，分别介绍如下：

1. "小竖"与"老竖"

先看"小竖"。据《旧唐书》的记载，武德七年（624年）六月，唐高祖新建的行宫仁智宫落成，于是他就把太子李建成留在长安，镇守国都，而他自己就到仁智宫里去避暑。[64]事实上，这位太子是早已把由杨文乾为他招募的一批勇士安排在京师里，准备叛变的。不过李建成的若干部将却把太子想要制造政变的这件事向唐高祖做了报告。唐高祖就先用别的理由把李建成由长安召到行宫里，然后向他大发脾气。李建成只有不断地叩头谢罪，弄得几乎连气也喘不过来。当时李建成虽被软禁在行宫里，可是杨文乾却在这种状况之下，居然仍在长安举兵叛变。这时候，唐高祖就把他的另一个儿子李世民（也就是唐代的第二任天子，唐太宗）找来商量对策。李世民听完简报，马上说："文乾小竖，狂悖起兵，州府官司，已应擒剿。纵其假息时刻，但遣一将耳。"[65]这几句话的意思是说："杨文乾这个小子，这么错误地疯狂起兵叛变，地方政府为了想能捉到他，应该已经派兵去平定这场乱事了。即使杨文乾的叛变，在时间上，占了先机，只要派一名武将去，乱事是可以平定的。"《新唐书》对这件事的记载，虽然轻重不同，不过对李世民所说的那几句话，却是以"文乾竖子耳"作为首句而开始的。[66]综合《旧唐书》与《新唐书》的记载，"竖子"与"小竖"似乎是互通的。

毛遂所说的"竖子"，就是"小子"，而赵胜所说的"观此竖子"，就是"看你这个小子”。用小子当作一种称呼，固然有时可以略有亲切之感，不过，一般而言，小子的使用，却以责骂的成分（至少是轻蔑的成分）居多。如果再用“竖子”把小子替换回来，由这两个字所组成的词汇，当然还是一句骂人话。赵胜用“竖子”来称呼跛子，既是他出使楚国之前的事，也就应该是公元前257年的事。史书对于赵胜何时向跛子道歉的时间虽然未加记录，如果可以假设此事发生于赵胜去楚之前三年，那就可能是公元前260年的事。这样说，远在战国时代的末期，或者在年代上，远在公元前三世纪的中期，“竖子”已是当时的一句骂人话。五十年后，到了楚、汉相争之际，或者在年代上，在公元前206年，由于范增又曾使用“竖子”来骂项羽，可见从公元前三世纪的中期起，直到该世纪的末期为止，“竖子”一直是一句骂人话。既然如此，如果把赵胜与范增使用“竖子”骂人的那两件事，与杨行密使用“竖子”来骂马珣的史事加以结合，可以清楚地看出来，从战国末期到唐代末年，或者从公元前三世纪的中期，直到九世纪的末期，“竖子”这句骂人话，在中国使用的时间，前后已经超过了一千年。

至于“老竖”，据中唐时代牛肃的记载，他的堂舅常常经过河南的渑池，到该县西北二十里以外的地方去看一位姓田的朋友。有一次，他的堂舅又到了田家，于是田家的主人“命老竖往渑池市酒馔”。天还没亮，“老竖”就出发了，可是到了傍晚，他还没有回来。等到他终于回来，田家主人发现“老竖”的一只腿变跛了，就连忙问他为什么会弄成这个样子。“老竖”说，他在经过树林的时候，因为被一只狐狸精绊住了，就用脚去推它，不想却摔伤了腿。[67]所谓“老竖”，可能是与“竖子”相对而言的一个代名词。如果“竖子”是小子，“老竖”就应该是现在北方话里常用的“老小子”。老小子当然并不好听。所以“老竖”可能是主人对用人所使用的一种不客气的骂人话。

牛肃的生卒年代不详，他的活动时代，可能在唐德宗贞元时代（785—804年）与唐宪宗元和时代（806—820年）之间。[68]易言之，“老竖”的使用时间虽亦不详，但或可根据牛肃的活动时代，而定在八世纪之末期或九世纪之初期。“小竖”既在武德七年（624年）亦即七世纪之初期已经使用，可见在“小竖”与“老竖”这一组复合骂人语之中，“小竖”的使用要比“老竖”的使用，早了两百年。

2.“逆竖”与“凶竖”

武则天从长安二年（702年）起，长期生病。到神龙元年（705年），病况更加严重。武后的面首张易之与张昌宗兄弟二人，恐怕武则天死后，政局会对他们不利，居然想在武则天未死之前就要叛变。[69]这时候，以张柬之、桓彦范等人为主的几个朝中大臣就率领了本来是保卫天子的羽林军，赶到东宫去，想把太子接出来，作为他们的首领，再去对付张氏兄弟。可是他们到了东宫，由于太子并不想参与这件事，甚至还拒绝接见他们。左羽林将军李湛就对太子说：“逆竖反道乱常，将图不轨。宗社危败，实在须臾。湛等诸将与南衙执事，克期诛翦。伏愿殿下暂至玄武门，以副众望。”太子曰：“凶竖悖乱，诛合诛夷，然圣躬不预，虑有震动。公等且止，以俟后图。”后来李湛又向太子劝告了一次，终于说动了太子。于是太子就在张柬之、李湛等人的卫护之下，乘马而至玄武门。[70]当羽林军把玄武门打破，在进入天子所住的皇城之后，再一直前进，进入武则天所住的迎仙宫，把张氏兄弟斩死于集仙殿前的走廊里。[71]李湛所说的“逆竖”，意思是叛逆的小子，太子所说的“凶竖”，意思是凶恶的小子。这两个与竖子有关的复合语既然都指张氏兄弟而言，可见“逆竖”与“凶竖”都是把“竖子”与一个形容词相连结而形成的新型骂人语。

天宝十四年（755年）十一月，范阳节度使安禄山率兵十余万，在河北起兵叛变。天宝十五年（756年）春，他占领唐代的东都洛阳。六月，唐玄宗就匆匆忙忙地放弃了他的国都长安而向西逃入四川。同年七月，当他到达蜀郡时，随着他一起到达的不过只有官军一千三百人与宫女二十四人而已。[72]同年八月，唐玄宗就在蜀都督府的府门前，向蜀人公开宣诏：“奸臣凶竖，弃义背恩，割剥黎元，扰乱区夏，皆朕不明之过也。”[73]诏书里所说的“凶竖”，当然是指安禄山而言的。可见唐中宗的皇太子在705年所说的“凶竖”，在五十年后的755年，又在唐玄宗的诏书重新出现了一次。而且在这两次，皇室人物都用“凶竖”来骂叛臣，是相当巧合的事情。

3.“宫竖”与“阉竖”

天祐元年（904年）的正月，朱全忠按着户籍而把长安所有的居民强迫搬到洛阳去。[74] 一面强迫等到这个工作完成，到了同年的闰四月，朱全忠又把唐哀帝强行押到洛阳去。[75] 哀帝到了洛阳，虽然在面子上，不得不大赦天下，却又在大赦之后，发出一篇文词并茂，内容却相当凄惨的制文。其中的一段说：

“朕遭家不造，布德不明，十载已来，三罹播越。亦属灾缠秦、雍，叛起邠、岐。始幸石门，以避卫兵之乱；载迁华岳，仍惊畿邑之侵。夏危则矢及车舆，凌胁则火延宫庙。迨至逆连宫竖，构结奸凶，致刘季述幽朕于下宫，韩全诲劫予于右辅。”[76]

为了要明了昭宗所说的“宫竖”所指何人，应该先对这段制书里的史实有所了解。景福二年（893 年）九月，山南西道节度使李茂贞曾经打败政府的王师而乘胜进逼京师。[77] 到乾宁二年（895 年），李茂贞又与邠州节度使王行瑜，各领精兵数千人进入长安。这一行动引起不少京师居民的恐慌而四处逃亡。[78] 同年七月，同州节度使王行实不但放弃同州而进入长安，而且还在市内放火。昭宗逃出长安后，暂时住在石门镇的佛寺里。[79] 制书所说的“叛起邠、岐，始幸石门”，就指这三件事。八月，昭宗才回到长安。[80] 乾宁三年（896 年），转任凤翔节度使的李茂贞再度率兵进逼京师。[81] 昭宗也二次逃离京师而住到华山附近的华州，[82] 一直到光化元年（898 年）的八月，才又回到京师。[83] 制书所谓“载迁华岳，仍惊畿邑之侵”，就指这回事。光化三年（900 年）十一月，神策的左军中尉刘季述与右军中尉王仲先废除了唐昭宗的帝位而把他关在东内问安宫里。[84] 不过到十二月，由于盐州的护驾军先杀了王仲先，所以到天复元年（901 年）正月，昭宗又重新复位，而在长清楼前接受诸臣之朝贺。还没退朝，刘季述已被送到长清楼，当着昭宗之面，被乱棒活活打死。[85] 同年十一月，新任的河中节度使朱全忠带领七万部队到河中上任。由于河中距离京师太近，而且京师附近又没有强大的卫戍部队，他的上任又引起不少京师的居民因为恐慌逃而入山区，同时神策军中尉韩全诲又把唐昭宗由京师接到凤翔去。[86] 到天复三年（903 年）的正月，昭宗才又回到长安。制书所说的“十载以来，三罹播越”，就指 895 年的逃往石门、896 年的逃往华州，以及 901 年的逃往凤翔。至于制书中所说的“宫竖”，可能是一句兼指数人的骂人语。

了解了上述的史实，再看制书里的“宫竖”究指何人。首先，神策军是天子的禁卫军。可是神策军的左右军使刘季述与王仲先既曾废除他的帝位，而另一位神策军使韩全诲又在没有得到昭宗同意的情况之下，而把他由长安接到凤翔，所以昭宗所说的“宫竖”，可能是既骂刘季述、王仲先，又骂韩全诲的一句骂人语。此外，昭宗在905年由长安迁都到洛阳去，虽然是受到朱全忠的压力，可是昭宗的宰相崔胤，因为与朱全忠的私交不错，所以常常在政事的处理上，与朱全忠采取相同的态度。[87] 昭宗不得不放弃长安而迁都，可能除了受到朱全忠的压力，还受到崔胤的压力。崔胤既是宰相，常可进入宫中。这样看，昭宗在制书中所说的“宫竖”，也许除了用来骂刘季述、王仲先和韩全诲等三位神策军的军官，好像也未尝没有兼骂崔胤之意。在已介绍过的唐代骂人语之中，还没有任何一个，能像“宫竖”一样，具有这么丰富的涵义，能够同时责骂若干不同的人物。

再看“阉竖”。天祐元年（904年）八月，唐昭帝被弑。[88] 九月，他那年龄只有十三岁的儿子辉王李祚，就在蒋玄晖的拥立之下，成为唐代最后一任的傀儡皇帝。[89] 不过他在天祐二年（905年）六月，居然下了一道命全福建停止进贡橄榄子的诏书。诏书的全文如下：“福建每年进橄榄子，比因阉竖出自闽中，牵于嗜好之间，遂成贡奉之典。虽嘉忠尽，优恐烦劳。今后只供进蜡面茶，其进橄榄子宜停。”[90] 从乾符元年（874年）到中和三年（883年），杨复光（841—882年）一直是唐僖宗宫中的重要宦官。[91] 而杨复光的籍贯，正是福建。也许由于杨复光进入皇宫之后，难有吃到他故乡的橄榄子的机会，所以特别请求唐僖宗命令福建的贡品要包括橄榄子。据《新唐书》的记载，在福建的贡品之中，福州长乐郡的贡品之一就是橄榄。[92] 所谓橄榄子，大概就是橄榄仁。在长安的宫中吃到的橄榄仁，应该取材于福州所贡的橄榄。福建方面何时开始进贡橄榄，或者长安方面，何时要求福建进贡橄榄，文献上皆无记录。不过从时间上看，至少应在杨复光卒前数年。所以这个年代，不妨暂时定在僖宗广明元年（880年）或者稍前。到882年，爱吃橄榄仁的杨复光虽然已经死于军中，可是唐僖宗和唐昭宗都没要福建停止进贡橄榄。这样看，如果福建方面在880年开始进贡橄榄，到905年唐哀帝下令叫福建停进橄榄，橄榄成为福建的贡品，前后已有十五年的历史。唐哀帝在诏书中所说的“牵于嗜好之间，遂成贡奉之典”，可能正指杨复光的嗜好与这十五年的历史。在905年，唐哀帝虽然只有十四岁，不过他可能并不喜欢吃橄榄仁，于是下令叫福建停止进贡。根据这段史实，由唐哀帝的诏书所提到的“阉竖”，也许是指前朝的宦官杨复光而言的。

总之，从文献上看，“宫竖”与“阉竖”不但都出现于唐代末期，也即十世纪初期，而且这两个骂人字眼的使用人，也都是当时的天子。再从字表的文义上看，“宫竖”虽是宦官的代名词，意思比较文雅，至于“阉竖”，因为完全暴露了宦官在生理上的缺陷，可说是相当狠毒的字眼。不过这个字眼既出于一个未成年的小皇帝的御口，杨复光就是地下有知，他的感觉，恐怕也是无可奈何的。

四、“狗辈”“鼠辈”与“狗鼠辈”

唐代的第四种骂人话是“狗辈”或“鼠辈”，有时候，又可以把这两句话联合使用而成为“狗鼠辈”。从时间上看，“狗辈”的使用似乎比“鼠辈”要早。在初唐时代的武德六年（623年），唐高祖的长子建成（589—626年）与四子李元吉（603—626年）的联军，打败了在河北方面相当有势力的刘黑闼。刘黑闼逃到饶阳后，因为正在吃饭，竟然措手不及地，被他的部将诸葛德威活捉了。跟着诸葛德威又把刘黑闼送到李元吉那里去处死。[93] 刘黑闼在被捉后，骂诸葛德威的话是：“狗辈负我！”[94] 如果这句骂人话，用现代的语体文来重骂一遍，刘黑闼恐怕会这么骂：“你这个狗东西，你对不起我！”

在刘黑闼被斩之后，虽然以“狗辈”为词汇的这句骂人话，似乎从此未见再有人使用，不过在唐代的文献里，以“鼠辈”为词汇的另一句骂人话，在类型上，与“狗辈”的使用方式是完全一样的。据郑处诲的记录，最先使用了“鼠辈”这句骂人话的，似乎是唐玄宗天宝时代的宰相杨国忠（卒于756年）。唐代最重要的两个考试是“明经”与“进士”。有一年，杨国忠之子杨暄参加了明经的考试。他的成绩不及格，本来是要落榜的。主考官奚达珣因为杨暄既是当朝宰相之子，特别让他的儿子奚达抚到杨宅去，把杨暄落第的事通知杨国忠。奚达抚到达杨宅时，正是清晨；那时候，杨国忠已经准备离家去上朝了。杨国忠在灯光烛影之中见到奚达抚，以为他是为杨暄中了明经的考试而来报喜的，所以显得相当高兴。可是当他听说杨暄没考中，就对着奚达抚大叫起来："杨暄是我的儿子，难道你还怕他不会是个富贵的人吗？难道说，他连考到榜上去的那个名额，'为鼠辈所卖耶？'" [95] 杨国忠最后那句话的意思是，"难道连这个名额，也被你们这些像老鼠一样的人卖给别人了吗？"后来奚达珣由奚达抚的嘴里听到了杨国忠的骂人话，非常惊慌；所以他不但把杨暄的名字列入榜内，还把这个名字排在名榜的前几名。由于杨暄中了明经试，后来才被任命为户部侍郎。

到了北宋时代，郑处诲的这段记录，又先后由司马光与宋祁，转载到《资治通鉴》与《新唐书》里去。[96] 刘昫在《旧唐书》里，虽然也与欧阳修在《新唐书》里一样的，记载了杨暄曾经先后担任太常卿与户部侍郎的官职，[97] 可是他们对杨暄担任这两个职位的时间，却都是一字不提的。不过由于杨暄担任户部侍郎，可能是在天宝十四年（755 年），[98] 而由一名新中举的明经成为户部侍郎，至少需要几年的时间，所以杨暄中举的时间似乎可以定在天宝十一年。为什么呢？因为杨国忠在天宝十一年（752 年）才担任宰相。[99] 奚达珣是为了要敷衍杨国忠，才让杨暄上榜的。这样说，杨国忠用"鼠辈"为骂人语来骂奚达珣与奚达抚这两父子，在时间上，如果是天宝十一年的事，是有可能的。

天宝十五年（756 年），安禄山（卒于 757 年）率军反叛。唐玄宗（683—760 年）在匆忙中逃入四川，不久就让位给唐肃宗。可是肃宗在宝应元年（762 年）去世。跟着的十几年的就是唐代宗的时代（762—779 年）。同华二州的节度使周智光本来就对唐代宗有点成见，永泰元年（765 年），他又因为受了陕州监军张志斌的责备，于是他就乘机杀了监军而造反。周智光在杀张志斌之前，先把他骂了一顿。以下是由刘昫所记载的周智光的骂人话："仆固怀恩，怎么会是个要造反的人？'皆由尔鼠辈作福作威'，弄得他怕死你们，所以不敢入朝去见皇帝。我本来不想造反，可是我现在就因为讨厌你而造反。" [100] 周智光所说的那句骂人话，如果用现代的语体文来重新骂一次，似乎应该说成"都是因为你们这群像老鼠一样的人在作威作福。"

从时间上看，“狗辈”的使用，远在初唐的623年，“鼠辈”的使用，却在盛唐的752年。不过把“狗辈”与“鼠辈”相联成为“狗鼠辈”，似乎也发生于盛唐时代。在唐玄宗的开元时代，由于大臣张说（667—730年）与宇文融（？—约730年）一向不合，所以宇文融就想办法去中伤张说。这时候，张九龄（673—740年）就劝张说对宇文融要小心一点。可是张说却说：“此狗鼠辈，焉能为事！”[101]要用现代的语体文重说一遍，这句话可说成“这种像老鼠或者像狗一样的东西，能做出什么事来！”欧阳修在《新唐书》里，虽然记载了这件事，可是没记张九龄与张说的对谈，发生在哪一年。不过根据刘昫的记录，张说是在玄宗开元十年（722年）被任命为中书令的。张九龄劝张说要小心的时候，张说已经是中书令。[102]可见张说用“狗鼠辈”来骂人，应该不会迟于他担任中书令的那一年，也即725年。

五、贼以及与“贼”有关的骂人语

唐代的最后一种骂人话是“贼”。这个字虽可独立使用，却经常是和一个形容词相连在一起而共同使用的。就文献资料而言，似乎是独立使用的例子较少，与形容词共同使用的例子较多。现把这种骂人话的这两种情况，分别介绍如下：

（1）以“贼”为单独使用的骂人话

圣历三年（700年），武后则天发出一道主要是对杨素的后代而写的制文。制文里除了讥讽卒于隋炀帝大业二年（606年）的杨素，是个“生为不忠之人，死为不义之鬼”，下面又接着说：“朕接统百王，恭临四海，上嘉贤佐，下恶贼臣，常欲从容于万机之余，褒贬于千载以外。”[103]制文里所说的“上嘉贤佐”，虽在夸赞得力与贤明的大臣，可是“下恶贼臣”却用“贼”字来责骂讨厌的大臣。这个“贼”字虽然并未专指某人，不过好像包括讨厌杨素之后代的意思在内。用“贼”来形容一位大臣，这个字当然是一个骂人的字眼。

据张鷟（约658—730年）的记载，[104]在孝和帝时代，有一次，他在宫内，让佛教的和尚与道教的道士互相比赛他们的本领。他们虽然比了很长的时间，孝和帝却难以决定哪一方的本领较大。这时候，有一个名叫叶法善（616—720年）的长寿道士，[105]就把两升带着桃仁外面的硬壳的胡桃，完全吃下去。可是跟他比赛的老和尚，居然还是不服。后来叶法善就先把一个铁碗烧得红红的，然后想要把热铁碗放到和尚的头上去。这时候，“僧唱‘贼’，袈裟掩面而走。”孝和帝看见这个场面，一面鼓掌，一面大笑。[106]

所谓孝和帝，就是唐中宗。[107]他虽在位二十七年（684—710年），不过在嗣圣时代的那二十一年（684—704年），实际的政权完全操在武则天的手里；她把唐代的国号由唐改周，唐中宗不过只是一个傀儡。要到武则天死后，唐中宗才真正地做了五年半的皇帝（705—710年）。张鷟既说僧与道的法力比赛，是在孝和帝时代举行的，那就无异说这场比赛是在唐中宗为天子的时代举行的。这么说，僧道法力比赛的举行，可能应该介于705年到710年之间。“僧唱贼”的“唱”，是高声大叫。老和尚虽然高声大叫，叫出来的却是“贼”，不用说，用袈裟挡住脸而逃走的和尚，是用“贼”这个字来骂叶法善的。

中宗以后，经过短暂的睿宗时代（710—712年），就到了在唐代各帝之中，在位最久的玄宗时代。在当时，“贼”仍然是一句骂人话。在唐玄宗时代（712—756年），有一个从当时的高丽（也就是现在的朝鲜民主主义人民共和国）到中国来的外国人，名叫王毛仲。他在李隆基还只是临淄王的时代，已经进入王府，专门伺候这位亲王。唐睿宗死后，李隆基即帝位，成为唐玄宗。先天二年（713年），王毛仲不但担任了武职中官阶最高的大将军的职位，还被玄宗封为霍国公。由于王毛仲“奉公正直，不避权贵”，这就使得玄宗身边新得宠的太监，尤其是高力士等人，对他“恨入骨髓”。[108]有一次，唐玄宗叫高力士把不少的食物、衣料，还有一些黄金，带到王家去，作为送给王毛仲新生的孩子的礼物。动身以前，玄宗还让高力士带给王毛仲这么一句话：“等你的儿子长大了，我也照样的让他做一个官阶是五品的政府官员。”等到高力士回宫，玄宗问他：“王毛仲看见你带去的东西，高兴不高兴？还有，他说什么？”高力士为了乘机陷害王毛仲，于是说：“王毛仲不但把睡着的孩子抱来给我看，还对我说，难道这个孩子就不像是可以做三品官员的人吗？”玄宗听了高力士所说的话，非常生气，除了把王毛仲骂了一顿，从此以后，就不怎么喜欢王毛仲了。玄宗骂王毛仲的话的原文是：“往诛韦氏，此贼尚持两端，避事不入，我未尝言之。今敢以赤子恨我耶？”[109]

在玄宗所说的这几句话里，骂人的字眼，当然是“贼”。可是他在使用骂人话之前，既然先提到韦氏，看来应该先把韦氏的背景有所了解，然后才容易把他说的骂人话，翻译成现代的语体文。所谓韦氏，指唐中宗的韦妃。景龙四年（710年）六月，韦妃先用毒把中宗害死，[110]然后又调动五万府兵，欲攻进长安。不过政变被临淄王所平定，她也被自己的乱军所杀死。[111]韦妃死后，不但在身份上，被从贵妃追贬为庶人，而且就连她的人头，也在长安的东市悬挂了一天。[112]唐玄宗所说的“往诛韦氏”，指的正是韦妃发动武装政变的那件事。了解了唐玄宗责骂王毛仲的话里的历史背景，玄宗的那几句骂人的话，也许是可以用现代的语体文，重说成这个样子：“当年杀韦庶人，王毛仲这个贼，与她那边和我这边虽然都有关系，可是他为了怕事，根本不到我这儿来，我也没说他什么。现在他居然敢为了一个小孩子的事而恨我？”

根据以上三例，用“贼”骂人，似乎在初唐末期，或者从七世纪末期到八世纪初期之间，是一句相当流行的骂人话。使用这个字眼的人，既有出家的和尚，又有女性天子武则天和男性天子李隆基，可见在上述时间之内，这个字的使用，一定遍及各阶层。只是文献上对于民间使用的以“贼”字为词汇的骂人话，并未详加记录而已。

（2）以形容词与“贼”合用的骂人语

（甲）狂贼

在隋代的最后一年，也即隋恭帝的义宁元年（617年），吃人肉的朱粲，一度拥有二十万人。他在兵败之后，本来是想要投降唐高祖李渊的。李渊就派段确先到朱粲的部队里去劳军。段确在喝得半醉之后，以半开玩笑的口吻向朱粲说：“你吃了这么多人肉，这种肉的味道究竟怎么样？”朱粲说：“如果你吃的，正好是一个爱喝酒的人的肉，那种肉的味道，就跟用酒糟糟过的糟猪肉一样。”段确听了这句话，就用下面的一句话骂朱粲：“狂贼！归朝乃一奴耳，复得噬人乎？”[113]如果用现代的语体文来再骂一次，段确的骂人话也许会是这么说的：“你这个发狂的贼！你要知道，你投降了我们以后，你的身份只不过相当于一个奴隶而已。到那时候，你还能吃人肉吗？”朱粲听了段确的话，觉得不自在，就在杀掉段确之后，投靠了王世充，[114]而没向李渊投降。到武德四年（621年），王世充又因战败而投降唐军，这时朱粲才被处死。[115]根据以上这段历史，段确用“狂贼”骂朱粲，是朱粲兵败之后与投靠王世充之前的事。朱粲的兵败，如果是义宁元年以后的事，可能发生于武德元年（618年）。至于他投靠王世充的确切年代虽不可知，至少应在王世充降唐以前，也即不应迟于武德三年（620年）。看来“狂贼”这句骂人话的使用，似乎在时间上，使用于618年至620年之间。如果这个推论无误，大体上，“狂贼”应该是在隋末至唐初之际，或者是在七世纪初期，开始使用的一句骂人话。

唐德宗建中元年（780年），泾原节度使朱泚（742—784年）起兵叛乱。[116]段秀实（719—783年）虽想反抗，但未能成功。最后，他听说朱泚想要篡位做皇帝，就抢了别人手里的象笏，奋勇地走到朱泚的面前，一面用唾液吐到朱泚的脸上，一面用象笏去打朱泚，同时又用“狂贼！可磔万段，我岂从汝反耶”这样的话来骂他。[117]如果这几句话可以翻译成现代的口语，也许应该是这么说的：“你这个发狂的贼！我真应该把你碎尸万段！难道我会跟着你一块儿造反吗？”后来段秀实就被朱泚杀掉了。

如上述，段确用“狂贼”骂朱粲的时间，应在618年至620年之间。为了计算的方便，无妨暂定在620年。从620年起，到段秀实再次使用“狂贼”骂朱泚的780年，正好一百六十年。在文献上，现在虽然仍未找到第三个用“狂贼”来骂人的例子，但只以段确骂朱粲与段秀实骂朱泚的这两个例子作为证据，“狂贼”这句骂人话的使用时间，从初唐开始，经过盛唐，再到中唐，一直没有停止。这就等于说，“狂贼”的使用时间，是从七世纪的初年，一直使用到八世纪的末年，从没停止的。从比较的眼光来看，“狂贼”的使用时间，虽然比“竖子”的使用时间要短，却比“田舍奴”的使用时间要长。大体上，“狂贼”与“獠”或“獠奴”的使用时间，几乎是相等的。

（乙）家贼

玄宗天宝十四年（755年）十一月，安禄山在河北范阳率兵十五万，开始起兵造反。次年正月，他既自称雄武皇帝，就把国号由唐改为燕，而在长安即帝位。[118]可是就在同一年的七月，当玄宗把帝位让给他的第三个儿子——李亨，李亨就在灵武即帝位，成为唐代的第八位皇帝——唐肃宗。肃宗继位后，把年号由天宝改成至德。至德二年（757年）正月一日的晚上，安禄山的儿子安庆绪，唆使安禄山的部将李猪儿，用刀斫躺在床上的安禄山。那时安禄山的眼睛已经瞎了，他被斫以后，只好用手摸他放在床边的刀，可是摸不着。这时候，他一面用手摇床帐的柱子，一面大叫："是家贼！"可是没多久，他的肠子既由肚里滑到床上，他就这么躺着死了。[119]所谓"是家贼"，意思是用刀斫我的人是自己人。他既把自己人称为贼，可见"家贼"也是一句骂人话。

（丙）国贼

在唐代，在以"贼"字为主要词汇的骂人话中，与"家贼"的类型相似，可是严重性远胜于"家贼"的另一种骂人语，大概应该是"国贼"。在唐末，被封为梁王的朱全忠（852—912年），虽然手握重兵，军势强大，却还没有造反的意图。由于礼部尚书崔胤自动与朱全忠勾结，这才逐渐激起朱全忠想要篡位的野心。[120]到天祐元年（904年）的八月，唐代的倒数第二位皇帝——唐昭宗，终于在朱全忠的策动之下，被一位武将用剑弑死于洛阳。[121]在这年的正月，朱全忠虽然屯兵河中（今山西永济县，在黄河的东岸。永济以南约五十里，也就是唐代的军事重地潼关），却叫他的部将代表他向昭宗上奏，认为昭宗应该由长安迁都到洛阳去。朱全忠在上奏之后，发现唐昭宗并没有迁都的行动，于是不但派人把长安居民的房屋都拆掉，而且还按照户籍，强迫这些没有家的人一律都要搬到洛阳去。[122]在搬迁的途中，原来的长安居民，不禁一面走一面骂："'国贼崔胤'！都是他把朱全忠弄进长安来，既破坏了国家，又把我们也害得这么惨。天哪！天哪！"[123]

（丁）反残贼

唐宪宗元和（806—820年）末年，王遂是山东方面沂、兖、海三州的观察使。在三伏天的盛夏，王遂不但命令部将修整办公室外面的墙壁，而且亲自监工，非常苛刻。他因为部将的态度不好，就用“反残贼”来骂他们。[124]“反残贼”的意思不明，不过从字面上看，大概除了骂人是反贼，也兼有骂人是残废的人的意思。如果用现代的北方口语来说，“反残贼”就是“你们这些缺胳臂断腿的反贼”。与“狂贼”相比，“反残贼”是一句更毒辣的骂人话。据欧阳修的记载，王遂的部将听见他们的长官用“反残贼”来骂人，“人人差岔”。[125]于是到第二天，他们就把王遂杀掉了。[126]

王遂是在李师道之乱平定之后，才担任山东三州之观察使的。[127]而李师道之乱的平定是在宪宗元和十四年（819年）的二月。[128]这样看，王遂使用“反残贼”的时间，可能不会早于819年。

根据以上的讨论，也许可以把这五种骂人话的使用时间和使用场合，加以综合成附图。

唐代骂人语的使用时间表

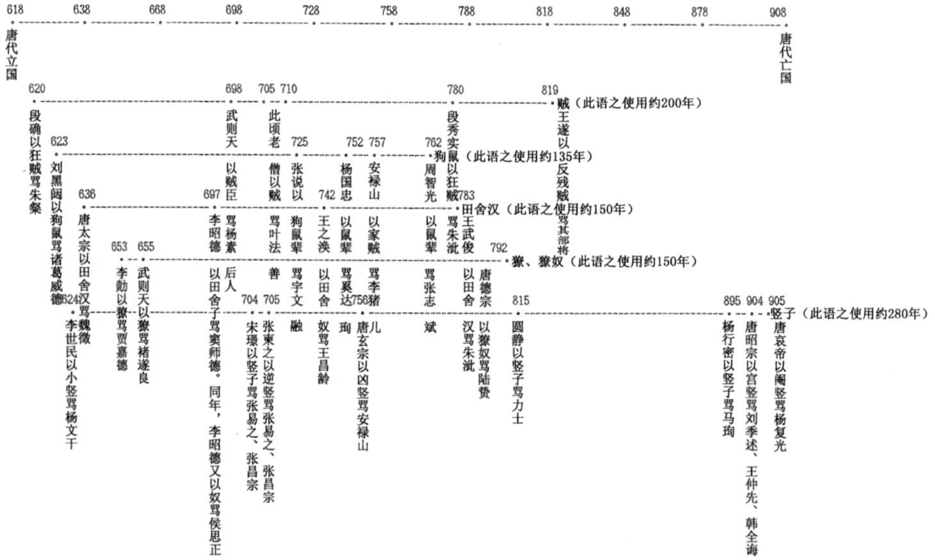

由附图，又可看出几种现象：首先，从时间上看，从唐代立国（618年）到唐玄宗天宝元年（742年），在这段超过一百年的时间之内，“贼”“狗鼠”“田

舍奴”“獠奴”与“竖子”这五种骂人话，似乎是同时存在的。可是从武德三年（620年）开始使用的“狗鼠”与从贞观十年（636年）开始的“田舍汉”的使用，到唐德宗贞元八年（792年），似乎都已停止了。当时的骂人话，只有“贼”“獠奴”与“竖子”等三种，似乎还是同时存在的。贞元八年以后，“獠奴”的使用，也许又停止了，当时的骂人话，似乎只剩下“贼”与“竖子”等两种。到元和十四年（819年）以后，“贼”的使用也停止了。所以到唐代末年的昭宗与哀帝（889—906年），从文献上看，唐代的骂人话，似乎只剩下“竖子”以及与竖子有关的新字眼。如果事实的确如此，在唐代的骂人话中，最早停止使用的，似乎是“田舍汉”。“獠奴”是出现时间较晚的骂人话，它的停止，也在“田舍汉”之后。至于“竖子”，它的使用，为时既早，但停用的时间，似乎却是最迟的。

其次，使用了这五种词汇的人物，在性别上，既然有男有女，而在身份上，不但有天子、大臣和武将，也有出家的佛僧。可见在唐代，骂人话的使用，是普及于各种阶层的日常生活之中的。

最后，在词汇方面，唐代的骂人语，譬如“竖子”，虽然是从战国时代以来，已经有所使用的历史性的名词，可是其他四种，似乎都是当代的新式的骂人词汇。就心理的背景而言，骂人是对积压在心里的不满的情绪的发泄。为了能够达到这个目的，骂人语的词汇不但要简单、痛快、有力，而且还要狠毒。“田舍汉”或“田舍奴”的使用，最早停止，也许正由于这个语汇并不能像“獠奴”“贼”“竖子”和“狗鼠辈”那么痛快、有力与狠毒。这个观点也许可用“伧楚”的使用与停用来作旁证。在南北朝时代，“伧楚”也是一种骂人语。[129]可是“伧楚”这个词汇，似乎文绉绉的，在骂人的时候，既不狠毒，也不有力。所以到了唐代，“伧楚”这句骂人语，已经不再使用了。在骂人语里，“竖子”的历史虽然最久，可是用“竖子”来骂人，既简单、也有力，所以尽管“伧楚”的使用已经停止，可是在唐代，“竖子”的使用，至少还维持了将近三百年。*

---

* 友人黄清连先生得见此文初稿后，以与“凶竖”“逆竖”“宫竖”“阉竖”之资料见示。本文“竖子”一节，遂经增补，而成现貌。特记原委，并此志识。

注释

1 刘悚《隋唐嘉话》（1979 年，北京：中华书局出版标点本）卷上，第 7 页。
2 《新唐书》（1973 年，北京：中华书局出版标点本）卷一〇八，《娄师德传》，第 4093 页，“师德身长八尺，……素丰硕。”
3 《新唐书》卷二〇四，《袁天纲传》，第 5802 页。
4 《隋唐嘉话》卷下，第 36 页。
5 《新唐书》卷一〇八，《娄师德传》，第 4092—4093 页。
6 薛用弱《集异记》之《王之涣》条，见汪辟疆《唐人小说》（1955 年，上海：古典文学出版社），第 252—253 页。
7 《旧唐书》（1975 年，北京：中华书局出版标点本）卷十二，《德宗纪》上，第 337 页。
8 《旧唐书》卷一四一，《田承嗣传》，第 3844—3845 页。
9 《旧唐书》卷一四二，《王武俊传》，第 3874—3875 页。
10 《旧唐书》卷五一，第 2164—2167 页，《文德皇后传》。又《旧唐书》，卷六七，第 3470—3472 页，《文德皇后传》仅记此后卒年三十六岁，而未明言她卒于何年。唯《旧唐书》称文德皇后卒于贞观十年（636 年）。据此推之，此后之生年应在隋仁寿元年（601 年）。
11 据《旧唐书》卷七一，《魏徵传》，第 2561 页，魏徵卒于贞观十六年，年六十四岁。然据《新唐书》卷九七，《魏徵传》，第 3881 页，其人卒于贞观十七年，但未记其卒年之年寿。钱大昕（1728—1804 年）《疑年录》（据《粤雅堂丛书》本）卷一，第 10 页（后页），则综合新旧唐书之说而作生周大象二年，卒贞观十七年，今从其说。
12 据《旧唐书》卷九二，《娄师德传》，第 2976 页，师德卒于则天帝圣历二年，但未记其卒年之年寿。然据《新唐书》卷一〇八，《娄师德传》，第 4093 页，师德卒于圣历三年，年七十岁。据此推之，其生年当在贞观三年。姜亮夫《历代人物年里碑传综表》（1961 年，香港：中华书局），第 136 页，所记娄德师之生卒年，亦作生于贞观三年，卒于圣历三年。
13 《旧唐书》卷八七，《李昭德传》，第 2853—2857 页，然该传并未明言昭德卒于何年。唯据《新唐书》卷二〇九，第 4255—4257 页，《李昭德传》昭德卒于万岁通天二年（697 年）。
14 这个年代的资料来源是唐人靳能所撰的《王之涣墓志》。志文首载于岑仲勉“续贞石证史”，见《中央研究院历史语言研究所集刊》，第十五本，（1948 年，南京：中央研究院历史语言研究所），第 249—250 页。后编入岑仲勉《金石论丛》（1981 年，上海：上海古籍出版社），第 226—228 页。
15 谭优学认为三人比赛诗名的事应该在开元二十四年（736 年）。王之涣既卒于 742 年，谭优学的说法当然是不可靠的。谭说见《王昌龄行年考》，载于谭著《唐代诗人行年考》（1981 年，成都：四川人民出版社），第 90—118 页。
16 据《旧唐书》卷五一，第 2169—2171 页，《王皇后传》，“后有美色”。
17 据《新唐书》卷七六，第 3472—4374 页，《王皇后传》，“后婉淑”。
18 册立王皇后事，见《旧唐书》卷四上，《高宗纪》，第 67 页；又见《新唐书》卷三，《高宗纪》，第 52 页。
19 《旧唐书》卷六，《则天皇后纪》，第 115—133 页；又《新唐书》卷四，《则天皇后纪》，第 81—105 页。
20 据《新唐书》卷七六，《王皇后传》，第 3272—3274 页，武则天诬告的理由是王皇后“挟媚道蛊上”。
21 废王皇后为庶人之事，见《旧唐书》卷四，《高宗纪》，第 74 页；《新唐书》卷四，《则天后纪》，第 81 页，虽亦记此事，但既未有废后之月份，亦未记王氏于废后后之身份为庶民。

22 《新唐书》卷一〇五,《褚遂良传》，第 4028—4029 页。

23 《新唐书》卷一〇五,《褚遂良传》，第 4029 页。

24 芮逸夫“僚（獠）为仡佬（犵狫）试证”，载于《中国民族及其文化论稿》上册（1989 年，台北：台湾大学），第 191—206 页。

25 刘肃《大唐新语》(1984 年，北京：中华书局出版标点本），第 119 页。

26 《新唐书》卷四六,《百官志》，第 1182 页。

27 《旧唐书》卷一,《高祖纪》，第 12 页；又见《新唐书》卷二,《太宗纪》，第 26 页。

28 同注 26。

29 《旧唐书》卷六七,《李勣传》，第 2487 页；又见《新唐书》卷九三,《李勣传》，第 3819，1211 及 1318 页。

30 同上引《新唐书》卷九三,《李勣传》，第 3891 页。

31 见《旧唐书》卷六五,《长孙无忌传》，第 2454 页;《新唐书》卷一〇五,《长孙无忌传》，第 4020 页。

32 汪辟疆《唐人小说》,《上清传》，第 175 页。

33 据《旧唐书》卷四五,《舆服志》，第 1952—1953 页，早在贞观四年（630 年），唐太宗已曾规定，官阶在三品以上的官员之官服的服色是紫色，官阶是六品与七品的官员之官服的服色是绿色。到上元元年（674 年），唐高宗虽把六、七两品的官员的官服颜色由绿色改成深绿色与浅绿色，可是三品以上的官员的官服的颜色仍然是紫色。

34 据岑仲勉《唐人行第录》(1962 年，北京：中华书局）序言，第 5—6 页，唐人的排行，是按照从祖父起（甚至从曾祖父起），到当事人为止，在整个家族内的大排行而计算。所以有人的排行是二十，有人的排行是三十三。

35 窦参接受刘士宁赠绢之事，见《旧唐书》卷一三六,《窦参传》，第 3747 页；又见《新唐书》卷一四五,《窦参传》，第 4731 页。

36 据《旧唐书》卷 二六,《窦参传》，第 3747 页，参本者 为湖南观察使李巽， 为宫里的中使。

37 同上注，唐德宗知道窦参接受了刘士宁所赠的那五千匹绢，很生气，本来是想杀掉窦参的。可是由于陆贽说：“臣参宰衡，合存公体。以参犯罪，置之于死，恐用刑太过。”德宗才没下令杀他。

38 《旧唐书》卷一三六,《窦参传》，第 3747—3748 页;《新唐书》卷一四五，第 4731—4732 页。

39 据《旧唐书》卷三九，齐州、郑州与汴州都是上州，此三州之人口皆在三十万人以上。泗州、海州与沂州都是中州，此三州之人口，皆在二十万以下，十四万以上。隰州、慈州、利州与通州都是下州，此四州之人口，皆在十四万人以下。

40 郴州属潭州中都督府，见《旧唐书》卷四〇,《地理志》三，第 1617 页;《新唐书》卷四一,《地理志》三，第 1072 页。

41 中州别驾官阶是正五品上，见《旧唐书》卷四二,《职官志》一，第 1795 页；但据《新唐书》卷四九下,《百官志》四下，第 1318 页，中州无别驾。下州别驾之官阶方为从五品上。

42 中书侍郎的官阶是正三品，见《旧唐书》卷四二,《职官志》一，第 1791 页；又见《新唐书》卷四七,《百官志》二，第 1211 页。

43 见注 40。

44 驩州属安南都督，见《旧唐书》卷一四一,《地理志》四，第 1754—1755 页；又见《新唐书》卷四三,《地理志》三上，第 1113—1114 页。

45 驩州司马，见《旧唐书》卷四四,《职官志》三，第 1918 页。又见《新唐书》卷四九下，第 1318 页。

46 窦参被唐德宗的宫内中官所“深怒”而“谤沮不已”的事，见《旧唐书》之《窦参传》，第 3748 页。

47 《资治通鉴》(1956年，北京：中华书局出版标点排印本）卷二三四，《唐纪》五〇，第7529—7530页，德宗贞元八年条引《通鉴考异》。

48 《大唐新语》卷三，第44页；又见《旧唐书》卷一八六上，《侯思止传》，第4845页。《大唐新语》成于唐宪宗元和二年（807年），《旧唐书》成于后晋出帝开运二年（945年）。《旧唐书》内《侯思止传》之资料，当袭自《大唐新语》。

49 仇兆鳌《杜诗详注》(1979年，北京：中华书局标点排印本）所附《杜工部年谱》，第18页。

50 杨伦《杜诗镜铨》(1981年，台北：华正书局出版影印本）卷一三，第592页。

51 刘肃《大唐新语》卷二，《刚正第四》，第31—32页。

52 宋祁《新唐书》卷二一三，《李师道传》，第5993页。

53 宋祁《新唐书》卷一八八，《杨行密传》，第5456—5457页。

54 《杜诗镜铨》卷一三，第623页。

55 所谓苍耳，《神农本草经》(1987年，曹元宇辑注本，上海：上海科学技术出版社标点本）卷中，第152页，作“耳实”。亦即《诗经》中《周南》之“卷耳”篇所云之卷耳，以及《尔雅》卷下“释草”所云之菤耳与苓耳。再据李时珍《本草纲目》(1986年，台北：商务印书馆影印“台北故宫博物院”所藏文渊阁《四库全书》本）卷一五，第69页，苍耳为草本药材，主治风寒头痛、风湿痛痹、四肢拘挛等病状。

56 《杜诗镜铨》卷一七，第814页。

57 《后汉书》(1971年，香港：中华书局标点排印本）卷一三，《五行志》，第3272页，曾记：“灵帝好胡服、胡帐、胡床、胡坐、胡饭、胡空侯、胡笛、胡舞。京都贵戚皆竞为之。”这是中国文献中与胡床有关的最早的记录。这种家具虽称为床，其实只是一种有靠背的椅子。床既以胡为名，可见本非中国所有。《后汉书》所说的胡，大致指西域地区。而西域地区又与欧洲之罗马帝国的西方文化有关。所以汉灵帝所喜欢的胡床，应该指直接从西域传入，间接从欧洲传入的西方文化有关。由于胡床的主要特征有二，第一是可以折叠，第二是用藤绳来编织坐位，所以汉代以后，国人又根据这两种特征，而把胡床分别改称为“交床”或“绳床”。详见唐吴竞《贞观政要》(1934年，上海：商务印书馆影印《四部丛刊续编》本）卷六，《慎好篇》，第15页，贞观四年条，以及宋胡三省《资治通鉴》注（1972年，台北：世界书局影印标点本）卷二四二，第7822页，穆宗长庆二年（822年）条。

58 《杜诗镜铨》卷一六，第772页。

59 司马迁《史记》卷十六，《秦楚之际月表》，第775页。

60 同上注，卷七，《项羽本纪》，第314—315页。

61 同上注，卷十五，《六国年表》，第747页。

62 同上注，卷七十六，《平原君虞卿列传》，第2367页。

63 同上注，卷七十六，《平原君虞卿列传》，第2365—2366页。

64 《旧唐书》卷一，《高祖纪》，第15页；又见《新唐书》卷一，《高祖纪》，第170页。

65 《旧唐书》卷六四，《高祖上十二子传》，第2416—2417页。

66 《新唐书》卷七九，《高祖诸子传》，第3542页。

67 李昉等编《太平广记》(1961年，北京：中华书局出版标点本）卷四五〇，《田氏子》，第3678—3679页。

68 牛肃的《纪闻》，共十卷，所记多为唐肃宗时代（756—761年）的事情，所以据推测，他活动的时期，可能是在唐德宗贞元（785—804年）与唐宪宗元和（806—824年）时代。详见汪辟疆《唐人小说》，第 2392 页，与《纪闻》所写的《叙录》。

69 《旧唐书》卷六，《则天皇后纪》，第 132 页。

70 《大唐新语》卷一，第 8 页；又见《旧唐书》卷八二，《李义府传》后所附《李湛传》，第 2771 页。《李湛传》内所记“凶竖悖乱”之语，当袭自《大唐新语》。

71 《旧唐书》卷九一，《桓彦范传》，第 2928—2929 页。

72 《旧唐书》卷九，《玄宗纪》下，第 234 页。

73 同上注。

74 同上注，卷二〇上，《昭宗纪》，第 778 页。

75 同上注，第 779 页。

76 同上注。

77 同上注，第 750 页。

78 同上注，第 753 页。

79 同上注，第 754 页。

80 同上注，第 756 页。

81 同上注，第 758 页。

82 同上注，第 759 页。

83 同上注，第 764 页。

84 同上注，第 770 页。所谓“东内”，是大明宫的代名词，详见《旧唐书》卷三八，《地理志》一，第 1394 页；又见《新唐书》卷三十，《地理志》一，第 961 页。

85 《旧唐书》卷二〇上，《昭宗纪》，第 771 页。

86 同上注，第 773 页。

87 同上注，第 775 页。

88 同上注，第 783 页；又见《新唐书》卷二〇，《昭宗纪》，第 302 页。

89 《旧唐书》卷二〇下，《哀帝纪》，第 786 页。

90 同上注，第 797 页。

91 《旧唐书》卷一八四，《杨复光传》，第 4772—4774 页；又《新唐书》卷二〇七，《杨复光传》，第 5875—5877 页。

92 《新唐书》卷四一，《地理志》五，第 1064 页。

93 《旧唐书》卷五五，《刘黑闼传》，第 2258—2261 页。

94 《新唐书》卷八六，《刘黑闼传》，第 3717 页。

95 郑处诲《明皇杂录》，第 17 页。

96 司马光《资治通鉴》卷二一六，《唐纪》三二，第 6920 页，天宝十二条；又见《新唐书》卷二〇六，第 5850 页。

97 《旧唐书》卷一〇六，第 3247 页；又见《新唐书》卷二〇六，第 5852 页。

98 严耕望《唐仆尚丞郎表》(1953 年，台北：台湾“中央研究院”历史语言研究所）第三册，第 688—689 页。

99 据《新唐书》卷二〇六，第 5854 页，杨国忠是在李林甫死后拜相的。再据《旧唐书》卷一〇六，第 3240 页，李林甫死于天宝十一年。故杨国忠拜相，亦在此年。

100 《旧唐书》卷一一四，《周智光传》，第 3369 页；又见《新唐书》卷一四九上，第 6373 页，《周智光传》。

101 《旧唐书》卷一〇五，《宇文融传》，第 3221 页。
102 《旧唐书》卷九七，《张说传》，第 3054 页。
103 制文见《旧唐书》卷六，《则天皇后纪》，第 129 页。
104 关于张鷟生卒年的推算，见赵守俨《张鷟和〈朝野佥载〉》，刊于《文史》第八辑（1980 年，北京：中华书局），第 129—140 页。
105 据《旧唐书》卷一九一，第 5107—5108 页；又《新唐书》卷一二九，《叶法善传》，第 5805 页，都说叶法善生于隋大业丙子，死于开元八年庚子，凡一百零七岁。大业丙子即炀帝大业十二年（616 年），唐玄宗开元八年（720 年）的干支是庚申而不是庚子。不但如此，开元这个年号虽然前后使用了二十九年（712—741 年），不过在这二十九年之中，也没有任何一年的干支是庚子。看来《旧唐书》与《新唐书》在《叶法善传》里所说的庚子，应该是庚申之误。还有，由大业丙子到开元庚申，相距只有一零六年。所以叶法善的实际年龄应该是一零六岁而不是一零七岁。
106 《朝野佥载》卷三，第 66—67 页。
107 《旧唐书》卷七，《中宗纪》，第 149 页，“（景龙四年）六月壬午，帝遇毒，崩于神龙殿，年五十五。……九月丁卯，百官上谥曰孝和皇帝，庙号中宗。”
108 《旧唐书》卷一〇六，《王毛仲传》，第 3252—3255 页。
109 《明皇杂志》卷下，第 21 页。据注 64 所引《王毛仲传》，唐玄宗以临淄王的身份平定韦后之乱时，大家一齐在景龙四年（710 年）六月二十日的晚上，进入宫中。可是王毛仲却没有参与。玄宗所说的“持两端”，就指这件事而言。
110 《旧唐书》卷七，《中宗纪》，第 149 页。
111 《旧唐书》卷五一，《韦庶人传》，第 2174 页。
112 同上注，第 2175 页。
113 《新唐书》卷八七，《朱粲传》，第 3728—3729 页。
114 同上注，第 3729 页。
115 同上注，卷八五，《王世充传》，第 3695 页。
116 同上注，卷二〇〇下，《朱泚传》，第 5387 页。
117 同上注，卷一五三，《段秀实传》，第 4852 页。
118 同上注，卷二二五上，《安禄山传》，第 6418 页。
119 同上注，第 6421 页。
120 《旧唐书》卷一一七，《崔胤传》，第 4587 页；又见《新唐书》卷二二三下，《崔胤传》，第 6358 页。
121 见注 88。
122 见注 74。
123 《旧唐书》卷二〇上，《昭宗纪》，第 778 页；又见《新唐书》卷二二三下，《崔胤传》，第 6358 页。
124 《新唐书》卷一一六，《王遂传》，第 4226 页。
125 同上注，第 4226 页。
126 同上注，第 4227 页。
127 同上注，第 4226 页。
128 《旧唐书》卷一二四，《李师道传》，第 3540 页。
129 余嘉锡：《释伧楚》，原载于《中央研究院历史语言研究所集刊》第二十本，下册，（1948 年，南京：中央研究院），第 47—52 页。后收入《余嘉锡论学杂著》（1963 年，北京：中华书局）上册，第 227—234 页。

唐代的俗语（撰写纲要）

此篇庄老师仅遗存大纲，惟后学可窥见他意图探索的内容总录，并循其方向继续研究。

（一）唐代以前的俗语

甲　汉代的俗语

一、夜朵

二、乱如缊

三、饮如犊

四、舸

乙　六朝的俗语

一、宁馨

二、阿堵

三、伧父

（二）唐代的俗语

甲　唐代俗语的名称

乙　唐代的历史性俗语

一、舸

十、不唧溜

十一、不识得

十二、阿那

戊　唐代、五代与宋代文献所记录的唐代俗语

一、唐代的称谓性俗语

1. 你
2. 我

二、唐代的形容性俗语

1. 大负气
2. 大奇事
3. 大宴
4. 大奇之
5. 大可笑
6. 大有嫌
7. 大熟
8. 大至
9. 大得

三、唐代的诨名性俗语

1. 失孔老鼠
2. 逆流虾蟆
3. 饱椹母猪
4. 觑鼠猫儿
5. 李猫（人猫）
6. 水族
7. 碧鹳雀
8. 秃角犀
9. 五经笥

10. 人物志

11. 钉座梨

12. 酥

13. 酪

14. 醍醐

15. 乳腐

四、唐代的地方性俗语

1. 破酒

2. 行盗

3. 起盆

4. 不识得

五、唐代的骂人语（详见本书“语言文字篇”，第47—63页）

己　小结

一、唐代俗语使用的时间

自初唐至晚唐

二、唐代俗语使用的地点

京师地区的使用较多，边区的使用较少

三、唐代俗语使用的人物

以知识分子为主

四、唐代俗语所使用的词汇

新创者居多，具历史性者少见

化妆服饰篇

唐代妇女的发型

唐代的女子发型，根据文字记录，共有十几种，不过有些发型，譬如愁来髻和乐游髻，在字面上，根本无法利用髻名来推测髻形。近年来，由于考古事业的发展，从唐代的墓葬里发现了不少可与文字记录互相印证的新资料。虽然如此，关于唐代女子的发型，似乎仍然不能考出全貌。综合文字、考古与艺术三方面的资料，本文所列举的十种，也不过只是对于唐代妇女发型之研究的一个初步探索而已。

（一）云髻

所谓云髻，顾名思义，应指髻形似云的一种发型。《诗经》里有“鬒发如云”之句。[1]“鬒”的文义是黑。[2]“鬒发如云”就是黑发如云。可见远在春秋时代的中期，当时的民间文学已经利用云的形状来形容人发。云形虽不固定，由于云的外形具有柔和的轮廓而富于曲线，所以云可用“朵”来形容。不过在文字上，用到朵的时候，总会联想到花朵。花朵是由许多花瓣组成的。从这个逻辑上推测，称为云髻的发型，可能具有花朵的，也即若干花瓣的形象。现藏故宫博物院的《步辇图》(图一)，相传出于阎立本（约601—673年）的手笔。这幅画所表现的是唐太宗（627—649年在位）接见吐蕃使者禄东赞的场面。太宗身旁的九位宫女的姿态虽然各自不同，但发型却并无不同。大体上，在《步辇图》中，宫女发型的向上部分，无不具有几个连续相接的弧形。就宫女发型这一部分的弧形造型而言，与类似花朵之云朵外形是相当接近的。

从史料上看，阎立本既曾在贞观十七年（643年）奉太宗之诏而画《凌烟阁功臣图》，[3]禄东赞在贞观十五年（641年）入见太宗的事，[4]即使他未曾亲自目睹，必定也有所听闻。《步辇图》里的唐太宗和禄东赞既都是真实的人物，所以阎立本在完成这幅记录画时所使用的绘画态度是忠于现实的。譬如太宗所戴的幞头，是唐代流行的帽子，[5]而译官腰间所系的白色条状物，也可辨认为唐代官员随身携带的鱼袋。[6]以幞头和鱼袋为例，见于此图的宫女云髻，也同样应该是在阎立本时代已经使用的发型。易言之，形如云朵的云髻是在初唐贞观时代，或在七世纪前期至中期的一种女子发型。

关于云髻的历史，根据唐代的文献，汉代曾有垂云髻，[7]可是对于这种发型的特征，唐代的文献是毫无记录的。可是远在汉末，建安文学的重要作家曹植（192—232年），已在他著名的《洛神赋》里，形容洛神为“云髻峨峨”。[8]“峨峨”的文义是高。[9]据曹植自己的赋序，《洛神赋》是他在三国初期魏文帝黄初三年（222年）写成的作品。[10]可见在三世纪的初年，当时的云髻的特征是除了髻形似云以外，应该还有相当的高度。这样的云髻，与七世纪中期的平贴在头顶上的云髻，具有明显的差别。汉代与唐代都有云髻，可是高度大不相同。在研究唐代云髻的时候，这个差别，是应该有所了解的。

关于唐代的云髻最后应该注意的，是这种发型的使用，究竟维持了多少时间。对于这个问题，与发型有关的文献似乎毫无记载。在这个关键上，保存在唐诗里的若干资料，是相当重要的。首先，刘方平在《新春》里，曾有这样的描写：“眠罢梳云髻，妆成上锦车”[11]；而杜甫（712—770年）的《即事》诗也说：“秋思抛云髻”[12]。此外，白居易（772—846年）在《简简吟》中更提到：“玲珑云髻生花样”。[13]

刘方平的生卒年代虽皆不详，但大体上，却可认定他是玄宗时代（712—756年）的盛唐诗人。[14]杜甫的《即事》诗作于肃宗乾元时代（758—759年），时间已在盛唐之末。至于白居易，他的生年既比杜甫的卒年还晚两年，正是名副其实的中唐诗人。刘、杜、白三家的诗作既都提到云髻，可见云髻在盛唐与中唐时代的使用，可能相当普遍。白居易的《简简吟》不知写于何时。[15] 不过一般而言，从唐宪宗的元和时代（806—820 年）直到唐文宗的开成时代（836—840 年），也即从白居易的三十五岁到六十八岁的这三十几年之中，是他创作最旺盛的时期，《简简吟》也许正是在这三十几年之间所完成的诗篇之一。再用比较保守的方式来说，不妨把成诗时代认定在元和时代，也即九世纪的初期。如果阎立本与白居易的时代，可以视为云髻使用时间的上限与下限，云髻在唐代的使用时间，从初唐太宗的贞观时代到中唐宪宗的元和时代（也即从公元七世纪中期到九世纪前期），前后几乎长达一百五十年。忽视了保存在唐诗里的资料，云髻的使用时间，是无法加以推测的。

（二）双环望仙髻

关于这种发髻，髻名里的"望仙"二字，虽然不知应该怎么解释，不过根据髻名的另外两个字，这种发型具有两个发环是无可疑的。位于西安市的陕西省博物馆藏有从李勣墓中出土的若干壁画。在墓室东壁的那一部分，表现了一个身着长裙、翩然起舞的女性（图二）。如与见于《步辇图》的宫女的发型相比，这位舞女的发型相当特别。首先，在舞者头顶的左右两端，各有一个圆环，环中编有忍冬纹。此外，还有附一点几何形图案的半个圆环，耸起于那两个圆环之间。这样的发型，可能就是双环望仙髻。

双环望仙髻既有两个半圆环，而且无论全环、半环，无不附有一些几何形的图案。要在头上编出结构这么复杂的双环望仙髻，编髻的先决条件是头发必须要有相当的长度。据杜光庭在著名传奇《虬髯客传》里的描写，远在隋末（616—617 年），有些女性因为特意蓄发，所以头发的长度可以"委地"，[16] 也就是可以接触到地面。如果唐代女子所蓄发的长度也可委地，用这么长的头发来编制双环望仙髻，在长度上，应该没有困难。不过在与唐代有关的文献里，除了杜光庭的《虬髯客传》，似乎还没有别的资料记载唐代女性的头发长可委地。这就意味着唐代的女性留蓄长发，似乎并不普遍。此外，即使蓄了长发，所蓄的头发的长度，也不一定都能委地。可以想象，在一般情况之下，用自己的头发去编制双环望仙髻，可能会有长度不够的困难。可是如果能够利用假发去编制发髻，发的长度就不会受到限制。即使双环望仙髻的结构复杂，用真发再掺杂假发，还是可以编制的。因此，双环望仙髻的编制，又可能与假发的使用有关。在这个关键上，就不能不把假发在唐代以前的使用史简略一述。

首先，《诗经》曾有“鬒发如云，不屑髢也”的诗句。[17] 如前述，“鬒”的文义是黑。而所谓“髢”（音替），文义是用别人的头发来添补自己的头发。[18] 由此可知《诗经》所说的“鬒发如云，不屑髢也”，如果可以用现代的语体文来重说一次，大概就是：“我那有点弯曲的黑发，形状像云朵一样，我还需要用什么假头发！”《诗经》既经孔子（公元前 551—前 479 年）删定，[19] 应是公元前五世纪前半期的作品。那就相当于说，根据《诗经》的记载，假发在我国的使用，至少是从公元前五世纪的前半期开始的。

除了《诗经》，根据《晋书》的记载，在西晋末期孝武帝的太元时代（376—395 年），也即在公元四世纪的下半叶，使用假发的女性的人数也颇不少。[20] 那么，从春秋时代的后半期到西晋时代的末期，假发在中国的使用，已经超过一千年。在中国妇女早已惯用假发的传统之下，唐代的女性，如果使用假发来编制发髻，是可以理解的。[21]

李勣是历经唐高祖、唐太宗与唐高宗等三朝的开国功臣。他是在总章二年（669 年），年八十六岁的那一年去世的。他去世后，高宗诏令陪葬昭陵。[22] 所以具有双环望仙髻的壁画舞女，才会在昭陵地区出土而且保存于昭陵博物馆。这幅见于李勣墓的壁画舞女，虽然不知出于何人之手笔，应该也是根据当时的实况而完成的写实性作品，正可反映当时的双环望仙髻造型。

1991 年，考古家在河南洛阳孟津西山头的唐墓里发现了不少伎乐女俑。其中一俑，身穿圆领窄袖衫，上罩宽袖衫，最外面再罩一件大翻领半臂，下着曳地长裙。女俑的发型很特别，不但有两个圆髻左右相对，圆髻中还各附有一个空心的方孔，使得这两个圆髻的结构，与一枚没有文字的五铢铜钱的设计，似乎相当接近。此外，在这两个圆髻之间的中心位置，还插有一朵六瓣梅花形的发饰。除了明器，在这座唐墓里还发现了岑平等的墓志铭。根据这件墓志铭，岑平等虽在则天帝圣历元年（698 年）卒于河南郑州，却又在则天帝大足元年（701 年）从郑州移葬于洛阳。[23] 因此，从岑平等墓葬中所发现的，头发编有双环髻，而发环中具有钱形结构的彩绘陶质女俑的制作年代，可能也应该是大足元年。

位于美国首都华盛顿的佛利尔美术馆藏有一件唐代女俑（图三）。该馆虽称此俑为唐俑，[24] 但未能确定该俑究竟制于唐代的哪一阶段。现以制于大足元年而从岑平等墓葬中所发现的舞蹈女俑为证，佛利尔美术馆所藏的唐俑的确切制作时代，似乎也应定在大足元年前后的武后时代，或八世纪初期。

在文献上，双环望仙髻是唐高祖时代（约唐代立国初期 618 年至 626 年），亦即七世纪早期的宫中发型。[25] 但以李勣墓中的壁画与岑平等墓中的舞俑的发型为例，这种发型的使用，至少曾从唐高祖的武德时代，延长到则天帝的后期，也即从七世纪的早期延长到八世纪的初期。总之，由文献所记录的望仙髻的使用时间，虽然可能比云髻的使用时间还要稍早，但以实物为据而言，却毋宁采用比较保守的立场来做结论，而把这种发髻的使用时间，定在比云髻的使用时间稍晚的唐高宗与则天帝在位时代，或者定在由七世纪中期过渡到八世纪初期之间的五十年之内。

（三）椎髻

椎髻的另一名称是“魋结”。《汉书》卷四十三《陆贾传》里曾有“尉陀魋结箕踞见贾”之语。[26] 但据服虔与颜师古在此句的注，[27]“魋”音椎，“结”音髻，可见魋结就是椎髻。而所谓椎髻，按照颜师古的说法，就是“其形如椎”的“一撮之髻”。[28]

椎形身尖而把粗。根据椎的形状来推测，在发型上，椎髻的髻也应该一头粗而另一头尖。可是在技术上，把发髻的尖的部分向上编结似乎很不容易，但把发髻的粗的部分向上编结却并不困难。也就由于这个原因，唐代的椎髻可能应该是上粗而下尖的一种发型。也唯其如此，当椎髻的粗头在上而尖头在下，在视觉上，才能具有椎的峨然弧立的形象。

1974 年，考古学家在陕西省的临潼县发掘了秦始皇陵的兵马坑。此坑所出土的五百多件陶俑之中，有若干编有椎髻的兵俑。[29] 从文献上看，秦始皇陵的主要工程是在他统一了战国的最后六国之后就开始进行的。[30] 在战国六国之中，最后被秦所灭的是齐国，被灭的时间是齐王建四十四年（秦始皇二十六年，公元前 221 年）。秦始皇的卒年是公元前 210 年。这批兵马俑的制造时间，显然大概就在公元前 221 年与公元前 210 年之间。[31] 根据这个重大的考古发现，可见远在秦始皇时代，亦即公元前三世纪初期，关中地区的秦国男子是编有椎髻的。

从文献上看，在与汉代有关的资料里，曾经两次记载过椎髻的使用。据司马迁《史记》，[32] 第一次在四川使用椎髻的时间不详，不过可能不会迟于汉武帝太初四年（公元前 101 年）。[33] 据唐代史学家的意见，汉代的"椎髻之民"的居地是"南越"。[34] 所谓南越，是史学家对于住在中国东南沿海地区的越族之泛称。[35] 椎髻的南越地区与成为当时文化中心所在的长安，在地理上的距离是相当遥远的，这两者应该不会有文化上的关连。司马贞认为只有南越的居民才是"椎髻之民"，此说等于以一概全，这样的看法是不足信的。可见在公元前二世纪，男子编结的椎髻，可能共有三个来源：第一个来源是关中，也即是秦文化的延续，第二个来源是四川，第三个来源是东南沿海。四川与东南沿海之间应该不会有文化上的关连，而这两地与秦文化也没有关系，可见四川与东南沿海的椎髻，都是当地独立的文化。

第二次使用椎髻的时间也不详，不过大致应在公元一世纪的初期。据《后汉书》的记载，在东汉初年，隐士梁鸿的籍贯是扶风（今陕西省咸阳）。其妻孟光与他成婚以后，身穿布衣，发编椎髻。梁鸿对于孟光这样的装束与发型，相当称许。[36] 后来梁鸿离开扶风，隐居于吴。所谓吴，即今江苏。与吴相邻的地方是越，而越，即今浙江。吴越两区的所在地，不但正是中国江南沿海地区，也正是时代更早的南越地区。梁鸿之妻既在陕西扶风已经编结了椎髻，所以她在迁居江苏以后，为了能与当地的发型互相配合，仍编椎髻。孟光居吴时所编的椎髻是不必一定视为对于南越地区的椎髻的摹仿来看待的。由此可见从公元前二世纪初期直到公元一世纪前期，三百年来，椎髻在中国的使用，一方面延续不断，另一方面，又已从东南沿海地区扩大到黄河流域的中游地区。除此之外，值得注意的另一点是椎髻使用人的性别。编了椎髻而得到梁鸿之称许的孟光虽是女性，不过所谓“椎髻之民”的原义，却似乎只是对南越男性的泛称。看来，到东汉末年为止，椎髻已经形成男女两性都可使用的一种发型。

第三次使用椎髻的时间是唐代立国不久的武德时代（618—626年）。在当时，常山王李承乾（唐高祖的长孙，唐太宗的长子）曾与他的百余家奴，一齐摹仿胡人的发型而编制椎髻。[37] 根据这几个史实，在汉代，椎髻的使用，偏于中国的东南沿海地区；但在唐代，椎髻的使用，除了当时的关辅地区外，也已进入唐代的国都长安。从汉武帝中期到唐高祖初期，历史的时间已经超过千年。但在这千年之间，椎髻的使用者似乎主要是男子。

二十世纪初年，发现了敦煌石室的斯坦因（又称史坦因，Aurel Stein，1862—1943年），曾在敦煌发现一幅绢画。画面是一位上身穿了窄袖胡服，下身穿裙，跪坐在地毡上的汉族少女。那些平贴在她头顶上的短发，虽然都是这位少女的鬒发，但在这些短发之上，却有一个长条形的发髻，挺然而立（图四）。由于此髻上粗而下细，正是椎形，由此图所表现的发型，应该正是标准的椎髻。与这幅敦煌绢画具有同等价值的另一批重要作品，是在1972年从章怀太子李贤墓里所发现的若干壁画。其中一件是《树下观鸟图》（图五），另一件是《竹下伫立图》（图六）。《树下观鸟图》共绘三人，除了居中而立的宫女，编了双髻，其他二人的发型都是椎髻。这两人的椎髻，与表现在《竹下伫立图》里的宫女的椎髻一样，向上的髻顶都不但相当厚重，而且与头顶的距离也很近，相当于椎身的那部分，似乎并没完全编制出来。所以表现在这两幅画里的椎髻的椎的形象，如与斯坦因在敦煌所发现的绢画里的椎髻的椎形相比，是比较不写实的。由敦煌所发现的绢画的年代，可能应在七至八世纪之间。[38] 而李贤墓既建于睿宗景云二年（711年），[39] 那两幅壁画的完成时代，当然也应该是八世纪初年。由此可以看出椎髻的使用，在相当于唐代立国初期的七世纪初期，固然还是男子的发型，可是从此以后，男子不再使用椎髻，椎髻反而成为女子专用的发型了。以上所说是椎髻从初唐到盛唐（或者从七至八世纪）发展的情况。

到了九世纪，中唐诗人白居易（772—846年）在他那首著名的诗题是《时世妆》的乐府诗里，再次提到椎髻。兹引此诗有关椎髻之诗句如下：

圆鬟无鬓椎髻样，斜红不晕赭面状。……元和妆梳君记取，髻椎面赭非华风。[40]

在这几句诗里，有几点值得注意的事。第一，在唐宪宗的元和时代（806—820 年），当时所流行的新发型是在发顶上既编椎髻，也编圆鬟。可是在面颊的两侧却不需要鬓发。把椎髻与圆鬟同时编结的发型，是前所未有的新款式。第二，这种式样，既非华风，应该是受到另一种文化的影响。不过，这另一种文化似乎不必只从发型上去追寻，因为白居易的诗是把椎髻与赭面同时描述的。

关于赭面，以赭色在女性的面部为饰，本是吐蕃人的习俗。[41] 白居易的诗句既把赭面与椎髻相提并述，可见把椎髻与圆鬟连在一起的发型，与在面部以赭色为饰一样，都是吐蕃文化。这样说，见于李贤墓壁画里的，独立于发顶之上的椎髻，虽然本是南越文化，但在东汉末年已被汉人所使用，到了唐代，独立的椎髻已经成为中国文化的一部分。可是在把椎髻与圆鬟共同使用的同时，又要在面部用赭色化妆，却是来自中国西北边疆的吐蕃文化。要明了椎髻在中国的使用史，对起源于南越的独立椎髻，和起源于吐蕃的复式椎髻，是不能不加以辨认的。

（四）螺髻

螺是背有硬壳而壳有旋纹的软体动物。就这种动物的生活方式而言，螺有田螺与海螺等两大类。海螺的体积较大，但较少见。在一般情形之下所说的螺，大概都指田螺。发髻既以螺为名，在结构上，这种发型应该与田螺的背壳一样，具有自下盘旋而上的旋纹。这种发型上的特征是应该首先指出的。从文献上看，把发髻编结成螺壳的形状，可能始于晋代。不过在当时，螺髻只是男童的一种发型。[42] 晋代以后，螺髻的使用情形不详。但从唐代开始，直到五代初期（十世纪上半期），螺髻的使用，似乎都是女性而不是男童。[43]

1971 年，考古学家曾在陕西省乾县的昭陵，发掘了唐代懿德太子李重润

（682—701 年）的墓葬。[44] 此墓之第三个洞存有不少壁画，壁画的一部分表现了一位站在小树之前的宫女。她手中持有一把在扇上附有扇套的长扇（图七）。宫女的头发除了从左向右盘旋而颇具螺壳的盘旋之势，又在发髻的顶端，编出一个尖锐的三角形。此髻既有盘旋之状而髻顶又有三角的尖角，因此把这种发髻认定为螺髻，应该是适当的。在二十世纪七十年代，考古学家曾在新疆吐鲁番的阿斯塔那（Astana），发掘了墓主是张礼臣的第 230 号墓，[45] 又从此墓中发现了一批唐代的绢画。其中一件的主题很简单，除在右上角画了一只小小的飞鸟，其他的空间只有一位上身穿了织锦半臂，而下身穿着长裙的舞女（图八）。在她的头顶上，发髻的盘旋的结构，虽然不甚可辨，但在此髻之髻顶上所特意编结出来的尖三角，形如螺壳的壳尖，是相当清晰的。

张礼臣的生卒年虽然不详，但从时间上看，他生活的时代似乎不难推测。首先，他的祖父张雄，是在唐太宗贞观七年（633 年）早逝的。[46] 他那生前曾在四川的叠、茂两州担任地方官的父亲张怀寂，卒于武后长寿二年（693 年），去世时代的年龄是六十二岁。[47] 根据张怀寂这个定点来推算，他的出生年代应在太宗贞观五年（631 年），其时正好在张雄逝前两年。假如张怀寂在二十岁已经得子，那么张礼臣约生于 650 年左右。在 686 年，张礼臣也许只是一个二十六岁的青年。张礼臣的生年虽然不能确定，但在另一方面，却已可知他的卒年是则天帝的长安二年（702 年）。直到长安三年（703 年），他才入葬。[48] 因此，在张礼臣墓中出土的画了长裙舞女之绢画的绘制时代，也应该是长安三年。在七世纪八十年代，见于长裙舞女头上的螺髻，已经使用于唐代边境以外的吐鲁番。至于懿德太子李重润的卒年，既是长安元年（701 年），足证螺髻的使用不但在则天帝在位的前期（或八世纪初期）十分流行，而且使用螺髻的地区，更在同一时期，由长安扩展到西域。

把历史文献与这两种考古发现互相对照，可知螺髻的使用时代，既不应该像绢画与壁画所显示的，只存在于相当于初唐后期的公元八世纪初期，同时也不应该像文学作品所记载的，迟到相当于五代中期的十世纪五十年代。易言之，不把历史文献与考古发现加以综合，就不能看出螺髻的使用，在时间上，曾从八世纪初年延长到十世纪五十年代。同时，也不能看出螺髻的使用，在空间上，曾从唐都长安，顺沿丝路，穿过敦煌而影响了吐鲁番地区的汉族的妇女，从而使得她们也能在西域的沙漠里，按照唐代都城里的化妆方式，而为她们自己鬓发编结出别致的螺髻。

（五）堕马髻

堕马髻是唐代女性所喜爱的发型之一。不过堕马髻在唐代以前，已有相当悠久的历史。据《后汉书》的记载，堕马髻的创始人是梁冀之妻孙寿，[49]而创始这种发髻的时间，大约在汉桓帝建和元年（147 年）稍后。根据汉时代对堕马髻的解释是“堕马髻者，侧在一边”。[50]看来，这种发型既在结构上把发髻安排在头部之一侧而不在头部的中部，可见孙寿的美学要求是不规则的畸形美。所以这种类型，在汉代是要被视为“媚惑”的妖态。[51]

盛唐时代的张萱，大致是活动于玄宗开元十一年到天宝十二年（723—753 年）的宫廷画家。[52]由他所画的《虢国夫人游春图》的原迹，虽然早已不存，但此图的北宋摹本（图九）目前还完整地保藏在辽宁省博物馆。杨玉环是在天宝四年八月被唐玄宗封为贵妃的。[53]三年以后（748 年），她的大姐、三姐与八姐，也被唐玄宗分别封为韩国、虢国与秦国夫人。[54]由张萱所表现的，正是虢国与秦国夫人并骑同游的游春情景。在此图中，这两位贵族女性的发型特征是在每人的头上各有一个分成两段的发髻（图九 a）。第一段先从头顶上向外横伸，然后第二段再在连接第一段的地方向下直伸。这个发髻的一、二两段既然形成直角而具堕势，所以这种发型应该正是被汉代文献描写的“侧在一边”的堕马髻。

中唐时代的周昉，大致是活动于肃宗（756—761 年）、代宗（762—779 年）与德宗之贞元（785—805 年）初期的艺术家。[55]他的名作之一是目前收藏在美国堪萨斯尼尔阿德金博物馆的《停琴啜茗图》。[56]在此图中，坐在演奏者右侧，举茗欲饮的女子的发型，也是堕马髻（图十）。《停琴啜茗图》以外，周昉的另一件名作是目前收藏在故宫博物院的《挥扇仕女图》。[57]在此图末端，一位女士站在树干之前，而另一位手持图扇的女士，虽然侧面而坐，以致面孔无法得见，但她头上的堕马髻侧向一边，是相当清楚的（图十一）。

完成于五代时期的《宫乐图》，目前保藏在“台北故宫博物院”（图十二）。[58]完成此图画家的姓名虽已佚失，但此图对唐代宫廷生活的研究，却相当重要。在画面里，身份较高的一群宫女坐在桌旁，从事演奏，但身份较低的年轻宫女，就只能站着演奏了。以坐在大桌右下角的两位宫女的发型而论，她们的发髻，也都是堕马髻。完成此图的时间虽然不详，不过五代之立国，前后不过五十四年（907—960年）。用最保守的方式来衡量，《宫乐图》的完成时代，不会超过十世纪的中期。如果以张萱的活动的始点为时间的上限，再以五代时代的最后一年为时间的下限，堕马髻的使用时间，从唐玄宗开元十一年到后周恭帝显德元年（723—954年），前后至少接近两百五十年。根据崔豹的记录，在他的时代，当时的妇女，是不采用堕马髻的。[59]因此，堕马髻的发展史就可能要分成两个阶段。崔豹的生卒年代不详，不过他的主要活动时代是西晋惠帝在位的十六年（290—306年）。[60]晋惠帝时既无堕马髻，所以这种发型之使用史的第一阶段，是从汉桓帝建和元年到晋武帝太康十年（147—289年）。使用的时间接近一百五十年。第二阶段应该从何时开始，因为文字史料与考古资料的缺乏，一时还不容易确定。不过在南朝后期，当徐陵（507—583年）编《玉台新咏》时，此书的自序已经提到堕马髻。[61]《玉台新咏》的编辑年代不详，不过大致编于梁代（502—556年）初年，也即六世纪初年。看来堕马髻虽从晋代初年或公元四、五世纪之际的那段时期，曾经停止过一段时间，但到五、六世纪之交的时期，似乎已又恢复使用。根据这个假设，从南朝的梁初开始，到后周显德六年（959年），堕马髻在第二阶段的使用时间，接近四百五十年。

（六）同心髻

在二十世纪七十年代（或者稍早），考古学家曾在河南省洛阳市发现一件三彩陶俑。该俑所表现的是一位采用坐姿的女性（图十三）。她发型的主要特征是在头发的正中央，编制一个球状的圆髻，不过圆髻的位置不在头顶而在前额上方。可是这件陶俑究竟在何年发现于何墓，以及该墓葬的年代为何，现皆不明。[62]就一般情况而言，制于盛唐时期的陶质女俑，大多身体丰满，面颊稍嫌肥胖。[63] 发现于洛阳市的女俑，在制作上，正好具有身体丰满与面颊肥胖这两项特征。根据这个认识，这件女俑的制作时间，可能应该在盛唐，因此把这件女俑的制作时间定在唐玄宗在位的时代，亦即八世纪的前半期。

这个认定也许可用在 1957 年从陕西省西安市鲜于庭诲墓中出土的另一件女俑来作理论上的根据。发现于鲜于庭诲墓的女俑，两手放在置于胸前的双袖之中（图十四）。[64] 就此俑的发型而言，最值得注意的，当然是编结在她的发顶，而位置又在前额之上的圆髻。与在洛阳出土的三彩女俑的发髻相比较，可以看出洛阳女俑的圆髻较圆，相形之下，西安女俑的发髻是比较扁的。此外，洛阳女俑的发髻由一条横纹分成上下两半，而西安女俑的发髻则被两条刻纹分出四部分。不过如果把发髻都表于女俑前额之上的共同特征，这两俑的制作是完全一样的。

唐代的诗人杨巨源，曾在他那首诗题是《独不见》的五言律诗里提到同心髻。兹引其诗之前半段如下："东风艳阳色，柳绿花如霰。竞理同心髻，争持合欢扇。"[65]

所谓同心髻，其状不明。不过只有许多互相重叠的圆形才能同心。从同心髻这个名称来推测，发髻的编结似乎应指一种在发顶上带有同心圆形的发型。根据这个了解，洛阳与西安的唐代女俑的发型（图十三、图十四），既在前额之上带有一个球形的发髻，而这个发髻又在结构上具有同心圆的特征，所以这个发髻，似乎可由杨巨源的诗句而认定为同心髻。

考古学家又曾在陕西乾县昭陵的陪葬墓（安元寿墓）里发现了一件三彩俑。[66] 该俑头顶虽然戴着一朵鲜花，不过在鲜花之下（或前额之上），本来还有一个球状的突出物（图十五）。可惜突出的部分现已残损。用从洛阳与西安唐墓中所发现的女俑之发型为例，位于这件女俑前额之上的残存突起物，应当也是一个球状的同心髻。安元寿卒于则天帝光宅元年（684 年）。这件女俑的制作当然应在该年之前。那就显示在时间上，至少在 684 年或者此年之前，同心髻的使用已经存在唐代的长安地区。

鲜于庭诲是在盛唐时代开元十一年（723 年）去世的。以发现于鲜于庭诲墓而具有同心髻的立俑，和发现于安元寿墓的女俑的发型为例，同心髻的使用，已由 684 年延长到 711 年。如前述，发现于洛阳的坐姿女俑可能制于玄宗时代，所以此俑的制作年代可能是天宝时代（742—756 年）。那又可以这件陶俑为例，从而证明同心髻的使用，可从玄宗的开元十一年（723 年），延长到天宝时代（暂定天宝中期，或 748 年）。这样看，以发现于安元寿墓的女立俑、发现于鲜于庭诲墓的女立俑，以及发现于洛阳唐墓之女坐俑等三件实物为证，同心髻的使用，可能至少曾从则天帝立国的首年（684 年），延续到玄宗在位的天宝中期（748 年），易言之，此髻所使用的时间，前后超过六十年。

如前引，同心髻这个名称似乎首先出现于杨巨源的诗篇。杨巨源的生卒年代虽尚不详，不过他先在唐德宗贞元五年（789 年）中举进士，后来才以七十岁的高龄退休，以迄于卒。[67] 在唐代，进士与明经，是文人出仕的两种最重要的考试。在一般情形之下，明经易考，而进士难举。所以就在唐代已有“三十老明经，五十少进士”的俗语。[68] 如果杨巨源在 789 年进士中举的时候，年龄是四十岁，他七十岁的那年，在时间上，已经是唐宪宗元和十四年（819 年）。易言之，杨巨源的时代，可能兼跨八、九两世纪。他那首诗题是《独不见》的诗，虽不知完成于何年，或者不妨假设写成于 789 年前后。如果这个假设接近事实，从同心髻的制作在 684 年首见于安元寿墓女立俑那年为始而开始计算，到 789 年，当杨巨源用诗篇对同心髻加以记录的时候，这种发型的历史，前后已经超过一百年了。

（七）惊鹄髻

1973 年，考古学家从新疆吐鲁番的张雄与其妻麹氏的合葬墓里，发现了不少作为傀儡戏使用而特制的土木混合女俑。[69] 其中一俑，上身穿着联珠纹锦的短襦，下身穿着条纹的长裙。她肩上披着披帛，头上编了圆球式的双髻（图十六）。[70] 完成这座墓葬的时间，按照麹氏去世的年代看来，应该是 688 年。与此俑发型几乎完全相同的双髻，又见于李贤的墓葬。如前述，在李贤墓的壁画里，是绘有《树下观鸟图》的。该图共有三人，除了左右两人的发型都是椎髻，居中而立、手挥衣袖的第二人，也在头上编有双髻（图五）。

1963年，考古学家又曾在陕西省乾县发掘过唐代永泰公主李仙蕙墓。[71]从该墓所发现的文物，既有壁画，也有陶俑。壁画右端的第七人，以及同壁左端的第三人（图十七），都在头上编结双髻。[72]再从陶俑的复原图来看，该俑也编有双髻。除了以上所列举的三种考古发现，在远在二十世纪初年已被发现于新疆吐鲁番的考古资料之中，有一件相当残破的唐代绢画，画面上的主题也是一位头上编有双髻的汉族女性（图十八）。

见于这四种考古资料的双髻，在唐代，是另有惊鹄髻之专称的。所谓鹄，就是俗语所说的天鹅。惊鹄的意思是说，如果双髻编结得太高，是连天鹅飞过，也会受惊的。用惊鹄二字为名，虽然是对发髻的高度的夸张，不过发髻的高度不小，却可由这两个字而表露无遗。在文献上，根据崔豹的"今人多作警鹤髻"的记录，[73]远在西晋初年，当时的妇女应该曾经编过警鹤髻。警鹤的意思大概是说，由于女性的发髻太高，必须警告正在空中飞翔的白鹤，不要飞得太低，以免碰到女人的高髻。警鹤髻的发型形象虽然难考，不过由于警鹤二字的使用，可以想见，在西晋初年（或者公元三世纪末年），当时的女性是喜欢编结高髻的。在警鹤与惊鹄这两个名词之中，惊虽不同于警，而鹄也不同于鹤，然而晋人与唐人所用的名称的类型，极端类似，毋庸置疑。在时间上，既然警鹤在前而惊鹄在后，也许在名称上，唐人所用惊鹄髻，是从晋人所用的警鹤髻蜕变而来。

就这种发髻本身的结构而言，见于张雄墓葬之土木合俑、李贤墓之壁画，以及永泰公主墓俑的发型，都在双髻的髻顶，编成比较圆钝的外形。可是见于永泰公主墓之壁画与陶俑，以及见于吐鲁番绢画残片的发型，都在双髻的髻顶，编制出锐利的尖角，一如单独使用的螺髻之髻角。从年代上看，张雄墓的年代是686年、永泰公主墓的年代是706年、李贤墓的年代是711年、吐鲁番绢画残片的年代，大致是八世纪中期。根据这些年代，似乎可以看出惊鹄髻的发展，可能曾有两个阶段；第一阶段是从七世纪下半期到八世纪前期，在此阶段，惊鹄髻的髻角比较圆钝。第二阶段是从八世纪的前期到中期，在此阶段，惊鹄髻的髻角已由圆钝转变为锐利。螺髻的使用，正介于惊鹄髻的第一与第二阶段之间。惊鹄髻的髻角由圆钝渐趋锐利，也许与螺髻的使用有关。

（八）闹扫髻

这个发型的名称比较特别，从字面上看，并不能看出何以有一种发髻居然会以闹扫二字为名。要了解闹扫髻何以会有这个名称，当然首先要看与这种发型有关的文献。在唐代的文献上，曾经提到这种发型的唯一记录，可能是白行简的小说《三梦记》。据他的记录："唐末宫中髻，号闹扫髻，形如焱风散鬈。"[74]但据引文的原注，"焱"字亦作猋，"鬈"字亦作鬊。焱、猋与鬈、鬊，都不是常用字。为了能够清楚地了解引文的文义，要先对这四个字的字义逐一考察。

所谓"焱"（音炎），文义是火花。[75]而"猋"（音标），在文义上，或者是狗的行走的形状，[76]或者是盘旋而上的暴风。[77]至于"鬈"（音刀），是头发的堕落。[78]而"鬊"（音春），文义与鬈相同，也是头发的堕落。[79]了解了这四个字的字义，可知猋字的文义应该采用第二种，也就是盘旋而上的暴风，而不应该采用形容狗的行走的第一种。根据这个了解，所谓"形如焱风散鬈"的意思，应该是既能够盘旋而上，而又能吹起火花的暴风，把快要堕落的头发吹得散开来了。不仔细研读《三梦记》的原文，对于闹扫髻的髻名之命名，是无法了解的。

在前面已经提到的章怀太子李贤墓里，是绘有不少壁画的。其中有一幅，描绘了站在小树林旁边的几位女性（图十九）。其中一人，不但在位置上稍与他人分离，而且发型更相当特别。大致说，这位女性的发型的特征是发髻愈上愈尖，最上端只剩下一个锐利的三角尖。在结构上，这样的发型，似乎很像一个椎尖向上、椎把在下的倒立椎髻。如果椎尖向下的椎髻，真的能够倒立，椎尖应该是直立向天的。可是这个发型的尖角并不直立向天，而是略具弧度又弯向一侧的。在视觉上，整个的发型似乎既有一朵向上燃烧的火焰的形象，也略有整齐的头发被风吹散、甚至被风吹乱的形象。见于李贤墓壁画里的这种发型，也许应该正是闹扫髻。

此外，1972 年，考古学家在陕西省礼泉县发掘了唐代阿史那忠（610—675 年）的墓葬。该墓的第五天井的西壁绘有三人（图二十），前后二人皆男侍，中立者却为手持小扇的女侍。由这位女侍所编结的发型，正是形如火焰的闹扫髻。[80]据从此墓所出土的墓志铭，阿史那忠在唐高宗上元二年（675 年）五月二十四日卒于河南洛阳，同年十月十五日，迁于陕西礼泉，陪葬昭陵。所以此墓第五天井西壁的壁画，必为迁葬后所完成的作品。看来，早在唐高宗在位的后期，或者七世纪的早期，已有闹扫髻的使用了。

闹扫髻的髻形既经认定，接着应该考察的是这种发型使用的时间。如前述，李贤墓建于711年，这当然是有关闹扫髻之使用的时间性的定点。白行简的生年虽尚不详，但据《唐书》，他卒于敬宗宝历二年（826年）。[81] 但他既在德宗贞元末期（803—805年）中举进士，所以从九世纪初年开始，才是他人生最重要的阶段。在这篇《三梦记》里，他虽然提到贞元中期（794—795年），却也提到宪宗元和四年（809年）。可见《三梦记》的完成，应当不会早于809年。他在《三梦记》里既然提到闹扫髻，那就无异说明这种发型，在809年，可能还在使用。那么，把李贤墓的完成时间与《三梦记》的时间加以联系，可见闹扫髻的使用，即使从711年开始，但到809年，也已有一百年的历史。当然在另一方面，以阿史那忠墓里的壁画为例，闹梳髻的开始，可能会比711年更早。如果的确如此，那么到了809年，闹梳髻的使用史，已经超过百年了。

（九）抛家髻

如果闹扫髻的髻名已经无法从字面上去推测发髻的造型，抛家髻这个名称似乎就更加使人匪夷所思。在讨论抛家髻之前，先把这种发髻的视觉形象，做基本的了解，是有必要的。在文献上，关于抛家髻的唯一记录，见于《新唐书》。其文云：

> 唐末，京都妇人梳发以两鬓抱面，状如椎髻，时谓之抛家髻。[82]

这一小段文字虽然并没说明什么是文义暧昧的“抛家”，不过利用这段文字，似乎可对唐代的抛家髻的名称，就文字的含义加以分析，从而取得某种程度的解释。首先，在形状上，要编结抛家髻，两鬓的头发一定要特别的厚重。鬓发不厚也不重，绝不能说“以两鬓抱面”。所谓抱面，可能具有以厚重的鬓发围绕面孔之含义。至于抛，既是一个动词，当然专指一种特定的动作。抛物时，既可用单手抛，也可用双手抛。把厚重的鬓发放在面孔两侧，可能与用双手捧着废物而要把废物抛出去的动作有些类似。这样说，抛家的基本义虽然隐晦，含义还是可以捉摸的。根据这个分析，使用厚重的鬓发是形成抛家髻的基本条件。

在 1955 年从陕西省西安市高楼村之唐墓中出土的许多陶俑之中，有一件在俑体上用刀划出衣纹，可是俑身完全无釉，亦无彩绘痕迹的陶俑（此俑下称甲俑）。[83] 该俑之身体与面颊不但略嫌肥胖，头发也略嫌厚重，尤以两鬓与后颈部分为然（图二十一）。位于美国首都华盛顿的佛利尔美术馆藏有一件三彩的唐代女子立俑（此俑下称乙俑）。该俑上身着蓝衫，下身着绿色长裙。右臂上举，左臂下垂。在体型上，该俑之身体与面颊，不但也略嫌肥胖，而且她的鬓发，也同样的略嫌厚重。不过在梳妆上，这两件女俑的鬓发，既然都能抱面，所以这种发型，似乎也可以认定为抛家髻。从高家楼唐墓出土的无釉女俑之制作时间，大致是盛唐时代，或者是从八世纪上半期至八世纪中半期的那五十年。现藏于佛利尔美术馆的绿釉女俑的制作时间，似乎大致上，也可视为是盛唐。

出土于西安市高楼村唐墓的第二件女俑，目前亦收藏于陕西省博物馆（此俑下称丙俑）。[84] 如与甲俑比较，不但两俑的服装异常类似，而且连两俑双手置于腹前，腹部又略向前挺的立姿也颇一致。然而此俑最重要的特征是在两鬓抱面之余，又在她的发顶中央，增编一个向后下垂的堕马髻（图二十二）。出土于西安市唐墓的第三件女俑，仍是陕西省博物馆的藏品（此俑下称丁俑）（图二十三），该俑可能原有蓝釉，由于釉料已褪，目前只在女俑的衣裙上留下斑驳的蓝点。[85] 此俑身体微侧，一臂下垂，另臂举于胸前。在发型上，丁俑不但也以两鬓的厚发抱面，还与乙俑一样，在她的发顶前方，增编了两个发环。在制作的年代上，丙、丁两俑正与甲、乙两俑的时代一样，也都是盛唐的产品。根据《新唐书》的记录，所谓抛家髻的结构特征是，先以双鬓抱面，然后再在发顶增加椎髻。用目前可见的考古资料与文献史料互相整合，两鬓抱面的特征已经可以辨认，只是在两鬓已经抱面的女俑中，去发现发顶附有椎髻的另一个特征，无论是用考古发现的唐代壁画还是陶俑为例，都还未能见其踪影。在这个情况之下，那就意味着上所介绍的丙、丁两俑的发型，可能可以为抛家髻的整体构造的了解，带来新的线索。这个看法是要分出两个层面来说明的：首先抛家髻的基本造型是两鬓抱面，只具备这种造型的甲、乙两俑的发型，只能称为简单的抛家髻。其次，抛家髻的另一造型是在两鬓抱面以后，再在发顶增编其他的发髻，所形成复杂的抛家髻。所以，由《新唐书》所提到的在两鬓抱面之外，还有椎髻，固然是一种复杂的抛家髻，而丙、丁两俑在两鬓抱面之余，再编结堕马髻，也未尝不是复杂的抛家髻。

如果要根据这个看法而对抛家髻的讨论暂作结论，也许可以指出下列两点：第一，用唐俑为例，抛家髻的使用时间，可说是从盛唐，或八世纪的上半期开始的。第二，据《新唐书》的记录，直到唐末，也即九世纪的下半期，抛家髻的使用仍未停止。那就可以看出抛家髻的使用时间，从八世纪上半期到九世纪下半期，至少接近一百五十年。不综合考古与文献，对于抛家髻的使用时间，就无法得到这个结论。

（十）鸾凤髻

所谓鸾凤髻，其名虽不见于与唐代妇女发型有关的记录，不过中唐诗人刘禹锡（772—842 年）在他诗题是《和乐天柘枝》的七言律诗里，却曾提到这种发型。以下是这首诗的全文：

柘枝本出楚王家，玉面添娇舞态奢。
松鬓改梳鸾凤髻，新衫别裁斗鸡纱。
鼓催残拍腰身软，汗透罗衣雨点花。
画筵曲罢辞归去，便随王母上烟霞。[86]

这首诗所描写的是一位跳柘枝舞的舞女，但根据这首诗，却有三件事值得注意。第一，什么是柘枝？第二，楚王是谁？第三，鸾凤髻的形象为何？现在先讨论什么是柘枝。所谓柘枝，本是波斯语 chaj 的译音。[87] 在唐代，柘枝是一种可能是从石国传来的舞蹈的舞名。[88] 由于石国的领土，东起塔什干（Tashkend，即今乌兹别克斯坦之首都），西至怛逻斯（Talas，其城已毁，旧址在今哈萨克斯坦共和国塔拉斯河河畔之江布尔），[89] 幅员广大，所以石国与位置更西的大食国也保持相当密切的关系。譬如唐代的安西节度使高仙芝在唐玄宗天宝十一载（752 年）兵败怛逻斯，[90] 就是被石国与大食国的联军所击败的。[91] 所谓大食，即今阿拉伯，[92] 而所谓波斯，即今伊朗与伊拉克的一部分。石国的柘枝舞既以波斯语来称呼这种舞蹈的舞名，可能该舞的真正起源地是波斯而不是石国。因此，由这位柘枝舞之舞女所编结的鸾凤髻，也可能本是由波斯或石国的柘枝舞舞女所使用的发型。

第二，关于楚王是谁，这是一个相当复杂的问题。唐高祖的第五子李智云（604—617 年）是在隋恭帝义宁元年，被人害死的，终年只有十四岁。到唐高祖灭隋，才在武德元年（618 年）追封李智云为楚王。李智云既然早死无后，于是他的二哥李世民，就把他自己的第五子李宽，过继给楚王府。可是不久之后，李宽竟也早死。以后，要到李世民继唐高祖之位而为唐太宗，才又把李灵龟，另一位李姓贵族之子，再度过继到楚王府。李灵龟虽有楚王的爵位，却是在唐高宗永徽时代（650—655 年），以魏州刺史的身份死在任上的。至于李灵龟之子李福嗣，虽然本来承继了楚王的爵位，却不知为了什么原因，竟会受到降爵的处分。在唐高宗仪凤时代（676—679 年），当他以右威卫将军的身份死于任上的时候，他的爵位已不是楚王而只是楚国公。等到则天帝长安三年（703 年），当李福嗣之子李承况因为与唐中宗之三子李重俊一同起兵反抗韦皇后而为乱兵所杀，[93] 史书上就再也没有与楚王的过继之子之后裔的任何记载。

楚王这个爵位，从 618 年受封，到 676 年左右夺封，前后不过五十年。在唐代的数目相当庞大的宗室贵族之中，楚王的家世一向并不显赫。何况真正拥有楚王之爵号的，在从李智云到李福嗣等四人之中，只有李灵龟一人。但李灵龟是在魏州刺史的任上，死于河北的。爱好柘枝舞，是唐人热衷于西域文明的一种文化表现。而热衷西域文明的主要地区，除了唐代的西京长安，就是当时的东都洛阳。魏州所在的河北，在唐代，不但文化的水平不高，更不是热衷西域文明的地方。易言之，魏州似乎不像是能够看到柘枝舞的文明地区。刘禹锡在《和乐天柘枝》的诗篇里认为“柘枝本出楚王家”，可能是以讹传讹的错误。

在初唐时代的受封为王的李姓宗室之中，恒山王李承乾，是最热衷于西域文化的一位。据文献记载，他“常命户奴数十、百人专习伎乐，学胡人椎髻翦彩为舞衣，寻橦跳剑，画夜不绝。”[94] 他的家奴既要一面学习伎乐，另一方面又要学习胡人编结椎髻，也许这些家奴所学习的伎乐，是包括柘枝舞在内的。何况李承乾是李世民的长子，也即是过继给楚王府的李宽的大哥。他的时代与第一位在生前拥有楚王爵位的李宽的时代，正好完全一样。如果柘枝舞真正出自初唐，而且出自初唐的贵族，与其说柘枝舞出自楚王府，也许毋宁说出自恒山王府更为恰当。

第三，关于鸾凤髻的形象，可能是上列三个问题之中最不容易寻找真正答案的问题。美国密西根州的底特律美术馆藏有一件唐代的陶质女俑（图二十四）。该俑于发顶附有一只凤鸟，展翅欲飞。近代出土的唐俑虽然不胜其数，但在发顶具有形象如此逼真的凤鸟，底特律的女俑，可能是仅有的一件。底特律美术馆虽把此俑称为唐俑，不过为了说明鸾凤髻的使用时代，这样的记录显然是不够精确的。所以收藏在底特律的这件陶质女俑的制作年代，需要另作推断。

为了便于断定这件唐代女俑的年代，见于此俑之半臂、窄袖、长裙与云头鞋，当然是足以判断此俑之制作年代的好资料。先看半臂：顾名思义，半臂是一种短袖的上衣。在汉、魏时代的女装里曾有“半袖”，不过唐代的半臂并不是半袖演变而成的新装。据说隋宫的女官的服装一律长袖，唐高祖灭隋以后，可能为了某种现在已不可知的原因，居然把隋代的长袖减短了一半，于是才形成了唐代的半臂。[95] 这样看，半臂的初次使用，是在唐代立国之初的七世纪初年。可是到唐高宗时代（650—683 年），亦即七世纪的中后期，半臂已从宫内传出，而在京畿地区的民间普遍流行。跟着，到盛唐的唐玄宗时代（712—756 年），或者八世纪的前半期，又成为半臂的后续发展时期。等到时间进入代宗时代（762—779 年），或者中唐的前期（亦即八世纪的中后期），半臂的使用，已经急遽的衰退。

次看窄袖：上身穿紧贴于身的窄袖短襦，下身穿上半细长而下半略成喇叭口的窄裙，是初唐时代或到唐高宗时代为止的妇女常服。窄裙的裙头经常高至双乳之下。由斯坦因在敦煌石窟中所发现绢画中的跪坐少女的穿着，正是在紧身的窄袖上衣之上，加穿一件半臂，而下身所着不但是一条窄裙，裙头也正高至双乳之下（图四）。这幅画的完成，大概是八世纪上半期的盛唐。[96]

（十一）结语

根据以上的讨论，对于唐代妇女的十种发型，以及对研究这些发型的使用的方法，也许可以在此作一简单的结语。

首先，对于这些发型，得到下列四点认识：第一，从性质上看，这十种发型分属三大类别。

甲、历史性的发型，譬如云髻至少曾在东汉末年到三国初年（三世纪初期）已经使用，惊鹄髻可能早在西晋初期（三世纪末期）已经流行，堕马髻也本创于东汉末年，到西晋初年停止使用，但到南朝的梁代（六世纪上半期）又已恢复使用。

乙、新创的发型，譬如双环望仙髻，可能首创于初唐贞观时代（七世纪中期），同心髻可能首创于则天帝在位初期（七世纪后期），螺髻、闹扫髻与抛家髻可能都首创于盛唐开元时代（八世纪上半期）。

丙、外来的发型，譬如椎髻在初唐武德时代（七世纪前期），虽主要由男性使用，来源是摹仿胡人（或突厥人）的发型。但到中唐元和时代（九世纪前期），椎髻的使用者，已由男性转变为女性，来源却是摹仿吐蕃人的发型。可见以唐代的女性发型为例，中国文化的新创性虽是当时的文化主流，但在这主流之外，文化的发展却还存有其他的类型，譬如有一种深受中国历史传统的影响，另一种则从其他地区的文化直接引进。

第二，从时间上看，多数发型使用的时间都不很长，譬如云髻只用于初唐初期（七世纪前期），双环望仙髻的使用只限于初唐到盛唐（七世纪中期到八世纪前期），惊鹄髻的使用只限于盛唐（七世纪后期到八世纪中期）、闹扫髻的使用只限于中唐（八世纪初期到九世纪初期）。此外，也有几种发型，使用的时间似乎相当长久，譬如椎髻与抛家髻的使用，从盛唐到晚唐（八世纪中期到九世纪末期），时间都超过一百五十年。堕马髻的使用，从盛唐到五代初期（八世纪中期到十世纪中期），时间接近两百年。至于螺髻的使用，从盛唐初期到五代初期（八世纪前期到十世纪中期），时间接近两百五十年。

第三，从材料上看，除了比较简单的发型，譬如云髻、椎髻，可以用真发编结，其他的发型，或者由于唐代妇女偏好高髻，或者由于结构复杂，都需要较多或较长的头发，才能编结成型。一般而言，唐代的女性，并不多留蓄委地长发。真发的长度既不够，而又要编结高髻，那就不得不借重于假发的使用。唐代的女性能够发展出结构复杂的发型的原因，一方面固然是由于艺术性的创造能力较强，另一方面，与能够得到假发的帮助也大有关系。所以在唐代，譬如像杨贵妃那样的宫中贵妇既要使用假发，而住在边疆的敦煌地区的平民，也同样的乐于使用假发。

第四，从地理上看，惊鹄髻和螺髻虽然本是使用于唐代的关中地区的两种发型，但也见于从吐鲁番地区所出土的文物。在唐代，吐鲁番属于高昌国，在疆域上，高昌国的国境是位于唐代领土之外的。唐代内陆所使用的女性发型既亦见于吐鲁番，可见在唐代，除了曾经由于对于椎髻和赭面的摹仿而使得中国文化吸收了某一地区的外来文化，中国文化也向唐代领土以外的其他地区加以传播。吐鲁番的地理位置既在丝路之上，可以看出吐鲁番是由于这个特别的地理位置，当中国文化沿丝路向西方传播时，而深受中国文化之影响的。而高昌国使用了中国的螺髻以及中国使用了吐蕃人附有圆鬟的椎髻的这两件事为例，正可以看出唐代的文化，在当时，既向外输出，也向其他文化吸收。

最后要讨论的是研究唐代发型的方法。关于唐代的妇女发型，现在可以利用的资料共有文字、绘画与考古发现三类。文字资料，有时的确可以提供某种发型的使用时间，譬如根据文字资料，便能知道双环望仙髻的使用是在玄宗时代，或者同心髻的使用是在德宗时代，以及椎髻的使用是在宪宗时代。可是这些时间没有上下限。因此，完全根据文字资料，不可能明确知道某一种发型从何时开始使用，又在何时停止使用。

经考古而发现的资料，如果具有建造墓葬的时间，往往可为壁画上的或女俑头上的某种发型的使用，提供一个时间的定点。可是这个定点也缺乏时间的上下限。不过如果利用这个定点而和文字资料互相对照，有时就不难看出考古发现的时间定点，应该放在文字资料所提供的时间之前，或者之后。经过这样的对照，就比较能够为某一发型的使用时间，找出它的使用史的上限与下限。至于艺术性的绘画资料，由于唐代的绘画，都没有年款，所以都缺乏年代。因此在使用艺术资料的时候，只能利用画家的活动时间，而大略确定画迹应该绘成于何时。所以绘画资料，虽然缺乏绝对的年代，如果已有文字资料和考古资料可以作为艺术资料的辅助资料，是也可与文字资料和考古资料互相对照，以找出发型使用时间之上下限的。

综合这三种资料，可以发现本文所讨论的十种发型的使用时间，似乎大致都可确定。现在就把这十个发型在唐代的使用史汇列如下表：

名称	使用时间	资料来源
云髻	初唐太宗贞观时代（627—649年）	故宫博物院阎立本《步辇图》
惊鹄髻	则天帝在位初期至盛唐后期（684—756年）	上限根据张雄墓出土傀儡俑 下限根据吐鲁番出土绢画残片
同心髻	则天帝在位初期前后至宪宗元和时代（684—820年）	上限根据安元寿墓（建于光宅元年，684年）出土女俑 下限根据杨巨源《独不见》诗篇
螺髻	约在则天帝在位后期前后（701—703年）	上限根据李重润墓（建于长安元年，701年）壁画 下限根据张礼臣墓（建于长安三年，703年）绢画
双环望仙髻	初唐太宗贞观时代至玄宗时代（627—755年）	上限根据李勣墓（总章二年，669年）壁画 下限根据段成式《髻鬟品》
椎髻	盛唐睿宗时代至中唐宪宗元和时代（711—820年）	上限根据李贤墓（重建于景云二年，711年）壁画 下限根据白居易《时世妆》诗篇
堕马髻	盛唐玄宗天宝末期至五代（742—907年以后）	上限根据周昉之生年及所绘《停琴啜茗图》 下限根据“台北故宫博物院”所藏五代人《宫乐图》
闹扫髻	盛唐睿宗时代至中宗、宪宗时代（710—820年）	上限根据李贤墓壁画 下限根据白行简《三梦记》
抛家髻	盛唐玄宗时代至晚唐（713—900年前后）	上限根据陕西西安与河南洛阳唐墓所出女俑 下限根据《新唐书》之记载
鸾凤髻	初唐七世纪	根据刘禹锡《和乐天柘枝》诗里头梳鸾凤髻的舞伎出楚王家的记载及对谁是楚王的考证及女俑身穿的半臂的流行年代推算

总之，以对于唐代妇女之发型的研究为例，由历史文献所提供的史料固然应该充分利用，可是由现代考古学所提供的地下史料，既为古代史家所未见，这些地下史料当然也正可补充历史资料之不足。不把文献与考古加以整合，历史的真相可能是永远不容易被发现的。

注释

1 “鬒发如云”之句，见《诗经·国风·鄘风·君子偕老》篇。

2 据《说文解字》九篇上，第 19 页，鬒的文义虽是黰，但此书并无黰字。据《广韵》，黰义为黑，所以鬒发可由黰发而解释为黑发。

3 阎立本作《凌烟阁功臣图》事，见张彦远《历代名画记》(1963 年，上海：上海人民美术出版社《画史丛书》标点本）卷九，《阎立本传》，第 104 页。

4 禄东赞朝见唐太宗事，见《旧唐书》(1975 年，北京：中华书局出版之标点本）卷三，《太宗纪》，第 52 页。

5 关于幞头的历史与形式的讨论，见赵彦卫《云麓漫钞》(1957 年，上海：古典文学出版社标点本）卷三，第 31—32 页。

6 王溥《唐会要》(1935 年，上海：商务印书馆《丛书集成》本）卷三十一，第 571 页。

7 汉代曾有垂云髻的说法，见唐人段成式（803—863 年)《髻鬟品》[《香艳丛书》第三集，清宣统三年（1911 年)，上海：中国图书公司]，第 10 页。

8 见李善在《洛神赋》之“云髻峨峨”句下的注文。

9《昭明文选》[嘉庆十四年（1809 年)，胡克家重刻宋淳熙本] 卷十九，第 8 页下。

10 关于《洛神赋》的写成时代，据曹植在《洛神赋》前的短序，是黄初三年（222 年)。黄彰健先生近著《洛神赋新解》，也把《洛神赋》的著成时代定在黄初三年，详见《故宫学术季刊》第九卷，第二期（1992 年，台北：“台北故宫博物院”)，《洛神赋新解》，第 1—30 页。

11 刘方平的《新春》诗，见《全唐诗》(1960 年，北京：中华书局出版标点本）卷二五一，第 2838 页。

12 杜甫的《即事》诗，见《杜诗镜铨》(1962 年，北京：中华书局出版标点本；1981 年，台北：华正书局翻印本）卷六，第 254—255 页。

13 白居易的《简简吟》，见《白氏长庆集》(1971 年，台北：艺文印书馆影印宋刊本）卷十二，第 57 页。

14 刘方平的生卒年代虽已不详，但据《全唐诗》卷二五一，第 2836 页，他与元德秀（692—754 年）是好友。再据王重民、孙望、童养年三人所辑《全唐诗外编》(1982 年，北京：中华书局出版标点本）之《续补遗》卷三，第 375 页，元德秀卒于唐玄宗天宝十三载，卒年五十九岁。刘方平既与元德秀相友善，年龄可能很接近。因此刘方平也可认定为盛唐时代的诗人之一。

15 朱金城的《白居易年谱》(1982 年，上海：上海古籍出版社）是宋人陈振孙编写《白文公年谱》与清人汪立名编写《白香山年谱》以后，资料最详尽的白氏年谱。在此谱中，朱金城把白居易的诗篇，按照写成时代的前后，系于各年之下。但细检朱谱，不见白氏《简简吟》。因此白氏此诗的写成时代，迄仍不明。

16《虬髯客传》见《唐人小说》(1955 年，上海：古典文学出版社，汪辟疆之编校本)，第 178 页。

17 “不屑髢也”之句，见注 1。

18 据段玉裁《说文解字注》(1970 年，台北：艺文印书馆影印经韵楼原刻并附索引本）第九篇，第 24 页，髢是“人发少，以他人发益之。”也就是用别人的头发来添补自己的头发。他人的头发，不是自己的鬒发，所以是假发。

19 孔子的生卒年，现据周予同的说法，详见《周予同经学史论著选集》(1983 年，上海：上海人民出版社)，所收《孔子》一文，第 341 页，第 349 页。至于孔子删除《诗经》的重复部分的事，见《史记》卷四十七，《孔子世家》，第 1936 页。

20 晋人用假发之事，见《晋书》(1974 年，北京：中华书局出版标点本）卷二十七，《五行志》上，第 826 页。

21 据《新唐书》卷三十四,《五行志》一，第 879 页，“杨贵妃常以假鬓为首饰，而好服黄裙。时人为之语曰：‘义髻抛河里，黄裙逐水流。’”再据段文杰《敦煌石窟艺术论集》(1988 年，兰州：甘肃人民出版社）内《莫高窟唐代艺术中的服饰》一文，第 285 页，考古家近年曾在新疆吐鲁番地区的唐墓中，发现三件假髻。可见唐代女子使用假发，上至杨贵妃，下至西北边界的敦煌百姓，都不例外。

22 关于李勣的卒年与陪葬昭陵的事，皆见《旧唐书》卷六十七,《李勣传》，第 2488 页。

23 岑平等的墓志铭，见 310 国道孟津考古队:《洛阳孟津西山头唐墓》一文之图一四，该文刊于 1992 年出版之《文物》第三期（北京：文物出版社），第 1—8 页。

24 佛利尔美术馆称此俑为 *Mortuary figure of a female dancer*，收藏编号为 F1949.27。

25 关于双环望仙髻为唐高祖时代宫中发型之说，见段成式《髻鬟品》(《香艳丛书》本)，第 2 页。

26 《汉书》对魋结的记载，见卷四十三,《陆贾传》(1959 年，北京：中华书局出版标点本)，第 2111 页。

27 服虔与颜师古的注，同上引。

28 同上注。

29 关于兵马坑的发掘，见秦始皇陵秦俑坑考古发掘队:《临潼县秦俑坑试掘第一号简报》，载于 1975 年之《文物》第十一期，第 1—14 页。坑中所出土的椎髻陶俑，见同期《文物》图版肆—2 与捌—2。

30 关于秦始皇在他生前就着手于其陵墓的记载，见《史记》卷六,《秦始皇本纪》，第 265 页。

31 关于兵马俑制作的时间，见注 29 所引文，第 12 页。

32 据司马迁《史记》(1959 年，北京：中华书局标点本）卷六十九,《货殖列传》，第 3278 页，住在四川的程郑曾“贾椎髻之民”。

33 司马迁虽未记录双方商业来往的时间，不过《史记》写成于太初四年（公元前 101 年）。所以椎髻的使用，不会迟于太初四年。

34 见上引书，第 3278 页，“贾椎髻之民”句下的唐人司马贞《史记索隐》。

35 汉代的南越是古代百越的遗裔，住在广东。但在中国地理位置上，广东是南方，所以称为南越，详见芮逸夫《中国民族及其文化论稿》(1972 年，台北：台湾大学人类学系出版）中册,《中国民族与越南民族》，第 575—585 页。

36 据《三国志》(1959 年，北京：中华书局标点本）卷八十三,《逸民传》，第 2766 页,《梁鸿传》。此传虽于梁鸿之生卒年代无所记录，但却记载梁鸿的父亲梁让在王莽时代（9—23 年）封修远伯。据此年代，梁鸿的活动的时代，应在公元一世纪中期。

37 李承乾椎髻事，见《旧唐书》卷七十六,《太宗诸子传》，第 2648 页,《恒山王承乾传》;《新唐书》卷八十,《太宗诸子传》，第 3564 页,《常山王承乾传》。

38 Aurel Stein, *Serindia* (1921, Oxford), p. 888，或见此书向达之中译本（书名为《斯坦因西域考古记》，1936 年，上海：中华书局出版），第 165 页。此画之作成年代，可能在七世纪。唯近年 Roderick Whitfield 与 Anne Farrer 已将此图之完成时代，定为八世纪初期，详见上述二人合编 *Caves of the Thousand Buddhas: Chinese Art from the Silk Route*, (1990: London), p. 23.

39 自 1971 年七月至次年二月，考古学家在陕西省乾县发掘了章怀太子李贤墓，并在墓中发现了李贤的墓志。据墓志，其墓建于睿宗景云二年（711 年）。详见陕西省博物馆与乾县文教局唐墓发掘组合撰《唐章怀太子墓发掘简报》，载于 1972 年出版之《文物》第七期（北京：文物出版社），第

13—19 页，附图二四。

40 《时世妆》诗，见《白氏长庆集》（1971 年，台北：艺文印书馆影印宋刊本）卷四，第 50 页。

41 吐蕃人以赭饰面的记载，见《新唐书》卷二一六上，《吐蕃传》上，第 6072 页，其文云："（吐蕃）……衣率毡韦，以赭涂面为好"。

42 据广东、广西、湖南、河南四省商务印书馆所编《辞源》（1988 年，台北：远流出版社），第 1512 页，螺髻为晋代男童发型，见崔豹《古今注》卷三，《鱼虫篇》。今检《古今注》之《四部丛刊三编》影印宋刊本、《古今逸史》本及《百川书屋》本，该书《鱼虫篇》，皆无以螺髻为男童发型之说。故此说之来源，尚待核考。

43 和凝《宫词》之第八十一首有"螺髻凝香晓黛浓"之句，见《全唐诗》（1960 年，北京：中华书局标点本）卷七三五，第 8398 页。和凝虽在后唐明帝天成（926—929 年）中举，但却从后晋高祖天福五年（940 年）才开始进入仕途。以后，他经历后汉（947—950 年），而终于后周（951—959 年）初年。由以上经历看来，可见和凝应是五代时期的文人。他既在《宫词》中提到螺髻，这种发型的使用，从唐代一直沿用到五代初期，是无可疑的。

44 关于李重润墓的发掘，详见陕西省博物馆与乾县文教局唐墓发掘组合撰《唐懿德太子墓发掘简报》，载于《文物》，1972 年，第七期，第 26—32 页。

45 金维诺、卫边合撰《唐代西州墓中的绢画》一文，载于《文物》，1975 年，第七期，第 36—43 页。

46 张雄的卒年，见于其妻曲氏的墓志。至于这件墓志，见新疆维吾尔自治区博物馆所编辑出版的《新疆出土文物》（1975 年，北京：文物出版社），图版 110。

47 张怀寂的卒年，见《张怀寂墓志铭》。铭文的摹本见黄文弼《吐鲁番考古记》（1954 年，北京：中国科学院出版），第 55 页前所附夹页。又见黄烈编《黄文弼历史考古论集》（1989 年，北京：文物出版社），第 199 页。据此墓志，张怀寂生前曾任叠州长史，后擢任茂州都督司马。

48 据李征《新疆阿斯塔那三座唐墓出土珍贵绢画及文书等文物》，载于《文物》，1975 年，第七期，第 90 页，张礼臣的墓志铭在 1973 年发现于阿斯塔那 230 号唐墓。该文仅记张礼臣卒于长安二年，入葬于长安三年，但未记张礼臣生于何年。

49 孙寿创始堕马髻，见《后汉书》卷二十四，《梁冀传》，第 1180 页。在此传中，传文先记载梁冀在建和元年（147 年）增建大将军的事，接着才记载孙寿包括"妖态"和"媚惑"的堕马髻在内。按照传文对这两件事的记述的先后顺序来说，堕马髻的创始似乎不会早于建和元年。

50 同上引《后汉书》，第 1780 页，在孙寿"作堕马髻……以为媚惑"一句之下所引应劭《风俗通》。

51 同上注。

52 关于张萱活动时代的考证，详见庄申《虢国夫人游春图考》，载于《第一届国际唐代学术会议论文集》（1988 年，台北：唐代学会），第 87—132 页。

53 杨玉环被封贵妃事，见《旧唐书》卷九，《玄宗纪》下，第 219 页；《新唐书》卷五《玄宗纪》，第 145 页。

54 关于杨贵妃之姐受封之事，《旧唐书》卷九，《玄宗纪》下，第 222 页，只记杨贵妃姐二人在天宝七年十月受封为韩国与虢国夫人，而未记秦国夫人何时受封。然同书卷一〇六却于《杨国忠传》，第 3242 页，记载"秦国、韩国与虢国三夫人在天宝七年同日受命。"《玄宗纪》只列举韩、虢二国夫人的受封时间而没有秦国夫人受封的时间，《旧唐书》对这件事的记载不完全，应该是编辑上的一个瑕疵。

55 据朱景玄《唐朝名画录》（1982 年，上海：上海人民美术出版社标点本）《神品中》内《周昉传》，其人曾于唐德宗时（780—805 年）任宣州长史。如周昉在德宗贞元六年（790 年）年约五十岁，其生年当在唐玄宗开元末期（741 年）。

56 《停琴啜茗图》见 *Eight Dynasties of Chinese Paintings*（1980：Cleveland and Kansas City），彩色图版 1 和图版 6。

57 《挥扇仕女图》见故宫博物院编《中国历代名画》之《故宫博物院藏画集》I（1978 年，北京：人民美术出版社），图版 38。

58 《宫乐图》见故宫博物院编《故宫书画集》第七集（1932 年，北平：故宫博物院），图版贰。又见 Osvald Sirén：*Chinese Painting*（1956，London），vol. III，pl. 132.

59 晋人不用堕马髻事，见崔豹《古今注》（1936 年，上海：商务印书馆《四部丛刊三编》影印宋刊本）卷下，第 6 页下。

60 崔豹之活动时代，见余嘉锡《四库提要辨证》（1965 年，台北：艺文印书馆影印排印本）卷十五，第 862—863 页。

61 徐陵这几句话的原文是：“陪游馺娑，骋纤腰于结风，长乐鸳鸯，奏新声于度曲。妆鸣蝉之薄鬓，照堕马之垂鬟。”详见徐著《玉台新咏》（1926 年，上海：商务印书馆《四部丛刊初编》影印五云溪阁活字本）序，第 1 页下。

62 这件在洛阳出土坐俑的文献来源，是不具编者姓名的《新中国出土文物》（1972 年，北京：外文出版社），图版 148。另印而附于此书的图版 148 的说明仅云“三彩女俑，河南洛阳出土。”该俑于何年发现于何墓，以及该墓葬之年代，俱无说明。

63 史岩《隋唐的雕塑艺术》，载于《中国美术五千年》（1991 年，人民美术出版社等五家出版机构联合出版），第三卷，第 167—216 页。

64 中国社会科学院考古研究所编《唐长安城郊隋唐墓》（1980 年，北京：文物出版社），图版八〇—2。

65 杨巨源《独不见》诗，见《全唐诗》卷三三三，第 3714 页。

66 从安元寿墓出土的女子立俑，见陕西省博物馆编《隋唐文化》（1990 年，香港：中华书局），第 195 页。

67 见注 65。

68 “五十少进士”之语，见王定保《唐摭言》（1959 年，北京：中华书局标点本）卷一，第 4 页。

69 金维诺、李遇春合撰《张雄夫妇墓俑与初唐傀儡戏》，载于《文物》，1976 年，第十二期，第 44—50 页。

70 吐鲁番出土之披帛俑，见《文物》，1975 年，第七期，图版伍—1 。

71 关于李仙蕙墓的发掘，详见陕西省文物管理委员会《唐永泰公主墓发掘报告》，载于《文物》，1964 年，第一期，第 7—18 页。

72 关于李仙蕙墓里的这幅壁画，详见《永泰公主墓壁画集》（1963 年，北京：人民美术出版社），图版壹。

73 晋人用警鹤髻，见前引《古今注》卷下，第 7 页。

74 见周锡保《中国古代服饰史》（1984 年，北京：中国戏剧出版社），第 218 页，及戴争《中国古代服饰简史》（1988 年，北京：轻工业出版社），第 125 页。今检台湾“中央研究院”历史语言研究所傅斯年图书馆所藏明代心远堂刊本《三梦记》，未见有“唐末宫中髻，号闹扫髻，形如焱风散鬈”之语。他如《龙威秘书》《唐人说荟》等清代丛书中所收之《三梦记》，亦不见有周、戴二家所引之文。又如前引汪辟疆《唐人小说》，曾据明钞本《说郛》校录今本《三梦记》，亦未见有上引之文。故不知周、戴二家所见《三梦记》，究竟根据何种版本。志此存疑。

75 焱字，见《说文解字》第十篇下，第 1 页。

76 猋义为犬行貌，见《说文解字》第十篇上，第 13 页。

77 把猋字解为扶摇而上，见《尔雅》(1973 年，台北：商务印书馆影印明刊本)，但据《庄子》(1988 年，台北：台湾“中央研究院”历史语言研究所王叔岷先生《庄子校诠》本)卷一《逍遥游》，第 7 页，所谓扶摇，就是上行风，也即向上吹的风。经过由猋而扶摇，再由上行风的文义的转折，猋就是向上吹的风。

78 髻，见《说文解字》第九篇上，第 26 页。

79 鬌，同上注。

80 关于阿史那忠墓葬发掘，见陕西省文物管理委员会及礼泉县昭陵文管所：《唐阿史那忠墓发掘简报》，载于《考古》，1977 年，第二期，第 132—138 页及第 80 页，头上编有闹扫髻的女侍，见该文图一之 11。

81 白行简传，附于《旧唐书》卷一六六，《白居易传》后，第 4358 页，又附见《新唐书》卷一一九，《白居易传》后，第 4305 页。

82 抛家髻之记录，见《新唐书》卷三十四，《五行志》一，第 879 页。

83 高家楼所出土陶俑（甲俑），见陕西省博物馆编《陕西省博物馆》(1983 年，北京：文物出版社)，图版 60。

84 高楼村唐墓出土第二俑（丙俑），见陕西省博物馆编《隋唐文化》(1990 年，香港：中华书局)，第 197 页。

85 衣裙有蓝釉斑点之唐俑，前引见《陕西省博物馆》图版 61。

86 《和乐天柘枝》诗，见《刘宾客外集》(1936 年，上海：中华书局《四部备要》聚珍仿宋排印本）卷一，第 9 页。

87 向达《唐代长安与西域文明》(1933 年，北平：燕京大学)，第 95 页；又见重排本（1957 年，北京：生活·读书·新知三联书店)，第 102 页。

88 同上注，1933 年本，第 94 页；1957 年本，第 101 页。

89 Talas 之旧址为 Aulie-ata，见 E. Bretschneider：*Mediaeval Researches from Eastern Asiatic Resources*, vol. I, p. 18, p. 228.

90 高仙芝兵败怛逻斯事，见杜环《经行记》(此书已佚，此据杜知《通典》卷一九三所引)。

91 高仙芝败于石国与大食国联军的记录，见《旧唐书》卷一〇九，《李嗣业传》，第 3298—3299 页。

92 大食为波斯语 Tajik 或 Tazi 之译音，见张星烺《中西交通史料汇篇》(1962 年，台北：世界书局翻印本）第三册，《古代中国与阿拉伯之交通》，第 2 页。

93 司马光《资治通鉴》(1963 年，北京：中华书局)，第 6611—6612 页。

94 《旧唐书》卷七十六，《列传》，第 2648 页。

95 高承《事物纪原》(1989 年，北京：中华书局)，《衣裘带服部第十五·背子》，第 148 页。

96 见注 38。

（一）云髻

图一　故宫博物院藏传阎立本《步辇图》线描

（二）双环望仙髻

图二　陕西省昭陵博物馆李勣墓壁画线描

图三　美国佛利尔美术馆藏唐代女俑线描

（三）椎髻

图四　伦敦大英博物馆藏盛唐绢画《跪坐女供养人像》线描

图五　章怀太子李贤墓《树下观鸟图》线描（左右立者）

图六　章怀太子李贤墓《竹下伫立图》线描

（四）螺髻

图七　懿德太子李重润墓壁画《树下持扇图》线描

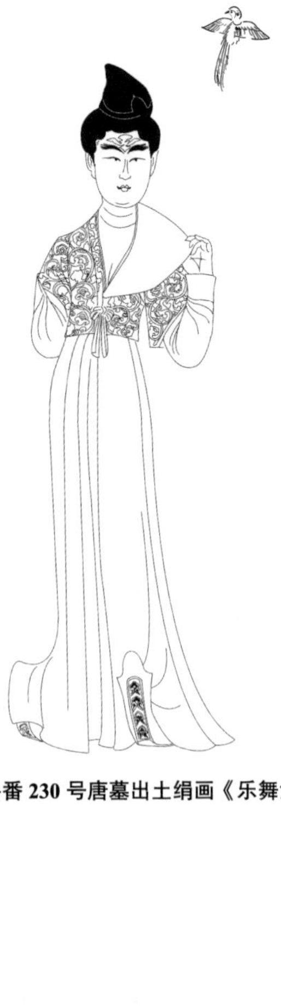

图八　新疆吐鲁番 230 号唐墓出土绢画《乐舞女像》线描

（五）堕马髻

图九　辽宁省博物馆藏张萱《虢国夫人游春图》线描

图九 a 《虢国夫人游春图》线描细节

图十　美国堪萨斯尼尔逊阿德金博物馆藏周昉绢本《停琴啜茗图》线描

图十一　故宫博物院藏周昉《挥扇仕女图》线描

图十二　“台北故宫博物院”藏五代人《宫乐图》线描

（六）同心髻

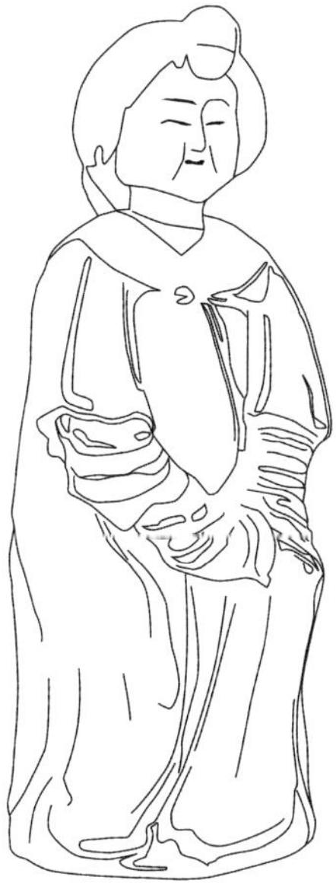

图十三　河南省洛阳出土女俑线描

图十四　陕西省西安鲜于庭诲墓出土女俑线描

图十五　陕西省昭陵陪葬墓（安元寿墓）出土三彩女俑线描

（七）惊鹄髻

图十六　新疆吐鲁番张雄墓出土土木混合俑线描

图十七　陕西省永泰公主李仙蕙墓壁画线描

图十八　新疆吐鲁番出土盛唐绢画残片

（八）闹扫髻

图十九　陕西省章怀太子李贤墓壁画线描

图二十　阿史那忠墓壁画女侍细部

（九）抛家髻

图二十一　陕西省博物馆藏高楼村出土唐代女俑线描（甲俑）

图二十二　陕西省博物馆藏唐代女俑线描（丙俑）

图二十三　陕西省博物馆藏唐代女俑线描（丁俑）

（十）鸾凤髻

图二十四　美国密西根州底特律美术馆藏唐代女俑

保健医疗篇

唐人之健康

关于唐人的健康，本章是分为历代的高个子、体高、年寿与一般健康情况来作讨论。天子的身份虽然异于一般唐人，但要了解唐代天子的健康，也是无妨的。现按这四点来分别讨论。

（一）唐人之体高

自从曾子（公元前505—前436年）首先提出“六尺之孤”之说，[1]以及孟子（公元前372—前289年）提出“五尺之童”之说，[2]此后在春秋与战国时代之后的一千年之内，以五尺或六尺作为童子的身高的这个观念，一直深为后代所接受。所以在《晋书》与《新唐书》里固然都有五尺之童记录，[3]而唐初的文杰骆宾王（约627—684年）在他为李敬业所写的《代李敬业传檄天下文》里，也有“六尺之孤安在”之句。[4]

就尺度而言，周代一尺之长度合19.91厘米。[5]春秋既为晚周时代之别称，所以曾子时代之一尺应该相当19.91厘米。“六尺之孤”的未成年君主的身高应相当于119.46厘米。战国时代的尺度长于春秋时代的尺度，当时的一尺应该相当于23.1厘米，[6]“五尺之童”的身高应该相当于115.5厘米。隋代的国祚虽短，尺度却很混乱。至少在文帝与炀帝时期，每尺的尺度就不相同。在文帝的开皇时期，每一尺的尺度又有三个不同的系统：最小的尺度是每尺相当于24.51厘米，稍大的尺度是每尺相当于27.19厘米，而最大的尺度是每尺相当于29.51厘米。[7]到炀帝的大业时期，当时的尺度突然缩短为每尺相当于 23.55 厘米。[8] 这个尺度与开皇时期每一尺的最小尺度是比较接近的。唐代立国之后，尺度又突然增大为 29.6 厘米。[9] 现在姑且把 24.51 厘米和 23.55 厘米分别认定为开皇与大业时期的隋尺之尺度。根据此一认定，“五尺之童”的体高，在隋文帝开皇时期是 122.55 厘米、在隋炀帝大业时期是 117.75 厘米、在唐代是 148 厘米，而“六尺之孤”的体高，在开皇时期是 147.06 厘米、在大业时期是 141.3 厘米、在唐代是 177.6 厘米。就 148 厘米和 177.6 厘米各为唐代之“五尺之童”与“六尺之孤”的身高而言，这两种尺度，或许只应视为唐代与五代史家在文字的使用上，沿用了曾子与孟子的旧说，而不应该认为他们必曾把这两个尺度，认定为当时童子的真正体高。尤其是 177.6 厘米的尺度，实际上，已有相当的高度，一定要把 177.6 厘米的高度视为唐代一般童子的体高，恐怕是不合理的。

唐代成年人的身高究竟是几尺，在文献上似乎并没有正式的记录，也许却不妨把六尺这个尺度认定为当时的成年男性之体高的标准。何以呢？无论就《旧唐书》《新唐书》里的传记部分来观察，或者以唐人的墓志铭来观察，都可以发现凡是身高超过六尺的人，就会被史家或者墓志铭的作者，当作某一个人的一种体型上的特征，而加以特别的记录。现在就把从新旧《唐书》与若干墓志铭里所得到的一批高个子的体高记录，汇列成表一。

表一　隋唐时代高逾六尺者之人物表

时间（以卒年为准）	姓名	籍贯	体高	折合今制	资料来源	备注
开皇七年（587 年）	于颢		八尺	196.08 厘米	《隋书》卷六〇，《于颢传》，第 1455 页	
开皇十七年（597 年）	虞庆则	京兆栎阳	八尺	196.08 厘米	同上，卷四〇，《虞庆则传》，第 1174 页	
大业八年（612 年）	柳謇之	河东解县	七尺五寸	176.63 厘米	同上，卷四七，《柳謇之传》，第 1275 页	据《柳謇之传》，第 1276 页，謇之于炀帝征辽东班师后，配戍岭南，卒于途。按炀帝三度征辽。《柳謇之传》既未言于何时配戍，然以大业八年之二度征辽（《隋书》卷四，《炀帝纪》下，第 81—83 页），声势最盛。姑系謇之配戍途死之年于炀帝大业八年二度征辽班师之后。

（续表）

时间（以卒年为准）	姓名	籍贯	体高	折合今制	资料来源	备注
大业九年（613年）	鱼俱罗	冯翊下邽	八尺	188.4 厘米	同上，卷六四，《鱼俱罗传》，第 1517 页	
上元二年（675年）	崔光远	滑州灵冒	六尺余	186.48 厘米	《旧唐书》卷一一一，《崔光远传》，第 3317 页	暂定六尺三寸为“六尺余”之尺度，下同，不另注。
垂拱三年（687年）	黑齿常之	百济	七尺余	216.08 厘米	同上，卷一〇九，《黑齿常之传》，第 3295 页	暂定七尺三寸为“七尺余”之尺度，下同，不另注。
垂拱四年（688年）	李义琰	魏州昌乐	八尺	236.8 厘米	同上，卷八一，《李义琰传》，第 2754 页	
圣历二年（699年）	吉顼	洛州河南	七尺	207.2 厘米	《新唐书》卷一二二，《吉顼传》，第 4848 页	
圣历三年（700年）	娄师德	郑州原武	八尺	236.8 厘米	同上，卷一〇八，《娄师德传》，第 4093 页	圣历仅用二年。圣历三年应为久视元年之误。
神龙二年（706年）	神秀	汴州尉氏	八尺	236.8 厘米	《旧唐书》卷一九一，《神秀传》，第 5110 页	
开元元年（713年）	郭元振	魏州贵乡	七尺	207.2 厘米	同上，卷一二二，《郭元振传》，第 4361 页	
开元九年（721年）	郭知运	瓜州晋昌	七尺	207.2 厘米	同上，卷一〇三，《郭知运传》，第 4544 页	
开元十年（722年）	张嵩		七尺	207.2 厘米	同上，卷一〇三，《郭知运传》附传，第 3189 页	
开元二十四年（736年）	陆象先	苏州吴县	七尺	207.2 厘米	同上，卷一一六，《陆象先传》，第 4238 页	
开元二十九年（741年）	陆景融	苏州吴县	七尺	207.2 厘米	同上，卷一一六，《陆象先传》附传，第 4238 页	附传未言陆景融之卒年。《新唐书》无陆景融传。姑系其人之卒年于开元之末年。
开元中（714—741年）	宋之悌	虢州弘农	八尺	236.8 厘米	同上，卷二〇二，《宋之问传》附传，第 5751 页	附传未言之悌之卒年，然称其人于开元中任太原尹。姑以其时为其人之卒年。
天宝六年（747年）	杨慎名	弘农华阴	六尺余	186.48 厘米	同上，卷一〇五，《杨慎矜传》附传，第 3228 页	
天宝十四年（755年）	张兴	来鹿	七尺	207.2 厘米	同上，卷一九五，《张兴传》，第 5548 页	
天宝十五年（756年）	安孝哲	契丹	七尺	207.2 厘米	同上，卷二二五，《安禄山传》附传，第 6425 页	附传未言安孝哲之卒年，但云天宝末为大将军。姑系其人卒年于是年。
至德二年（757年）	张巡	邓州南阳	七尺	207.2 厘米	同上，卷一九二，《张巡传》，第 5540 页	
至德二年（757年）	程千里	京兆	七尺	207.2 厘米	《旧唐书》卷一八七下，《程千里传》，第 4903 页	

（续表）

时间（以卒年为准）	姓名	籍贯	体高	折合今制	资料来源	备注
乾元二年（759年）	李嗣业	京兆	七尺	207.2厘米	同上，卷一〇九，《李嗣传》，第3297页	
上元二年（761年）	鲁炅	幽州范阳	七尺余	216.08厘米	同上，卷一一四，《鲁炅传》，第3361页	
建中二年（781年）	郭子仪	华州郑县	六尺余	186.48厘米	同上，卷一二〇，《郭子仪传》，第3449页	按《新唐书》卷一三七，《郭子仪传》，第4599页，谓子仪"长七尺二寸"，与《旧唐书》所记大异。姑以《旧唐书》所记为准。
贞元七年（791年）	张孝思	奚族	六尺余	186.48厘米	同上，卷一四一，《张孝思传》，第3854页	
贞元九年（793年）	李晟	陇西临洮	六尺	177.6厘米	同上，卷一三四，《李晟传》，第3661页	
贞元十一年（795年）	马燧	汝州郏城	六尺二寸	183.52厘米	同上，卷一三四，《马燧传》，第3689页	
贞元十九年（803年）	韩恒	楚州南阳	六尺三寸	186.48厘米	《唐代墓志汇编》下册，第2051页	
元和十四年（819年）	崔载	博陵	六尺二寸	183.52厘米	"唐故太子洗马博陵崔府君墓志"，见朱士端《宝禄堂收藏金石记》卷四，第23页。（春雨楼丛书本，同治二年版）	
长庆四年（824年）	李珙	山东	六尺余	186.48厘米	《旧唐书》卷一六一，《李珙传》，第4226页	
大和三年（829年）	郭钊	华州郑县	七尺	207.2厘米	同上，卷一二〇，《郭子仪传》附传，第3471页，又《新唐书》卷一三七，《郭子仪传》附传，第4611页	
大中九年（855年）	杨收	冯翊	六尺二寸	183.52厘米	《新唐书》卷一八四，《杨收列传》，第5392页	
景福元年（892年）	杨守亮	山东曹州	七尺余	216.08厘米	同上，卷一八六，《杨守亮传》，第5428页	据传杨守亮为韩建槛车送京师，被昭宗斩独柳下，唯缺守亮卒年。然据《新唐书》卷十，《昭宗纪》，第290页，守亮于乾宁元年（894年）八月伏诛。《旧唐书》卷二〇上，第748页，《昭宗纪》，则称守亮于景福元年（892年）为韩建所斩，并传首京师。所记与《新唐书》《昭宗纪》及杨传所记又异。今以杨收之卒既与韩建有关，又以《昭宗纪》载有被斩时间，故系其人之卒年于景福元年。

由此表，可以看出两件事：

首先，就人物的身份而言，像郭元振、郭知运、李嗣业、张孝思、李晟、马燧等人虽然都是武将，可是像娄师德、陆象先、杨慎名、宋之悌等人，却都是文人。高个子都是武将（甚至都是粗人）这个观念是不正确的。不过，这个现象似乎不见于初唐的著名人物。且不要说像裴寂、萧瑀、魏徵、刘文静、房玄龄、杜如晦、高士廉以及长孙无忌等这批先是秦王府的谋士，而后是大唐的开国文臣，没有一个是身高超过六尺的高个子，就是像李靖、秦琼、李勣、屈突通、程知节、侯君集等那批先是秦王府中的猛将，而后是大唐的开国功臣的武将，也没有一个是身高超过六尺的高个子。在上表之中，身处中唐之始的杨收，虽然身高只有六尺二寸，远比郭元振、陆象先、郭知运、程千里和李嗣业的七尺之躯的记录，矮了八寸，更比娄师德的身高八尺，矮了一尺八寸，而只能算是那一批高个子里的一个矮子，可是他的六尺二寸的身高，却几乎在时间上，要算作唐代最后一个高个儿了。综合以上的分析，从唐代在 618 年立国以来，至 675 年之间的六十年，以及在 800—907 年的那一百年之内，至少从文献上看，无论是文人还是武将，都不再多见高个子。这也等于说明，初唐人物的体高，大概只有六尺（或者都在五尺与六尺之间），而中唐后期与晚唐人物的体高，可能也是这个尺度。只有在从初唐后期开始，经过盛唐而到中唐前期的那一百二十年之间（675—795 年），由于史家的特别记载，才看到唐代的二十位高个儿。这可真是一个难以解释的特异现象。

其次，编写《旧唐书》的史学家，虽然常对上表之中几个高个子的身材加以称赞，譬如在刘珣的笔下，程千里“身长七尺，骨相魁岸，有勇力”[10]、马燧“长六尺二寸，姿度魁异，沉勇多智谋”[11]、张孝思“长六尺余，形体魁伟”。[12] 其实用“魁岸”“魁异”或“魁伟”等词汇来形容程、马、张三人超过六尺的体高，只是出于史学家自己的想象力。高个子自己的观感并不如此。身长六尺余的杨慎名在受刑将死之前，说了几句他心底的话：“兄弟皆六尺余，此貌此材，欲见容当世难矣。胡不使我少体弱耶！”[13] 如果这几句话可用现代的语体文来重说一遍，杨慎名的刑前感言也许可以改译为：“我们兄弟三人的身材这么高大，同时我们不但个个相貌堂堂，而且又都才华出众。让大家都对我们好一点，是不容易办得到的。（我真恨）老天爷为什么不让我长矮一点，身体也虚弱一点呢?”由杨慎名的临终遗言看来，杨氏兄弟对于他们的身高异于常人，不但认为并非什么好事，而且还是存有抱怨之情的。史家用“魁伟”一类的词汇来称赞高个子的体高，如果不该说是拍错了马屁，至少该说是表错了情。根据此一认识，本节的结论也许应该是，在体格方面，对于五尺以上与六尺以下的体高（也许可以暂定为五尺五寸，相当于 162.8 厘米）的体高，唐人认为是一个合适的标准。对于这个标准尺度，唐人是乐于接受的。

（二）唐代天子之健康情况

1. 隋唐之前历代高个子的天子

在这个关键上，也许不妨把唐代以前历代天子的身高记录，稍为回顾一下，看看过去的天子的身高状况，是否也与隋唐时代的天子的身高记录相同。如果这个回顾可从汉代开始，立即可以发现汉代立国天子高祖（刘邦）的体高是七尺。[14] 后汉的开国天子光武帝（刘秀）的体高是七尺三寸。[15] 在三国时代初期，蜀国的先主刘备的体高是七尺五寸。[16] 到了南北朝时代，南朝的刘宋武帝（刘裕）身高七尺三寸，[17] 他的第三个儿子宋文帝（刘义隆）身高七尺五寸，[18] 比他的父皇刘裕的身高还高了两寸。此外，南齐高帝（萧道成）的身高记录是七尺五寸，[19] 陈代开国之君陈高祖（陈霸先）的身高也是七尺五寸，[20] 还有陈宣帝（陈顼）的身高，仍然是七尺五寸。[21] 至于在北朝，北魏昭成帝（拓跋什翼犍）的身高记录是八尺，[22] 北齐孝昭帝（高演）的身高也是八尺 [23]；最后，北周的周文帝（宇文泰）的身高仍为八尺。[24] 只从文献上看，从西汉到南北朝的这七百年间，高个子的天子可说为数不少。

现在值得注意的是从西汉到南北朝，当时用尺的尺度究竟有多长，不把文献上的七尺或八尺这些记录转换成现行的厘米制度，对于唐代以前历代天子之身高状况，还是难于真正了解的。刘邦虽为西汉的立国天子，但他的主要活动却在秦汉之间，当时民间所用的尺，应该仍是秦尺。秦代每一尺的尺度，相当于 23.1 厘米。[25] 刘邦的身高，相当于今制的多少厘米，是需要用秦尺的尺度来计算的。同样的，刘秀虽是东汉的开国天子，但他的活动时代，介于西汉与东汉之间，当时的民间用尺，可能还是西汉尺。西汉尺的尺度很混乱，至少现在可以看到七种不同的记录，[26] 除了有一种尺度相当于 27.65 厘米，似乎显得太大以外，其他的六种尺度，都介于 23 厘米到 23.6 厘米之间。现在暂以 23.6 厘米作为西汉一尺的尺度。计算刘秀的身高，需要使用这个数据。三国时代，不但政局混乱，民间用尺的尺度也相当混乱，目前就存有从 22.9 厘米、23.2 厘米、23.8 厘米，以至 24 厘米等四种不同的标准，作为三国每尺尺度的标准。计算刘备的身高，就得使用 23.5 厘米这个中位尺度。

刘宋立国时，当时所用的尺应该还是晋尺。晋尺一尺的尺度，大约相当于 24.44 厘米。[27] 计算刘裕的身高，是需要使用晋尺之尺度的。刘宋立国之后，一尺的尺度介于 24.5 厘米与 24.56 厘米之间，[28] 比晋尺的尺度稍大。现在暂以 24.56 厘米作为刘宋时代每尺之尺度的标准。南齐时代的尺度不明。现在暂定南齐与刘宋的尺度相同，也是 24.56 厘米。计算刘义隆与萧道成的身高，都得使用这个尺度。还有，南朝的最后一个朝代（陈代）的用尺制度，今亦不明。现在暂定陈尺的尺度与刘宋的尺度相同，依然相当于 24.56 厘米。那么，计算陈高祖和陈宣帝的身高，又都需要这个尺度了。

北魏用尺的尺度，在早、中、晚三期，是各不相同的。早期的长度介于 27.72 厘米、27.86 厘米与 27.9 厘米之间，[29] 中期的长度，介于 29.98 厘米、30.1 厘米与 34.6 厘米之间。[30] 从时间上看，北魏用尺的尺度是在逐渐增大的。现在暂定 27.9 厘米为北魏早期每尺之尺度。孝文帝与昭成帝的身高的计算，是需用此一尺度的。北齐用尺的尺度，介于 29.97 厘米、30 厘米、30.03 厘米与 34.6 厘米之间。[31] 现在暂以 30 厘米作为北齐每尺尺度的标准。北周用尺每一尺的尺度，介于 24.5 厘米、26.7 厘米与 29.6 厘米之间。[32] 现在暂以当时最大的尺度 29.6 厘米，作为北周每尺尺度的标准。

根据上列这些尺度的标准，可把唐代以前历代天子之身高的尺度，汇列成表二：

表二　隋唐以前历代天子身高记录表

时　代	帝　名	天子姓名	身高记录	折合厘米
西汉	高　祖	刘　邦	七尺	161.7
东汉	光武帝	刘　秀	七尺三寸	172.28
三国	蜀先主	刘　备	七尺五寸	176.25
刘宋	宋武帝	刘　裕	七尺三寸	178.41
刘宋	宋文帝	刘义隆	七尺五寸	184.2
南齐	齐武帝	萧　赜	七尺五寸	184.2
陈	陈高祖	陈霸先	七尺五寸	184.2
陈	陈宣帝	陈　顼	七尺五寸	184.2
北魏	孝文帝	元　宏	八尺	223.2
北魏	昭成帝	拓跋什翼犍	八尺	223.2
北齐	孝昭帝	高　演	八尺	240
北周	文　帝	宇文泰	八尺	236.8

在此表中，隋唐时代之前的历代天子不乏高个子。且不要说北魏文帝与昭成帝的身高都是 223.2 厘米，就是北齐的孝昭帝高演，以及北周的文帝宇文泰分别身高 240 厘米与 236.8 厘米，也都比出于拓跋族的孝文帝还要高了 13 厘米以上。总之，北魏、北齐与北周的这几个天子，在隋唐时代之前的历代天子之中，身材最高，是毫无疑问的。唯一需要另作考虑的是：元宏、高演与宇文泰都具有鲜卑族的血统，而不是纯粹的汉族。如果真要在血统上这么挑剔，至少出身于纯粹汉族的陈霸先、萧赜与陈顼的身高约 184.2 厘米，还是值得傲人的。这么说，西汉的开国之君刘邦的身高只有 161.7 厘米，如与东汉的刘秀、蜀国的刘备，以及南朝刘宋的刘裕的身高相比，固然相形见绌，如果再与身高都在 184 厘米以上的陈霸先、萧赜和陈顼互相比较，刘邦恐怕还得算是这群高个子天子之中的矮个子。不过值得注意的是，刘邦的身高 161.7 厘米与唐人的标准身高 162.8 厘米却相当接近。如上述，在第二表中，刘邦是个矮个子。唐代二十位天子的身高既然都不会超过 162.8 厘米，如把他们放入第二表，也是一群矮个子。在西方的十九世纪，法国总统拿破仑（1769—1821 年）是个著名的矮个子。不过他不但日理万机，心存壮志，还曾一度率军东征，直达莫斯科，企图以武力消灭帝俄。在唐代，当时的天子虽不能说全是矮个子，但身材是不够高的。在中国的政治史上，唐代是中

国最强盛的时代。可是执政者却没有一位称得上体型魁伟，看起来岂不真有点讽刺之意吗？

2. 唐代天子之体高

唐代天子的总数是二十位（如果把女皇武则天也计算在内，总数应增为二十一位）。其中有几位，譬如唐穆宗在长庆三年（823年）突患风眩病，整整三日“中外不闻”，[33] 唐宣宗在大中时期的十二年内，需要长年服药。[34] 而文宗与顺宗也都因为中风或其他的病，根本无法说话。[35] 他们的健康状况是很差的。初唐的高祖李渊与太宗李世民虽都善于骑射，而且又都由“马上得国”，[36] 健康情况很好；可是在身高方面，都不超过当时的六尺（或者相当于今制的177.6厘米），所以唐代的天子，没有哪一位可以算得上一位高个子。“台北故宫博物院”所收藏的，由宋代画院画家所完成的《唐太宗立像》（图一），虽然在画面上，身材似乎相当高大，其实那只是画家笔下所形成的艺术性的夸张。在画像中身材高大的唐太宗，既只是虚有其表，自然就不能作为唐太宗实际身高的证据。

3. 唐代天子之年寿

想要知道唐代天子的年寿与一般唐人的年寿，在岁数上有没有重大的差别，首先应该对唐代的二十位天子的年寿，有一个全面性的了解。以下是根据新旧《唐书》里的资料所编成的《唐代天子年寿一览表》。

表三　唐代天子年寿一览表

帝号	原名	生年	卒年	享年	谢世原因	资料来源	备注
高祖	李渊	北周天和元年（566年）	唐贞观九年（635年）	70岁	驾崩	《旧唐书》卷一，第1、18页 《新唐书》卷一，第1、19页	《新唐书》云享年71岁
太宗	李世民	隋开皇十八年（598年）	唐贞观二十三年（649年）	52岁	驾崩	《旧唐书》卷二，第21页；卷三，第62页 《新唐书》卷二，第23、48页	《新唐书》云享年53岁
高宗	李治	唐贞观二年（628年）	唐永淳二年（683年）	56岁	驾崩	《旧唐书》卷四，第65页；卷五，第112页 《新唐书》卷三，第51、79页	

（续表）

帝号	原名	生年	卒年	享年	谢世原因	资料来源	备　注
中宗	李显	唐显庆元年（656年）	唐景龙四年（710年）	55岁	驾崩	《旧唐书》卷七，第135、150页 《新唐书》卷五，第106、112页	
睿宗	李旦	唐龙朔二年（662年）	唐开元四年（716年）	55岁	驾崩	《旧唐书》卷七，第151、162页 《新唐书》卷五，第115、120页	
玄宗	李隆基	唐垂拱元年（685年）	唐上元二年（761年）	77岁	驾崩	《旧唐书》卷八，第165页；卷九，第235页 《新唐书》卷五，第121、154页	
肃宗	李亨	唐景云二年（711年）	唐宝应元年（762年）	52岁	驾崩	《旧唐书》卷一〇，第239、263页 《新唐书》卷六，第155、165页	
代宗	李豫	唐开元十五年（727年）	唐大历十四年（779年）	53岁	驾崩	《旧唐书》卷十一，第267、315页 《新唐书》卷六，第166、180页	
德宗	李适	唐天宝元年（742年）	唐贞元二十一年（805年）	64岁	驾崩	《旧唐书》卷十二，第319页；卷十三，第400页 《新唐书》卷七，第205、207页	
顺宗	李诵	唐上元二年（761年）	唐元和元年（806年）	46岁	驾崩	《旧唐书》卷十四，第405、410页 《新唐书》卷七，第205、207页	
宪宗	李纯	唐大历十三年（778年）	唐元和十五年（820年）	43岁	驾崩	《旧唐书》卷十四，第411页；卷十五，第472页 《新唐书》卷七，第207、219页	
穆宗	李恒	唐贞元十一年（795年）	唐长庆四年（824年）	30岁	驾崩	《旧唐书》卷十六，第475、504页 《新唐书》卷八，第221、226页	
敬宗	李湛	唐元和四年（809年）	唐宝历二年（826年）	18岁	被弑	《旧唐书》卷十七，第507、522页 《新唐书》卷七，第207、219页	
文宗	李昂	唐元和四年（809年）	唐开成五年（840年）	32岁	驾崩	《旧唐书》卷十七上，第522页；卷十七下，第579页 《新唐书》卷八，第229、239页	
武宗	李炎	唐元和九年（814年）	唐会昌六年（846年）	33岁	驾崩	《旧唐书》卷十八下，第583、610页 《新唐书》卷八，第239、245页	
宣宗	李忱	唐元和五年（810年）	唐大中十三年（859年）	50岁	驾崩	《旧唐书》卷十八下，第613、644页 《新唐书》卷八，第245、252页	
懿宗	李漼	唐大和七年（833年）	唐咸通十四年（873年）	41岁	驾崩	《旧唐书》卷十九上，第649、682页 《新唐书》卷九，第255、263页	
僖宗	李儇	唐咸通三年（862年）	唐文德元年（888年）	27岁	驾崩	《旧唐书》卷十九下，第689、730页 《新唐书》卷九，第263、280页	
昭宗	李晔	唐咸通八年（867年）	唐天祐元年（904年）	38岁	驾崩	《旧唐书》卷二〇上，第735、783页 《新唐书》卷一〇，第283、302页	
哀帝	李柷	唐景福元年（892年）	唐天祐五年（908年）	17岁	被弑	《旧唐书》卷二〇下，第785、811页 《新唐书》卷一〇，第302、305页	《新唐书》柷，作祝

据此表，唐代自高祖开国，到哀帝亡国，前后共有天子二十人。但其中敬宗

与哀帝都因被弑而死，他们死时的年龄并不能代表如果不被弑时应有的年龄，所以这两位天子应从二十人的名单之中剔除。易言之，真正自然而崩的天子的人数，应该只有十八人。在这十八人之中，年寿在五十岁以上的，共有七人，占十八人的百分之三十八点九，百分比例最高。此外，年寿在三十岁以上的，共有四人，占十八人的百分之二十二点二，比例次高，年寿在四十岁以上的，共占三人，占十八人的百分之十六点七，比例又次之。至于年寿在七十岁以上，与在六十岁与二十岁以上的，所占的百分比例既各为百分之十一点一与百分之五点六，所占的百分比例就更小了。总之，根据这些百分比例的统计，唐代虽有年寿超过七十岁的天子二人，却以年寿超过五十岁的天子的人数最多，这是值得注意的。

表四　汉代天子年寿一览表

帝　号	姓　名	生卒年	享年	备　　注
西汉高祖	刘邦	公元前 256—前 195 年	62 岁	刘邦年寿向有二说，据皇甫谧注，邦寿六十二，说见《史记》卷八，《高祖纪》，第 393 页，又据臣瓒注，邦寿五十三，说见《陈书》卷一下，《高帝纪》，第 79 页。今从前说。
西汉惠帝	刘盈	公元前 211—前 188 年	23 岁	刘盈年寿亦有二说，据皇甫谧注，盈寿二十三，说见《史记》卷九，《吕太后纪》，第 399 页，又据臣瓒注，盈寿二十四，说见《汉书》卷二，《惠帝纪》，第 92 页。今从前说。
西汉文帝	刘恒	公元前 202—前 157 年	47 岁	刘恒年寿仍有二说，据徐广注，恒寿四十七，说见《史记》卷一〇，《孝文本纪》，第 434 页，又据臣瓒注，恒寿四十六，说见《汉书》卷四，《文帝纪》，第 33 页。今从前说。
西汉景帝	刘启	公元前 188—前 141 年	48 岁	刘启年寿无二说，据皇甫谧注，说见《史记》卷十一，《孝景本纪》，第 449 页，又据臣瓒注，说见《汉书》卷五，《景帝纪》，第 153 页，皆谓启寿四十八。
西汉武帝	刘彻	公元前 156—前 87 年	71 岁	彻寿七十一，见《汉书》卷六，第 212 页，《孝武帝纪》。
西汉昭帝	刘弗陵	公元前 94—前 74 年	21 岁	弗陵年寿向有二说，据臣瓒注，寿二十二，说见《汉书》卷七，《昭帝纪》，第 233 页，又据颜师古注，寿二十一，说见《汉书》。今从后说。
西汉宣帝	刘询	公元前 91—前 49 年	43 岁	询寿四十三，说见《汉书》卷八，《宣帝纪》，第 275 页，臣瓒注。
西汉元帝	刘奭	公元前 76—前 33 年	43 岁	奭寿四十三，说见《汉书》卷九，《元帝纪》，第 298 页，臣瓒注。
西汉成帝	刘骜	公元前 51—前 7 年	45 岁	骜寿有二说，据《汉书》卷一〇，《成帝纪》，第 330 页，臣瓒注，骜寿四十五，又据同页颜师古注，骜寿四十六。今从前说。
西汉哀帝	刘欣	公元前 25—前 1 年	25 岁	欣寿亦有二说，据《汉书》卷十一，《哀帝纪》，第 344 页，欣寿二十五，又据同页颜师古注，欣寿二十六。今从前说。
西汉平帝	刘衎	公元前 9—公元 5 年	14 岁	衎寿十四，见《汉书》卷十二，《平帝纪》，第 360 页，臣瓒注。

（续表）

帝号	姓名	生卒年	享年	备注
东汉光武帝	刘秀	公元前 6—公元 57 年	62 岁	秀寿六十二，见《后汉书》卷一下，《光武帝纪》，第 85 页。
东汉明帝	刘庄	28—75 年	48 岁	庄寿四十八，见《后汉书》卷二，《明帝纪》，第 123 页。
东汉章帝	刘炟	56—88 年	33 岁	炟寿三十三，见《后汉书》卷三，《章帝纪》，第 158 页。
东汉和帝	刘肇	79—105 年	27 岁	肇寿二十七，见《后汉书》卷四，《和帝纪》，第 194 页。
东汉殇帝	刘隆	105—106 年	2 岁	隆寿二岁，见《后汉书》卷四，《殇帝纪》，第 199 页。
东汉安帝	刘祜	94—125 年	32 岁	祜寿三十二岁，见《后汉书》卷五，《安帝纪》，第 241 页。
东汉顺帝	刘保	115—146 年	30 岁	保寿三十岁，见《后汉书》卷六，《顺帝纪》，第 274 页。
东汉冲帝	刘炳	143—145 年	3 岁	炳寿三岁，见《后汉书》卷六，《冲帝纪》，第 276 页。
东汉桓帝	刘志	132—167 年	36 岁	志寿三十六岁，见《后汉书》卷七，《桓帝纪》，第 320 页。
东汉灵帝	刘宏	156—189 年	34 岁	宏寿三十四岁，见《后汉书》卷八，《灵帝纪》，第 357 页。
东汉献帝	刘协	181—234 年	54 岁	协寿五十四岁，见《后汉书》卷九，《献帝纪》，第 391 页。

表五　晋代天子年寿一览表

帝号	姓名	生卒年	享年	备注
西晋武帝	司马炎	236—290 年	55 岁	炎寿五十五，见《晋书》卷三，《武帝纪》，第 80 页。
西晋惠帝	司马衷	259—307 年	48 岁	衷寿四十八，见《晋书》卷四，《惠帝纪》，第 107 页。
西晋怀帝	司马炽	284—313 年	30 岁	炽寿三十，见《晋书》卷五，《怀帝纪》，第 125 页。
西晋愍帝	司马邺	300—318 年	18 岁	邺寿十八，见《晋书》卷五，《愍帝纪》，第 132 页。
东晋元帝	司马睿	276—323 年	47 岁	睿寿四十七，见《晋书》卷六，《元帝纪》，第 157 页。
东晋明帝	司马绍	299—325 年	27 岁	绍寿二十七，见《晋书》卷六，《明帝纪》，第 165 页。
东晋成帝	司马衍	321—342 年	22 岁	衍寿二十二，见《晋书》卷七，《成帝纪》，第 183 页。
东晋康帝	司马岳	322—344 年	23 岁	岳寿二十三，见《晋书》卷七，《康帝纪》，第 187 页。
东晋穆帝	司马聃	343—361 年	19 岁	聃寿十九，见《晋书》卷八，《穆帝纪》，第 205 页。
东晋哀帝	司马丕	341—365 年	25 岁	丕寿二十五，见《晋书》卷八，《哀帝纪》，第 209 页。
东晋废帝	司马奕	342—386 年	45 岁	奕寿四十五，见《晋书》卷八，《海西公纪》，第 215 页。
东晋简文帝	司马昱	320—372 年	53 岁	昱寿五十三，见《晋书》卷九，《简文帝纪》，第 223 页。
东晋孝武帝	司马曜	362—396 年	35 岁	曜寿三十五，见《晋书》卷九，《孝武帝纪》，第 241 页。
东晋安帝	司马德宗	382—417 年	37 岁	德宗寿三十七，见《晋书》卷一〇，《安帝纪》，第 267 页。
东晋恭帝	司马德文	386—421 年	36 岁	德文寿三十六，见《晋书》卷一〇，《恭帝纪》，第 269 页。

表六 南朝天子年寿一览表

帝 号	姓名	生卒年	享年	备 注
刘宋武帝	刘裕	363—422 年	60 岁	裕寿六十，见《宋书》卷一，《武帝纪》上，第 1 页；卷三，《武帝纪》下，第 59 页。
刘宋少帝	刘义符	406—424 年	19 岁	义符寿十九，见《宋书》卷四，《少帝纪》，第 63、66 页。
刘宋文帝	刘义隆	407—453 年	47 岁	义隆寿四十七，见《宋书》卷五，《文帝纪》，第 71、102 页。
刘宋孝武帝	刘骏	430—464 年	35 岁	骏寿三十五，见《宋书》卷六，《孝武帝纪》，第 109、135 页。
刘宋前废帝	刘子业	449—466 年	17 岁	子业寿十七，见《宋书》卷七，《前废帝纪》，第 141、146 页。
刘宋明帝	刘彧	439—472 年	34 岁	彧寿三十四，见《宋书》卷八，《明帝纪》，第 151、169 页。
刘宋后废帝	刘昱	463—477 年	15 岁	昱寿十五，见《宋书》卷九，《后废帝纪》，第 177、187 页。
刘宋顺帝	刘准	467—479 年	11 岁	准寿十一，见《宋书》卷一〇，《顺帝纪》，第 193、199 页。
南齐高帝	萧道成	427—482 年	56 岁	道成寿五十六，见《南齐书》卷一，《高帝纪》上，第 1 页；卷二，《高帝纪》下，第 38 页。
南齐武帝	萧赜	440—493 年	54 岁	赜寿五十四，见《南齐书》卷三，《武帝纪》，第 43、62 页。
南齐郁林王	萧昭业	473—494 年	22 岁	昭业寿二十二，见《南齐书》卷四，《郁林王纪》，第 69、74 页。
南齐海陵王	萧昭文	480—494 年	15 岁	昭文寿十五，见《南齐书》卷五，《海陵王纪》，第 77、80 页。
南齐明帝	萧鸾	452—498 年	47 岁	鸾寿四十七，见《南齐书》卷六，《明帝纪》，第 83、91 页。
南齐东昏侯	萧宝卷	483—501 年	19 岁	宝卷寿十九，见《南齐书》卷七，《东昏侯纪》，第 97、102 页。
南齐和帝	萧宝融	488—502 年	15 岁	宝融寿十五，见《南齐书》卷八，《和帝纪》，第 111、114 页。
梁武帝	萧衍	464—549 年	86 岁	衍寿八十六，见《梁书》卷一，《武帝纪》上，第 1 页；卷三，《武帝纪》下，第 95 页。
梁简文帝	萧纲	503—551 年	49 岁	纲寿四十九，见《梁书》卷四，《简文帝纪》，第 103、108 页。
梁元帝	萧绎	508—555 年	47 岁	绎寿四十七，见《梁书》卷五，《元帝纪》，第 113、135 页。
梁敬帝	萧方智	543—558 年	16 岁	方智寿十六，见《梁书》卷六，《敬帝纪》，第 143、150 页。
陈武帝	陈霸先	503—559 年	57 岁	霸先寿五十七，见《陈书》卷一，《高祖纪》上，第 1 页；卷二，《高祖纪》下，第 40 页。
陈文帝	陈蒨	522—566 年	45 岁	《陈书》《南史》《通鉴》皆未记蒨寿为何。今暂据《中国历代帝王世系年表》，第 88 页，补足之。
陈废帝	陈伯宗	552—570 年	19 岁	伯宗寿十九，见《陈书》卷四，《废帝纪》，第 65、71 页。
陈宣帝	陈顼	530—582 年	53 岁	顼寿五十三，见《陈书》卷五，《宣帝纪》，第 75、99 页。
陈后主	陈叔宝	553—604 年	52 岁	叔宝寿五十二，见《陈书》卷六，《后主》，第 106、117 页。

表七 隋代天子年寿一览表

帝号	姓名	生卒年	享年	备 注
隋文帝	杨坚	541—604 年	64 岁	坚寿六十四，见《隋书》卷一，《高帝纪》上，第 1 页；卷二，《高祖纪》下，第 53 页。
隋炀帝	杨广	569—618 年	50 岁	广寿五十，见《隋书》卷三，《炀帝纪》上，第 59 页；卷四，《炀帝纪》下，第 93 页。
隋恭帝	杨侑	605—619 年	15 岁	侑寿十五，见《隋书》卷五，《恭帝纪》，第 99、102 页。

如把上列的五个天子年寿一览表里的资料加以综合，又可把自汉至唐的五个朝代天子的年寿汇集为“汉唐之间天子年寿综合统计表”。

表八 汉唐之间天子年寿综合统计表

年寿 \ 人数 \ 朝代	汉代	晋代	南朝	隋代	唐代
80 岁以上	0 人	0 人	1 人	0 人	0 人
70 岁以上	1 人	0 人	0 人	0 人	2 人
60 岁以上	2 人	0 人	1 人	1 人	1 人
50 岁以上	1 人	2 人	5 人	1 人	7 人
40 岁以上	6 人	3 人	5 人	0 人	3 人
30 岁以上	5 人	4 人	2 人	0 人	4 人
20 岁以上	4 人	4 人	1 人	0 人	1 人
20 岁以下	3 人	2 人	9 人	1 人	0 人

由此表，可见在汉晋两代，天子最大的年龄，虽可由六十岁上推而到七十岁，不过年寿能够达到这个岁数的天子的人数，仅有三人，而汉、晋二代天子的总数却是三十七人。三人只占三十七人的百分之八点一，这个数字所占的比例既然如此微小，只能算是特例。因此，汉、晋两代天子的实际最大年龄大致应该介于四十与五十多岁之间。然而从南朝开始，下及隋唐，如果把仅有的一位年逾八十岁和仅有的两位年逾七十岁的天子的年寿，也算作特例而予以排除，在南朝、隋代与唐代，天子的实际最大年龄，已由四十岁提高到五十岁，尤其是在唐代，年龄超过五十岁的天子的人数，多达七人，更是向所未有的现象。易言之，从汉代起，我国天子的年寿就三十岁的以壮年居多，到晋代，仍然如此。可是从南朝起，天子的年寿以五十岁的中年居多，唐代天子的年寿仍然如此。从这个现象，可以说，我国天子的年寿，已有逐渐增高的趋势。从宏观的角度观察，唐代文人的年寿，似乎也以五十至六十岁的人数最多。这样说，在唐代，天子的年寿与文人的年寿，似乎是互相呼应的。至于想要了解唐代文人年寿的一般状况，请参阅下节《唐代文人的年寿》。

4. 唐代天子之一般健康情况

在讨论了唐代天子的体高与年寿之后，接着要讨论的应该是他们的一般健康情况了。大体而言，唐代天子的健康情况是良好的。至少从文献记录上看，在唐代的二十位天子之中，只有下列六位，不但健康不佳，而且都可说是死于非命。

（i）唐高宗的健康

高宗李治虽然享年五十六岁，在唐代诸帝之中，是第四位年龄最大的天子，可是他的健康状况，似乎长期不佳。根据《旧唐书》的记载，“显庆以后，多苦风疾，百司表奏，皆委天后详决”。[37] 所谓天后，就是在高宗驾崩之后，自封女皇的武则天（624—705 年）。李治生于贞观二年（628 年），到显庆时代的最后一年（显庆五年，660 年），他的年龄不过只有三十三岁。在另一方面，从龙朔元年（661 年）开始，直到他在弘道元年（683 年）驾崩，在这二十三年之间，他的年龄已由三十四岁转变为五十六岁。这二十三年，虽然对任何人而言，都是人生之中最重要的中年时代，但对李治的个人生活史而言，却似乎只是一个长期而痛苦的“风疾时代”。他的风疾，在此期间，似乎是从未痊愈的。

永淳元年（682 年）十一月，他的风疾又发作了，他当时的病况很复杂，第一，他感觉眩晕；第二，他觉得头部特别的重，重到无法忍耐，不知如何是好。幸亏这时有一个名叫秦鸣鹤的御医，大胆地在李治的百会穴以及脑户穴施针放血，[38] 才暂时医好他的病。[39] 也许由于李治的病况太深，针疗也无法使他痊愈，他终于在次年驾崩了。

（ii）唐顺宗的健康

除了在初唐的高宗是因风疾而逝以外，在中唐又有几位天子，不但又患了风疾，而且也都因风疾而逝。第一位就是本名李诵的唐顺宗。身为唐德宗长子的李诵是建中元年（780 年）被立为皇太子的。贞元二十一年（805 年）正月，唐德宗的病况非常严重，其他的王子为了关切父皇的病况，一直都在病床附近徘徊，唯一缺席的人就是皇太子。他没能入宫去探病，是因为他早在前一年（804 年）的九月，不只已经得了风疾，而且声音喑哑，说不出话来。[40] 德宗既在弥留之际盼望能在死前可以再见太子一面而未能如愿，心情的悲沉自然更加影响了他的病况，于是不久就驾崩了。[41] 李诵生于上元二年（761 年），到贞元二十年（804 年），他得风疾的那年，他的年龄不过是四十四岁。这段历史说明中唐的李诵，正如初唐的李治，同样是在中年患了风疾之症的。这位口不能言的太子虽在父死之后数日，就在德宗的灵柩之前即位为帝，可是他的病况一直并未好转。大概对于朝政的处理，也就不很积极。所以到了同年八月，李诵一方面自认上天“降疾不瘳，庶政多阙”，[42] 另一方面，又自动地把王位传给他的儿子李纯，同时还宣布把贞元二十一年改为永贞元年。[43] 再过一年，到元和元年（806 年）正月，这位年轻的太上皇帝，就因风疾不治而驾崩于兴庆宫。

（iii）唐穆宗的健康

中唐时代，第二位患风疾的天子是本名李恒的唐穆宗。他的健康状况也很差。长庆二年（822 年）十一月，李恒曾在宫中与一些内官一起打马球。但在球戏结束之前，有一个内官好像被马球以外的东西猛然击中了，以致突然坠马。李恒在吃惊之余，立即停止球戏。可是当他回到宫殿以后，也许由于过度受惊，他头部也因突来的风疾而眩晕起来。在这个情况之下，他只好在床上躺了三天。[44] 朝政呢？当然是不予理会的。一个多月之后，到了长庆三年（823 年）岁首。在唐代，天子一定会在元旦升朝，接受群臣的祝贺。可是长庆三年的元旦，穆宗因为仍然有病（不知道是不是风疾还没好），不但没升朝，而且还昏迷了。[45] 长庆四年（824 年），他正好以三十岁的而立之年，病死宫中。李恒之死，史书没说是由于何病，但从以上的资料，也许仍然是风疾的缘故。

（iv）唐文宗的健康

生于元和四年（809 年）的文宗李昂，是穆宗的次子。他是在宝历二年（826 年）十二月，也即在他十七岁的那年，即位为帝的。即位之后第二年，他把年号由宝历改为大和。可是就在大和时代（827—835 年），他的健康发生了意料之外的状况。第一，他曾“暴感风，害语言”。所谓“暴”，就是突然。而“感风”，当然又是“风疾”，甚至就是中风（如果他的感风真是中风，那么他所得的“暴感风”似乎应该就是现代一般人所说的急性中风了）。至于“害语言”，就是失语症，或者用通俗的方式来解释，就是不能说话。不过李昂的这个病况，只记在他的一个重要大臣的传记里，[46] 在史家为他所特写的传记里，对于他在那一年“感风”以及如何“害语言”，却只字不提。第二，到了大和七年（833 年）十二月，他因为感觉身体不适，于是退朝休养，到大和八年（834年）的正月，健康情形改善了，才又恢复上朝。[47]看来他的失语症，当时必已痊愈了。最后，到开成五年（840年）的元旦，他又因为感觉身体不适，而没升朝接受群臣的朝贺。没过几天，李昂就以三十三岁的中年，因病而崩。[48]总之，在他短暂的一生之中，他的病况虽然语焉不详，但他的健康，因为受到“风疾”的影响而被破坏，应该是可以想见的。

（v）唐武宗的健康

文宗驾崩后，二十七岁的李炎以皇太弟的身份被立为帝。即位以后，身体的健康状况似乎还算平稳。可是由于他深信方士，不但亲自领受道教的符箓，而且更喜欢服用丹药，[49]这些丹药，当然是由一些方士按照道教的修炼方式，特别制作以调养身体的。早他两百年前，初唐的太宗也相信方士和丹药。譬如太宗在贞观二十二年（648年）的五月，就曾命令从印度远道来华的天竺方士那罗迩娑婆为他修炼长生不老的延年之药。可是那批丹药究竟是否炼成，史书并无记载。即使已经炼好，太宗是否立即服食，或者即使曾加服食，也许由于服食的时间太短，所以并未显出延年益寿的功效。[50]可是唐武宗服食方士之丹药的情况与太宗服食的情况并不一样，至少按照史书的记载，他是长期服食丹药的。也许正由于他的服食时期太长（或者服食的分量太重），到了会昌六年（846年）三月，由于药性发作，[51]首先使他在性格上，变得喜怒无常；跟着又使他的病况加重，成为和唐文宗的病况完全相同的另一个不能说话的病人。三月二十三日，这位哑天子终于病崩长安。

（vi）唐宣宗的健康

本名李忱的唐宣宗是在他三十七岁那一年，也即会昌六年（846年），由于武宗之崩而即位为帝的。武宗之崩，虽然是由于受到服食丹药的负面影响，可是对于李忱而言，那还不是教训。他在即位之后，是仍然食丹药的。幸好他服食的时间不长，又或者服食的分量不多，因此除了经常感到口渴和性情变得比较暴躁以外，[52]他的健康情形还没有什么大变化。口渴是由于丹药的原料完全是矿物质，而经常把矿物质吞之于腹，是会感到口渴的。[53]至于性情暴躁，大概与唐武宗因为服食丹药而变得喜怒无常的状况相当，都是由于火气太大的关系。大中十三年（859年）五月，李忱感觉不适，所以他曾连续休养了一个多月而没上朝。[54]不过这几十天的休养，对于他的身体仍然无济于事，他终于在这一年的八月七日崩于大明宫。

（三）唐代文人之健康情况

1．隋唐以前历代的高个子文人

在回顾了隋唐时代之前历代天子身高的一般情况之后，不妨再以文人为主题，而来回顾一下隋唐之前历代文人的身高状况，虽然这方面的资料，不能算是十分丰富的。首先值得注意的是文人，也许应该是生活在三国之末与西晋之初，而一向又被史家称为“竹林七贤”之一的名士嵇康，他的身高记录约八尺。[55] 时间稍晚一点，在东晋，与其弟陆云合称“江东二陆”的文学家陆机，身高七尺。[56] 同一时代的另一位文学家赵至的身高是七尺四寸。[57] 到了南朝，萧梁时代的史家萧子显身高八尺。[58] 与他大约同时的隐士文人陶弘景的身高记录，是七尺四寸。[59] 至于在北朝，北魏时代的学者徐遵明身高八尺。[60] 北齐的学者冯伟也有同样的身高。[61] 而在北周，写过《哀江南赋》的著名文学家庾信的身高又是八尺。[62]

在从文献上找出了这些文人的身高记录之后，接着要做的是如何把他们当时的身高记录转换为现在通用的厘米系统。西晋初年，社会上的用尺应该仍是三国尺。三国尺的每一尺的尺度，上文是暂定为 23.5 厘米的。计算嵇康的身高，就得使用这个尺度。东晋的每一尺的尺度，上文已经暂定为 24.44 厘米。计算陆机的身高，当然要使用这个数据。此外，萧梁时代的尺度，上文已经暂定为 24.76 厘米。萧子显及陶弘景的身高，都得使用这个尺度来计算。北魏每一尺的尺度，在早、中、晚三个时期，是各不相同的。早期与中期的尺度，在讨论唐代之前历代天子之身高的那一部分已经提到，现在要知道的，是北魏之后期的用尺之尺度。徐遵明是一位儒家学者，他卒于孝庄帝的永安二年（529 年）。[63] 从这年开始计算，再过五年，北魏就亡国了。徐遵明的生活时代，当然是北魏的后期。在当时，每一尺的尺度又有 29.51 厘米、29.57 厘米与 29.6 厘米等不同的记录。[64] 现在暂把 29.6 厘米这个最大的数据作为北魏后期每一尺的尺度。计算徐遵明的身高，当然是需要 29.6 厘米这个数据的。北齐用尺的每一尺的尺度，上文已经暂定为 30.0 厘米。冯伟身高多少厘米，是要使用这个尺度来计算的。最后，再看北周之用尺的尺度。据上文，北周每尺的尺度是 29.6 厘米。计算庾信的身高，这个尺度是必须使用的。

既然唐以前历代文人的身高记录已明，而历代尺度与现行之厘米系统的对换数据也已定好，那就可把上列九位文人的身高，以现行的厘米制度，列为表九。

表九　隋唐以前历代文人身高记录表

时　代	姓　名	身高记录	折合厘米
西晋	嵇　康	八尺	188
东晋	陆　机	七尺	171.08
东晋	赵　至	七尺四寸	180.85
萧梁	萧子显	七尺	173.32
萧梁	陶弘景	七尺四寸	183.22
北魏	徐遵明	八尺	236.8
北齐	冯　伟	八尺	240
北周	庾　信	八尺	236.8

在东晋时代，文学家刘义庆对嵇康在酒醉之后，步伐不稳，东倒西歪的状况，曾以“傀俄若玉山之将颓”之句来作描写。[65] 他把嵇康的体积甚大的身体视为一座小山之将崩，大概是由于直到西晋初年为止，还没有哪一位文人，曾经拥有八尺或者 188 厘米的身高。如果刘义庆能够生活在北魏时代，而又亲眼见到另外几位身高八尺，或身高都在 236.8 厘米与 240 厘米之间的徐遵明、冯伟和庾信，还不知道他又会想出什么比“玉山之将颓”更生动的句子来形容上述那几位北朝的高个子文人。

正如同在政治上，唐代虽在中国历史上处于最强盛的时代，当时的天子，却在体高上，全是体高不逾 162.8 厘米的中等身材。在文学与学术方面，无论是杜甫、李白、王维、白居易、李商隐等重要诗人，韩愈、柳宗元、李华等重要古文家，令狐德棻、李百药、杜佑、刘知几等重要史学家，以及孔颖达、颜师古、于志宁、王德韶等经学家，如何杰出，这一大批人物无不是身高不逾 162.8 厘米的中等身材的文人。别说是像嵇康、冯伟、庾信、徐遵明、萧子显那样身高八尺的人，在唐代，一个也没有，就是像陆机或者赵至那样，身高七尺或者比七尺稍高一点的人，在唐代的文人群中，也是毫无踪影的。写到这里，发现唐人的一般体格，竟然在体高上，如此矮小，不禁一方面觉得有些诧异，一方面又觉得似乎相当令人泄气了。

2. 唐代文人之一般健康状况

甲　多病的唐代文人

对于史家而言，病痛是小事。除非得了真正严重的大病，或者因病而死，史家对于一般文人的疾病，是很少记载的。可是唐代的文人，尤其是诗人，却往往在他们的诗作里，甚至诗题里，表述自己的疾病。现在就根据唐诗的记述，了解一下有哪些人是经常生病的文人。

表十　唐代多病文人生活时代表

时代	姓名	生卒年代	有关本人疾病之描述	资料来源	备注
初唐	卢照邻	约632—695年后	《释疾文》并序："余羸卧不起，行已十年。……未攀偃蹇桂，一臂连蜷，不学邯郸步，两足匍匐。"	《卢升之集》卷五，第37页	生卒年据《卢照邻集笺注》附《卢照邻年谱》，第556页
初唐	陈子昂	661—702年	《秋园卧病呈晖上人》 《卧病家园》	《全唐诗》(1960年，北京：中华书局)，卷八三，第901页 同上，卷八四，第914页	
盛唐	孟浩然	689—740年	《晚春卧病寄张八》 《家园卧疾毕太祝曜见寻》 《李氏林园卧疾》 《初年乐城馆中卧疾怀归作》	同上，卷一五九，第1618页 同上，卷一五九，第1627页 同上，卷一六〇，第1651页 同上，卷一六〇，第1666页	
盛唐	李白	701—762年	《淮南卧病书怀》："良图俄弃捐，衰疾乃绵剧。"	同上，卷一七二，第1766页	
盛唐	杜甫	712—770年	《客堂》："旧疾今载来，衰年得无足。" 《病后遇王倚饮赠歌》："疟疾三秋孰可忍。" 《寄彭州高三十五使君适，虢州岑二十长史参三十韵》："三年犹疟疾，一鬼不销亡。" 《有客》："老病人扶再拜难。" 《寄薛三郎中据》："峡中一卧病，疟疾终冬春。春复加肺气，此病盖有因。" 《郑典设自施州归》："羸老思散策，渚拂蒹葭塞。" 《元日示宗武》："汝啼吾手战。" 《耳聋》："眼复几时暗，耳从前月聋。" 《遣闷奉呈严公二十韵》："老妻忧坐痹，幼女问头风。" 《风疾，舟中伏枕书怀三十六韵，奉呈湖南亲友》	同上，卷二一七，第2280页 同上，卷二一七，第2280页 同上，卷二二五，第2427页 同上，卷二二六，第2432页 同上，卷二二二，第2369页 同上，卷二二一，第2336页 同上，卷二三一，第2553页 同上，卷二三〇，第2526页 同上，卷二二八，第2483—2484页 同上，卷二三三，第2574—2575页	
盛唐	常建	713—741年	《闲斋卧病，行药至山馆，稍次湖亭二首》	同上，卷一四四，第1455页	

（续表）

时代	姓名	生卒年代	有关本人疾病之描述	资料来源	备注
盛唐	皇甫冉	717—770年	《病中对石竹花》 《闲居作》："多病辞官罢，闲居作赋成，图书唯药箓，饮食止藜羹。"	同上，卷二五〇，第2816页 同上，卷二五〇，第2828页	
盛唐	李端	卒于786年以前	《卧疾寄苗员外》 《病别郑郊》 《病寄图案》 《野寺病居，喜卢纶见访》 《卧病闻吉中孚拜官》	同上，卷二八五，第3253页 同上，卷二八五，第3254页 同上，卷二八五，第3257页 同上，卷二八六，第3270页 同上，卷二八六，第3272页	生卒年据《中国文学家大辞典》之《唐五代卷》，第337页
中唐	刘长卿	？—790年	《卧病喜田七见寄》 《谪官后，卧病官舍，简贺兰侍郎》	同上，卷一四八，第1514页 同上，卷一五一，第1563页	同上，第189页
中唐	秦系	720？—800？年	《山中秦大夫相问》："从来自多病，不是傲王侯。"	同上，卷二六〇，第2819页	同上，第611页
中唐	司空曙	约766年进士及第，785年犹在	《病中寄郑十六兄》 《病中嫁女伎》	同上，卷二九二，第3312页 同上，卷二九二，第3324页	同上，第153页
中唐	钱起	722？—785？年	《卧病·李员外题扉而去》 《卧疾答刘道士》 《县内水亭晨兴听讼》："负恩时易失，多病绩难成。"	同上，卷二三六，第2606页 同上，卷二三六，第2607页 同上，卷二三六，第2614页	生卒年代据《大历诗人研究》上，第176页
中唐	耿沣	约卒于787年后之数年间	《秋晚卧疾》 《寄钱起》："羸病强寻春。"	同上，卷二六八，第2979页 同上，卷二六九，第3004页	
中唐	包佶	727？—792年	《岭下卧疾寄刘长卿员外》 《抱疾谢李吏部赠诃黎勒叶》	同上，卷二〇五，第2139页 同上，卷二〇五，第2140页	同上，第141页
中唐	顾况	727—816？年	《南归》："老病力难任，犹多镜雪侵。"	同上，卷二六六，第2952页	同上，第626页
中唐	卢纶	约卒于798—799年	《卧病寓居龙兴观》 《卧病书怀》	同上，卷二七八，第3157页 同上，卷二八〇，第3185页	同上，第117页
中唐	陈羽	733—？年	《长安卧病，秋夜言怀》	同上，卷三四八，第3890页	同上，第462页
中唐	韦应物	737—？年	《城中卧疾》 《西郊养疾，闻畅校书有新什见赠，久伫不至》 《郡斋卧疾绝句》	同上，卷一八七，第1902页 同上，卷一七八，第1910页 同上，卷一九三，第1988页	同上，第76页
中唐	窦常	747？—825年	《酬舍弟牟，秋日洛阳官舍出怀十韵》："在朝鱼水分，多病雪霜居。"	同上，卷二七一，第3033页	
中唐	李益	748—829年	《晚春卧病，喜振上人见访》	同上，卷二八三，第3214页	同上，第311页
中唐	孟郊	715—814年	《路病》："病客无主人，艰哉求卧难。" 《卧病》 《西斋养病，夜怀多感》	同上，卷三七三，第4190页 同上，卷三七三，第4191页 同上，卷三七四，第4205页	

（续表）

时代	姓名	生卒年代	有关本人疾病之描述	资料来源	备注
中唐	权德舆	761—818年	《卧病喜惠上人见访》 《多病戏书，因示晨孺》："行年未四十，已觉百病生。" 《病中苦热》	同上，卷三二〇，第3605页 同上 同上，卷三二〇，第3606页	
中唐	王建	766？—？年	《晚秋病中》："病多体痛无心力，犹被火边药气薰。" 《早春病中》 《眼病寄同官》	同上，卷三〇〇，第3413页 同上，卷三〇〇，第3416页 同上，卷三〇〇，第3436页	同上，第37页
中唐	韩愈	768—824年	《落齿》 《病中赠张十八》	同上，卷三三九，第3801页 同上，卷三四〇，第3815页	
中唐	杨衡	？—800年之后	《病中赴袁州次香馆》	同上，卷四六五，第5287页	同上，第363页
中唐	鲍溶	约809年进士及第	《淮南卧病感路待御相访》 《淮南卧病闻李相夷简移山阳以靖东寇》	同上，卷四八六，第5530页 同上，卷四八七，第5535页	同上，第779页
中唐	李涉	825年流放康州	《山中五无奈何》"疾来无气力，拥户不能扫"	同上，卷八八三，第9984页	
中唐	张籍	768—830年	《野居》："多病缄志气。" 《早春病中》："羸病及年初，心情自不如。" 《卧疾》："身病多思虑，亦读神农经。" 《病中寄白学士拾遗》："君为天子识，我方沉病缠。" 《患眼》："昨日韩家后园里，看花犹似未分明。" 《病中酬元宗简》："东风渐暖满城春，独佝幽居养病身。"	同上，卷三八三，第4292页 同上，卷三八四，第4318页 同上，卷二九二，第4295—4296页 同上，卷三八三，第4300页 同上，卷三八六，第4351页 同上，卷三八六，第4360页	
中唐	吕温	772—811年	《冬日病中即事》 《道州郡斋卧疾，寄东馆诸贤》 《久病初朝，衢中即事》	同上，卷三七一，第4172页 同上，卷三七一，第4175页 同上，卷三七一，第4173页	
中唐	刘言史	？—812年	《扶病春亭》 《病中客散后言怀》	同上，卷四六八，第5327页 同上，卷四六八，第5329页	同上，第196页
中唐	于頔	？—818年	《郡斋卧疾赠昼上人》	同上，卷四七三，第5366页	同上，第8页
中唐	刘禹锡	772—842年	《秋晚病中，乐天以诗见问力疾奉酬》 《卧病闻常山旋师策勋》 《病中一二禅师见问，因此谢之》 《赠眼医婆罗门僧》："看朱渐成碧，羞日不禁风。"	同上，卷三五八，第4038页 同上，卷三五五，第3977页 同上，卷三五七，第4018页 同上，卷三五七，第4028页	
中唐	白居易	772—846年	《闲居》："肺病不饮酒，眼昏不读书。" 《病中逢秋招客夜酌》："不见诗酒客，卧来半月余。" 《村居卧病二首》："戚戚抱羸病，悠悠度朝暮。" 《病中友人相访》："卧久不记日，南窗昏复昏。" 《寒食卧病》："羸坐全非旧日容，扶行半是他人方。" 《病气》："若问病根深与浅，此身应与病齐生。"	同上，卷四三〇，第4751页 同上，卷四三一，第4761页 同上，卷四三三，第4786页 同上，卷四三三，第4787页 同上，卷四三六，第4837页 同上，卷四三七，第4852页	

（续表）

时代	姓名	生卒年代	有关本人疾病之描述	资 料 来 源	备 注
中唐	白居易	772—846年	《眼暗》："夜昏乍似灯将灭，朝暗长疑镜未磨。" 《衰病》："病别荒狂旧酒徒。" 《衰病》："行多朝散药，睡少夜停灯。" 《病中多雨逢寒食》："水国多阴常懒出，老夫饶病爱闲眠。" 《眼病二首》："散乱空中千片雪，蒙笼物上一重纱。纵逢晴景如看雾，不是春天亦见花。" 《病中诗十五首》："六十八衰翁，乘衰百疾攻。……时痹宜生柳，头旋剧转蓬。" 《卧病来早晚》："卧疾来早晚，悬悬将十旬。" 《老病幽独，偶吟所怀》："眼渐昏昏耳渐聋，满头霜雪半身风。" 《病中看经，赠诸道侣》："右眼昏花左足风，金篦石水用无功。" 《病疮》："门有医来往，庭无客送迎。"	同上，卷四三七，第4853页 同上，卷四四〇，第4903页 同上，卷四四三，第4954页 同上，卷四四七，第5028页 同上，卷四四七，第5030页 同上，卷四五八，第5197页 同上，卷四五八，第5202页 同上，卷四五八，第5206页 同上，卷四五九，第5231页 同上，卷四六〇，第5235页	
中唐	贾岛	779—843年	《玩月》："目常有热疾，久视无烦炎。" 《下第》："泪落故山道，病来春草长。" 《病起》 《卧疾走笔酬韩愈书问》："一卧三四旬。"	同上，卷五七一，第6618页 同上，卷五七二，第6630页 同上，卷五七三，第6656页 同上，卷五七三，第6662页	
中唐	元稹	779—831年	《遣病十首》 《遣病》 《病缄逢春，期白二十二，辛大不至十韵》 《痁卧，闻幕中诸人征乐会饮，因有戏呈三十韵》 《予病瘴，乐天寄通中散、碧腴垂云膏，仍题四韵，以慰远怀，开拆之间，因有酬答》	同上，卷四〇二，第4496页 同上，卷四〇二，第4497—4498页 同上，卷四〇五，第4518页 同上，卷四〇六，第4526页 同上，卷四一二，第4572页	
中唐	姚合	781—846年	《送狄兼谟下第归故山》："煮药污茶铛。" 《病中书事寄友人》 《病中辱谏议惠甘菊药苗因以诗赠》 《寄贾岛》："渐老病难理。" 《武功县中作三十首》之四："病多唯识药。" 《送春》："愁多独病身。" 《九日忆砚山旧居》："秋风引病来。" 《和卢给事酬裴员外》："病夫欲和几朝愁。"	同上，卷四九六，第5629页 同上，卷四九七，第5637页 同上，卷四九七，第5641页 同上，卷四九七，第5648页 同上，卷四九七，第5657页 同上，卷四九八，第5667页 同上，卷四九八，第5668页 同上，卷五〇一，第5692页	同上，第602页
中唐	许浑	约791—858年	《病中二首》 《卧病寄诸公》 《病间寄郡中文士》 《疾后与郡中群公燕李秀才》 《卧病》 《东陵赴京道病，东归寓居开元寺》 《病中和大夫玩月》	同上，卷五三〇，第6060页 同上，卷五三二，第6078页 同上，卷五三五，第6106页 同上，卷五三五，第6107页 同上，卷五三六，第6119页 同上，卷五三六，第6122页 同上，卷五三八，第6142页	同上，第725页
中唐	张祜	792？—853年	《秋日病中》 《病后访山客》	同上，卷五一〇，第5808页 同上，卷五一〇，第5817页	同上，第431页
中唐	顾非熊	795—854？年	《秋夜长安病后作》 《乐静》："引手强篸中，徐徐起病身。"	同上，卷五〇九，第5792页 同上，卷五〇九，第5806页	同上，第626页

（续表）

时代	姓名	生卒年代	有关本人疾病之描述	资料来源	备注
中唐	李约	799—804年间为浙西观察从事	《病中宿宜阳馆闻雨》	同上，卷三〇九，第3496页	同上，第280页
晚唐	陆畅	806—853年间人	《下第后病中》 《疾愈步庭花》	同上，卷四七八，第5445页 同上	同上，第454页
晚唐	熊孺登	806—819年间人	《八月十五日卧疾》	同上，卷四七六，第5419页	同上，第812页
晚唐	李群玉	808—862年	《人日梅花病中作》 《病起别主人》	同上，卷五六九，第6604页 同上，卷五七〇，第6606页	同上，第334页
晚唐	温庭筠	812—870年	《夏中病痁作》 《病中书怀呈友人》序云："开成五年（840年）秋，……抱疾郊野，……隆冬自伤。"	同上，卷五七九，第6728页 同上，卷五八〇，第6732页	同上，第67页
晚唐	李商隐	约813—862年后	《病中闻河东公乐营置酒口占寄上》	同上，卷五四一，第6250页	同上，第315页
晚唐	殷尧藩	827—835年间人	《九日病起》	同上，卷四九二，第5568页	同上，第649页
晚唐	罗隐	833—909年	《春晚寄钟尚书》："如今莫问西禅坞，一炷寒香老病身。" 《感别元帅尚父》："稚子不才身抱疾，日窥真迹泪双垂。" 《病中上钱尚父》 《秦望山僧院》："各是病来俱未了，莫将烦恼向汤休。"	同上，卷六五五，第7536页 同上，卷六六〇，第7575页 同上，卷六六〇，第7579页 同上，卷六六三，第7598页	稚子，自谓也
晚唐	皮日休	840—880年	《早春病中书事寄鲁望》："眼晖见云母，耳虚闻海涛。" 《病中有人惠海蟹》 《病中书情，寄上唯谏议》 《偶留羊振文先辈及一二文友小饮，日休以眼病初平，不敢饮酒，遣侍密欢，因成四韵》	同上，卷六一二，第7058页 同上，卷六一二，第7071页 同上，卷六一二，第7072页 同上，卷六一四，第7090页	生卒年据《唐才子传笺证》第三册，第505—506页
晚唐	薛能	817—882年后	《春日书怀》："多病不任衣更薄，东风台上莫相欣。" 《下第后春日长安寓居三首》："劳力且成病，壮心能不衰。"	同上，卷五五九，第6483页 同上，卷五五八，第6473页	生卒年据《中国文学家大辞典》之《唐五代卷》，第836页
晚唐	陆龟蒙	？—882年	《新秋月夕，客有自远相寻者，作吴体二首以赠之》之二："惊闻远客访良夜，扶病起坐纶巾欹。" 《袭美留振文宴龟蒙抱病不赴，猥示倡和因次韵酬谢》 《病中晓思》	同上，卷六二四，第7172页 同上，卷六二六，第7196页 同上，卷六二九，第7218页	生卒年据《唐才子》第三册，第515页

（续表）

时代	姓名	生卒年代	有关本人疾病之描述	资料来源	备注
晚唐	李昭象	？—889 年后	《喜杜荀鹤及第》：“深岩贫复病，榜到见君名。”	同上，卷六八九，第 7915 页	生卒年据同上《唐五代卷》，第 229 页
晚唐	吴融	？—903 年	《病中宜茯苓，寄李谏议》	同上，卷六八七，第 7893 页	同上，第 374 页
晚唐	韦庄	836—910 年	《赋中与萧、韦二秀才同卧重疾，二君寻愈，余独加焉。恍惚之中，因有题》 《对酒征友人》：“多病仍多感。” 《不寐》：“不寐天将晓，心劳转似灰。” 《遣兴》：“如幻如泡世，多愁多病身。” 《婺州屏居，蒙右省王拾遗车枉降访，病中延候不得，因成寄谢》 《病中闻相府夜宴》	同上，卷六九六，第 8005 页 同上，卷六九六，第 8008 页 同上，卷六九六，第 8014 页 同上，卷六九七，第 8024 页 同上，卷六九七，第 8025 页 同上，卷六九九，第 8041 页	同上，第 72 页
晚唐	司空图	837—908 年	《狂题十八首》之十四：“自伤衰病渐难平。” 《修史亭二首之一》：“今日无疑亦无病，前程无事扰医王。”	同上，卷六三四，第 7273 页 同上，卷六三四，第 7281 页	
晚唐	韩偓	844—923 年	《病中初闻复官》 《余卧病深村，闻一二郎官今能继使闽越，笑余迂古，潜于异乡，闻之因成此篇》 《驿步》：“暂息征东病眼开。” 《十月七日早起时气疾初愈》	同上，卷六八〇，第 7793 页 同上，卷六八一，第 7807 页 同上，卷六八一，第 7809 页 同上，卷六八一，第 7810 页	同上，第 745 页
晚唐	杜荀鹤	846—904 年	《旅中卧病》 《秋日卧病》 《自杀》：“酒瓮琴书伴病身。”	同上，卷六九二，第 7950 页 同上，卷六九二，第 7974 页 同上，卷六九二，第 7975 页	
晚唐	雍陶	847—859 年	《秋居病中》	同上，卷五一八，第 5916 页	同上，第 780 页
晚唐	郑谷	约 851—910 年	《题慈恩寺默公院》：“春来老病厌迎送，剪却牡丹栽野松。”	同上，卷六七五，第 7731 页	同上，第 517 页
晚唐	裴夷直	856 年为苏州刺史	《秦中卧病思归》 《病中知皇子陂荷花盛发》	同上，卷五一三，第 5860 页 同上	同上，第 796 页
晚唐	来鹄	860—872 年间人	《病起》：“春初一卧到深秋，不见红芳与绿阴。”	同上，卷六四二，第 7357 页	
晚唐	李山甫	咸通中（860—874 年）累试不第。光启中（885—888 年）为判官	《山中病后作》：“卧病厌厌三伏尽，商飙初自北边来。”	同上，卷六四三，第 7369 页	同上，第 260 页
晚唐	曹松	830？—902？年	《庐山访贾匡》：“西城卧疾日，此地少寻君。”	同上，卷七一七，第 8235 页	同上，第 687 页
晚唐	崔道融	？—907？年	《病起二首》	同上，卷七一四，第 8205—8206 页	同上，第 712 页

（续表）

时代	姓名	生卒年代	有关本人疾病之描述	资料来源	备注
晚唐	徐夤	乾宁元年（894年）进士及第	《病中春日即事寄主人尚书二首》之一："身比秋荷觉渐枯……病骨逢春却未苏。"	同上，卷七〇九，第8166页	同上，第645页
			《贡余秘色茶盏》："中山竹叶醅初发，多病那堪中十分。"	同上，卷七一〇，第8174页	
晚唐	伍唐珪	唐末人	《山中卧病寄卢侍中》："野僧采药来医病。"	同上，卷七二七，第8327页	
晚唐	胡宿	唐末人	《早夏》："病起蛛丝半在琴。"	同上，卷七三一，第8369页	
晚唐	李建勋	855—912年仍在	《春日病中》："才得归闲去，还教卧病频。"	同上，卷七三九，第8421页	

根据上表，可以看出唐代文人所患的病，似乎共有两大类：第一类是并没有病名记录的病。第二是具有实际病名之记录的许多疾病。现在就按照这个顺序而把唐代文人常患的两大类疾病分述如下：

乙 唐代文人所患缺乏病名之记录的疾病

（i）羸疾

根据上表的引诗，初唐的卢照邻、盛唐的杜甫，以及中唐的耿沣、张籍和白居易等五人，都分别自认他们患有"羸疾"。在字义上，"羸"字有两种解释：一种是瘦弱，另一种是疲弱。由于瘦弱是身体的体质不好，不能算是疾病，所以羸疾就只能按照第二种解释而理解为疲弱病。可是在字义上，疲字也有两种解释：一种是肌肉上的劳累，另一种是精神上的疲倦。先看第一种劳累病。

在上表的引诗之中，薛能（817—882年后）说他在参加考试失败之后，"劳力且成病"。薛能是在唐武宗会昌六年（846年）考中进士的。[66] 但在文献记录上，他在三十岁之前的生活情形，却还是一片空白。在唐代，参加进士考试失败后，继续留在长安准备功课以便参加下一次的考试，根据当时的术语，叫做"过夏"。[67] 经济情况不好的文人，为了要在长安过夏，当然是要想尽谋生的办法，才能继续生活下去的。由"劳力且成病"这句诗来判断，薛能可能为了过夏，而在长安做过一阵子的粗活。文弱的书生本来就不适宜做出卖体力的工作。他所做的粗活可能终于把他的身体累垮了。薛能自己所说的"劳力且成病"的病，似乎就是由于身体的过度劳累而引起的羸病。这种病，只要得到充分的休养，而不再继续劳累下去，身体的健康是可以在短期之内复原的。

再看第二种。在上表的引诗之中，钱起曾有“多病绩难成”之叹。意思是由于他常常生点小病，所以在工作上，他并不能表现出什么好成绩来。生了病还得顾虑到业绩的表现是否良好，似乎说明在工作上的压力很大。这种压力虽然不会影响到他的肉体，却可使他在精神上感觉十分疲倦。钱起的病，大概就是由于他的精神上的疲倦而引起的羸病。

由上举薛能与钱起的实例来看，唐代文人常患的说不出病名的病，可能都是羸疾。不过由于唐代的文人极少出卖劳力，像薛能所患的因为做粗活而引起的羸病的病例，是非常罕有的。这样说，大部分唐代文人的羸病，恐怕都是因为精神疲倦而引起的。长期患有第二种羸疾，精神上的压力太大，对身体的伤害，当然要比第一种羸疾所引起的肌肉性的劳累，严重得多。以卢照邻、杜甫、耿沣、张籍和白居易等五位自称患有羸疾的文人为例，在年寿方面，除了白居易达到七十五岁，算是一个特例以外，像耿沣的年寿就只有四十三岁，杜甫的年寿是五十九岁，而张籍与卢照邻的年寿分别是六十三岁与六十三岁左右，都只能说是中寿。

（ii）沉痾或痼疾

在羸疾之外，不少唐代文人都是沉痾或沉痼的病患者。所谓“痾”，就是“疴”，而疴就是病，因此沉痾就是重病，也代表一种难以医治的病。至于“痼”，就是多年的慢性病，用更通俗的语句来说，就是长期存在的治不好的老病。在上表之中，中唐的张籍、孟郊、吕温，以及晚唐的皮日休等四人，如果不是患了沉痾，就是患了痼疾。在讨论唐代文人之健康的时候，最令人不解的是这些病患者从不明言他们所患的沉痾或痼疾究竟是什么病。由于这个原因，对于唐代文人一般的慢性病的了解，存在莫大的困难。既然如此，现在只能根据上表里的引诗，看看由张籍到皮日休这四位文人对于他们所患的沉痾或痼疾具有什么态度。首先，张籍说“我方沉病缠”。[68] 除了没有清楚地说明他所患的病究竟是哪一种久积难医的病，这位文人的诗句都相当忠实的表示了他在某一时间确有重病。不过他虽有重病缠身，却都能以平静的心情养病，可见在精神上，这人是比较达观的。等到孟郊写出“养疴念余生”的诗句，达观的精神开始消逝。[69] 孟郊一定因为身患重病，而又久积难医，所以他才会在养病期间联想到，如果羸疾真的无法根治，他的下半辈应该怎么办。不难想象，在精神上，孟郊非但不达观，反而是忧郁的。到了晚唐，皮日休写出“可怜沉痼冷如灰”的诗句。[70] 所谓冷如灰，不是指沉痼的本身，而是形容他自己。皮日休因为沉痼久积难医，所以心冷如灰。他的沉痼不止使他在精神上，超过了孟郊因病所产生的忧郁感，似乎连他整个的人生观，也都变得黯然无色。

由上举的这几个例子，似乎可以觉察到唐代文人对于身患慢性重病的观感，是随着时间的变化而在变化的。如果要用更加简单明了的方法而把他们的观感重说一遍，不妨写出这样的结论，从九世纪中期的张籍和孟郊，当时的文人对于痾痼有两种观感：第一种是达观的，他们认为既然得了重病，只好安心休养，这些文人的心情都是平静的。另一种是忧郁的，病人的态度是雄心壮志都因病而消逝了，以后的日子怎么过？进入九世纪的下半期，当时的文人对于痾痼的态度似乎不只不达观，而且更超过了忧郁感而转变成苦情的悲观；得了痾痼，了无生机，所以心如死灰。

从另一个角度观察，这三种观感的形成，似乎与中晚唐的国情与社会密切相关。从八世纪中期开始，到 763 年为止，破坏了盛唐之安宁与强大的安史之乱，已成过去；至 771 年，韩滉作赋敛出入法，仓廪充实。788 年与 811 年，国家两次大丰收，每斗稻米只卖二文钱，物价甚低。此外，又因韦皋在 801 年大破吐蕃，在 818 年平定了由吴元镇割据为乱的淮西，使得国家内外平定。张籍的一生正逢此一时期，所以他能够安心养病，与国家和社会的平定安稳有关。可是在另一方面，不仅河北方面的藩镇，拥兵自重，自行世袭，唐宪宗无力阻止，而牛李党争也从此时开始，形成连续四十年的政治斗争。这些事件恐怕会引起敏感诗人之悲情。孟郊的忧郁感，或许应与他的时代的变乱不定有关。到了晚唐，先有王仙芝，后有黄巢的起义，他们转战十余省，还攻下了唐都长安与东都洛阳，战乱长达十年。整个中国都受到战争严重的破坏。长安城中，食米的价格是每斗三万文钱。比起 811 年的米价竟上涨了一万五千倍。民不聊生的情形是可想而知的。皮日休却正好在此段艰苦的时日中患了难医的痼疾。受到现实生活压力的影响，所以他对自己的病况，产生绝望的观感，岂不也是对于九世纪下半期的社会动荡不宁，生活无助的一种自然反应？这样看来，唐代文人对于难治的慢性病所产生的三种观感，虽然相当情绪化和个人化，却也是富于时代性的。由平静而忧郁，再由忧郁而悲观的三种不同的观感的形成，正说明唐代文人对于时代的变动是敏感的，尽管这些身患难治重病的文人都是诗人，没有一个是哲学家。

丙 唐代文人所患具有病名记录的疾病

由于除了羸疾或痼疾那一类内容空泛的名词，许多唐代文人所患的病缺乏病名的记录，上一节的讨论，在内容上，可能会有点枯燥。可是如果讨论到唐代文人所患的第二类疾病，由于病名不绝如缕，相形之下，内容就充实多了。不过比较困扰的事情是，唐代有许多疾病的名称，即使想用现代的医学知识去重新判断，恐怕还是难以确认究竟是哪一科的哪种病。在说明了疾病之认定的困难后，不妨按照上文所列“唐代多病文人生活时代表”里的资料，而把唐代文人所患的具有病名之记录的疾病，重新列表如下：

表十一　唐代文人所患具有病名记录之病历表

		神经科			耳鼻喉科				牙科		内科								骨科			皮肤科	眼科		
		手战	臂拳	足蜷	耳聋	耳鸣	声瘖	战咳	牙病	落齿	肺疾	肝病	疟疾	气疾	风疾	风痹	头风	眩晕	腰曲	足风	足疾	疮疾	眼花	眼暗	眼疾
卢照邻	约632—695年		∨	∨																					
杜甫	712—770年	∨			∨			∨	∨	∨	∨	∨	∨		∨		∨		∨		∨	∨		∨	∨
包佶	727—792年														∨										
王建	766？—？年																						∨		
韩愈	768—825年									∨															
张籍	768—830年																								∨
刘禹锡	772—842年																				∨				∨
白居易	772—846年				∨							∨			∨	∨		∨		∨	∨			∨	∨
元稹	779—831年						∨						∨												
贾岛	779—843年																								∨
罗隐	833—909年		∨																						
司空图	837—908年																							∨	
皮日休	840—880年					∨												∨							
韩偓	844—923年		∨																						

根据这份历史性的病历表，似乎至少可以看出三件事：

首先，盛唐末期的杜甫与中唐中期的白居易，每人都曾患有八种或者比八种更多的不同种类的疾病。他们在身体的部位上，从头到脚，在疾病的疾种上，从内科、骨科到耳鼻喉科与皮肤科，也无不都是有病的。杜、白两人真可说是典型的多病文人了。据白居易在其他诗篇里的自述，他在尚未成人的十八岁，就已患有某种疾病。[71] 中年以后，以至晚年，他的疾病种类渐多，患病的次数也逐渐增多，不过白居易的疾病可说是其来有自的。可是在另一方面，据杜甫在他诗篇里的自述，当他只有十五岁的时候，不只身体强健得像一只小黄牛，经常脚不点地地走来走去，而且杜甫在当时，对于爬树，更是特别的兴趣盎然。譬如说，对于他家庭院之前的梨树与枣树，他竟可以爬上一千次，也不觉得累。[72] 一千次显然不会是一个真实的数字记录，而只是诗人的夸张。这种夸张与李白在他的诗篇里自认他的白发长达三千丈正好属于同一个类型。[73] 既然一日能够爬树一千次的记录并不真实，所以杜甫一日爬树的次数不妨打个大折扣，而认定为一百次，甚至再打对折而认定为五十次。不过，即使如此，一日能够爬树一百次或五十次，还是需要有强健的身体才能胜任的。以爬树为例，十五岁的杜甫的身体，的确非常好。可是二十年之后，当他的年龄到了三十五岁，杜甫的健康却突然恶化了。可以说，对杜甫而言，三十五岁一方面是他强壮结实的少年时期的结束，另一方面，也是他多病与衰弱的老年时期的开始。在杜甫的个人生活史上，他似乎欠缺一般人应有的健康的壮年时期。[74] 根据上列的病历表，杜甫一生所患的疾病，不但在种类上，多达十五种，而且如果仔细调查，还可发现他所患的肺疾之患期，长达二十年。[75] 对于一生生活艰苦，从未享受过好日子的杜甫，作者真有无限的同情。

其次，在同一病历表中，眼疾患者的人数，共有杜甫、王建、张籍、刘禹锡、白居易、贾岛和司空图等七人。病历表既只包括十四人，眼疾患者就几乎占了整个病历人数的百分之五十，比率是相当高的。试看这些眼病患者的诗句：杜甫说"春水船如天上坐，老年花似雾中看"；张籍说"昨日韩家后园里，看花犹似未分明"；白居易说"散乱空中千片雪，蒙笼物上一重纱"。[76] 根据这些诗不难想象上述三位文人所患的眼疾，应该不是近视就是散光。至于刘禹锡的诗句说“看朱渐成碧”，更似乎像是一个色盲人了。[77]

唐代的医学虽然发达，但对眼科疾病的治疗，却似乎一直是一个弱点。所以不但在王焘的医学名著《外台秘要》里所收集到的治疗眼疾的医方，虽然高达一百五十几条，却以胡方居多，[78]就是唐代的眼科医生，似乎也经常是来自天竺的胡僧。譬如远在盛唐时代到日本去传授律宗佛教的鉴真大师（688—763年），是在玄宗天宝十二载（753年）从扬州渡海的。天宝九年（750年），他在广东韶州，因为所患的眼疾日趋严重，曾由一位自称眼疾良医的胡人为他开刀治眼，不幸鉴真的双眼却反而因为开刀手术的失败而完全失明了。[79]在鉴真的悲剧发生了百年之后，唐代文人对于使用胡法治眼之事的信心，依然如旧。在白居易与刘禹锡为医治眼疾而特写的诗篇里，不约而同地提到了金篦。白居易的诗说“人间方药应无益，争得金篦试刮看”；刘禹锡的诗说“师有金篦术，如何为发蒙”。[80]所谓篦，在我国，本是一种密齿的竹制或木制的小梳子。可是在从天竺来华的眼科医生的手里，篦子不但改用金制，还成为一种医治眼疾的外科器材。白居易既然认为“人间”的，也就是国内的各种药材都治不好他的眼疾，最后，他只好冒着双眼会有失明之危险的方式，而想以金篦刮除眼膜上的有害之物以根治眼疾。用金篦刮眼膜，当然是天竺式的治疗法，虽然白居易并未明说他的眼疾是不是胡僧。至于在刘禹锡的诗里所提到的那位“师”（应该就是他的眼科医师），据同诗诗题里的记叙，是一位婆罗门僧。刘禹锡的眼医既是一位出家的婆罗门僧，可见他在天竺的原有身份是相当高的。这位婆罗门医僧，虽会以金篦刮眼，不过直到刘禹锡写诗的那一时日为止，他还没决定是不是要给刘禹锡用金篦刮一刮他的眼膜。可是久为眼疾所苦的刘禹锡倒反而好像不愿意再等待下去，所以他才以乞求的口气写出“师有金篦术，如何为发蒙”的诗句，意思是说，你这位婆罗门医僧既然懂得以金篦刮眼膜的医术，怎么不为我治疗一下，让我的眼睛可以清楚地看得见呢？由于资料不足，白、刘二人的病眼，后来是否曾以胡法刮过眼膜，问题是没有答案的。

在眼疾的病症上，杜甫、张籍和白居易都有近视或散光的毛病，贾岛的眼睛常常发热、刘禹锡是色盲。其实除了这几种眼疾，根据白居易的自述，他在二十七岁以前，会感觉到常有形状很像是一串串的垂珠一样的苍蝇，“动以万数”，[81] 在他的眼球之中，不停地飞着。毫无疑问，他所感觉到那些飞蝇，就是现代眼科医生所说的飞蚊症。在医学上，飞蚊症的出现是眼球过于劳累，视网膜快要脱落的恶兆。据王焘的医书《外台秘要》，“眼前时见飞蝇黑子，逐眼上下来去，此宜用金篦头，一针之后，豁若开云而见白日”。[82] 白居易想用胡法而以金篦刮眼，是他晚年六十岁以后的事。由此看来，他所患的飞蚊症，由他二十几岁的青年时代，直到他六十多岁的晚年，前后患期长达四十年。但是他何以能够容忍飞蚊症长达四十年而一直不去根除，是令人不解的。总之，经过这个粗略的统计，唐代文人所患的眼疾，至少共有四种，其详已如上述。唐代的文人既需多方使用眼睛，而又缺乏眼镜以增进视力，似乎一般而言，视力都很差。难怪在上列的病历表中，眼疾病患者的人数，在比率上是偏高的。

（四）唐人之卫生习惯

1. 沐浴

所谓沐，是指清洗头发，也即一般所谓洗头。浴则指清洗身体，也即一般所谓洗澡（或者粤语所谓冲凉）。在目前的繁忙的社会里，凡事讲求时效，为了省时也为了省事，今人每将沐浴二事同时处理；洗澡以前是常洗头的。可是古代并不如此。譬如《礼记》里曾有“五日则燂汤请浴，三日具沐。其间面垢，燂潘请靧，足垢，燂汤请洗”之语。[83] 还有，《仪礼》里也曾有“管人为客三日具沐，五日具浴。飧不致，宾不拜，沐浴而食之”之语。[84] 对于以上的两种引文，值得注意的并不是请客洗头、洗脸、洗澡和洗脚，要供应热水，而是洗头和洗澡，是要分开来，个别处理的。《礼记》与《仪礼》的著成时代，虽然不能确定在哪几年，不过按照学术界最近的意见，大体上，都写成于战国末年与西汉初年之间。[85] 那就等于说明，公元前二世纪为止，古人洗头时不会洗澡，洗澡时也不会同时洗头。

这个卫生习惯，似乎到唐代在公元七世纪的618年立国为止，一直没有重大的改变。盛唐的重要诗人杜甫在一首名为《狂歌赠四兄》的诗里说：“幅巾鞶带不挂身，头脂足垢何曾洗。”[86] 鞶带是唐代男子常服的佩饰之一，幅巾则指头巾（因为在汉、晋之间，男子裹头的布帛，不只长宽相等，是正方形，而且长与宽的尺度与布匹的尺度相等，所以通称幅巾）。由这两句诗，可见杜甫所识的这位四兄，头上不裹巾，衣上不挂带，显得衣着朴素，可是在另一方面，由于他的头发上有油，油发又沾了脏东西，双脚也因为很久没清洗而沾满了污垢，又显得相当的邋遢。杜甫既然没说四兄的头和脚都脏了，应该从头到脚（也包括身体），好好地大洗一次，而只说头脏了，脚脏了，是由于没洗头也没洗脚的关系，可见在杜甫写《狂歌赠四兄》这首诗的时候，洗头的“沐”和洗澡的“浴”这两件事，还是要分开来，个别处理的。

上述的卫生习惯，还可以用中唐的白话诗人白居易的诗作来做旁证。譬如白居易在诗题是《因沐感发》这首诗里就曾坦然宣布：“乃至头上发，经年方一沐。”[87] 此外，他在《沐浴》这首诗里又说：“经年不沐浴，尘垢满肌肤。”[88] 如果一年洗一次头是邋遢，一年才从头到脚的把全身上下大洗一次，就显得更加邋遢了。

唐人既然常不洗头，对于头发是否需要常加梳理，当然认为是更加不需要在意的事。在讨论唐人的卫生习惯的同时，再以白居易和他的诗作为例，而顺便观察一下唐人是否经常梳头。根据白居易的一首以《早梳头》为诗题的诗，有时会在夜晚洗发。洗完之后，就这么乱蓬蓬地去就寝。直到第二天早上，他起床了，然后才去梳梳头。[89] 头发既可在洗后一夜不梳，就在白天，当然也可尽量避免梳头。所以白居易有时在起床以后，头发一直是乱蓬蓬的。一直到太阳升得很高了（可惜白居易没有清楚地说明当时的时辰，也许不妨假设为巳时或午时。巳时相当现代时间的上午九至十一时，午时相当于上午十一时至下午一时），他的头发还是没有梳。[90] 或者，有时因为天气寒冷，他也可以连着好几天都不梳发。[91] 其实天气是否寒冷，与头发是否应该梳理，是完全无关的。天气寒冷，不过只是不想梳发的一个理由并不充足的借口而已。白居易以外，杜甫对于头发是否应该常加梳理的处理方式似乎更出人意表。因为他在以《屏迹》为诗题的第三首诗里，曾经坦然承认他是“一月不梳头”的。[92] 不把杜甫与白居易的诗作，从生活史的角度去

表十二　唐代民俗中之沐（洗发）、浴（洗身）及沐浴时间表

月份 日期	1	2	3	4	5	6	7	8	9	10	11	12	13	14	15	16	17	18	19	20	21	22	23	24	25	26	27	28	29	30
元月								沐浴																						
二月								沐浴																						
三月						沐	浴																							
四月							沐		浴																					
五月	沐浴																													
六月	沐						浴	浴													浴									
七月																							沐		浴					
八月			沐浴				沐																		沐浴					
九月																				沐								浴		
十月	沐浴									沐浴																				
十一月											不可沐浴					沐浴														
十二月		浴											浴		沐浴								沐							浴

表十三　唐代沐、浴及沐浴之民俗意义

月份	唐代沐、浴及沐浴之民俗意义	资　料　来　源
元月	元月八日为神仙沐浴日，此日沐浴，可去灾祸。除此日外，上卯日（第一卯日）沐发，可愈疾。（上卯日每年不同，故不能列出究为何日）	《四时纂要》卷一，《正月》，第18页；《二月》，第49页。
二月	二月八日沐浴，可去灾祸。	同上，《正月》，第18页；卷二，《二月》，第49页。
三月	三月六日申时沐发，利官。三月七日平旦及日入时浴身，招财。	同上，卷二，《三月》，第77页。
四月	七日沐发，大富。九日浴身，长命。	同上，卷三，《四月》，第113页。
五月	五月一日沐浴，吉利。	同上，卷三，《五月》，第125页。
六月	六月一日沐发，吉。六月七日、八日、二十一日浴身，去病除疾。	同上，卷三，《六月》，第151页。
七月	七月二十三日沐发，令发不白。七月二十五日浴身，令人长寿。	同上，卷四，《七月》，第170页。
八月	八月三日、二十五日，皆为神仙沐浴日，于此二日沐浴，可去灾祸。八月七日沐发，令人聪明多智。	同上，卷四，《八月》，第193页。
九月	九月二十日沐发，辟兵。二十八日宜浴。	同上，卷四，《九月》，第210页。
十月	十月十日为不具民俗意义之沐浴日。	同上，卷五，《十月》，第222页。
十一月	十一月十一日，为仙家大忌日，勿沐浴。十六日沐浴，吉。	同上，卷五，《十一月》，第237页。
十二月	十二月二日、十三日、三十日浴身，二十三日沐发，吉。十二月十五日为神仙沐浴日，于此日沐浴，可去灾祸。	同上，卷五，《十二月》，第243页。

仔细观察，是怎么样也想不到这两位分别生活在盛唐与中唐的文学家，竟会是这么邋遢的两个披头散发而其貌不扬的诗人。

在另一方面，如果把观察的范围扩大一点，可以发现，在卫生习惯上，不爱洗头的这个现象，并不是从唐代开始的。譬如在西晋初年（或者三世纪），著名的“竹林七贤”之一的嵇康，就曾说他自己“面常一月十五不洗。不大闷痒，不能沐也”。[93] 嵇康认为只要头顶上觉得不太闷，也不太痒，就不必洗头。所谓闷，是因为当时的男性，头上经常要戴帽子或者至少要戴一种头巾。[94] 戴帽子或者头巾的时间过于长久，头顶上就会产生闷的感觉。至于痒，既可能与头顶上的头皮屑过多有关，还可能与头发有油、沾满污垢有关。无论如何，唐代的杜甫一月不洗头，是有前科的。

杜甫为什么一个月不洗头，他没有解释。还有，白居易为什么一年才洗一次头，他也同样没有解释。不过唐人经常不洗头，在民俗上，是有根据的。根据韩鄂在唐末编写的《四时纂要》，[95] 对于一般人的生活而言，何时应该洗头，以及何时应该洗澡，是有规定的。譬如洗头，只有在元月八日，二月八日，三月六日，四月七日，五月一日，六月一日，七月二十三日，八月三日、七日、二十五日，九月二十日，十月一日，十一月十六日，以及十二月十五日、二十三日等十五个日子洗头，才会一方面去灾祸、除疾病，另一方面长命、吉利（详见表十二及表十三），杜、白二位诗人，一月或一年才洗头一次，可能正是要与当时的民俗配合的一种卫生习惯。

2. 刷牙（揩齿）

在古代文献之中，对于沐浴的记载，相当的稀少。如与沐浴相较，古代文献对于刷牙的记载，就更罕见。从仅有的一些文献来观察，古代国人的刷牙历史，似乎至少可以分成两个阶段。第一个阶段是从东汉末年到唐代末年的七百年（三世纪初期至十世纪初期），第二阶段是从五代初期到清代末年的一千年（十世纪初期至二十世纪初期）。在第一阶段，古人虽然已有“揩齿”习惯，不过当时还没有牙刷的使用，要到五代以后的第二阶段使用牙刷，刷牙的卫生习惯，才渐渐地建立起来。现在要讨论的是在第一阶段，古人如何“揩齿”。“揩”的文义是擦，而“齿”也就是牙，所谓“揩齿”就是擦牙。现在的粤语之中，仍把刷牙称为擦牙，这真是一个古老的名词。

据《佛说温室洗浴众僧经》所载，远在东汉末年，当时的佛僧每日早晨都要揩一次齿。揩的方式是把一小段柳枝放入口中，慢慢咀嚼，直到柳枝一端的树皮被咬掉了，皮下面的纤维也完全被嚼得平平的，分散开来，略具刷子的形状，然后就可以用柳枝一端的刷状纤维去蘸一种药而把牙齿平揩一遍。[96]《温室经》的译者是安世高。安世高是在后汉桓帝时代初期从西域来华的胡僧。[97]他在从桓帝建和二年（148年）到灵帝建宁时代（168—171年）的二十几年之间翻译了三十多部佛经。[98]《温室经》应该正是这三十几部佛经里的一部。根据安世高译经的时代，可以假设汉人以柳枝蘸药以揩齿的卫生习惯，也许开始于二世纪的中期。揩齿的知识来源既是佛经，可见中国最早的揩齿术，是透过佛教文献从印度学习而来。

在东汉末年的揩齿，虽然要以柳枝蘸药的方式来进行，不过所蘸的是什么药，在文献上是没有记录的。到了五世纪上半期，在南朝的梁代揩齿的这个方式，已经略为改变。要说明这些改变，首先应该知道当时的揩齿，要使用什么东西。以下就是南朝揩齿时所使用的物品的清单：皂角、槐角、生姜、升麻、地黄、木律、细辛、旱莲、荷叶、青盐。[99]现在再把这十种物品逐一简介如下：

一、皂角：皂就是皂树，皂角（一称皂荚）就是皂树的条状果实。由于皂角细长如刀，所以俗称悬刀（图二）。皂角的品质，根据唐人的记载，[100]共有三种：第一种，弯曲而薄，形如猪牙，俗称猪牙皂角（图三），长度可能最短。第二种，长约一尺二寸，长度最大，可是在品质上，虚而不润。第三种，长约六七寸，不但圆厚，而且皮薄多肉，应该是三种皂角之中，品质最好的一种。可是在南朝，也许由于第一种皂角的长度适中，当时的揩齿的工具，竟是唐人认为品质最差的猪牙皂角。从医药的角度观察，皂角除可治疗牙病，也可治疗由于风热和风虫而引起的牙痛。[101]揩齿使用皂角，应当是借重它的药性而对牙病和牙痛产生预防的作用。

二、槐角：槐指槐树，槐角就是槐树的条状果实（图四）。不过由于槐角过于细长，在形体上，它不但与三种皂角的形状都不像，倒反与豆类里的豇豆的外形十分相似。在医药方面，对于人类的牙齿而言，槐树具有两种功效；槐角可以治疗口齿之风，如用槐枝揩齿，更可以清除牙虫。[102] 可是在梁代，揩齿时所使用的，却不是槐枝而是槐角。

三、生姜：生姜是一种草本植物的根，也是烹饪时常用的一种调味品。但在医药方面，生姜对于舌上生胎、满口烂疮和牙齿疼痛都有治疗的作用。[103] 揩齿使用生姜，应该是对它的医疗功能的利用。

四、升麻：升麻并不是麻。它被称为升麻，是由于它的叶子在外貌上，与麻的叶子很类似，而且在另一方面，它又具有药性上升的特性。在医药上，升麻可以清除牙根的恶臭，也可使牙根免于浮烂。[104] 揩齿使用升麻，应该也是对它的医疗功能的利用。

五、地黄：地黄虽是草本植物，但它可供药用的部位，和生姜一样，也是它的根。在医疗方面，地黄根对于牙齿，有两种作用，一是可治齿痛，二是可治唾血。[105] 揩齿用地黄，应当又是对它的医疗功能的利用。

六、细辛：细辛也是草本植物。在医疗方面细辛除了可以治疗十几种轻重不同的疾病以外，它也可以和生姜一样，具有医治口舌生疮的功效。[106]

七、旱莲：旱莲的本名是鳢肠，也是一种草本植物。据唐人的记录，旱莲有两种，叶形似柳的称为旋覆，叶形似莲的则称为连翘。连翘虽有十几种医疗功效，不过那些功效与预防或治疗口齿疾病都不相干。但是旋覆却既可固齿，又可医治由于风疾而产生的牙痛。[107] 所以在梁代，揩齿时所使用的旱莲，应是旋覆而不是连翘。

八、荷叶：药用植物并无荷叶，不过海鷂鱼是可以医治牙痛的。由于海鷂鱼的形圆而体扁，在形体上，它与荷叶的外貌非常类似。[108] 也许梁代揩齿所用的荷叶，就是海鷂鱼的代称。

九、木律：在梁代揩齿时所使用的十种物品之中，木律是唯一没有其他文献记载的一种。其名既冠以木字，顾名思义，木律很可能又是一种木本药材。

十、青盐：一般食盐本已具有坚齿、去牙痛和去齿血的多种功效。[109] 至于产于中国西部羌人居住区的青盐，则只有治疗活齿出血的一种功效而已。在梁代，揩齿不用食盐而用青盐，似乎并没有特别的理由。

综合以上的资料，可以看出梁代的揩齿，具有三种特征：

在工具方面，使用皂角，这是从东汉的以柳枝为工具演变而来的新工具。

在药品方面，揩齿时既不可能把生姜、地黄、升麻、旱莲、细辛等十种物品同时放入口中，可以想见这十种物品在使用之前，必已被研磨成粉。揩齿时，所使用的药，就是由这十种物品的粉末混合而成的药粉。使用时先用皂角蘸药粉，然后放入口中，开始揩齿。在二十世纪的三十年代，我国的西南地区（譬如川、黔两省）还在使用牙粉。在梁代，由十种药材的粉末混合而成的药粉，以现代的术语来称呼，应该就是牙粉。

在十种药材之中，就功效而言，虽然升麻可去口臭，生姜和升麻可治牙根或口腔溃烂，地黄可治唾血，可是生姜、地黄、旋覆、荷叶和青盐都可治疗牙痛。看来梁代揩齿时所用的药粉的主要功能，是在预防或治疗牙痛，去口臭、避口烂和免唾血的功能还在其次。

到了唐代，中国人的揩齿就发生了一些变化。变化之一是与梁代的揩齿物品相比，唐代揩齿时所使用的物品，在种类上出现不少新的药材。变化之二是在工具上，排除了皂角的使用。现把唐人揩齿所需的物品分述如下：

一、白芷：白芷是一种草本植物。对于牙齿的医疗功效是可治齿痛。[110]

二、藁本：藁本也是一种草本植物。对于牙齿的医疗功效是可以治疗连着面颊一齐疼痛的牙痛。[111]

三、升麻：在梁代，揩齿须用升麻。到唐代，继续使用升麻。

四、细辛：和升麻一样，细辛是在梁代就开始使用的揩齿物品，到唐代仍是揩齿时需要使用的物品之一。

五、寒水石：这是产于山西恒山的一种石头。如果石纹是直的，就称为寒水石，如果石纹是横的，则称凝水石。对于牙齿，寒水石具有坚牙的功效。[112]

可以看出唐人揩齿所需的物品，如与梁人揩齿时所需用的物品清单相比，要比南北朝时代所需的物品简单得多。揩齿的工具仍是一小段柳枝。

3. 换衣

在现代的日常生活里，衣服的换洗是重要的卫生习惯之一。可是在唐代，在当时的卫生习惯之中，似乎并不把衣服的换洗，考虑为一件重要的事。从文献上看，这个陋习，至少远在三世纪后半期的西晋时代已见其端。譬如说，在晋武帝即位之前，四川籍的李密（224—287年）因为照顾他生病的祖母，“涕泣侧息，未尝解衣”。[113]未尝解衣就是并不换洗衣服。从此以后，为了照顾直系亲属而不换洗衣服的风气就逐渐发展起来。譬如在南朝的刘宋时代，浙江会稽（今绍兴）的郭世通之母，卒于宋文帝元嘉四年（427年）之前某年。郭世通因为追思亡母，在丧期过去之后，“未尝释衣帢”。[114]意思是他在母亲去世之前所穿戴的衣帽，一直没脱下来。后来由于郭世通生了一年多的重病，他的儿子郭原平，又“衣不解带”地照顾他。[115]李密与郭世通不换衣服的时间虽然不明，不过郭原平照顾郭世通，却是“跨积寒暑”的。[116]这四个字可理解为从前一年的冬天到第二年的夏天，看来郭原平至少曾有半年的时间没有换洗过衣服。

隋唐以后，为了照顾直系亲属的病况而不换洗衣服的事例就更多了。譬如在隋末，籍贯是陕西扶风的窦抗的父亲生病了，躺在床上，不能起身，窦抗就亲自“扶侍”。扶侍就是照顾。怎么扶侍呢？“衣不解带者五十余日”[117]在这接近两个月的时间之中，他连身上的衣带都没解开过，当然更不要说有没有换过衣服了。窦抗既然卒于唐代立国的第四年（武德四年，621年），他父亲的病逝，当然要比武德四年早得多，也许不妨假设在隋文帝的仁寿时代末期或隋炀帝的大业时代初期（601—606年）。这样说，窦抗因为扶侍父疾而衣不解带，或者可以视为隋唐生活史上第一个不换衣服的不注意卫生习惯的例子。

到了唐代，在高宗的永徽时代（650—655年），河南的宋州人程袁师又因为他的母亲生病，亲自扶侍，而有一百日都衣不解带。[118]一百日就是三个月零十天。由此记录虽可想见程袁师之母疾似比窦抗之父疾更加严重，但因此也使程袁师在一百日内不换衣服的时间，比窦抗在接近两个月内不换衣服的时间，延长了四十多日。

时间稍后，医药学家王焘（670？—755年？）又因为扶侍母疾，而有一年多没解过衣带，[119] 也就是没有换过衣服。可是这件事发生于何时，史书上并没有任何的记录。如果假设王母生病时，王焘的年龄是三十岁，他扶侍母疾的时间，可能会在则天帝执政的久视元年（700 年）。另一方面，当王焘侍疾时，他的年龄，既可能大于三十岁，也可能小于三十岁。不过王焘侍疾时他的年龄究竟是多少岁，并不重要。值得注意的是，从日常生活的立场观察，他因为扶侍母疾竟有超过一年的时间没换过衣服。这比窦抗的两个月不换衣与程袁师的三个多月不换衣的不卫生的记录，又有大幅度的延长。王焘既是医药学家，当然深知洗换衣服是一种良好的卫生习惯。可是为了扶侍母疾，他却可以连续一年不换衣服，以表孝心。在传统社会之中，孝顺比卫生更重要，是很明显的。

在唐代，因为侍疾而不换衣服的，最不可思议的例子，发生在中唐。大概在唐敬宗的宝历时期（825—826 年），曾经被授以五品之官的韦温，[120] 再度为了"侍亲疾"（不过不知是侍父疾还是侍母疾），而"弥二十年，衣不弛带"。[121] 所谓弥，就是满，新生的婴儿满月称为弥月，正是此意。由这个例子来推衍，"弥二十年"的文义，应该是超过二十年。至于"衣不弛带"和前引的"衣不解带"一样，代表从没换洗过衣服的意思，是无需多做解释的。韦温侍亲疾这二十年，由何年开始，到哪年结束，史书上又是没有任何记录的。然而史书既在记载了侍亲疾这回事之后，才提到唐文宗的大和五年 [122] 侍疾的事，似乎应该发生在大和五年（831 年）之前。如果侍疾的二十年结束于大和五年，韦温的侍疾可能应该是在唐宪宗元和六年（811 年）左右开始的。韦温卒于武宗会昌元年（841 年），年五十八。[123] 由此年向前倒推，他应该出生于唐德宗兴元元年（784 年）。根据这个推算，韦温是在他二十八岁那年，开始侍疾的，等到他在四十八岁侍疾完毕，他一生的一大半时间，已在从没换洗过衣服的单调生活中黯然消逝。然而为了尽孝道，亲自侍疾，韦温对这二十年来从不换衣的生活无怨无悔。孝道的伟大和感人也正在此。

总之，由上举窦、程、王、韦等四例，隋唐时代的不换洗衣服的事例，虽然都与孝子的扶侍亲疾有关，不过却也不难发现不换衣服的时间，从隋到唐，再从初唐到中唐，已经明显的延长，在隋末，窦抗不换衣服的时间，只是五十几日，在初唐，程袁师不换衣服的时间，已由五十几日延长为一百日，然后，王泰又把他不换衣的时间由一百日延长为一年，最后在中唐，韦温再创下超过二十年不换衣的新纪录。他身上所穿着的内、外衣既然在二十年内从未换洗，一定是非常肮脏的。尽管不换衣，是孝道的表现，其实从日常生活或卫生习惯的立场着眼，穿着那么肮脏邋遢的衣服扶侍父亲，又有什么好处呢？

除了孝子在侍疾时不换衣外，在唐代，也有与侍疾无关，真正长期不换衣的事例存在。

籍贯是河北赵州的李岩，曾经在唐中宗神龙元年（705 年）九月，在中央政府里担任官秩是正七品下的右宗卫兵曹参军的职位。[124] 后来他先升任洛阳尉，接着又在唐玄宗天宝七年（748 年）与八年（749 年）前后担任官秩都是正四品下的礼部与兵部侍郎。[125] 李岩被授以兵曹参军之职的时候，年龄还不到二十岁。不知是为了高兴还是为了体面，做了一件袍子。可是从此以后，他一生都只穿这件袍子而从不改穿别的衣服。[126] 李岩是个小人物，史家对他的生卒年龄是没有记录的。不过他那件终身没换洗过的袍子，既然是在中宗当政的第一年（705 年）开始穿着的，到天宝八年（749 年）为止，这件袍子的穿着，至少已经超过了四十年。李岩穿着这件袍子的时间，岂不比韦温穿了一套二十年没换洗过的衣服的时间，又多了二十年？根据这个例子，在唐代，长时期的不换衣服，虽然似乎不能说是一种风气，但是的确有不少人都有这种邋遢的习惯。唐人既常不梳头，常不洗头，常不洗澡，又常不换衣，整体而言，他们对于应有的卫生习惯，是相当不在意的。

（五）唐人与白发

1. 唐代的白发诗人

有关唐人体态之美的文献不多见。号称“大历十才子”之首的中唐诗人钱起，[127] 在他为裴岘所写的一首别诗里曾有“柱史才年四十强，须髯玄发美清扬”之句。[128] 裴岘是一个长得清清秀秀的人，当他的乌黑的头发与须髯被微风吹动而轻轻飘动时，在钱起的心目中，这就是一种日常生活上的体态之美。可是乌黑的头发与须髯经常不能得到永久性的维持。唐代文人的头生白发，似乎是相当普遍的现象。在著名的诗人之中，不但初唐的骆宾王、卢照邻、宋之问，就是盛唐的李白、杜甫、王维、高适、岑参、孟浩然也无不都是白发诗人。王维在长了若干年的白发之后，他的头发又逐渐由白色转变成黄色，好像是垂着淡黄色头发的幼儿一样，[129] 因此使得这位田园诗人在体态的观感上，觉得非常的无奈。到了中唐，在一批著名文人之中，譬如韩愈、白居易、元稹、刘禹锡、孟郊，都是白发诗人，而在晚唐，像杜牧、罗隐、韩偓、韦庄和郑谷等，仍然都是白发诗人。另一方面，在这些著名的诗人之外，唐代白发文人的数量，虽然还没达到不可胜数的地步，不过人数之多，倒是相当令人惊叹。现在按照这些文人生卒时间的先后，而把他们汇列为"唐代白发诗人生活时代表"，在此表中，再把他们所写的有关于自己的白发的描述，各加摘录，以供参考：

表十四　唐代白发诗人生活时代表

时代	姓名	生卒年代	有关本人白发之描述	资料来源	备注
初唐	骆宾王	640—684？年	《春日离长安客中言怀》："还嗟太行道，处处白头新。"	见《全唐诗》卷七九，第861页	生卒年据《中国文学家大辞典》之《唐五代卷》，第609页
初唐	卢照邻	约632—695年	《早度分水岭》："丁年游蜀道，斑鬓向长安。" 《送幽州陈参军赴任寄呈乡曲父老》："红颜如昨日，衰鬓似秋天。"	同上，卷四一，第514页 同上，卷四二，第529页	同上，第123页
初唐	韦承庆	640—706年	《直中书省》："白发随年改，丹心为主披。"	同上，卷四六，第557页	同上，第77页
初唐	刘希夷	651—？年	《览镜》："青楼挂明镜，临照不胜悲。白发今如此，人生能几时。"	同上，卷八二，第886—887页	同上，第195页
初唐	宋之问	约656—712年	《登粤五台》："归心不可见，白发重相催。" 《发藤州》："丹心江北死，白发岭南生。"	同上，卷五三，第651页 同上，卷五三，第652页	同上，第396页
盛唐	崔湜	671—713年	《至桃林作》："丹心恒恋阙，白首更辞亲。"	同上，卷五四，第666页	同上，第713页
盛唐	张九龄	678—740年	《巡属县道中作》："华簪极身泰，衰鬓惭木荣。"	同上，卷四七，第574页	
盛唐	张说	667—730年	《岳州诗》："鬓白见益壮，心玄用弥拙。" 《南中送北使》二首之一："红颜度岭歇，白首对秋衰。"	同上，卷八六，第932页 同上，卷八八，第972页	

（续表）

时代	姓名	生卒年代	有关本人白发之描述	资料来源	备注
盛唐	孟浩然	689—740年	《家园卧疾毕太祝曜见寻》："斑白恨吾衰，夫子自南楚。"	同上，卷一五九，第1627页	
盛唐	王维	701—761年	《秋夜独坐》："独坐悲双鬓，空堂欲二更。" 《叹白发》："宿昔朱颜成暮齿，须臾白发变鬖垂。"	同上，卷一二六，第1280页 同上，卷一二八，第1308页	
盛唐	李白	701—762年	《秋浦寄内》："我今寻阳去……白发不能除。" 《览镜书怀》："自笑览镜人，白发如霜草。"	同上，卷一八四，第1883页 同上，卷一八三，第1867页	
盛唐	高适	704—765年	《秋日作》："闭门生白发，回首忆青春。" 《除夜作》："故乡今夜思千里，霜鬓明朝又一年。"	同上，卷二一四，第2241页 同上，卷二一四，第2244页	
盛唐	杨志坚	约709—784年	《送妻》："平生志业在琴诗，如今头上有二丝。"	同上，卷一五八，第1616页	同上，第353页
盛唐	卢僎	约713—741年	《十月梅花书怀》："一向花前看白发，几回梦里忆红颜。"	同上，卷九九，第1070—1071页	同上，第125页
盛唐	于逖	约713—741年	《野外行》："小弟发亦白，两男俱不强。"	同上，卷二五九，第2891页	同上，第8页
盛唐	卢象	约卒于759年	《叹白发》："我年一何长，鬓发日已白。"	同上，卷一二二，第1221页	同上，第121页
盛唐	沈千运	约卒于756—759年间	《感怀弟妹》："近世多夭伤，喜见须发白。"	同上，卷二五八，第2887页	同上，第388页
盛唐	李嘉祐	约卒于779年	《登溢城浦，望庐山初晴，直省赍敕催赴江阴》："白头悲作吏，黄纸苦催人。"	同上，卷二〇六，第2157页	同上，第335页
盛唐	杜甫	712—770年	《薄暮》："人生不再好，鬓发白成丝。" 《逃难》："五十头白翳，南北逃世难。"	同上，卷二二七，第2469页 同上，卷二三四，第2583页	
盛唐	岑参	715—770年	《行军诗》二首诗："功业今已迟，览镜悲白发。"	同上，卷一九八，第2047—2048页	
中唐	独孤及	725—777年	《答李滁州见寄》："白发俱生欢未见，沧洲独往意何坚。"	同上，卷二四七，第2776页	
中唐	郎士元	？—780？年	《郢城秋望》："白首思归归不得，空山闻雁雁声哀。"	同上，卷二四八，第2793页	同上，第540页
中唐	崔峒	约卒于大历末年（779年）	《江山书怀》："泪流襟上血，发变镜中丝。"	同上，卷二九四，第3346页	同上，第715页
中唐	刘长卿	710—约790年	《海盐官舍早春》："小邑沧洲吏，新年白首翁。"	同上，卷一四八，第1508页	同上，第189页
中唐	秦系	720？—800？年	《山中书怀寄张建封大夫》："昨日年催白发新，身如麋鹿不知贫。"	同上，卷二六〇，第2901页	

（续表）

时代	姓名	生卒年代	有关本人白发之描述	资料来源	备注
中唐	戴叔伦	732—789 年	《雨》："春帆江上雨，晓镜鬓边霜。"	同上，卷二七三，第 3075 页	
中唐	朱放	？—788 年	《毘陵留别》："白发将春草，相随日日生。"	同上，卷三一五，第 3540 页	同上，第 174 页
中唐	卢纶	748—798 年	《酬李端长安寓居偶咏见寄》："览鬓丝垂镜，弹琴泪洒襟。" 《白发叹》："发白晓梳头，女惊妻泪流。"	同上，卷二七六，第 3138 页 同上，卷二七七，第 3146 页	
中唐	朱湾	约卒于 800 年	《送李司直归浙东幕，兼寄鲍行军持节大夫》："今日相逢悲白发，同时几许在青云。"	同上，卷三〇六，第 3478 页	同上，第 176 页
中唐	于良史	贞元 4—16 年（788—800 年）间为徐泗豪节度使从事	《自吟》："出身三十年，发白衣犹碧。"	同上，卷二七五，第 3119 页	同上，第 6 页
中唐	鲍溶	约 809 年进士及第	《始见二毛》："初弄藕丝牵初断，又惊机素剪仍残。"	同上，卷四八六，第 5516 页	
中唐	李益	748—829 年	《照镜》："衰鬓朝临镜，……照我白如丝。"	同上，卷三八三，第 3221 页	同上，第 311 页
中唐	孟郊	751—814 年	《溧阳秋霁》："星二满衰鬓，耿耿入秋怀。"	同上，卷三八〇，第 4264 页	
中唐	韦丹	753—810 年	《答澈公》："白发渐多身未退，依依常在永禅师。"	同上，卷一五八，第 1615 页	同上，第 70 页
中唐	权德舆	761—818 年	《览镜见白发数茎，光鲜特异》："秋来皎洁白须光，试脱朝簪学酒狂。"	同上，卷三二〇，第 3606 页	
中唐	羊士谔	约 762—822 年	《在郡三年，今秋见白发，聊以书事》："二毛非骑省，朝镜忽秋风。"	同上，卷三三二，第 3703 页	同上，第 218 页
中唐	裴度	765—839 年	《中书郎事》："灰心缘忍事，霜鬓为论兵。"	同上，卷三三五，第 3756 页	
中唐	令狐楚	766—837 年	《游晋祠，上李逢吉相公》："不立晋祠三十年，白头重到一凄然。"	同上，卷三三四，第 3746 页	
中唐	王建	766？—？年	《原上新居》："腻衣穿不洗，白发短慵梳。"	同上，卷二九九，第 3396 页	同上，第 37 页
中唐	韩愈	768—824 年	《答张十一》："吟君诗罢看双鬓，斗觉霜毛一半加。" 《东都遇春》："尔来曾几时，白发忽满镜。"	同上，卷三三四，第 3840 页 同上，卷三三九，第 3864 页	
中唐	张籍	768—830 年	《书怀寄王秘书》："白发如今欲满头，从来百事尽应休。"	同上，卷三八五，第 4333 页	
中唐	刘禹锡	772—842 年	《贞元中侍舅氏牧华州，时余再忝科第。……今典冯翊，暇日登楼南望三峰，浩然生思追想，昔年之事，因成篇题旧寺》："昔是青春貌，今悲白雪髯。"	同上，卷三五八，第 4034 页	

（续表）

时代	姓名	生卒年代	有关本人白发之描述	资料来源	备注
中唐	吕温	772—811年	《蕃中拘留岁余，回至陇石，先寄城中亲故》：“镜数成丝发，囊收拭血衣。”	同上，卷三七〇，第4160页	
中唐	李绅	772—846年	《入扬州郭》：“非为掩身羞白发，自缘多病喜肩舆。”	同上，卷四八二，第5487页	
中唐	白居易	772—846年	《樱桃花下叹白发》：“红樱满眼日，白发半头时。” 《白发》：“雪发随梳落，霜毛绕鬓垂。”	同上，卷四三九，第4880页 同上，卷四四三，第4955页	
中唐	柳宗元	773—819年	《始见白发》：“从此休论上春事，看成古木对衰翁。”	同上，卷二五二，第3951页	
中唐	元稹	779—831年	《桐孙诗》：“城中过尽无穷事，白发满头归故园。”	同上，卷四一四，第4583页	
中唐	贾岛	779—843年	《客喜》：“鬓边虽有丝，不堪织寒衣。”	同上，卷五七一，第6622页	
中唐	姚合	781—846年	《武功县中作》三十首之二十六：“青衫迎驿使，白发忆山居。” 《武功县中作》三十首之二十三：“白发谁能镊，年来四十余。”	同上，卷四八九，第5658页 同上	同上，第602页
中唐	许浑	约791—858年	《病中二首》之二：“一身仍白发，万虑只丹心。”	同上，卷五三〇，第6060页	同上，第225页
中唐	裴夷直	大中初（847年）犹在	《献岁书情》：“白发添双鬓，空宫又一年。”	同上，卷五一三，第5856页	同上，第795页
中唐	张祜	792？—853年	《喜王子载话旧》：“相逢青白银，相叹白头时。”	同上，卷五一〇，第5808页	同上，第431页
中唐	李约	799—804年间为浙西观察从事	《病中宿直》：“风吹梧竹更无两，白发病人心到家。”	同上，卷三〇九，第3496页	同上，第280页
晚唐	杜牧	803—852年	《郡斋独酌》：“前年鬓生雪，今年须带霜。” 《大雨行》：“今年阘茸鬓已白，奇游壮观唯深藏。”	同上，卷五二〇，第5938页 同上，卷五二〇，第5947—5948页	
晚唐	王叡	元和（820年）以后	《秋》：“欲知潘鬓愁多少，一夜新添白数茎。”	同上，卷五〇五，第5743页	
晚唐	赵嘏	806？—852年	《东归道中》二首之二：“星星一镜发，草草百年身。”	同上，卷五四九，第6345页	同上，第561页
晚唐	刘驾	823？—871年	《效陶》：“白发忽已新，红颜岂如故。”	同上，卷五八五，第6784页	同上，第220页
晚唐	薛能	817—882年后	《春日使府寓怀》二首之一：“青春背我堂堂去，白发欺人故故生。”	同上，卷五五九，第6482页	
晚唐	刘象	832？—？年	《白髭》：“素丝易染髭难染，墨翟当年合泣髭。”	同上，卷七一五，第8213页	同上，第212页
晚唐	罗隐	833—909年	《暇日投钱尚父》：“自惭麋鹿无能事，未能深恩鬓已斑。”	同上，卷六六〇，第7574页	

（续表）

时代	姓名	生卒年代	有关本人白发之描述	资料来源	备注
晚唐	韦庄	836—910 年	《镊白》："始因丝一缕，渐至雪千茎。不避佳人笑，唯渐稚子惊。"	同上，卷六九七，第 8021 页	
晚唐	薛逢	866 年尚在	《镊白曲》："去年镊白发，镜里犹堪认少年，今年镊白发，两眼昏二手战跳。"	同上，卷五四八，第 6319 页	同上，第 834 页
晚唐	黄滔	901 年尚在	《旅怀》："雪貌潜凋雪发生，故园魂断第兼兄。"	同上，卷七〇五，第 8111 页	
晚唐	崔櫓	847—859 年间	《述怀》："白首成何事，无欢可替悲。"	同上，卷五六七，第 6567 页	同上，第 715 页
晚唐	李群玉	808—862 年	《始忝四座奏状闻荐蒙恩授官》："两鬓有二毛，光阴流浪中。"	同上，卷五六八，第 6582 页	同上，第 334 页
晚唐	施肩吾	820 年进士及第	《秋吟献李舍人》："肠结愁根酒不消，新惊白发长愁苗。"	同上，卷四九四，第 5605 页	
晚唐	殷尧藩	827—835 年间人	《端午日》："鬓发日日添头白，榴锦年年照眼明。"	同上，卷四九二，第 5567 页	同上，第 649 页
晚唐	郑还古	842 年犹在	《吉州道中》："自惭多白发，争敢竞朱颜。"	同上，卷四九一，第 5557 页	同上，第 517 页
晚唐	温宪	842—？年	《题崇庆寺壁》："鬓毛如雪心如死，犹作长安下第人。"	同上，卷六六七，第 7643 页	同上，第 768 页
晚唐	唐彦谦	？—893？年	《夜坐》："愁鬓丁年白，寒灯丙夜情。"	同上，卷六七一，第 7669 页	同上，第 669 页
晚唐	韩偓	844—923 年	《向隅》："刚肠成绕指，玄发转垂丝。" 《又一绝，请为申达京洛亲交，知余病废》："鬓惹新霜耳旧聋，眼昏腰曲四肢风。"	同上，卷六八一，第 7800 页 同上，卷六八一，第 7801 页	
晚唐	崔涂	850—？年	《蜀城春》："清镜不能照，鬓毛愁更新。"	同上，卷六七九，第 7772 页	同上，第 714 页
晚唐	郑谷	约 851—910 年	《辇下冬暮咏怀》："七年春泪催衰飒，羞向清流照鬓毛。"	同上，卷六七六，第 7742 页	同上，第 517 页
晚唐	刘沧	854 年进士及第	《罢华原尉，上座主尚书》："白露黄花岁时晚，不堪愁霜鬓镜前。"	同上，卷五八六，第 6801 页	
晚唐	吴融	？—903 年	《新秋》："白发又经秋，端居海上洲。"	同上，卷六八四，第 7856 页	同上，第 374 页
晚唐	杜荀鹤	846—904 年	《出山》："病眼看春膀……白发出山来。"	同上，卷六九一，第 7926 页	
晚唐	于武陵	大中（847—859 年）时人	《西归》："羞将新白发，却到旧青山。"	同上，卷五九五，第 6891 页	同上，第 6 页
晚唐	崔珏	大中（847—859 年）时人	《门前柳》："纵令树下能攀折，白发如丝心似灰。"	同上，卷五九一，第 6858 页	同上，第 704 页
晚唐	邵谒	咸通（860—873 年）时人	《览镜》："昨日照红颜，今日照白丝。"	同上，卷六〇五，第 6996 页	同上，第 475 页

（续表）

时代	姓名	生卒年代	有关本人白发之描述	资料来源	备注
晚唐	林宽	应僖宗（874—887年）、昭宗（888—904年）时人	《塞上还，答友人》："无端游绝塞，归鬓已苍然。"	同上，卷六〇六，第7002页	据同上，第490页，林宽与黄滔相交数十年。又据第679页，黄滔于天复元年（901年）任推官，林宽或于其时尚在。
晚唐	徐夤	894年进士及第	《咏怀》："愁花变出白髭须，半世辛劳一事无。"	同上，卷七〇八，第8146页	同上引，第645页
晚唐	裴说	906年进士及第	《寄曹松》："鬓丝犹可染，诗病却难医。"	同上，卷七二〇，第8261页	同上引，第801页
晚唐	于邺	唐末（约906年）进士及第	《客中览镜》："何当开此镜，即见发如丝。"	同上，卷七二五，第8316页	据《全唐诗》于邺小传

2. 唐代诗人与其家属对于白发的观感

上节既已约略统计了唐代之白发诗人的人数，不妨再在本节注意一下这些诗人与其家属对于头生白发曾有什么观感。

甲 对于白发产生惊恐感

在上节所附列的“唐代白发诗人生活时代表”之中，中唐诗人卢纶与晚唐诗人韦庄的诗句，都是对于白发产生惊恐感的佳例。根据该表之引诗，卢纶与韦庄各有一个稚龄的幼女与幼儿。稚龄的幼儿既没有白发，见闻也很有限。当他们突然发现自己的父亲竟在头上长出了白发而又不明了那究竟是怎么一回事，在心理毫无准备的刺激之下，是会尖声惊叫的。可是成年的女性却会了解白发的生长，如果不是由于过度的耗费心力，或者经常感觉忧伤，就应该是由于营养不良。当一个体恤的妻子突然见到丈夫头上的白发，而明白那是一个负责的家长为了照顾家庭而不得不在各方面力争上游的结果，她因为怜惜丈夫的辛劳而流出同情之泪，应该是相当自然的。至于作为丈夫的那位诗人韦庄，在既没能真正提升家庭的生活水准，又要遭受家庭以外（甚至家庭之内）的其他女性之嘲笑的情况之下，除了对于自己头顶上的白发，在感觉上，自形惭愧之外，只能无可奈何地叹气而已。诗人的这种心情，从卢纶的诗作要以《白发叹》作为诗题，是可以想见的。这么说，对于白发感到惊恐的，似乎只是诗人的家属，而并非白发的诗人。卢纶和韦庄只是把他们的家属对于自己的白发所产生的惊恐感，真实地加以记录而已。

乙 对于白发产生悲伤感

唐代诗人对于白发所产生的第二种观感是悲伤。这种悲伤感是诗人自己与诗人的家属对于白发的共同观感。先看诗人家属方面的伤感。中唐诗人白居易于元和六年（811 年）记录他在早晨梳发时，见到白发之后的反应是“家人不惯见，悯然为我悲”。[130] 白居易不但一生无子，连他第一个小名叫金銮子的女儿也在 811 年以四岁的稚龄夭折。[131] 以白居易的诗句作为证据，白家对于白发的反应虽与卢韦两家的反应有些类似，不过白家的反应是比较平和的。如果金銮子夭折于白居易头生白发之前，至少白家的女儿并没为她父亲头上的白发而惊恐地尖叫，白居易温顺的妻子也并没为她丈夫长出白发而痛苦地流泪，甚至就连白居易本人，在出入之间，也并未因为长了白发而遭受其他女性的嘲笑。可是在另一方面，白居易的妻子终于还是为她丈夫的白发而悯然含悲。

再看诗人本身对于白发的悲伤感又是什么情况。首先可以发现王维在独坐时，因为想起了他的两鬓，已经由黑变白，于是感到悲哀。其次又可发现李白和岑参，都因为在镜中看到自己的白发而感到悲哀。不过在唐代的诗人之中，对于白发产生最强烈之感情反应的人，大概是那位被李白称为“孟夫子”的孟浩然。[132] 当孟浩然发现自己的头发由黑变白了，他的反应不是悲伤而是愤恨。不过无论他的反应如何强烈，已白的头发不会再黑却是事实。也即是说，无论他多么愤恨头上的白发，终究是于事无补的。所以更多的诗人对白发并无愤恨感。反之，他们经常都在为自己的白发感到悲哀之外，另外产生一种轻淡的忧伤之感。先以盛唐诗人岑参和晚唐诗人罗隐的诗作为例子而稍为分析。岑、罗二人都认为他们曾经受人之恩，可是他们还没能找到报恩的机会之前，却发现自己的年龄已大，至少两鬓已经花白了。这种时不我予的感觉，才是诗人真正的悲哀与忧伤。中唐诗人于良史虽不需要争取时间去报恩，可是他却感慨地说，“他自从踏入仕途，已有三十年之久。在此期间，尽管他的头发已经由黑变白，然而在官场上，他仍然是一个只能穿绿色官服的低级公务员。”[133] 于良史借用对于白发的吟咏而表现他心底之时不我予的悲伤，是相当明显的。至于晚唐的温宪在社会上的遭遇，如与于良史相比，是更差的。为了说明他的遭遇，似乎需要先把唐人如何出仕的几条途径，择要介绍如下：

一般而言，唐人出仕有三条途径：第一条是“生徒”，[134]也就是由各郡的地方政府在地方学校中选拔若干学子，再向中央政府的尚书省推荐，在通过由尚书省所主办的考试之后，由中央政府任用。尽管各郡每一年所推荐的人数不等，不过人数总在一至三人之间。能够通过地方政府的推荐，而在中央政府任职的机率是很渺小的。第二条是“门荫”，[135]也就是可以因为当事人的父亲或祖父曾在中央政府担任一至五品的官员，而可由中央政府再以官阶较低的官职加以任用。第三条是“武举”，[136]也就是通过相当于文科考试的武科考试而出任武职。如果既不能得到地方政府的推荐，又没有“门荫”的背景，也不足以参加“武举”，一般文人唯一的出仕之道，只有通过文科的“明经”或“进士”考试。在一般情况之下，“明经”易考而“进士”难考。[137]所以唐代的文科考场流行“三十老明经，五十少进士”的谚语。[138]通过“明经”与“进士”考试，中央政府就可直接任用了。

简略地介绍了唐代文人的出仕途径之后，“唐代白发诗人生活时代表”中温宪白发诗的诗句，就容易了解了。温宪就是为了要取得出仕的资格，而每年都去参加进士科之考试的。可是进士难考，他的考试，也就全部失败。所以他在诗句中满腹牢骚地说，“我每年都参加考试，而每年都不幸落榜。在参加了这么多年的考试之后，连我的鬓发已由黑色的考成白雪一样的颜色了，我还是没能考中进士”。温宪的诗作之主题虽是白发，可是他所悲伤的，与上述岑、罗、于等三位诗人的诗作一样，仍然是对于时不我予的叹惜。这四人对于他们的白发的反应都是既悲哀又忧伤的。悲哀之外，再加忧伤，大概这就是唐代诗人对于顶上白发的特别感情吧。

丙 对于白发产生悲观感

悲哀与忧伤是由白发所牵引出来的两种情绪，诗人在处理日常生活其他事物时候与这种情绪的存在与否无关。可是有些诗人却由于顶生白发，而对他们整个的人生观，产生了严重的消极作用，那就成为悲观了。第一个值得注意的是杜甫。这位唐代最重要的诗人，在他五十九年的生命之中，可说从来没有享受过什么好日子。生活的艰难促成他的人生观具有浓厚的悲观的性质是很自然的。试看由“唐代白发诗人生活时代表”中所征引的两句杜诗：“人生不再好，鬓发白成丝”所透露的，不正是杜甫的悲观人生观吗？“鬓发白成丝”是一种外在的现象，而“人生不再好”却是一种内在的人生观。悲观的人生观的形成虽不能说完全由于外在现象所促成，不过顶生白发却不得不承认是促成这个悲观人生观的形成的部分动力。试想当杜甫在写下“人生不再好”的诗句的那一刹，他悲观的心情该有多严重！

与杜甫的悲观态度相同是几位晚唐的诗人。譬如在“唐代白发诗人生活时代表”中，温宪有关于白发的诗句是“鬓毛如雪心如死”，崔珏的有关诗句是“白发如丝心似灰”。“心如死”既是心如死灰，而“心似灰”也同样的是心如死灰。处理日常生活的心情既已因为白发如丝的刺激而变成一堆死灰，人生哪还有乐趣！由“心似灰”与“心如死”所表现的，不是悲观是什么？看来温宪与崔珏对于悲观的表现，实在比杜甫更直接也更强烈！

到这里应该注意崔橹了。在“唐代白发诗人生活时代表”之中，他有关于白发的诗句是“白首成何事？无欢可替悲。”“白首成何事”虽是问句，其实这个问句应该是代表“我这一生一事无成”的叙述句。头上的黑发已经没有了，而我仍然一事无成，这还不值得悲伤吗？既然没有任何欢愉可以代替他的悲伤，这种永久性的悲伤就变成了悲观。崔橹的悲观虽然不是心如死灰，可是他的人生永无欢愉，前途一片灰暗。崔橹的生活一定是极端消极，极端沉重的。从这个角度观察，崔橹的人生无欢与温宪和崔珏的心如死灰似乎没有什么分别。他们的诗句不都是彻底悲观的表现吗？

丁 对于白发产生喜悦感

在唐代的众多诗人之中，对于白发既不愤恨，不悲哀，也不悲观，反而感到喜悦的，大概只有生活于盛唐之末与中唐之初的沈千运一人而已。在“唐代白发诗人生活时代表”的引诗之中，他对白发所写下的有关诗句是“近世多夭伤，喜见鬓发白”。所谓近世，似乎可以了解为本世，也就是最近的三十年。至于夭伤，当然不一定都指像金銮子那种死于四岁的稚龄幼儿，而可理解为早逝。而早逝呢，似乎也不一定都指卒于十岁至二十岁的未冠或已冠青年，就像王勃（约 649—675 年）和杨炯（约 650—693 年）那样卒于三十岁至四十岁之间的壮年，诗人也照样可以称为早逝。如果这个了解无误，上引的那两句引诗的诗意，就可以很明显的理解为最近的三十年内，卒于三十岁至四十岁的诗人和朋友太多了。由于这个事实，当我见到家里的几个弟妹，不但都已在年龄上超过了四十岁，有的甚至还长出了白色的鬓发，我认为这倒是一件可以让我觉得可喜的事。

沈千运的观感既然没有其他诗人相同而可以作为理论上的支持，甚至就在他个人的其他诗篇里也没有写过类似的论调，所以他对白发所产生的喜悦感，不但相当个人化，而且也具有浓厚的偶发性。在这个情况之下，由他那两句诗所传达出来的白发可喜感，也就难以视为足以和白发悲观论的观感相反的乐观论。即使勉强承认他的喜悦感就是乐观论的一部分，可是“喜见鬓发白”毕竟只是他个人的绝唱，这个力量是不足与多数诗人所共持的白发悲观论调互相抗衡的。

值得注意的是沈千运的白发可喜论的声音，虽然孤单而微衰，至少可以说明在绝大多数的唐代诗人都在厌恶白发的当儿，还有一个相反的观感存在。也就是由于“喜见鬓发白”的吟诵，可以显示讨厌白发，憎恨白发，乃至对于白发产生悲观的人生观，其实并不是唐代所有诗人的绝对性的观感。这就是沈千运的诗句的真正价值。他那两句诗虽然难以说是不朽的名句，不过诗句既然能在白发悲观论之外传达了一个相反的意见，或者另一个独立的讯息，也就足以传世了。

3. 唐人对于白发与白须的处理

白发可喜论既然不是唐人对于白发之观感的主流，在白发被视为可悲或可恨之对象的情况之下，他们对于这种“恶发”，当然是要设法处理的。从文献上看，处理的方法，虽然前后共有食疗法、药酒法、服药法、擦药法、染黑法与拔除法等六种，不过主要的方法，不是消极的加以染黑，就是积极的加以拔除。如果采用染黑法，除了可以染须，同时也可以染发。不过如果采用的是拔除法，似乎是只拔发而不拔须的。食疗法的成效并不明显，采用的人好像并不很多。至于药酒法，因为是一个连王子也被蒙蔽在内的骗局，当真相被识破之后，当然也就不了了之。以下就对这六种方法，分别加以介绍。

甲 食疗法

所谓食疗，就是用平常所吃的，或者平常少吃的食物来治疗疾病。远在周代，当时的医学已有疾医、食医、疡医和兽医的分科。国人的食疗法，从周到唐，已有超过一千年的历史。但是食疗法的主要发展，似乎却在唐代。籍贯是河南汝州（今河南临汝县）的孟诜（约 621—713 年）是初唐末期的医药学家。他在高宗上元元年（674 年）因为结识了当时的名医孙思邈（581—682 年），曾以后辈的身份跟随过他一段时间，当然获益良多。二十多年之后，当孟诜在医药方面的知识充实了，才在武后的长安四年（704 年）编写了《补养方》，书中收录了一百三十八条有关于食疗的医方。此书问世不久，不但由张鼎增补了八十九条，而且他还把书名由《补养方》改为《食疗本草》。此书现存医方二百二十七条，可说是由孟诜与张鼎共同编辑完成的。著作由于没有刻本行世，《食疗本草》早已佚传。在 1908 年左右，英人斯坦因（又称史坦因，1862—1943 年）在敦煌的千佛洞中发现了北魏、隋、唐的写本千余卷。其中有一个编号为 S.76 号的残存手写卷本，正是这部唐代的食疗著作。[139] 根据此书，直到初唐末期或者八世纪的初期，当时认为医治白发的食疗药方，共有以下三种：

（i）吃草本植物覆盆子的草子 [140]

草子的味道既酸且甜，应该不难吃。在品质上，以五月的时候从麦田所采到的覆盆子药性较好。据《食疗本草》，由于覆盆子的药性是“益气轻身”，吃了草子之后，可以使发不再变白。

（ii）吃胡桃 [141]

胡桃，也就是核桃。据上引书，由于胡桃具有润血脉，通经络气的药性，吃了胡桃之后，既可使人鬓发由白变黑，也可使人“毛”（应该指已白的头发）脱落，再生新发。

（iii）吃羊屎 [142]

再据上引书，如果吃了羊的这种排泄物，也能令人白发转黑。以覆盆子的草子与胡桃作为食疗的药物，并不难于接受。可是如果要以羊屎为医治白发的食疗药，能够接受的人可能就不会很多。

孟诜和张鼎虽然列举了三种食疗药，可是每一种的成效如何，却罕有其他的文献可以证实。不过两位既然连羊屎也可拿去尝试医治白发，平时应该做过实验。从这个角度观察，使用上列的三种药来根除白发，是应该值得相信的。

乙 药酒法

为消除白发，孙思邈提供了两种药酒的药方，第一种叫地黄酒，第二种叫马灌酒。现在先看地黄酒。

（i）地黄酒

据孙思邈的记载，制造地黄酒的材料共有下列四种：（1）地黄，分量是十石。在切碎之后，用杵捣，捣出三石地黄汁为止。（2）麻子，分量是一石。在被捣成粉末之后，与地黄汁混合起来一齐研（像研墨一样的研），研到成为两石七斗的分量为止。（3）杏仁，分量是一石。杏仁不但要去皮，还得把仁尖也去掉，然后把这样的杏仁也捣成粉末，再与麻子汁一齐研，研到成为两石五斗的分量为止。（4）曲末，分量是三斗。当材料都准备好了，先用地黄汁把曲末浸七日，再把此汁煮沸，然后，把三石食米的米汤，分成三等分，九日之后，一共要三次蒸饭。等到所有的饭都熟透了，要加以密封。五至七日之后，酒上就会结一层金黄色的酒酥。这时候，先把漉酒的酒篘放进酒里，再把酒密封起来。有白发的人可以先吃酒糟（吃了酒糟，人会长胖一点，也变得比较高兴一点，这时候，已经不会再有病了），吃完酒糟再吃酒酥，或者直接喝地黄酒。如果吃酒酥，每次最多只能吃一升，如果喝酒，每次最多只能喝一匙。喝地黄或吃地黄酥，有可使白发还原成黑发的功效。[143]

（ii）马灌酒

地黄酒之得名是由于制作该酒的主要药材是地黄。可是在制作马灌酒的药材中是没有马灌的。此酒何以要以灌为名，暂不可知。制作马灌酒的药材共有以下十种：生的天雄二两，蜀椒、商陆根、桂心、白敛、茵芋、干姜和踯躅各一两，大乌头一枚，以及附子五枚。先把这些药材小心地切成细末，再把药末装进绢袋，然后用三斗酒把药袋渍泡起来。浸泡的时间，如在春夏两季，泡五日，如果是在秋冬两季，就要多泡两日。泡好之后，所谓的马灌酒就可以服用了。服用的方法有两种：一种是去掉酒里的药渣，只喝酒。开始的时候，只能喝半口，以后酒的分量可以逐渐增加一点，不过最多只能喝三口。另一种服用方法是把酒渣捞出来，在晒干之后，再捣成粉末，在喝酒的时候把药末吞下去。每日喝三次，吞三次。[144]

（iii）常春藤酒

在盛唐的开元时代（713—741年），玄宗离开了陕西的西京长安，驾幸河南的东都洛阳。在那里，曾把一个用道家思想来炼丹的方士姜抚从宋州（在今河南开封以东）召到洛阳。玄宗究竟向姜抚提出了什么问题，文献上虽然没有详细的记载，不过至少可以知道的是，姜抚曾向玄宗奏言：假如先喝常春藤酒，使头发由白变黑，跟着才能讨论如何讲求长生不死。玄宗听到姜抚的奏言，相当高兴，也就按照姜抚的意见，派人到江南太湖之畔去采集国内品质最好的常春藤。尽管所采集的藤子，多到装满了一百个竹筒，玄宗却毫不吝啬地把这些江南的藤子分赐给朝中的老臣。除此之外，他又诏令天下可以自己设法寻找常春藤，再用酒渍泡以医治白发。就在这个时候，有一个名叫甘宋诚的武将觉得玄宗受骗了，于是也向玄宗上奏："姜抚所说的常春藤，其实本来叫做千岁藟。因为民间有些人在喝了用酒泡过的千岁藟酒之后，都发生暴死的现象，许多道家的方士，现在已经不再用酒泡千岁藟了。"当姜抚知道了甘宋诚揭穿了他所玩弄的骗局之后，赶紧以需要入山采药为借口，逃离洛阳。还好玄宗宽宏大量，并没有派人继续追捕他。[145]而喝常春藤酒可以消除白发的这个害人的药方，恐怕又要由玄宗下诏给天下的百姓，不准继续使用了。

受赐常春藤的人物推测

从年龄上看，由于史书并没明确记载玄宗召见姜抚，究竟是在开元何年，而且他七次驾幸洛阳，在时间上，前后又有十八年的时差，所以在洛阳曾被玄宗赐以常春藤的朝中老臣究竟是哪些人是很难确定的。不过，受赐的人物似乎也可根据以下的几种条件而做推测。第一，有资格被赐以常春藤的人，当然必须是朝中大臣。第二，这些大臣必须是老臣。唐代是以六十岁为老的。[146]因此被赐藤的大臣至少必须在年龄上达到六十岁。第三，他们必须曾经跟随玄宗一齐住在洛阳。

根据这几个条件，有几个大臣很值得注意。第一个是宋璟，他曾在开元四年，被任命为吏部尚书兼黄门监，然后又在玄宗首次驾幸洛阳的当年，被任为门下省的首长——侍中。最后在开元十七年（729 年）被任尚书右丞相。[147] 第二个是陆象先，他曾在开元十年（722 年）被任为刑部尚书，然后，在十三年（725 年）被任官秩是正二品的太子少保。[148] 第三个是卢从愿，他除在开元十一（723 年）与十六年（728 年）两度担任东都留守，也曾在十一年代理过刑部尚书。[149] 第四个是张说，他不但在开元九年（721 年），以兵部尚书的本职和同中书门下三品的名衔为相，又在十一年、十三年两度兼任中书省的首长中书令。[150] 第五个是王晙，他在十一年以兵部尚书的本职和同中书门下三品的名衔为相。[151] 第六个是在第十七年担任中书令的萧嵩。第七人是在二十一年同任宰相的韩休。现将这七人在玄宗七次东巡入洛时的年龄列表如下：

表十五　玄宗入洛时年逾六十之朝臣年龄表

年份 / 岁数 / 姓名	开元五年（717 年）	开元十年（722 年）	开元十一年（723 年）	开元十三年（725 年）	开元十四年（726 年）	开元十九年（731 年）	开元二十二年（734 年）	备注
王晙（661？—732 年）	57	62	63	65	66	71		《旧唐书》卷九六，第 2898 页："晙卒开元二十年（732 年），年七十余。"暂定卒年七十二岁。
宋璟（663—737 年）	55	60	61	63	64	69	72	
陆象先（665—736 年）	53	58	59	61	62	67	70	
卢从愿（666？—737 年）	52	57	58	60	61	66	69	同上，卷一〇〇，第 3125 页："从愿卒开元二十五年（737 年），年七十余。"暂定卒年七十二岁。
张说（667—730 年）	51	56	57	59	60			
萧嵩（668？—749 年）	50	55	56	58	59	64	67	同上，卷九九，第 3095 页："嵩卒天宝八年（749 年），年八十余。"暂定卒年八十二岁。
韩休（673—740 年）	45	50	51	53	54	59	62	

据上表，当玄宗在开元五年首次驾幸洛阳，上表所列的七位人物，并无一人已是六十岁的老臣。直至开元十一年（723年），玄宗第三次驾幸洛阳时，年龄已够称老的大臣只有王晙与宋璟二人；不过老臣的人数太少，这与玄宗以百筐常春藤赏赐多位老臣的记录不很符合。由此看来，由开元五年到十一年，玄宗前后三次驾幸洛阳，以藤赐臣的可能性不大。因此，可能赐藤的年份就只剩下开元十三、十四、十九与二十二年的这四年。在开元十四与十九年，年龄达到或超过六十岁的老臣，只有王晙、宋璟、陆象先与卢从愿等四人，但在开元二十二（734年）年，在这四人之外，萧嵩与韩休也都已是六十多岁的老臣。故在这一年朝中，至少共有五位七十或六十多岁的大臣。现在先把这五人的身份逐一观察如下：首先值得注意的是宋璟与卢从愿。宋璟虽在开元二十年（732年）致仕，[152]住在洛阳，[153]不过他在退休之后，仍与天子维持良好的关系，譬如开元二十二年，当玄宗最后一次驾幸东都时，宋璟就在路旁"迎谒"。[154]而玄宗对于这位前任的老宰相，除了派遣一位亲王去慰问他，又多次"遣使送药饵"，[155]为他治病。至于卢从愿，虽在开元二十年曾被派到河北去担任开仓救饥的工作，不过从河北完成任务归来之后，也就在同年以吏部尚书的名义致仕。[156]他既曾经担任过东都留守，退休以后，也与宋璟一样，仍然住在洛阳。[157]玄宗既然赐药给宋璟去为他治病，可能在得到了常春藤之后，顺便也赏赐给他一两筐，让他去消除头上的白发。在另一方面，当玄宗最后一次到达东都，卢从愿虽然也退休，也许为了向这位老臣给予和宋璟同等恩宠，玄宗也把常春藤赏赐给他。继续观察下去，又可注意到韩休和张九龄都是当时的宰相；他们同在开元二十一年（733年）被任命；张九龄的本职是中书侍郎、韩休的本职是黄门侍郎，不过二人都另有同中书门下平章事的名衔。张九龄又在次年被任命为中书令。[158]韩休身为国之宰辅，当天子离开西京而东幸东都，当然必须随驾同往。五人之中最后二人是陆象先和萧嵩。陆象先从开元十三年（725年）担任太子少保以来，一直居于幽闲之中。开元二十二年天子东巡，他随驾同往，是甚有可能的。萧嵩曾在开元十七年（729年）被任中书令。[159]但当他和韩休同时争取宰相的任命而失败之后，[160]他在朝中地位的重要性，似乎已经大幅减低。为了不甘寂寞，当天子东幸，他也随驾同往洛阳。根据以上的分析，玄宗虽曾七次驾幸东都，可是有关于赏赐常春藤这件事，却以发生在开元二十二年的可能性最大。这是由于在这年，不但在人数上有五位大臣年逾六十，甚至七十，符合赏赐多位老臣的记载，而且在时间上，开元二十二年正是开元时代的中朝，史书是以“开元中”为时间的记录来记载赏藤这件事的。如果以上的推测无误，在开元二十二年，在东都被赐以藤的五位老臣，可能应该是宋璟、陆象先、卢从愿、萧嵩和韩休。这几人既都在收到被赐的常春藤之后，未发生暴卒的现象，可见他们应当并未立即以酒渍藤，乃至饮用，这才逃过了饮用常春藤酒会暴卒的死难。从这个角度看来，以常春藤消治白发虽是一个欺局，不过在唐人的生活史上，也可算是有关于治疗白发的一幕闹剧了。

丙 服药法

如上述，吃地黄酒酥，可使白发还原，变成黑发。这种酒酥既是药酒的一部分，也就等于说，吃药是可消除白发的。在唐代，可使白发变黑的药，当然不止是地黄酒酥而已。下面就是几种其他治白发药的药方：

（i）白芷方

这种药方的材料共有四种：桂心（一尺）、陇西白芷（一升）、秦椒（一升）、旋复花（一升）。把材料捣成粉末后，每日服三次。不过规定要用井水吞服才行。据说服药一个月，白发就可以还原成黑发了。服用此方的另一项规定是，在服药期间，要禁房事。[161]

（ii）乌麻方

这种药方的材料只有乌麻，与白芷方相较，材料是很简单的。制作与服用的方式是，乌麻要蒸九次，再晒九次。经过这项手续，先把乌麻捣成粉末，再与枣膏混合起来，做成里面是乌麻外面是枣膏的药丸。吃了以后，可收白发变黑之效。此外，药丸吃得愈多，对于头发的保养也就愈好，这是不用多说的。[162]

（iii）瓜子散

这种药方的材料是瓜子一升，甘草、当归、川芎，以及去皮的白芷等四种材料各二两。汇齐之后，一齐捣成粉末。服用时，每日吃三次。[163] 不过这个药方是专为早生白发的妇女而设的。[164]

丁 擦药法

要擦的药，在制作和使用方面，都很简单。先把半升醋与一枚八角附子放进一件铜制的器皿，然后用火煮，煮沸两次之后，再向醋里放进一块与围棋的棋子大小相当的矾石。等到矾石完全溶化了，再把三两脂肪放进醋里，然后慢慢地搅拌脂肪的矾醋，一直搅到此醋逐渐凝结成醋膏为止。这时候，如果拔掉头上的白发，赶快把醋膏涂到头上去，以后就可以重生黑发了。[165]

戊 染黑法

（i）染须与染发之实例

中唐的重要诗人刘禹锡（772—842 年），曾为米嘉荣写过一首七言绝句。就内容而观察，此诗共有三种不同的版本。现将各本汇列如下表，以见异同。

表十六　刘禹锡赠米嘉荣诗之版本异同表

诗题	首句	次句	三句	末句	备注
与歌者米嘉荣	喝得凉州意外声	旧人唯数米嘉荣	近来时世轻前辈	好染髭须事后生	诗见《全唐诗》卷三六五，第 4115—4116 页
米嘉荣	一别嘉荣三十载	忽闻旧曲尚依然	如今时俗轻前辈	好染髭须事后生	附于上诗之下
佚题	三朝供奉米嘉荣	能变新声作旧声	如今后辈轻前辈	好染髭须事后生	《卢氏杂说》，但引诗文，未录诗题，故佚题

由上表，可见各本之异，一在诗题，一在前三句，但本文的写作既非文籍的考订，而是唐代生活史的讨论，所以这里要讨论的，当然不是诗题的异同，而是此诗前三句的内容，与白须之染黑有何关系。不过为了要讨论这三句诗的内容，似乎又应当先对米嘉荣的国籍与身份有一个初步的了解。现在先看他的国籍，在唐代，我国文献对从各地迁徙来华的外族部落，一律称为胡人。但对从广义的西域，也即从中亚细亚（Central Asia）迁徙来华的胡人，却又专称为“昭武九姓”。所谓九姓，其实就是九国，譬如中亚细亚的 Bukhara、Amul 以及 Samarkand 等三地，当时各被译为安国、穆国与康国。而由这三地来华可能为了不忘祖籍，也就各以安、穆与康为姓。位于 Samarkand 以东的 Maymurgh，是在唐代被译为米国的。米嘉荣既然自 Maymurgh 来华，所以他也按昭武各国来华国民取姓之惯例，而以米为姓。再看他的身份，据上表所列佚题刘诗之首句，米嘉荣是一个供奉，

也即任职于宫廷之内的乐人。至于他担任供奉的时间，再据佚题诗之首句，前后共历三朝。所谓三朝，主要是宪宗的元和（806—820年）与穆宗的长庆（821—824年）时代，[166]此外，可能还有敬宗的宝历（825—827年）时代。[167]在这三朝的宫廷之内，米嘉荣的技艺，正如盛唐玄宗天宝时代（742—756年）的李龟年一样，是以歌唱为专长的。这样说，米嘉荣虽然是在九世纪的前三十年之内，以一个西域乐人的身份而在唐代宫廷里担任供奉的歌唱家，但在宫廷供奉之余他结识了一些文人，譬如他与刘禹锡大概在顺宗永贞时代（805年），或者在更早的德宗贞元时代的末期（803—804年）便已相识。[168]

可是刘禹锡自从805年的十月被贬为湖南朗州的司马之后，[169]只有在元和十年（815年）的二月，奉召回到长安。[170]但是在这短暂的一个月的时间，他可能并未与米嘉荣相见。由于受到朝中大臣的排挤，又在同年的三月，不得不再度离开京城而出任广西的连州刺史。[171]到了连州之后，刘禹锡又先后在长庆元年（821年）与四年（824年）分别调任四川夔州与江西和州的刺史，[172]直到大和二年（828年），他才被调回长安担任京官。[173]从805年的九月开始计算，到828年的四月为止，刘禹锡共有二十二年又六个月的时间，不在长安。[174]就是把他与米嘉荣结识的时间，提前两年而从803年开始计算，到828年的四月，他与米嘉荣在长安重逢为止，他们结识的时间，前后也不过只有二十五年而不是三十年。这与刘诗之第二版《米嘉荣》诗里首句所说的“一别嘉荣三十载”的时间长度并不相符。不过二十五年是个零头的奇数，字数又多，不易写入诗句，因此刘禹锡才把二十五年改为易写入诗的三十年。或者他是采用自803年开始与米嘉荣相识的方法计算到828年之春，他由和州调回长安，他与这位米国歌者相识的时间，前后接近三十年。米嘉荣既在806年（元和元年）可能已任宪宗宫中的供奉，他当时的年龄应该不会太大。假设他在806年的年龄是二十三岁，倒算回去，在803年，当刘、米二人相识的那一年，米嘉荣可能只有二十岁，正是一位得意于唐代国都的青年西域艺人。但到828年，刘、米二人在长安重逢时，米嘉荣已经进入四十五岁的中年。以现存的唐代陶制胡人俑为例（图五、图六），西域人的面部常有黑色络腮大胡子。来自西域的米嘉荣的面部恐怕也不例外。在另一方面，如上述，可能从 824 年开始，当穆宗驾崩，米嘉荣已不再是宫中供奉。为了生活，他只能在长安的民间卖艺献唱。他的听众可能多半都是年轻的“后生”。由刘诗三种版本的第三句“如今时俗轻前辈”看来，后生对于年龄大的艺人的态度可能不很礼貌。为了要掩饰老态，米嘉荣只好把变白的络腮大胡染黑。以便取悦年轻听众，这就是刘诗的第四句要说“好染髭须事后生”。

在讨论了由刘禹锡的七言绝句所载米嘉荣染须的例子之后，当然应该再继续观察唐人如何把须发染黑。首先早期的晚唐诗人所引用的刘驾（823？—871？年）在他的《白髭》诗里，说：“到处逢人求至药，几回染了又成丝”。[175] 可见刘驾与米嘉荣一样，为了要他的白胡子不露痕迹，他不得不到处向人乞求药方，以便把他下颚的白胡子染黑。在生理上须发属于同类。既然有药可以染须，当然也同样的可以染发。所以晚唐诗人裴说在《寄曹松》诗中说：“鬓发犹可染，诗病却难医”。[176] 裴说的生卒年代不明，可知的是他在唐末天祐三年（906 年）的进士考试里高中状元。[177] 进士既然难考，也许裴说的黑发就是为了准备考试而变成白发的。按照这个推测，他的“鬓发犹可染”之句，或许应该视为唐代文人的第一首染发文献。几乎在同时，晚唐的另一位诗人司空图（837—908 年），也在他的诗句里说：“髭发强染三分折，弦管遥听一半悲”。[178] 白须和白发虽都染黑了，须发的本身却有三成受到折断的损伤，可见如果不是司空图的染发技术太差，必定是他的染发药的品质不好。尽管此诗的成诗年代无法考证，不过该诗却有写于 907 年之后的可能（该年唐代亡国）。按照这个推测，染发的风气，或者已由晚唐进入五代初期了。

（ii）药方

据孙思邈的记载，至少到初唐末期（或者八世纪的前年），当时已经知道可以把白须和白发都染黑的药方。不过，药方的制作既很复杂，而染发的过程因为要分两天进行，似乎也很费事。现把染发医方的制作方法与使用步骤，详述如下：

第一天的第一个步骤是先把榆树皮煮成汤。第二个步骤，用这种汤把三两胡粉与六两石灰细心调和，成为粉末。第三个步骤，先用皂荚煮一锅汤，然后用这锅汤来洗头发；当头发洗得非常洁净了，一点油腻都没有了，就把头发晒干。第四个步骤，在洗了头发的当天晚上，把已调好的胡粉与石灰粉，均匀地涂到头发上。第五个步骤，再用连接起来的桑叶先放进头巾戴到头上，整晚不能脱。到了第二天，当然又要进行不同的步骤：第一步，是先把已戴了整晚的头巾从头上拿下来。第二步，把酱与醋加以调合，然后用火热三遍。第三步，跟着要用热的酱醋混合汁来洗发，目的是把发上的胡粉与石灰粉末洗掉。第四步是用热醋把头发再洗一次。第五步，是把水与三升的生胡麻苗汁混合起来，在煮沸两次之后，加以过滤，然后用这种水洗发。最后的步骤是用“油汤”把头发再洗一遍。只要采取“胡粉方”一百日以后，白发就可以转变成黑漆一样的颜色了。不过，采用此方，每次要分成两天，每一天又至少各有五至六个步骤，可见消除白发的工作，是既耗时又费事的。

在上引的刘驾《白髭》诗里，他既说“到处逢人求至药，几回染了又成丝”，可见在相当于九世纪下半期的晚唐时代，当时的染发药方应当不止一种。其实，远在相当于七世纪之下半期的初唐时代，孙思邈就在“胡粉方”之外，[179] 提供过三种其他的染发药方。第一种是“乌梅方”，材料是先用生油渍泡乌梅，然后把乌梅油擦到头上去把白发染黑。[180] 第二种是“黑椹方”，材料是先用水把黑色的桑葚渍泡一段时间，然后用桑葚水作为染发剂而消除白发。[181] 第三种是“苇灰方”，材料是先用生麻油来调和蒲草灰或芦苇灰，在用温盐水洗过头发之后，再把这种油灰涂到头发上去。[182] 孙思邈对于“胡粉方”的记载，虽然相当详细，可是他对以乌梅、桑葚和苇灰为主要材料的其他三种染发药方的记载，却又不够详细。譬如以“乌梅方”为例，乌梅与生油的分量应该各是多少，他固然没加记载，还有所谓生油，究竟是什么油，还有油渍乌梅的时间为何，他也是没有说明的。不过为了消除白发，已有相当年纪的文人得先把自己弄成一个年轻人才喜欢装扮的油头，看来倒也有点好笑。此外，再如“黑椹方”，水的分量以及桑葚的分量，应该各为多少，孙思邈固未记载；桑葚渍水的时间应该多长，他也未加记录。假如在唐代，有人真要采用“乌梅方”或“黑椹方”来染白发，由于孙思邈对两种药方的粗陋的记载，恐怕是会使人无所适从的。

除了“胡粉方”“乌梅方”“黑椹方”与“苇灰方”等四种药方外，孙思邈又曾提供了另一个染发的药方。由于该方并无特别名种，但又以石榴作为染剂的主要材料，也许可把该方暂时称为“石榴方”。现将该方之制染，介绍如下：先把三颗石榴切成枣核那么大小（如果没有石榴，也可用石榴皮或石榴叶作为代替品），再把三升水与六升醋调和起来，然后把切好的石榴放进醋水，用火煮沸。一共要煮沸一千次，才算煮好。这时锅里已没有醋水，只有一些石榴的粉末。洗头之后，把石榴粉涂到头发上去，就可消除白发了。[183]这个染发方是专为妇女而设计的。由此看来，前述的“胡粉方”“乌梅方”“黑椹方”和“苇灰方”等四种药方，似乎应该是专为男性而设计的染发方了。

己 拔除法

与食疗、药酒、染黑与服药等四法比较，消除白发的最直接也最积极的方法，当然是拔除法。所谓拔除，顾名思义，就是把已白之发从头上拔掉。如果白发的数量不多，拔除工作的进行可以利用手指。可是如果白发太多，或者手指太粗，或者手指不够灵活，拔除工作的进行，就不适于只有手指操作而需要使用工具了。就历史性的观点而观察，镊子正是拔除白发的特殊工具。东汉时代的刘熙，对于什么是镊子，曾有“镊，摄也，摄取发也”的解释。[184]根据这个解释，可见刘熙的活动时期既在建安时期，[185]也许使用镊子来拔除白发最早时间，应该就在东汉末年的汉献帝建安时代，或者三世纪的初年。

根据“唐代白发诗人生活时代表”里所引的诗人，从李白到韦庄，都写过镊白诗，即利用镊子以拔除白发的诗篇。李白虽是盛唐的重要诗人，韦庄的时代，却不但已到唐末，而且还延长到五代的初期。大致来说，在时间上，从八世纪到十世纪初期，在地理上，从中原、齐鲁到江南，唐代文人普遍流行拔白或镊白。从民俗的立场观察，拔除白发，正如沐发或浴身，是有特定时间的。远从东晋的陆机开始，[186]再经过萧梁的陶弘景，[187]他们都曾对民间的拔白时日，做过详细的记录。此后，孙思邈[188]、王焘[189]以及韩休[190]，都曾对初唐、盛唐与晚唐时期的民俗拔白时日，分别做了记录。现把以上五家的说录综合为“晋唐之间民俗拔白时间表”，并将该表附列如下：

表十七　晋唐之间民俗拔白时间表

记录者 日期 月份	陆机	陶弘景	孙思邈	王焘	韩休	备　　注
一月	4	4	4	4	4*	*除此日外，又可于本月之甲子日拔白。
二月	8	8	8	8	8	
三月	13	11	12	12*	13	*十二日，一作十三日。
四月	16	16	16	16	16	
五月	20	20	20	20	20	
六月	24	24	24	24	24*	*除此日外，又可于十九日拔白。
七月	28	28	28	28	28	
八月	19	19	19	19		
九月	25	16	25*	15		*二十五日，一作十五日。
十月	10	13	10	10	10	
十一月	11	10	10	10	10	
十二月	7	7	10	10	7	

根据上表，陆、陶、孙、王、韩等五家所记拔除白发的日期大致相同，主要的差异只有两点：（一）三月、九月与十月的拔白日，据陶弘景的记载，各为十一日、十六日与十三日。这三个日期，在其他四家的记录之中，都未采用。（二）到了唐代拔白的日期，才在时间上，开始与前代的记录，发生较大的异点，譬如九月的拔白日，据孙、王家的记录，都是十五日，而在唐以前，拔白的日期，却不是十六日，就是二十五日。再如一月与六月的拔白日，各家的记录，都是四日与二十四日，但据唐末韩休的记录，一月的甲子日与六月十九日，在民俗上也都可以拔白。

至于唐人的拔白，为什么要有特定日期呢？在民间，拔白是有一种民俗解释的。根据韩休，在特定的时间拔白，是由于可以利用道教的神仙观，得到心理上的安慰，譬如元月四日、五月二十日都是所谓的“神仙拔白日”。在此二日拔白，可使白发永不再生。原有白发的人，既然再无白发，也就看来有如神仙了。此外，二月八日，则为所谓的“神仙良日”。“故宜拔白”。除此之外，像六月十九日或二十四日、七月二十八日、八月十九日、十月十日、十一月十日或十一日，以及十二月七日拔白，据说也都可以得到永不再生的效果。也许这几天也都是所谓的

“神仙良日”或“神仙拔白日”吧！至于在四月十六日拔白，虽不能达到永不再生白发的最大效果，据说是“可生黑发”的。在生活上，用一头白发换取满头黑发，如与永远不生白发的奢望相比，是比较实际的。四月十六日虽与“神仙良日”和“神仙拔白日”都无关，不过在此日拔白，既能使黑发重生，对于白发文人而言，于愿已足，当然这又是一种心理上的自我安慰了。

注释

1 《论语·泰伯》篇：“曾子曰：可以托六尺之孤，可以寄百里之命。”
2 《孟子·滕文公》上：“虽使五尺之童适市，莫之或欺。”
3 《晋书》卷八十八，《李密传》：“外无期功强近之亲，内无应门五尺之童。”《新唐书》卷二〇二，《萧颖士传》所附《柳并传》：“闻萧氏风者，五尺童子羞称曹、陆。”
4 《代李敬业传檄天下文》，见骆宾王《骆临海集》（1972 年，香港：中华书局出版，陈熙晋笺注标本），第 329—338 页。又见《全唐文》（1990 年，上海：上海古籍出版缩印清嘉庆十九年原版本）卷一九九，第 886 页。
5 周代尺度，见吴承洛《中国度量衡史》（1984 年，上海：上海书店），第 130 页。
6 战国尺度，见矩斋《古尺考》，载于《文物参考资料》，1957 年，第三期，第 25—28 页。
7 隋代开皇时期的大、中、小三种尺度折合今制之厘米，见上引吴承洛《中国度量衡史》，第 192—193 页。另见郭正中《三至十四世纪中国的权衡度量》（1993 年，北京：中国社会科学出版社），第 233 页，表 3—2。
8 同上注。
9 唐代尺度，据郭正中《三至十四世纪中国的权衡度量》，第 235 页：“唐代同时行用大小两尺，小尺用于礼乐、天文和医药方面，大尺为日常用尺。”第 245 页：“大尺长约 29.5 至 29.6 厘米左右。”
10 《旧唐书》卷一〇九，《程千里传》，第 3297—3300 页。
11 同上注，卷一三四，《马燧传》，第 3689—3701 页。
12 同上注，卷一四一，《张孝思传》，第 3854—3858 页。
13 同上注，卷一七六，《杨慎矜传》，第 3228 页。
14 刘邦身高的记录，见《史记》卷八，《高祖纪》，第 343 页。
15 刘秀身高的记录，见《后汉书》卷一上，《光武帝纪》，第 1 页。
16 刘备身高的记录，见《三国志》卷三十二，《先主传》，第 871 页。
17 刘裕身高的记录，见《宋书》卷一，《武帝纪》上，第 1 页。
18 刘义隆身高的记录，见同上书，卷五，《文帝纪》，第 71 页。
19 萧道成身高的记录，见《南史》卷四，《齐高帝纪》，第 97 页。
20 陈霸先身高的记录，见《陈书》卷一，《高祖纪》上，第 1 页。
21 陈顼身高的记录，同上书，卷五，《宣帝纪》，第 75 页。
22 拓跋什翼犍身高的记录，见《北史》，《昭成帝纪》，第 7 页。

23 高演身高的记录，见《北齐书》卷六，《孝昭帝纪》，第 84 页；又《北史》卷七，《孝昭帝纪》，第 271 页。

24 宇文泰身高的记录，见《北周》卷一，《文帝纪》，第 2 页；又《北史》卷九，《周太祖纪》，第 312 页。

25 秦尺每尺之尺度，见郭正中，前引书，第 231 页。

26 同注 9 引《三至十四世纪中国的权衡度量》，第 231 页，表 3—1。

27 同上注，第 232 页，表 3—2。

28 同上注。

29 同上注。

30 同上注，第 233 页，表 3　2。

31 同上注。

32 同上注。

33 穆宗风眩，见《新唐书》卷一七三，《裴度传》，第 5215 页。

34 宣宗长年服药，见同上书，卷一一四，《崔慎由传》，第 4199 页。

35 文宗“不得语”与顺宗“害语言”，分见同上书，卷一六五，《郑絪传》，第 5074 页；又同上书，卷一八〇，《李德裕传》，第 5333 页。

36 “马上得国”之语，见《唐语林》（1987 年，北京：中华书局排印标点本，周勋初校证）卷一，第 34 页。

37 此条引文，原见《旧唐书》卷六，《则天纪》，第 115 页。

38 秦鸣鹤施针事，见《旧唐书》卷五，《高宗纪》下，第 111 页。当秦鸣鹤奏议在百会穴上施针放血，武则天认为“在人主首刺血”，“可斩”。所以这项奏议是冒着生命危险的大胆之举。此事除见《旧唐书》外，又见《大唐新语》卷九，《谀佞第二十一》，第 141 页。此书既著于唐宪宗元和二年（807 年，丁亥），而《旧唐书》则至后晋出帝开运二年（945 年）方始修成，故《旧唐书》于《高宗纪》内所记秦鸣鹤施针放血以治李治之疾的资料来源，似乎应该采自百年之前业已撰就之《大唐新语》。秦鸣鹤在向高宗建议要在他的百会穴上施针放血时，武则天已经说“此人可斩”。后来高宗既说“吾眼明矣”，表示病患已去。如果秦鸣鹤在施针放血之后，高宗的病况没有改进，他必将为武则天所斩。所以秦鸣鹤建议施针放血，实是以生命为赌注的一种大胆的建议。

39 据《大唐新语》与《旧唐书》，李治在秦鸣鹤施针之后，只说“吾眼明矣”，而没提到他的眩晕症与头重病，是否也同时消除。

40 李诵因风疾而不能言，见《旧唐书》卷十四，《顺宗纪》，第 405 页。

41 德宗病逝，见上引，卷十三，《顺宗纪》，第 400 页。

42 引文见上注，卷十四，《顺宗纪》，第 409 页。

43 贞元改永贞，见同上，卷十四，《顺宗纪》，第 409 页。

44 李恒在长庆二年十一月因打马球而“风眩就床”，见同上，卷十六，《穆宗纪》，第 501 页。

45 李恒在长庆三年元旦“昏翳竟日”，见同上，卷十六，《穆宗纪》，第 502 页。

46 文宗“暴感风，害语言”的记录，见《新唐书》卷一八〇，《李德裕传》，第 5333 页。

47 文宗从大和七年十二月到八年元月不适，见《旧唐书》卷十七下，《文宗纪下》，第 552—553 页。

48 文宗驾崩，见同上，卷十七下，《文宗纪》下，第 579 页。

49 武宗喜服食与亲受法箓，见同上，卷十八上，《武宗纪》，第 610 页。

50 甚至还可联想唐太宗之病逝，是否由于服食了那罗迩娑婆所修炼的丹药而促成，也不无可疑之处，因为太宗是在贞观二十三年（649 年）五月突然驾崩的。

51 药性发作的原文是“药躁”，见《旧唐书》卷十八上，《武宗纪》，第 610 页。“药躁”指因药性发作而产生的性情上的急躁（甚至暴躁）。

52 喜怒无常与口不能言，见上引。

53 口渴是服食者常有的现象。晋皇甫谧曾经列举服食诸石之后之十忌，其中一忌即“忌忍渴”，详见《医心方》卷十九，《服食禁忌篇》。晋人皇甫谧曾经列举服食石散之后的十忌，第一忌是嗔怒，第二忌是愁忧，第三忌是哭泣［原书未见，此据余嘉锡《寒食散考》，第 219 页所引转引余文见《余嘉锡论学杂着》（1963 年，北京：中华书局排印初版），第 181—226 页。］武宗服食石散之后，虽未愁忧与哭泣，不过他的喜怒无常似已包括嗔怒，这正是一种病态。

54 “月余不能视朝”，见《旧唐书》卷十八下，《宣宗纪》，第 644 页。

55 嵇康身高的记录，见《晋书》卷四十九，《嵇康传》，第 1369 页。

56 陆机身高的记录，见上引，卷五十四，《陆机传》，第 1467 页。

57 赵至身高的记录，见上引，卷九十二，《文苑传》内《赵至传》，第 2379 页。

58 萧子显身高的记录，见《梁书》卷三十五，《萧子显传》，第 511 页。

59 陶弘景身高的记录，见上引，卷五十一，《陶弘景传》，第 742 页。

60 徐遵明身高的记录，见《魏书》卷八十四，《徐遵明传》，第 1855 页。

61 冯伟身高的记录，见《北齐书》卷四十四，《冯伟传》，第 587 页。

62 庾信身高的记录，见《周书》卷四十一，《庾信传》，第 733 页。

63 同注 60。

64 《三至十四世纪中国的权衡度量》，第 233 页，表 3—2。

65 刘义庆之语，见《世说新语》（1987 年，香港：中华书局排印，徐震堮标点校笺本），《容止》篇，第 335 页。

66 薛能在会昌六年（846 年）进士中举事，见《唐诗纪事》卷六〇，第 619 页。

67 “过夏”之名，见《唐摭言》，第 3—4 页，《述进士下篇》。其文云：“不捷，……退而肄业，谓之过夏。”

68 张籍“我方沉病缠”句，见上引，卷三八三，《病中寄白学士拾遗》，第 4300 页。

69 孟郊“养疴念余生”句，同上，卷三七四，《西斋养病，夜怀多感》，第 4205 页。

70 皮日休的诗题是《奉酬鲁望惜春见寄》，见上引，卷六一三，第 7072 页。

71 白居易的《病中作》，在诗题下有一个由三个字写成的小注，注文云：“年十八”。诗见《全唐诗》卷四三六，第 4836 页。

72 杜甫在他五十岁的时候，写成《百忧集行》。诗中回忆：“忆年十五心尚孩，健如黄犊走复来。健前八月梨枣熟，一日上树能千回。”诗见同上，卷二一九，第 2308 页。

73 “白发三千丈”是李白所作《秋浦歌》十七首的第十五首。全文见同上，卷一六七，第 1724 页。

74 参阅张秉权：《杜甫的体格与思想》（上），见《大陆杂志》第十三卷，第三期，第 16 页。

75 同上注。

76 杜甫的诗题是《小寒食舟中作》见《全唐诗》卷二三三，第 2577 页；张籍的诗题是《患眼》，见同上，卷三八六，第 4351 页；白居易的诗题是《眼病二首》，见同上，卷四四七，第 5030 页。

77 刘禹锡的诗题是《赠眼医婆罗门僧》，见同上，卷三五七，第 4028 页。

78 《外台秘要》（1976 年，台北：“中国医药研究所”影印明崇祯刊本），第 562—583 页。

79 鉴真失明事，见真人元开《过海大师东征传》（1932 年，京都：唐招提寺藏版），第 20 页。

80 白居易的诗见注 76；刘禹锡的诗见注 77。

81 白居易“飞绝垂珠，在眸子中，动以万数”之语，见《与元九书》，文载于《白居易集》卷四十五，第 962 页。

82 引文见《外台秘要》卷二十一，第 562—563 页。

83 《礼记》（1989 年，北京：中华书局标点排印，孙希旦集解本）卷二十七，《内则》，第 735 页。

84 《仪礼注疏》（1999 年，北京：中华书局）卷八，第 44 页。

85 《仪礼集解》（1989 年，北京：北京大学出版社），第 1 页。

86 杜诗见《杜诗详注》（1980 年，台北：里仁书局影印原中华书局排印本）卷十四，第 1220 页。

87 白诗见《白居易集》（1979 年，北京：中华书局出版顾学校点本）卷一〇，第 205 页。

88 《沐浴》诗，见上引，卷一〇，第 1940 页。

89 《早梳头》诗，见上引，卷九，第 172 页。

90 此见白居易《适意》诗，见上引，卷六，第 111 页。

91 同上注。

92 《屏迹》诗见《杜诗详注》卷一〇，第 883 页。

93 引文见《嵇康集》（1978 年，台北：河洛出版社影戴明说注本）卷二，《与山巨源绝交书》，第 117 页。

94 自汉至晋的男子经常戴巾，详见周汛，高春明合著，《扎巾的风习》，《中国古代服饰风俗》（1989 年，台北：文津出版社排印标点本），第 74—78 页。

95 《四时纂要》（1979 年，北京：农业出版社）是根据 1961 年日本山本书局影印明万历十八年（1590 年）朝鲜重刻本而完成的校释本，校释者为缪启愉。

96 见《佛说温室洗浴众僧经》，载于《大正新修大藏经》第十六册，卷七〇一，（东京：大正一切经行刊会），第 1924—1932 页。

97 安世高或来自安息，即帕提亚（Parthia）。据张星烺《中西交通史汇编》（1984 年，台北：世界书局）第四册，第 38—39 页，其国于东汉章宗章和元年及次年（87—88 年）以及和帝永元十三年（101 年）均曾遣使来华入贡。当时使臣与安世高来华之路线不明，据汤用彤之推测，应经过西域诸国，详见《汉魏两晋南北朝佛教史》（1997 年，北京：北京大学出版社），第 43 页。

98 见慧皎《高僧传》（1992 年，北京：中华书局）卷一，第 7 页，《安清传》所引道安《经录》。

99 见许国祯《御药院方》（1983 年，北京：中医古籍出版社），《陈希夷刷牙药》，第 659 页。

100 皂角的品质分三类，见唐人苏恭《唐本草》。

101 皂角的这些药性，见明人李时珍《本草纲目》（1995 年，香港：商务印书馆），卷三十五，第 35—37 页。

102 同上注，卷三十五，第 26 页。

103 生姜可以治疗这三种口病，见上引，卷二十六，第 75 页。

104 关于升麻的这两种医疗功能，见上引，卷八十三，第 52 页。

105 关于地黄的两种医疗功能，见上引，卷十三，第 74 页。

106 细辛可治口舌生疮，见上引，卷十三，第 70 页。

107 旋覆的医疗功能，见上引，卷十六，第 121—122 页。

108 海鹞鱼可治齿痛，见上引，卷四十四，第 125 页。

109 食盐，见上引，卷十一，第 37—41 页。

110 白芷，见上引，卷十四，第 11—14 页。

111 藁本，见上引，卷十四，第10—11页。
112 寒水石，见《本草纲目》卷十一，第45—46页。
113 李密侍祖母事，见《晋书》卷八八，《李密传》，第2274页。
114 郭世通不释衣帕事，见《南史》卷七三，《孝义传》上，第1800页。
115 郭原平衣不解带事，见上引，第1801页。
116 引文同上注。
117 窦抗衣不解带事，见《旧唐书》卷六十一，《窦威传》附《窦抗传》，第2368页。
118 程袁师衣不解带事，见《新唐书》卷一九五，《孝友传》，第5580页。
119 王焘衣不解带事，见《新唐书》卷九十八，《王畦传》附《王焘传》，第3890页。
120 据《新唐书》卷一六九，《韦贯之传》附《韦温传》，第5157—5158页，韦温曾被任监史，"不拜"（未履任），"换著作郎"。据《唐六典》卷十三，第381页，监察御史，秩正八品上，同书，卷一〇，第301页，著作郎，秩从五品上。
121 韦温，衣不弛带事，见同上《新唐书》卷一六九，第5158页。
122 同上注。
123 同上注，第5159页。
124 同上注，卷一九七，第5621页，《李素立传》附《李岩传》，"岩年十余岁，会中宗祀明堂，……授右宗卫兵曹参军"。再据《旧唐书》卷四，第107页及《新唐书》卷七，《中宗纪》，第140页，中宗祀明堂，在神龙元年（705年）九月。故李岩得授兵曹参军，当在神龙元年九月。复据《唐六典》卷三〇，第742页，兵曹参军为京兆、河南、太原三府官吏，秩正七品下。
125 李岩任此二职时间的推定，见《唐仆尚丞郎表》（一），第126、260页。
126 《新唐书》卷一九七，第5621页，《李素立传》附《李岩传》，"岩善草棣，为参军时制一裘，服终身。"
127 钱起的生卒年代，现有二说，一为710？—782？年，说见前引《中国文学家大辞典》之《唐代五卷》，第633页，贾晋华所撰《钱起》条，一为722？—785？年，说见蒋寅《大历诗人研究》上编（1995年，北京：中华书局排印本），第176页。
128 钱起《送裴頔侍御使蜀》诗，见《全唐诗》卷二三九，第2669页。
129 王维《叹白发》诗，见上引，卷一二八，第1308页，又见下列"唐代白发诗人生活时代表"。
130 白居易《白发》诗，见《全唐诗》卷四三二，第4775页。据《白居易集》（1979年，北京：中华书局出版顾学颉校点本）所附《白居易年谱简编》，第1603页，《白发》诗作于元和六年（811年）。
131 金銮子夭折的年代，亦见上引。
132 李白此诗之诗题为《赠孟浩然》。诗之首联云："吾爱孟夫子，风流天下闻"。诗文详见《全唐诗》卷一六八，第1731页。据安旗主编《李白全集编年注释》（1990年，成都：巴蜀出版标点排印本），第319页，此诗成于开元二十六年（738年），其时李白三十六岁。再据王辉斌《孟浩然年谱》（见《荆门大学学报》1987年第二期及1988年第一期）开元二十六年，孟浩然五十岁。孟浩然既年长李白十四岁，所以李白要以"夫子"的尊称来称呼孟浩然。
133 唐代的中央与地方官员在官秩上，都分为九品（也即九等）。一至三品的大员，穿紫色官袍，四品官员穿深红色官袍、五品官员穿浅红色官袍、六品官员穿深绿色官袍、七品官员穿浅绿色官袍、八九品官员穿深蓝与浅蓝色官袍。于良史说他入仕三十年，依然穿绿袍，可见他职位的品级，应该不是六品就是七品，当时如果不是中级的官员，就是低级的官员。
134 关于"生徒"的记载，见《新唐书》卷四四，《选举志》上，第1159—1161页。

135 详见《旧唐书》卷四二,《职官志》一，第 1805 页;《新唐书》卷四五,《选举志》下，第 1172—1173 页。

136 武科考试在唐代，未称“武举”，详见《通典》卷一五,《选举志》三，第 354—355 页;《新唐书》卷四四,《选举志》上，第 1171—1172 页。

137《通典》卷一五,《选举典》三，第 357 页：“其进士，大抵千人得第者百一二，明经倍之；得第者十一二。”既然进士中举的机率是百分之一到百分之二，而明经中举的机率是十分之一到十分之二，所以《通典》所说明经中举的机率一倍于进士中举的机率，应该改为十倍于进士中举的机率才符合事实。由这项记载，也可看出在唐代的科举考试之中，明经易考而进士难考的实况。

138 此谚之记载，见《唐摭言》卷一,《散序进士条》，第 4 页。

139 编号 S.76 的《食疗本草》残卷，曾经重新排印于《敦煌医粹》，第 215—244 页。

140 吃覆盆子这一条，见上引，第 236—237 页。又见谢海洲等四人辑《食疗本草》(1984 年，北京：人民卫生出版社)，第 36 页。

141 吃胡桃这一条，见《敦煌医粹》，第 218 页，又见《食疗本草》，第 53 页。

142 吃羊屎这一条，不见《敦煌医粹》，但见《食疗本草》，第 60 页。

143 孙思邈对于地黄酒的制作及其功效的记载，见《千金翼方》(1990 年，台北：“中国医药研究所”) 卷十二，第 143 页。

144 孙思邈对于马灌酒的记载，见《千金要方》(1990 年，台北：“中国医药研究所”) 卷八，第 159 页,《诸风》部分。

145 整个的姜抚事件，见《新唐书》卷二〇四,《方伎传》内之《姜抚传》，第 5811 页。

146 唐代以六十岁为老，见《旧唐书》卷四八,《食货志》上，第 2088 页。

147 宋任吏部尚书，侍中，事见《旧唐书》卷九六,《宋璟传》，第 3032 页，任右相事，见第 3035 页。

148 陆任刑部尚书及太子少保事，见《旧唐书》卷八八,《陆象先传》，第 3876 页。

149 卢任东都留守及刑部尚书事，见《旧唐书》卷一〇〇,《卢从愿传》，第 3127 页。

150 张说之任职，见《新唐书》卷六二,《宰相表》中，第 1686—1687 页。

151 王晙之任职，见上引，第 1686 页。

152 宋璟致仕，见《旧唐书》卷九六,《宋璟传》，第 3035 页。

153 宋璟的住宅，位于洛阳明教坊，见《唐两京城坊考》卷五，第 147 页。

154 宋璟在“路左迎谒”事，见《旧唐书》卷九六，第 3036 页。

155 玄宗“遣使送药饵”，见上引，卷九六，第 3036 页。

156 卢以吏部尚书致仕，见上引，卷一〇〇，第 3125 页。

157 卢从愿在洛阳的住宅，位于宣教坊，见《唐两京城坊考》，卷五，第 159 页。

158 张任中书令，见《新唐书》卷六二,《宰相表》中，第 1686 页。

159 萧任中书令，见同上，卷六二,《宰相表》中，第 1688 页。

160 萧、韩争相，萧败而韩胜事，见《旧唐书》卷九九,《萧嵩传》，第 3095 页。

161 白芷方，见《千金要方》卷十三，第 248 页，又见《千金翼方》卷五，第 71 页。

162 乌麻方，见上引。

163 瓜子散，见《千金翼方》卷五，第 71 页。

164 在《千金翼方》里，孙思邈共以四卷的篇幅讨论妇科。第一卷是概论，其他三卷则专门讨论产后疾病。瓜子散的药方，见于妇科的第一卷，所以应该是专为早生白发的妇女而设计的药方。

165 醋膏的制作，见《千金翼方》卷五，第 71 页。不过要涂多少次，才能重生黑发，孙思邈并无记录。

166 米嘉荣在元和时代善歌，见《太平广记》（1961 年，北京：中华书局）卷二〇四，第 1551 页，《米嘉荣》条所引《卢氏杂说》，他在长庆时代继续善歌，见《乐府杂录》之《歌》条（1936 年，上海：上海商务印书馆），第 19 页。

167 这是臆测。只有从 803 年开始计算，到 828 年为止，才能凑足接近三十年的二十七年。至于为何一定要接近三十年，详见下文之讨论。

168 关于刘、米二人结识，张逢人《刘禹锡年谱》（1977 年，台北：商务印书馆排印本），以及卞孝萱《刘禹锡年谱》（1963 年，北京：中华书局排印本），皆无所述。但日本学者桑原骘藏（1870—1931 年）则早于 1926 年，在其《隋唐时代西域人华化考》一文之中记“米嘉荣与诗人刘禹锡同时代，又系知友”，此据何健民之中文译本，译文载武汉大学《文哲季刊》第五卷，第二至第四号。二人是否知友，不能深考，不过刘禹锡对于米嘉荣的歌唱，非常欣慕，却是事实。

169 任朗州司马事，见《旧唐书》卷一六〇，第 4210 页。

170 奉召还京事，见上引，卷一六〇，第 4211 页。

171 任连州刺史事，见上引，卷一六〇，第 4211 页。任职时间，自元和十年至十四年（815—819 年），详见《唐刺史考》，第十二编，第 2401 页。

172 任夔州刺史事，据卞孝萱《刘禹锡年谱》，第 103 页。任职时间，自长庆二年至四年（822—824 年），详见《唐刺史考》，第十二编，第 2401 页。调任和州刺史事，见同谱，第 116 页。任职时间，自长庆四年至大和二年（822—824 年），详见《唐刺史考》，第八编，第 1507 页。

173 自和州调还长安事，见《旧唐书》卷一六〇，第 4211 页。所任职为主客郎中。

174 刘禹锡自己在《与歌者何戡》诗的首句也说：“二十余年别京师”。诗见《全唐诗》卷三六五，第 4118 页。

175 刘驾《白髭》诗，见上引，卷五八五，第 6786 页。

176 裴说《寄曹松》诗，见上引，卷七二〇，第 8261 页。

177 裴说高中状元事，见《中国文学家大辞典》之《唐五代卷》，第 801 页。

178 司空图诗，诗见《全唐诗》卷六三二，《五十》，第 7249—7250 页。

179 胡粉方，见《千金要方》卷一三，第 250 页。

180 乌梅方，见上引。

181 黑椹方，见上引。

182 苇灰方，见上引。

183 见《千金翼方》卷五，《妇人》，第 71 页。在材料方面，如果用石榴叶或石榴皮作为石榴的代替品，功效是否稍差，孙思邈并无记载。

184 见《释名》卷五，第 22 页，《释首饰》。

185 关于刘熙活动时代的讨论，见徐芳敏《释名研究》（1989 年，台北：台湾大学出版委员会），《作者生平》，第 2 页。

186 关于陆机对拔白日期的记载，见《太平圣惠方》卷四一，《拔白令髭鬓生黑良日》条，第 39—40 页。

187 关于陶弘景对拔白日期的记载，见上引，卷一八，第 673 页。

188 关于孙思邈对拔白日期的记载，见《千金要方》卷十三，第 249—250 页。

189 关于王焘对拔白日期的记载，见《外台秘要》卷十八，第 673 页。

190 关于韩休对拔白日期的记载，分见《四时纂要》（缪启愉校释本）卷一，第 18 页；卷二，第 29 页；卷四，第 113、129、151、170、193 页；卷五，第 222、237、243 页。

图一 《唐太宗立像》
“台北故宫博物院”藏

图二 皂角

图三 猪牙皂角

图四 槐角

图五　唐代彩绘带兽骑马俑
陕西省博物馆藏

图六　唐代胡人头像
陕西省博物馆藏

隋唐时代的医疗机构

（一）隋代的医疗制度

1. 天子的医疗制度

隋代天子的医疗工作，是由门下省与太常寺两个机构分别署理的。

甲　门下省的医疗工作

隋代的门下省，分统城门、尚食、尚药、符玺、御府与殿内六局。尚食与尚药二局的主管都称为典御。在这个主管之下，尚食与尚药二局各有直长四人。其实在门下省所属的其他四局之中，每局也都各有直长四人。[1]看来直长是六局都有的常设职位。在字义上，“直”“值”二字大致可以互训，[2]因此直长似可视为值长。也许设立这个常备职位的目的，是使六局每日都能各有一个值班的官员。

从汉代以来，我国的医学就很重视食医，[3]也就是以日常的饮食来推进对于人体的医疗效果。隋代的医学著作更对医疗里的食疗，提出在汉代还不知道的新疗法。[4]隋代尚食局里的“食医”，虽然在职称上带有一个医字，但他的任务，应该正是主理天子食疗的工作。如果这项推测无误，“食医”应该只是隋代天子的食疗医务人员，而不是专科性临床诊治的医务人员。

另一方面，在尚药局里，除了典御二人与直长四人，在编制上，又有侍御医四人与医师四十人。[5]显而易见，尚药局的编制比尚食局的编制要庞大得多。“侍御医”的人数与尚食局里的“食医”的人数是相等的。为天子的病况而临床诊治，需要四名御医，这个人数并不算多。可以想见，这四名御医既可分别单独处理天子比较简单的病况，不过当他的病况比较严重的时候，这四位医生可能也会联合起来，集思广益地为天子而会诊。至于那四十名“医师”，用现代医院的常例来判断，可能并不是真正的医生而只是一批实习医生而已。在目前，正式医生的专业称呼是医师。可是在隋代，“医师”却不是正式的医生而只是实习医生。易言之，隋代的医生与现代的医生在称呼上并不一样。如不加以说明而作简要的区分，隋代与现代的医师这个名词，在身份上恐怕是有点混淆的。“侍御医”既要在必要时为天子临床诊治，又要在平时为那四十名实习医生讲授医术，可见尚药局里的四位“侍御医”的工作要比尚食局里的四位“食医”的工作，繁重得多。由此也可看出来，尚食局只负责天子的食疗工作，而没有教学任务；可是尚药局既要为天子临床诊治，还要兼负医学的教学工作。这两局虽然都属于门下省，彼此的工作量与工作性质是完全不相等的。

乙　太常寺的医疗工作

隋代的太常寺分统郊社、太庙、诸陵、太祝、衣冠、太乐、清商、鼓吹、太医、太卜和廪牺十一署。局与署的地位是否相等，暂不讨论。在编制上，太常寺统辖十一署，比只统辖六局的门下省，几乎大了一倍，是可见的。这十一署的主管都称为令，副主管都称为丞，其中九署的主管与副主管的人数都是一人。只有太乐署与太医署，因为工作人员太多，所以各有令二人。[6] 我国的行政传统，官秩相同，职位也相等的行政单位之主管，自周代以来，就常分左右二部。[7] 太医署的二位主管，可能本来应该分别被称为太医左令与太医右令，只是史书上并没有这样清楚地加以记录而已。

左右太医令的部属，共有七种医务人员，兹列其职称与人数如下：[8]

（1）主药，二人

（2）药园师，二人

（3）医博士，二人

（4）医助教，二人

（5）医师，二百人

（6）按摩博士，二人

（7）祝禁博士，二人

再把这些医务人员的工作性质，简介如下：药园师，从书面上看，既要在药园里负责药材的采集，对于药材的种类与药性当然必须具有充分的认识。所以隋代的药园师，用现代的观念来对照，应该是天子之医疗人员里的药剂师。医博士、按摩博士，以及祝禁博士等三种博士都是教官，不过每一种教官所负责教学的科目都不同。所谓医，涵义很广，大致而言，医指可以代表所有医术的一般内科。按摩，大致相当于现代的健康体操和物理治疗法，此外，这种体操疗法可能多少也带有一点复健的性质。由于文献上对于隋代祝禁没有明确的记载，隋代祝禁的方式和内容究竟是什么，似乎已经难知其详。然而文献中对于唐代的祝禁还有相当的记录。[9] 利用这些记录来推测，由于隋唐之间的时间距离不大，隋唐两代的祝禁应该相当接近。就内容和方式而言，基本上，祝禁是以咒术来清除人体邪气的一种特殊工作。在与太医署同属于太常寺的十一个机构之中，有一个太卜署。该署设有男女巫师各一人，[10] 巫师的职掌是以巫法占卜国家大事。巫师既不属太医署，可见为天子诊治病况的祝禁之术非巫术。以现代的科学的眼光来观察，祝禁的内容和方式已经超出了医疗的范畴。不过讨论一种以前的医疗，面对史实，当然要避免这种主观性的评论。在说明了医科（内科）、按摩科和祝禁科的性质之后，不难理解医科博士的（或者内科的）教学工作，要比按摩博士与祝禁博士的教学工作繁重得多。正因为医科博士的教学工作量过重，所以在太医署的编制里，在他的名下，设有助教二名。顾名思义，助教是要帮助医博士去推展教学的。按摩博士与祝禁博士的教学内容既然比较简单，工作量也比较轻，所以他们的教学要完全自负全责，在太医署的编制里，这两位博士是没有助教的。

在药园师、医博士、按摩博士与祝禁博士之外，太医署还有二百名“医师”。为仅有的一位天子做医疗工作，从任何角度去观察，不会同时需要两百位医生。而三位博士与两名助教既要负责教学，当然会有一批学生。因此，太医署里的两百名医师，可能事实上，只是两百名实习医生。介绍到这里，太医署里的医务人员之中，唯一没有提到的，就只有“主药”了。药园师既是药剂师，三位博士分别是内科、按摩科与祝禁科的教官，而两百位“医师”又只是一批实习医生，而“主药”职位的排名，又列于上述所有的医务人员之上，似乎可以看出来，他应该是对药剂、内科、按摩和祝禁具有全面性了解的资深医疗人员。根据这个推想，“主药”可能是隋代天子的主治医生。

综合以上的分析，隋代天子的医疗工作，是由三个单位共同负责的：尚食局负责天子的食疗，为他日常的饮食，从医学的立场，作特别的调整。尚药局的“侍御医”和太医署的“主药”，分别为他的健康负起临床性医疗工作的重责（只是由于资料的缺乏，尚药局与太医署的医疗工作，在性质上如何划分，似乎难知）。除了临床性的医疗工作，尚药局的“侍御医”与太医署的“主药”在不需要为天子做临床诊治的时候，还要兼负医学教学的任务。不过无论是“侍御医”对尚药局里四十名实习医生的教学，还是“主药”对太医署里的二百名实习医生的教学，都要以天子的病况或病历为教材，未免有点不可思议。

2. 太子的医疗制度

正如同天子的医疗工作属于门下省，在隋代，太子的医疗工作是由太子府之门下坊来负责的。门下省既分统尚食与尚药等六局，门下坊也分统典膳与药藏等六局。从字面上看，门下坊里的典膳局与药藏局，似乎与门下省里的尚食局和尚药局地位相等，只是这四局的称呼并不相同而已。尚食局与尚药局分别负责天子的食疗与医疗工作，已如上述。可是在文献中，典膳局与药藏局与尚食局和尚药局的编制并不一致，工作性质也并非完全相等。在药藏局里，设有侍医二人。这两人的工作当然是负责太子的医疗事宜。不过为太子进行医疗，是否也要像为天子进行医疗工作一样的分成内科、按摩与祝禁等三方面来分别进行，文献上是毫无记载的。但用常理来推测，太子的医疗工作，应该不会超出这三方面。至于典膳局的编制，除了正主管（监）与副主管（丞）各二人，并没有其他人员。[11] 看来典膳局的监与丞似乎只负责太子的日常饮食，而不负责太子的食疗。如果把文献记载转变为历史人物，当杨广是太子时，他可能每天会有很丰富的饮食，不过这些饮食可能并不带有医疗的作用。可是当他承继了其父隋文帝（杨坚）的帝位而成为隋炀帝之后，他就既有“侍御医”或“主药”为他负责医疗工作，又有“食医”为他负责食疗工作了。在传统社会，天子的重要性要比太子大得多。在这个形势，从政治地位上看固然最明显，甚至换一个角度，就是从医疗待遇上观察，这个形势，仍然是没有变化的。

3. 民间的医疗制度

在隋代，民间的医疗情况究竟如何？文献上是一片空白。所以在这一小节，似乎没有资料可以介绍。不过由官方所训练的实习医生（尚药局负责训练四十名，太医署负责训练二百名），在卒业之后，除了可以被任命为助教之外，宫廷之中既不需要同时留下那么多医生，这些原被称为“医师”的实习医生，可能会离开宫廷，走入民间，肩负起在民间行医的任务。如果事实的确如此，民间的医疗工作应与宫廷的（天子或太子）医疗工作，出于同一系统。药材的来源是除了向原产地采购，还可以自己辟园栽种，医疗的方式则分为内科、按摩和祝禁三种。

（二）唐代的医疗制度

1. 天子的医疗制度

唐代天子的医疗制度，沿袭了隋代的医疗制度，也是由门下省与太常寺两个机构分别署理的。

甲　门下省的医疗工作

唐代的门下省，分统尚食、尚药、尚衣、尚舍等局。[12] 尚药局，是负责给唐代天子做医疗诊治的一个单位。此局虽然在唐代立国之后，根据隋代宫廷制度，沿袭了同样的名称，但从唐高宗龙朔二年（662年）起，改称奉医局。[13] 从此之后，尚药局的旧名就不再使用，而奉医局的新名也就一直延续下去，以迄唐亡。至于唐代的尚食局虽然在名称上，也沿袭了隋代旧名，不过到龙朔二年，也改名为奉膳局，以后一直沿用到唐亡。从时间上看，尚药局这个旧称，从唐高祖武德元年至唐高宗龙朔元年（618—661年），前后使用四十四年；但奉医局与奉膳局这两个新名，从高宗龙朔二年到唐哀帝天祐三年（662—906年），一共使用了二百四十五年。

奉医局虽在唐代立国以后的前四十四年，承继隋代宫廷中尚药局之旧名，可是唐代尚药局的人员编制，从武德时代（618—626年）开始，就与隋代尚药局的编制，颇不相同。兹把隋唐两代尚食局与尚药局的编制人员及其职称，分别列表如下：

表一　隋代尚食局与尚药局之编制表

尚食局职称	人数	起讫时间	尚药局职称	人数	起讫时间
典御	二人	581—618年	典御	二人	?—617年
直长	四人		直长	四人	
食医	四人		侍御医	四人	
			医师	四十人	

表二　唐代尚食局与奉膳局之编制表

尚食局职称	人数	起讫时间	品　秩	奉膳局职称	人数	起讫时间	备　注
奉御	二人	618—662年	正五品下	大夫	二人	662—906年	
直长	五人		正七品上	直长	五人		
食医	八人		正九品下	主食	十六人		《旧唐书》未有记载。此职之记载见《唐六典》《新唐书》。
				主膳	八百四十人		《旧唐书》未记载。此职之记载见《新唐书》。《唐六典》记此职之人之数为七百人。
				书令史	二人		《旧唐书》未记载。此职之记载见《唐六典》《新唐书》。
				书吏	五人		《旧唐书》未记载。此职之记载见《新唐书》。《唐六典》记此职之人之数为四人。
				掌固	八人		《旧唐书》未记载。此职之记载见《唐六典》《新唐书》。

表三　唐代尚药局与奉医局之编制表

尚药局职称	人数	起讫时间	品　秩	备　注	奉医局职称	人数	起讫时间	备　注
奉御	二人	618—662年	正五品下		大夫	二人	662—906年	
直长	四人		正七品上	《新唐书》记此职之人数为二人。现从《唐六典》及《旧唐书》。	直长	四人		《新唐书》记此职之人数为二人。现从《唐六典》及《旧唐书》。

（续表）

尚药局职称	人数	起讫时间	品 秩	备 注	奉医局职称	人数	起讫时间	备 注
侍御医	四人		从六品上		按摩师	四人		
司医	五人		正八品下	《唐六典》《旧唐书》记此职之人数为四人。 此职之人数从《新唐书》。	咒禁师 书令史 书吏 直官	四人 二人 四人 十人		《唐六典》《旧唐书》未记载。
医佐	十人		正九品下	《唐六典》《旧唐书》记此职之人数为八人。 《旧唐书》记此职之品秩为正八品下。 此职之人数及品秩现从《新唐书》。	侍御医 司医 医佐	四人 五人 十人		《唐六典》《旧唐书》记此职之人数为四人。 此职之人数从《新唐书》。 《唐六典》《旧唐书》记此职之人数为八人。
主药	十二人				主药	十二人		
药童	三十人				药童 合口脂匠 掌固	三十人 二人 四人		《旧唐书》记此职之人数为四人。

以上三表之资料来源：《唐六典》卷十一，《旧唐书》卷四十四，《新唐书》卷四十七。

根据以上三表，对于隋唐两代尚食、尚药二局的编制及其职掌，可以看出几件事：

第一，此二局的行政主管在隋代称为典御，到唐代前期改称奉御，龙朔二年（662 年）以后，再改称为大夫。

第二，在隋代尚食局里，“食医”的编制人数是四人。到唐代前期，在尚食局里，“食医”的编制人数是八人，比隋代的“食医”的人数多了一倍。在后期的奉膳局里，“食医”的职位虽被取消，却另设“主食”十六人以及“主膳”八百四十人。所谓“主食”与“主膳”的职掌虽然很难确定，不过就字面上与编制的人数而推测，“主食”可能是“食医”的新称呼，而“主膳”也许是真正负责烹调的人员。根据这个推测，“主食”是具有专业知识的食疗人员，而“主膳”或许只是技术性的烹调人员。如果推测无误，隋代的“食医”只有四人，到唐代的龙朔元年（661 年）为止，相当于隋代之“食医”的“主食”的人数增加到八人，从龙朔二年（662 年）开始，“食医”的人数又由八人增加到十六人。食疗人员的倍数增长，一方面可以说明唐代的天子，应当比隋代的天子更加注意利用食疗的方式加以强调健康；另一方面，似乎也可以说明在唐高宗龙朔时代或稍后的食疗医学，已比在隋代或唐初高祖的武德时代（618—626 年）以及唐太宗的贞观时代（627—649 年），已有重要的发展。这个发展与孟诜（621—713 年）所编写的《食疗本草》的完成，具有密切的关系。在《食疗本草》之中，孟诜第一次把一百三十八种植物与蜜和糖的食疗功效，加以详细的说明。[14]《食疗本草》的成书时代虽尚不明，不过必在唐高宗上元元年（674 年）之后，因为孟诜是在这年才向名医孙思邈（581—682 年）学习医术的。假设《食疗本草》完成于他从师学医的五年之后，也即仪凤三年（678 年），在时间上不但正是唐高宗在位的晚年，也可能就是奉膳局把“主食”的人数由八人倍增为十六人的时代。至于在奉膳局里，“主膳”的人数，在编制上多至八百四十人，既可显示唐代天子饮食的奢侈，也可说明唐代国力的强大。如果“主食”与“主膳”在人数上应该具有固定的比例，大致而言，似乎每一名“主食”可以调动五十二名“主膳”。假如事实的确如此，唐代天子的具有食疗性质的食品，也许是由十六位食疗专家调配的。调配工作可能要由十六位“主食”轮流负责，每十六日轮流一次。“主食”可以支配的烹调人员，也许少则数人，多则十数人，最多的时候，大概可以动用五十二人。

第三，隋代尚药局的“侍御医”的编制人数是四人。这个人数在唐代始终未曾改变；无论是在尚药局时代，还是在奉医局时代，“侍御医”的人数一直都是四人。不过值得注意的是由隋入唐之后，在“侍御医”以外，又增加了一些次要的医务人员，譬如新增了“司医”五人，又增加“医佐”十人。这十五人当然都是“侍御医”的助手。

此外值得注意的事是，当尚药局改编为奉医局之后，在编制上又有按摩师与咒禁师各四人。易言之，改编之后，新增了与“侍御医”同级的医疗人员。所谓“咒禁师”，在隋代，是称为“祝禁师”的。（由祝禁师改为咒禁师，在职称上，虽有一字之差，不过所负责的工作，可能并无不同）。在隋代，按摩师与祝禁师本是太医署里的编制人员。在唐代初期，尚药局里并没有按摩师与祝禁师的编制。这两名医疗人员在龙朔二年编入奉医局，说明唐代皇家的医疗机构，在编制上，已经打破对于隋代系统的传承。

第四，隋代尚药局编制里的四十名“医师”，在唐代，无论是在尚药局里或是在奉医局里，是没有这些人员的。所谓“医师”，可能相当于现代医院里的实习医生，已如前述。唐代的尚药局与奉医局取消“医师”的编制，并不在于减了四十名医务人员，而是可以看出隋代的尚药局除了负责天子的医疗工作，还有教学的任务。可是唐代的尚药局或者后期的奉医局，却只负责天子的医疗工作，而没有教学的任务。在唐代，医学教学的任务是完全由太医署负责的。这一点，下面在介绍太医署的编制与职掌时，将会另加分析。

第五，隋代尚药局的编制，包括四十名“医师”在内，一共五十人。如果这四十名临时性的实习医生可以不予计算，隋代天子的医疗人员，实际上只有十人。可是唐代尚药局的编制人员，到龙朔元年为止，共有六十七人；从龙朔二年开始，奉医局的编制人员总数共有九十七人。唐代尚药局的人员比隋代尚药局的人员，多了六点七倍，而奉医局的人员既比隋代尚药局的人员多了九点七倍，甚至比唐代尚药局人员的总数，多了三十人，等于多达一点四五倍。总之，唐代的奉医局的编制比隋代尚药局的编制，在人数上，要庞大得多。庞大的原因有二,一是医疗人员的总数的扩张（按摩师与咒禁师各四人，药剂人员四十二人），二是文书人员的增加（书令史二人，书吏四人）。

第六，唐代的奉医局既编有文书人员六人，可见这六人对于天子的病况和医疗的进行，是一定要加以记录的。甚至恐怕连药材的选择，也同样要加以记录。既有记录，唐代的奉医局，就天子医疗之过程而言，当然比隋代的尚药局与唐代前期的尚药局，更有制度。易言之，在唐代的奉医局里，书令史与书吏的工作是对天子的病历做记录，用现代的观念来说，奉医局已有病历的建立。这种档案工作的进行无疑是唐代行政制度比隋代的行政制度更加系统化的一种说明。

事实上，除了从前列三表可以看出上面所指出的这六点，唐代的奉医局（包括前期的尚药局在内），还有不少值得注意的地方：

首先是药材的来源：尚药局给天子诊治时所使用的药材，每三个月由太常寺

（事实上就是由太常寺里的太医署）供应一次。药材贡入宫廷的时候，除了太医署的送药人员与尚药局的接收人员必须在场，门下省与中书省的首长也要派人去监视整个过程。除此以外，甚至负责天子安全事宜的金吾卫和左右等卫的武官首长，也要派人去监视。[15] 可见药材的转运与在宫廷里的接收，在当时是一件非常严肃的事。隋代天子的医疗药材，如何进入宫廷，在文献上毫无记录，更可显出唐代对天子用药的记录之可贵。这些药材的记录说明唐代医疗工作的制度化。

其次是尝药制度与药材档案的建立，隋代的尚药局并无尝药制度，也没有药材档案；可是唐代的尚药局对这两件事都有相当系统化的处理。先看什么是尝药制度。尚药局在接收了由太医署贡入的药材之后，可能为了要知道是否误收有毒的药材或者不新鲜的药材，要由那十名“医佐”先去尝药。到唐代为止，医用药材共有八百四十四种。[16] 即使太医署所贡入的药材没有八百四十四种，推想也必有相当多的种类。假设贡入的药材的总数是五百种，那十名医佐每人平均要尝五十种药。（如果贡药的总数超过五百种，“医佐”所尝的药的平均数，当然多于五十种）。在每一种药都试吃完毕之后，“医佐”的后续工作是向天子具本上疏，说明每一种药材在何年何月何日入贡。这些疏本的完成，无异建立了宫廷医用药材的档案。天子需要使用何种药材，只要查明“医佐”的奏本，立刻可以知道被用的药材，是否新鲜，或者是否有其他的缺点。当御用的药材“朽腐”了，即使还不到三个月，也要由奉医局立即退还给太医署（如果发生了退药的情况，可能又得由“医佐”书写奏本，说明原委以备查询）。宫内备用的御药，应该全部是可用的好药。

再其次是药剂人员的编制：据表一，隋代的尚药局，只有“侍御医”而没有“主药”。再据表三，唐代的奉医局，不只有“侍御医”，也有“主药”和“药童”。在隋代，“侍御医”可能是天子的主治医生，他既须要懂得如何医疗，也须要对药剂处理有充分的把握。可是在唐代奉医局里既有“侍御医”，同局的“主药”就可能不是主治医生，而只是主要的药剂师。至于所谓“药童”，年龄既都在十六岁以下，当然最多只能算是“主药”的助手。根据这个认识，不难指出在隋代的尚药局里，医疗与药剂是混合为一的；但在唐代的尚药局与奉医局里，医疗与药剂事宜分家，各有专业人员负责。隋代的医疗合一，可能不如唐代的医药独立，更显专业化。由这个角度来看，唐代的医疗工作也比隋代的医疗工作更有系统，也就是更有制度。

最后一件值得注意的事是第二次尝药。假如天子真的因病而须服药，他的药物又须经过第二次尝药的过程。不过这次首先要尝药的人不是“医佐”而是职位更高的“奉御”。他尝完之后，尝药的过程并未完成，中书省与门下省所派到尚药局（或奉医局）来的，称为“药监”的官员，也得跟着轮流尝药。他们尝完之后，尝药的过程仍然并未完成，因为太子是最后一个须要尝药的人。御药必须经过奉御、药监与太子的三次尝试，才能送给天子去服用。天子服药要经过这三次尝药的程序，对奉御和药监而言，是保证药材决不会在药性上产生差错的表现，也是对天子的性命一种安全保证。御药经过奉御和药监的尝试，在药性方面应该已经没有问题，太子的尝药，似乎显得有点多余。所以太子尝药并不是为了尝试药性，而可能是为了表示孝道。唐代的宫廷是非常重视孝道的。[17] 关于唐代尚食局和奉膳局以及尚药局和奉医局的编制及其职掌，经过以上的分析，大致已经有所了解。下面需要继续讨论的，应该是唐代太医署的编制及其职掌了。

乙　太常寺的医疗工作

想要了解唐代太常寺的医疗工作，首先应该了解太医署的编制。太常寺的医疗工作几乎是由太医署全权负责的。为了能够清楚说明唐代太医署的编制，不妨也把隋代太医署的编制同时加以对照。现将隋唐二代太医署的组织共列为表四。

表四　隋唐时代太医署之编制表

隋代太医署		唐代太医署				
职　称	人数	职　称	品　秩	人数	职　掌	备　注
主药	二人	太医令	从七品下	二人	行政主管	
药园师	二人	太医丞	从八品下	二人	行政副主管	
医博士	二人	太医监	从八品下	四人	需在宫人患坊轮值	
按摩博士	二人	太医正	从九品下	八人	需在宫人患坊轮值	
祝禁博士	二人	医博士	正八品上	一人	从事医学教学	
医助教	二人	医助教	从九品上	一人	协助医博士，从事教学	此职之秩，《唐六典》《新唐书》从九品上，《旧唐书》从九品下

（续表）

隋代太医署		唐代太医署				
职　称	人数	职　称	品　秩	人数	职　掌	备　注
医师	二百人	医师		二十人	协助医助教，亦需在宫人患坊轮值	
		医工		一百人	协助医助教，亦需在宫人患坊轮值	
		医生		四十人		《旧唐书》未记载。此职之记载见《唐六典》《新唐书》
		针博士	从八品上	一人	从事针科教学	此职之秩，《唐六典》《新唐书》作从八品上，《旧唐书》作从八品下
		针助教	从九品下	一人	协助针博士，从事教学	
		针师	从九品下	十人	协助针助教，从事教学	《唐六典》《旧唐书》未记载此职之品秩。品秩之记载见《新唐书》
		针工		二十人	协助针助教	
		针生		二十人		
		按摩博士	从九品下	一人	教导按摩生	
		按摩师	从九品下	四人		《唐六典》《旧唐书》未记此职之品秩。 品秩之记载见《新唐书》
		按摩工		十六人		《新唐书》记此职人数为五十六人。 人数之记载见《唐六典》《旧唐书》
		按摩生		十五人		《唐六典》记此职人数为十六人。 人数之记载见《旧唐书》《新唐书》
		咒禁博士	从九品下	一人	教导咒禁生	
		咒禁师		二人		
		咒禁工		八人		
		咒禁生		十人		
		主药		八人	主管药剂事宜	
		药园师		二人		
		药园生		八人		
		药童		二十四人		
		典药		一人	从事药材之管理	《唐六典》记载此职为典学，人数为二人。 职称及人数见《旧唐书》《新唐书》
		府		二人	不明	
		史		四人	从事天子医疗之记录	
		掌固		四人	不明	

此表资料来源：《唐六典》卷十四、《旧唐书》卷四十四、《新唐书》卷四十八。

由表四可见隋唐二代的太医署，在组织上差异颇大。兹分述如下：

第一，在人数上，隋代太医署共有编制人员二百一十二人，唐代太医署的编制共有三百四十人。易言之，唐署比隋署多出一百二十八人，多出来的人数几乎是隋署编制人数之半。唐署在编制上，人数庞大，显而易见。

第二，隋署的编制之中，除了药剂与教学人员，没有行政人员。唐署不但增加了分成四个阶层的行政人员十六人，又有文书人员四人。增加行政人员，一方面显示唐署的编制更有组织，更有制度，另一方面更可想见唐署的医疗工作之进行更有系统，更有效率。至于增加文书人员，在表面上是对天子的疾病，甚至诊治的过程留下病史，实际上建立病史，就是对天子的健康状况留下记录。记录就是把一位天子的许多病史，或者多位天子的更多的病史累积起来，成为档案（当然这个档案可以称为天子疾病的御档）。在上面的介绍之中，奉医局也是要为天子的疾病做档案工作的。既然隋代的尚药局与太医署都不为天子的健康状况留下文书性的记录，而唐代的奉医局与太医署却都为天子的健康状况留下档案性的病史，那就显示唐代的中央政府非常重视档案。重视档案就是行政工作制度化的表现。

第三，在职位上，唐代的太医署新增了典药、府与掌固三个为隋署所无的职位。可是关于这几个职位，除“典药”或者可从书面上，推测为药材的管理人员以外，“府”与“掌固”这二种职位，在书面上，字义已经暧昧不明，职掌究竟为何，似乎难以推测。

第四，关于教学人员的编制人数，隋署与唐署的差异颇大。譬如关于内科与按摩科的教学，隋署的编制都由两位博士担任，唐署把博士的人数减为一人。[18]在隋署的编制之中，人数最庞大的医疗人员是相当于实习医生的“医师”二百人。对于这一大批“医师”，唐署的编制只有二十人，等于只保留了隋署编制的百分之十。在内科教学方面，医博士教导二百名实习医生，虽然可由两名助教加以协助，教学工作十分繁重，是可以想见的。但在唐署的编制之中，医博士对一百名“医工”与四十名“医生”的教学，不但有一名助教加以协助，还有二十名“医师”的协助。相形之下，唐代医博士与医助教之教学，自然要比隋代医博士与医助教的教学轻松得多，再看针科教学的情形，据表四，隋代没有设针博士，针科教学可能也由医博士教导二百名“医师”。可是在唐代，不但由针博士负责教导的“针生”的人数只有二十人，他的教学还有“针助教”与“针师”的协助。相形之下，隋代医博士的教学工作，十分繁重，而唐代针博士的教学，与医博士的教学一样应该是相当轻松的。至于按摩科与祝禁科，隋署的按摩博士与祝禁博士，也都要在没有助教相助的情况之下，负责二百人的大班教学。在唐署里，按摩博士与咒禁博士虽然也是没有助教，可是他们只分别负责十五名按摩生与十名咒禁生的小班教学，教学也是轻松的。总之，在教学方面，隋署的博士，工作繁重；唐署的博士，工作轻松。

第五，在药剂方面，隋署虽有药园师、主药各二人，不过“主药”可能是主治医生，实际上，真正的药剂人员，只有药园师二人而已。但在唐署的编制之中，药剂人员的人数突然骤增。这不但是由于“主药”的人数已由二人增为八人，另外还在隋代原有的药园师二人之外，增加了药园生八人以及药童二十四人。易言之，在隋署之中，药剂人员的总数可能是二至四人（“主药”不予计算，总数是二人，如果计算在内，总数是四人），唐署药剂人员的总数是四十三人。这个人数相当于把“主药”计算在内的隋代药剂人员之总数的十点七五倍。在药剂人员方面，最后值得注意的是“主药”这个职称的书面意义。如前述，在隋代，“主药”可能是兼负行政工作的主治医生，不过在唐代，“主药”既不是主治医生，也不负责行政工作，他只是太医署里负责药剂事宜的主管人员。没有这一层认识，把隋署的“主药”与唐署的“主药”视为同样的医疗人员，在他们工作的性质上，是会感到混淆的。

第六，在职位的品秩上，当然以太医署的主管，左右太医令之官居从七品下，品秩最高，此外，要以医博士之官居正八品上以及针博士之官居从八品上，品秩次高。太医丞官居从八品下，在品秩上，还在医博士与针博士之下。至于按摩博士与咒禁博士的职等都是从九品下，当然又在医博士与针博士之下。不但如此，甚至连医助教的职等是从九品上，也比按摩和咒禁两种博士的品秩还要高一级。针助教的职等是从九品下，在品秩上，虽然低于医助教，在另一方面，至少也与按摩和咒禁二博士的品秩相等。从这个观察，不难看出在负责医疗工作的四种博士之中，尽管博士的名称相等，品秩却并不相等。医博士（正八品上）最高、针博士（从八品上）次之，医助教（从九品上）再次之，针助教、按摩博士、咒禁博士（从九品下）又次之。这四种博士的品秩足以显示唐代医学最重视的学科，分别是内科与针科，亦即是真正能够临床诊治的医科。至于按摩与咒禁，前一种是健身体操，后一种是民俗治疗，都不算是真正的医科，因此品秩最低。按摩与咒禁能在宫廷医疗的科目之中占有一席之地，不过一是沿袭隋代的医疗之旧制，二是希望这两种医疗方法，能在真正的医术之外，为身体健康的恢复，聊备一格而已。使用按摩术，不外是想让天子能够自我锻炼，达到强身的效果，至于使用咒禁法，可能是利用祓除、驱邪的民俗医疗使患病的天子，在心理上得到安慰。在现代的医学治疗之中，心理治疗也是临床治疗之外的一种。隋唐时代的咒禁法即使在祓除或驱邪的方式，并不科学，但在性质上，恐怕与现代的心理治疗多少有些相近的地方。

第七，最后要指出的是在太医署里，从事药剂方面的工作人员，总数不但有四十三人之多，而且还在职务上把这一批人员分为主药、药园师、药园生、药童与典药等五种不同的职位，可是即使是职等最高的“主药”，在职位上是没有品秩的。在唐代，中央与地方官员的职位都分为九品，官秩共有三十阶。凡是在这三十阶以外的，或者没有品秩的职务，都称为“流外”。[19] 药童的年龄，大致介于十六岁至二十岁之间。[20] 几年之后，药童可以升等为药园生，九年之后，药园生可以升等为药园师。[21] 即使能够升为主药，终其身也不过只是一名“流外”的宫廷医疗人员而已。经过这层分析，在唐代的医疗人员之中，医务与药剂人员的待遇，并不相等。医务人员的最高品秩可达正八品上，最低的品秩至少也是最基本的从九品下，而药剂人员却只是“流外”官，终身没有品秩。即使主药能对八百四十四种药材的药性和使用方法了如指掌，他也必须明了，只要他担任了药剂人员，之后是没有前途可言的。

透过以上七点，由表四所显示出来的唐代太医署在编制与职掌上的特征，似乎都已分别有所讨论。以下要再继续讨论的，就是与医科、针科、按摩科与咒禁科等四种医术的本身，以及药剂的来源等五项更实际的问题。

（i）医科

首先要加以观察的，当然是在宫廷医疗工作之中，最受重视的医科，也就是内科。在这一科，医博士所要教导“医生”去研习的课本共有三种。第一种是《神农本草经》，简称《本草经》。经名之上虽有神农二字，不过当然不是神农氏的原著。在经名上冠以神农二字，可能除了具有神农氏尝百草以发明药物的意义，也与汉人的托古风气有关。[22] 从内容上看，《本草经》包括植物、动物与矿物等三方面的药材，是我国最早的药典。

在数量上，此书虽收植物药材二百五十二种、动物药材六十七种、矿物药材四十六种（共收三百六十五种），但是植物药材的种类超过动物类的药材总数的三点七六倍，超过矿物药材总数的五点四八倍，可见此经所录药材以植物药材为主。而那二百五十二种植物药材，如果不是木本，就是草本。此经称为《本草》，似乎具有以植物药材为本或为主的意味。至于《本草经》的作者，尽管历代说法不一，不过大致而言，此书应该既不会由一人写成，也不会写于某一固定时代；反之，它是秦汉时代的许多医药学家，通过对于药物资料的收集与整理，而在东汉时代编辑成书的药典。[23]

在魏晋时代，《神农本草经》又有一些新发展。主要的著作是梁代陶弘景（456—536年）所编写的《本草经集注》。他按照《本草经》的编写方式，一面收录《神农本草经》已收撰的三百六十五种药材，加上新收录的三百六十五种，共七百三十种药物，分成上、中、下三品，一面又把全书分为三卷，上卷是他对药物的总论，中、下两卷是他对不同药物的分论。[24] 到了唐初，医学家苏敬在唐高宗显庆三年（658年），再以陶弘景的《本草经集注》为基础而重新编辑《本草经》；结果修成共有五十四卷的新经，定名《新修本草》。全书《本草》二十卷、《药图》二十五卷、《图经》七卷，以及目录二卷。《图经》部分是《药图》的文字说明。由于此书收录了为《本草经集注》所未收的药材一百一十四种，所以综合东汉的《神农本草经》、梁代的《本草经集注》，以及唐代的《新修本草》，到七世纪中期为止，以这三部药典的记录为准，中国的药材的总论应该共有八百四十四种。从隋到唐初的贞观时代，太医署的医科学生所应该知道的药材，应为七百三十种（《本草经》与《本草经集注》各录三百六十五种），但到了高宗显庆三年以后，太医署之医科学生所应该知道的药材之总数，就不止七百三十种，而是八百四十四种了。

太医署医科学生要学习的第二种读本是晋代名人皇甫谧（215—282 年）的著作。皇甫谧虽因在国史方面先后编写过《帝王世纪》《高士传》和《列女传》而应该是一位历史学家，但他在另一方面，大约在 256—264 年之间（或三国时魏末高贵乡公甘露元年至魏元帝咸熙元年之间），却也编辑了一部《甲乙经》。[25] 此经今存一百二十八篇，共分十二卷，是中国针术方面的重要经典。就内容而言，《甲乙经》大致可分两大部分：一部分论述人类的生理功能，另一部分是对妇科、外科和内科（尤其是内科）的临床治疗方法的讨论。[26]

太医署医学生需要学习的第三种读本是三国末年的王熙（字叔和）的《脉经》。王叔和根据他的临床经验，把一般脉象分为二十四种。[27] 大体上，这二十四种把人体循环系统的生理与病理的脉象，都包括在内。[28]

（ii）针科

针科学生所要学习的课本共有三种：第一种是《赤乌神针经》。[29] 据《隋书》的记载，此经的篇幅仅有一卷，但无撰者的姓名。[30] 然据《旧唐书》的记载，此经的篇幅亦为一卷，撰者为张子存。[31] 两书所记载的篇幅既然相同，可见《赤乌神针经》的撰者应该可按《旧唐书》的记载而知为张子存的针学著作。所谓赤乌，是三国时吴国大帝的年号。该年号一共使用了十四年（238—251 年）。《神针经》既在经名上冠以赤乌的年号，推想张子存应该是三国初年或三世纪上半期的针学医师。

第二种是《偃侧图》和《流注图》。[32] 所谓“偃”，就是仰卧，至于“侧”，当然就是侧卧。偃卧与侧卧是实行针炙时的两种基本卧姿。《偃侧图》应该是把人体穴道画在偃卧或侧卧的人体上的一种针穴图。据《隋书》的记载，秦承祖曾撰《偃侧人经》二卷和《偃侧杂针炙经》三卷。[33] 此史虽然注明三卷本的那种针炙经当时已经失传，不过对于二卷本的《偃侧人经》却并未有已经失传的记录。所以《偃侧图》具有正是与《偃侧人经》有关的针图的可能性。据《新唐书》的记载，当时还有一种书名是《黄帝十二种明堂偃侧人图》的针图，撰者姓曹，其名已佚。[34] 此图既清楚地标明"偃侧图"三字于全称之中，也许曹氏所撰的全名是《黄帝十二种明堂偃侧人图》。易言之，曹氏所撰《黄帝十二种明堂偃侧人图》之针图具有"偃侧图"三字，而秦承祖所撰的《偃侧人经》虽具"偃侧"二字，却并未具有关键性的"图"字。也许曹氏的《偃侧人图》比秦承祖的《偃侧人经》，更有成为唐代针科学生教本之一的《偃侧图》的可能性。

至于《流注图》，应该也是性质与《偃侧图》相同的一种针穴图。据《隋书》的记载，当时有一种并无撰者姓名的《黄帝流注脉经》一卷，[35] 此经下有注，注文云："梁有《明堂流注》六卷，亡。"梁本虽亡，不过当时既然用梁本来注释《黄帝流注脉经》，可见二者的关系很密切，因为已亡佚的《明堂流注》所说的"明堂"，本来就指已失传的《黄帝明堂经》。《流注图》是否就是为《黄帝流注脉经》所画的一种穴图，还不清楚，不过唐代的王冰曾在《素问经》引《黄帝中诰孔穴图经》里提到《流注图经》。[36] 可见《流注图》或者应该被视为《黄帝中诰孔穴图经》所引的《流注图经》的图，而不是《黄帝流注脉经》的图。

第三种课本包括四种古典著作，一为《素问》，二为《黄帝针经》，三为《明堂》，四为《脉诀》。[37] 所谓《素问》，是在隋代才被发现的《黄帝内经》的一部分，《黄帝内经》虽托名黄帝，而实为战国至秦汉时代陆续增修而成的医书。

至于《黄帝针经》，版本和名称都很复杂，首先，据《隋书》的记载，此经只有九卷，经名也是简单的《黄帝针经》。[38] 在《旧唐书》的记载之中，没有九卷本《黄帝针经》，却有十二卷本的《黄帝针灸经》和十三卷的《黄帝三部针经》。[39]《黄帝针经》与《黄帝针灸经》的撰者姓名都已失佚，《黄帝三部针经》的撰者却是晋代的名医皇甫谧。再据《新唐书》的记载，在一方面，《黄帝针经》的篇幅虽由九卷增加到十卷，《黄帝三部针经》的篇幅却意外的由十三卷减少为十二卷。只有《黄帝针灸经》的卷数仍然维持十二卷，篇幅不变。[40] 不知列为唐代针科学生教本的《黄帝针经》，究竟是九卷本的《黄帝针经》，十二卷的《黄帝针灸经》，还是篇幅由十三卷减为十二卷的《黄帝三部针经》？

上述《明堂》是《黄帝明堂经》的简称，此书撰者姓名已佚，撰者的时代也难明确的认定，不过由于东汉末年的名医张仲景（150—219 年）认为此书内容重要，[41] 也许《黄帝明堂经》的成书年代至少可以暂定在二世纪的后半期。从周代到汉代，明堂是天子专用的一种大型的礼制建筑。[42] 由于《黄帝明堂经》的主要讨论是人体经脉的流注、孔穴的位置和针灸的治疗，成为建筑名称的"明堂"当然与医学里的针术毫无关连。医家所谓的"明堂"，不过只是针灸家对经脉与孔穴的代称而已。[43]

唐代针科学生第三类教本的最后一种是《脉诀》。此书《隋书》不见著录，在《旧唐书》里，有一种书名是《脉经诀》的书，撰者是已佚其名的徐氏，卷数不详，[44] 但据《新唐书》，此书的撰者虽然仍是无名的徐氏，篇幅却详记为三卷，而书名却减掉了"诀"字而只称为《脉经》。[45] 也许《脉诀》应该认定为没有减掉"诀"字的徐氏《脉经诀》。根据以上的讨论，医科学生在针术方面，需要学习《甲乙经》，针科学生却不学习此经，而改习《黄帝针经》《明堂》《脉诀》，以及《素问》。看来医针两科的学生在针术方面，选读不同的课本，也许是为了避免教材的重复。

（iii）按摩科

在操作的方式与疗治的功效上，按摩术大概与现代的健身体操和物理治疗很接近。这种医疗法，在我国具有悠久的历史。从文献上观察，书名称为《黄帝岐伯按摩》是时代最早的按摩书，至少远在西汉中期，已经存在。[46] 这部书后来虽然失传，不过许多先秦的古籍，往往都托名黄帝。[47] 最明显的例子是讨论内科的《内经》的作者就是黄帝。托名于黄帝，当然是由于在古代神话之中，黄帝战败蚩尤，平定天下，成为英雄，所以连一部讨论内科之学的医书，也要以黄帝为作者。《内经》的作者，除了黄帝，还有岐伯，也是共同作者之一。岐伯虽不是上古神话中赫赫有名的人物，但他经常与黄帝一齐讨论内科医学，后人索性把岐伯与黄帝都作为《内经》的共同作者。黄帝既是上古的神话人物，与他同时的岐伯应该也未必真有其人。把黄帝与岐伯当作《内经》的共同作者，当然都是托名。把最早的按摩书定名为《黄帝岐伯按摩》，与《内经》一样，当然也是托名。《内经》虽未提到按摩，可是《黄帝岐伯按摩》却在书名上已经标明该书的内容与性质都与按摩术有关。可见把这部按摩书托名于黄帝和岐伯，可能是摹仿把《内经》托名于他们二人。这样说，《黄帝岐伯按摩》的著成时代，可能晚于《内经》。如果《内经》的初稿是战国时代早期的作品，[48]《黄帝岐伯按摩》就可能是战国末期甚至是西汉初期的著作。这个假设性的断代，是有一个考古学上的发现，可以作为旁证的。

1973年年底，大陆地区的考古学家在湖南省境内的汉墓里发现了一卷附有图解的导引文。[49] 根据这卷导引图及其说明文字，可知在汉代国人已经知道如何利用健身性的体操来强调人体的健康。在唐代，按摩术曾被称为"消息导引之法"。[50] 所谓消息，似乎可以解为引发。所以"消息导引"就是引发导引。由这个解释似可看出导引与按摩的名称虽然不同，其实就是同一回事。附有图解的导引文虽是汉代文化的一部分，不过导引的方法不但已经相当多元，而且也相当复杂。这样的医疗文化，应该不可能在汉代突然发展起来。易言之，大概在汉代之前，还有一段开始发展的酝酿时期。这个时期也许正是战国时代的末期。经过这个转折，上文所说按摩术（也就是导引术）产生于战国末期的说法，大概是可信的。不过由于当时的交通困难，汉人对这种健身体操的名称并不统一，所以在汉代的首都地区，史家把它称为按摩，但在长江中游的湖南地区，当地人却又把它称为导引。

托名于黄帝与岐伯的按摩书，虽在文献上见于《汉书》，可是早已失传。西汉时代的按摩术共有哪些动作或者招式，现已无法考知。目前仅知刘安（约前180—前120年）在他所著的《淮南子》之中曾经提到以"鸟伸、熊经、凫浴、猿躩、鸱视、虎顾"六种摹拟禽兽之动作而加强"吹呴呼吸，吐故纳新"之功能的六种导引性作。[51] 这些动作，也就是后世所说的"六禽戏"。[52] 时代稍晚，到东汉末年或者在三国初期，在曹操（155—230年）当权的时代，名医华佗又创立过一种"五禽术"。[53] 也即摹仿虎、鹿、熊、猿与鸟等五种禽兽的动作而完成的导引术。据华佗之自述："体有不快，起作一禽之戏，怡而汗出，因以著粉，身体轻便而欲食"。从动物的名称上看，华佗的"五禽戏"与刘安的"六禽戏"至少在虎、熊、猿三部分完全相同，而且由于"六禽戏"的创立，比"五禽戏"的创立，早了一百年，这两戏之间的继承关系是相当明确的。[54] 再据华佗的自述，做了五禽戏之后，“亦以除疾，兼利蹄足”，意思是做五禽之戏的好处是不但可以增加手胳的灵活动，还可以免除疾病。吴普学会了五禽戏而且勤于导引，所以既活到九十岁，“耳目聪明”。[55] 在隋代，成书于大业六年（610 年）的《诸病源候论》罗列了内、外、妇、儿各科之各种病条，共六十七门，一千七百三十九条。而在诸病条后，各附以养生导引法，共有二百九十一条。以姿势而言，有偃卧、侧卧、端坐、跪坐、踞坐、蹲坐及舒足坐。动作有一百七十余条，有伸展手部、屈伸腿足、有前屈、有旋转及有头部活动。在唐代，太医署与奉医局既然都有按摩博士的编制，可见这两位博士的工作，除了要教导年轻的按摩生去学习按摩，可能同时还要向天子提供一套按摩术，让他既可在平时利用导引之法去锻炼身体，也可让他在得了小病之后，利用导引术去自行治疗。

托名于黄帝和岐伯的按摩书以及华佗所创立的五禽按摩虽然都已失传，不过唐代的按摩法，至少在文献上，是并未失传的。活动于隋代后期与初唐初期之间的孙思邈，在他所写的《备急千金要方》之中，对于唐代的按摩术就曾有一些记录。据他的记录，唐代共有两种按摩法，一种是传统的中国式按摩法（孙思邈称为“老子按摩法”），另一种是外来的印度式按摩法（孙思邈称为“婆罗门法”），分别导引身体的头、肩、身、腿、手和脚六部分。[56] 现先把老子按摩法，择要介绍如下：

a 与头有关的动作

1 两手托头，三举之。

2 两手相捉，头上过，左右三遍。

3 两手攀头，下向三顿足。

b 与肩有关的动作

1 手摸肩，从上至下，使遍左右同。

2 虎据，左右纽（扭）肩三遍。

c 与身有关的动作

1 两手捻胜，左右纽（扭）腰二七（十四）遍。

2 两手抱头，左右纽（扭）腰二七（十四）遍。

3 捩内脊，外脊各三遍。

d 与腿有关的动作

1 一手托头，一手托膝，从下向上三遍，左右同。

2 舒两手两膝，亦各三遍。

e 与手有关的动作

1 外振手三遍，内振三遍，覆手亦三遍。

2 覆掌两手相叉，交横三遍。

3 若有手患冷，从上打至下，得热便休。

f 与脚有关的动作

1 舒左脚，右手承之。左手捺（按）脚，耸上至下，直脚三遍。右手捺脚亦尔。

2 前后捩足三遍。左捩足，右捩足，各三遍。前后却捩足三遍。

3 若有脚患冷者，打热便休。

4 纽（扭）髀，以意多少，顿脚三遍。

至于从印度传入的婆罗门按摩法，据孙思邈的记录，一共只有十八种动作。他的记录既不太长，不妨全部转引如下：

1 两手相捉纽（扭）捩，如洗手法。

2 两手浅相叉，翻覆向胸。

3 两手相捉共按胫，左右同。

4 两手相重按髀，徐徐捩身，左右同。

5 以手如挽五石力弓，左右同。

6 作拳向前筑，左右同。

7 如拓石法，左右同。

8 作拳却顿，此是开胸，左右同。

9 大坐斜身，偏欹如排山，左右同。

10 两手抱头，宛转髀上，此是抽胁。

11 两手据地，缩身曲脊，向上三举。

12 以手反捶背上，左右同。

13 大坐伸两脚，即以一脚向前虚掣，左右同。

14 两手拒地回顾，此是虎视法，左右同。

15 立地反拗身，三举。

16 两手急相叉，以脚踏手中，左右同。

17 起立，以脚前后虚踏，左右同。

18 大坐伸两脚，用当相手勾所（伸）脚着膝中，以手按之，左右同。

就书面文字而言，老子按摩法与天竺按摩法是有些类似的。譬如在老子按摩法里，有一个动作是“两手相叉，著心三遍”。这与在天竺按摩法里的“两手浅相叉，翻覆向胸”的动作似乎十分接近。老子与天竺的招式大概都是在胸前伸直两臂，再把两手交叉起来，然后把双手向后拉到胸口。所不同的是天竺法须要把两手分成手背相叉与手心相叉等两个步骤，而老子法并没有说明两手相叉时，究竟应该用手背还是手心相叉；一般而言，手心相叉比手背相叉会更顺手一点。老子法里的两手相叉这一个动作，可能只有手心相叉而已。易言之，老子法比起天竺法，要少一个手背相叉的动作。除此以外，根据两种按摩法，把相叉的两手从胸前拉到胸口的动作是一致的。

再看这两种按摩法的第二个类似点：在老子法里有一个动作是“两手空拳筑三遍”。而在天竺法也有一个动作“作拳向前筑，左右同。”筑的意思不很清楚，推想是两手先向前伸，然后手指相合为拳。如推想无误，关于两手筑拳的动作，老子法可能是两手同时向前，而天竺法却可能是两手伸向左右两侧。

还有第三个类似点：老子法里的第一个动作是“两手拳反背上掘脊，上下三遍”。天竺法里相近的动作是第十二势：“以手反捶背上，左右同”。所谓掘，是向下操作的动作，脊既无法掘，可能掘就是捶，因为捶也是向下用力的动作。掘脊可能就是捶脊。如果事实的确如此，关于掘脊与捶背这个招式，老子法与天竺法的类似点就更相近了。

除了上列的类似点，老子法与天竺法也有一些异点。最明显的是老子法的某些招式，在动作的操作上，似乎颇不容易完成。譬如在与脚有关的动作中，“舒左脚，右手承之，左手捺脚。耸上至下，直脚三遍。右手捺脚亦尔”的这个动作，如果按照书面文字来试做一次，似乎相当不容易完成。可是在天竺里却并没有如此高难度的动作。此外，老子法共有四十八式，招式比较多，天竺法只有十八式。招式既少，又没有高难度的动作，可能在操作上，习天竺法“一月后百病除；行柔奔马，补益延年，能食，眼明，轻健，不复疲乏”。意思是操作天竺按摩法三十日，就可收到能快跑，能长寿，食欲好，眼力不暗，身体轻健和不觉疲劳六种正面的医疗效果。然而孙思邈对于老子按摩法既没有任何评语，也不曾记录在操作了老子法之后所产的医疗效果。这样看来，在孙思邈的心目中，恐怕在老子与天竺等两种按摩法之中，天竺法是比较好的按摩法。

唐高宗的身体一向不很好。上元二年（675 年）三月，他甚至因为“风眩”而想把朝政交给武则天去处理。[57] 弘道元年（683 年）十一月，他的视力衰退到连看也看不见了。后来这个病症还是用针治的方法治好的。[58] 孙思邈的晚年正是唐高宗的初期。如果由他所记录的天竺按摩法，能够及早传入长安的宫廷，而唐高宗又能及早操练，也许他那眼暗与头眩的病症，是可以避免的。另一方面，如果天竺按摩法在唐高宗时代的初期已经传入宫廷，而这位天子的头眩与眼暗之疾却是由针术治愈的，那就显示严重的病况到底还是需要有经验的医生的临床诊治。用按摩术以自疗的功效，至少对唐高宗而言，是无效的。针博士的职位比按摩博士的在品秩上略高，也可能正由于针术比按摩术更有直接和快速医疗功效。

（iv）咒禁科

咒禁博士的教学范围和医疗性质的工作是以“咒禁”的方式来“祓除邪魅之为厉者”。[59] 所谓祓除，用最简易的方式来解释就是用水清洗。古人相信鬼气附身，于人不祥，必须用水清洗干净。这种习俗，可能产生于春秋时代的黄河流域。[60] 清洗的时间虽在春季，却没规定应在春季的何时举行。到了西汉，才把祓除之日，定在上巳，亦即春季之三月三日。[61] 不过从汉代开始，在上巳举行祓除的同时，还有宴饮的场面。以后到了南北朝时代，祓除邪恶的原义渐少，欢乐宴饮的节目与日俱增。参与的人甚至可以游船狩猎，或者举行其他的百戏，总之，上巳几乎由祓除邪恶之日演变成春季的享乐之日了。[62]“祓除邪魅之为厉者”这个记录虽没牵连到咒禁博士及其咒禁术，仍可反映鬼魅的观念在隋唐时代的宫廷里是存在的。第二，在唐高宗的后期，武则天把被废的王皇后和萧淑妃施用各种酷刑，更使她们在被斩断手脚之后，惨死于瓦瓮之中。[63] 萧淑妃在死前曾说“我希望我的来生是一只猫，而武则天是一只鼠，所以我永远都可以去咬她的喉咙。”武则天在王皇后与萧淑妃惨死之后，果然在不自觉的情况之下，见到她们“披发沥血”地在宫中为祟。[64] 在武则天执政的二十年中，她除了曾从大足元年（701 年，同年改元长安）七月到长安三年（703 年）驻跸长安，[65] 以及曾在圣历元年（698 年）三月到五月、大足元年四月到七月两度短期驻跸位于河南嵩山的行宫三阳宫之外，[66] 其他的时间，一直住在洛阳。她长住洛阳的主要原因就是不想再见王后与萧妃的鬼魂会继续在长安的后宫作祟。这项记载虽也没有提到武则天在长安或者在洛阳有没有召唤太医署的咒禁博士为她“袚除邪魅”，可是武则天怕鬼，[67] 却是不争的事实。既然这位女性的天子深信宫中有鬼或有邪气，在唐代的太医署里要有咒禁博士的编制，当然是有此需要的。

咒禁博士为天子举行袚除工作的时候，要有特定之坛场。天子在参与袚除之前，不但要“禁食荤血”，亦即要素食（不过素食的时限是一日还是多日，记录上语焉不详），更要“戒”，亦即不能近女色。然后他才能在坛场接受咒禁博士为他举行的袚除和咒禁。

从唐高宗到唐玄宗在位时，这两位天子的后宫都曾聚集不少的道士，[68] 最著名的道士当然是罗公远（活跃于玄宗年间）与叶法善（616—720 年）。这二人不但都能在玄宗面前表演道家的幻术，[69] 还曾带领唐玄宗从宫中升天到月宫去游玩，从而带回原来只在月宫中演奏的霓裳羽衣曲。[70] 这种甘心为天子服务的道士，恐怕正是可以驱除鬼魅，袚除邪恶的咒禁博士。关于咒禁，他们所使用的方法就是存思、禹步、营目、掌诀和手印五法。

关于第一法“存思”，可能指集中精神，以内心的思想去形成坚定的意志以克服病况的发展。

第二法“禹步”是咒禁师所需要的一种特别的步法。所谓特别，因为用“禹步”的方式行走，必须按照以下的三个步骤：步骤一，行步之前两脚要先并立，也即采取立正的姿态，然后向前迈一步，两脚再立正，再向前迈另一步。左右两脚各迈一步之后，才算禹步的一步。如果需要用禹步的方式走三步，左脚与右脚必须向前各迈三步。如需九禹步，左右两脚必须向先各迈九步。步骤二,三禹步时，要面对日光，先迈左脚，立定以后，再迈右脚。七禹步与九禹步时，要面对星光与月光，先迈右脚，立定之后，再迈左脚。日是阳，人体的左脚也是阳，所以面对日光时，要先迈左脚，使禹步由阳步开始。另一方面，月和星（北斗星）是阴，人体的右脚也是阴，所以面对月光或星光而禹步时，必须先迈右脚，立定以后，再迈左脚。总之，面对日光、月光与星光时，左右两脚的脚步先后次序，绝对不可混乱。步骤三，无论是三禹步、七禹步、还是九禹步，举步之前，一定要对着日光、月光或星光，先开口吸气，然后才向前迈步。口中所吸的气，要在走完三禹步之后，才能吐出。向星光走九禹步时，因为步数多，口中所吸的气，无法在走过九禹步时才吐，可以分三次来吸吐，也即每走完三禹步，吐气一次，再吸气一次。[71]

第三法“营目”这个动作，又分成左营目与右营目等两种。左营目是睁开左眼而闭起右眼。右营目则正好相反，要睁开右眼而闭起左眼。[72]

第四法“掌诀”是咒禁师所需要操作手指的动作。操作时要注意以下三件事：首先如果是为了治病而进行咒禁，操作时的脚步必须用禹步，嘴里必须默诵禁文而不能出声，如果把默诵改成朗诵，咒就被破解，禁法也就跟着无效。其次行禁必须秘密进行，不但不能让人看见，甚至连让牲畜看见也要禁止。最后行禁时所用的刀和水盆等两种法器，必须不曾接触过酒、肉与五辛（葱、薤、韭、蒜、兴蕖）。还要注意另外的两件事：一是如果为男性而行禁需用左掌，反之，如果是为女性而行禁，则用右掌。男女的性别与手掌的左右，一定不能混乱。二是行禁时，掌诀第一个动作是“先捻鬼目”。所谓鬼目就是第二指的第二节。捻是搓，是动作。先捻应该是以大拇指去搓第二指之第二节的动作。为什么要先捻鬼目，因为鬼目是鬼的集中地，所以凡“欲见鬼、去鬼、击鬼，皆捻之。”人生病，可能是鬼在作祟，所以要先捻鬼目以去鬼。对于一般小病，行禁时，不但要用左营目的方式去捻鬼目，还要闭住气走完禹步才能吐气和换气。对于急病，就不要再用左营目的方式，而改用双眼齐睁的方式，再用重力去压鬼目。[73] 操作这个掌诀的意义可能是用双眼同时看到致人于病的鬼，因受拇指的重大压力而离开鬼目。当鬼离开鬼目，人体的病，就可以痊愈了。

第五法“手印”，所谓手印，在中国文化之中，本指古代契约上所印的手指或手掌。佛教传入我国之后，又成为梵语 mudra 一字之汉文译名。[74] 契约上的手印既与唐代医学的按摩法无关，手印这个名词，应指 mudra 的汉文译名。根据印度的佛教文化，当地的艺术家，远在公元前一世纪，就为佛教的重要人物，在手掌与手指的表现方式上，创造出不少具有象征意义的动作，譬如以释迦牟尼的雕像而言，当他的右手掌举于胸前，手掌向内而手指向上，这个动作，称为“施无畏”（abhaya）。还有，当他的左手举于胸前（或者位置稍低），手心向内而手指向下，这个动作则称“施愿”（vara）。利用施无畏与施愿这两个动作，佛教艺术家创了一种宗教上的象征意义，凡是发誓信仰释迦牟尼的佛徒，都不必恐惧，因为释迦牟尼会保护所有的佛徒。在佛教图像学上（Buddhist iconography），这种具有宗教性之象征意义的手掌或手指的动作，就是手印。

对于以上的了解，在实行咒禁的五法之中，存思、禹步、营目与掌诀四法虽说都是中国的道家体系文化的利用，不过手印这个五法中的最后一法，却不能不说是对于从印度传来的佛教体系文化的利用。在文献上，现在虽对存思、禹步、营目和掌诀的运作，已有初步的认识，可是对于手印的运作，由于缺乏解释性的文献，这个咒禁法在治疗的过程之中，究竟如何运用，似乎还有待更进一步的考察。不过，无论是道家的还是佛家的，以上所介绍的咒禁，都不是巫术。正由于道家的方术与释家的法术都不是巫术，以致道释两家为了表现自己的法力胜于对方，在唐玄宗的后宫里，道士与和尚常常互竞法力。[75] 从医疗的立场去推想，唐代后宫的道士与和尚如果不是咒禁博士，可能是咒禁科的顾问性质的特聘人员。按摩法虽然不是医术，多少带有健身与自疗功效。相形之下，咒禁术既亦非健身术，而只是颇具神秘色彩的道释两家的法术。由这个认识，在唐代太医署里四位博士排名的先后，把内科、针科排在按摩科之上，而按摩科又排在咒禁科之上，似乎并非没有根据；四科之排名，是以诊治病况之实际功效为准则而分先后的。

（v）药剂

关于唐代的药剂，在奉医局部分，已经有所论述。而关于药材的来源，可以分成直接与间接来源两方面。

a 直接来源

所谓直接来源是向京师的御用药园直接取药。唐代虽以山西的太原为北都，河南的洛阳为东都，不过最重要的当然是位于陕西的西京长安。文献上的京师，可能正指长安而言。这个药园，占地三顷，[76] 面积相当大。唐代长安的宫廷，向分北内、南内与西内三部分。称为北内的大明宫，周长七千六百七十九米，相当于 7 059 344 平方米，[77] 折合唐代的度量衡制度，等于二点九四一四顷。[78] 称为南内的兴庆宫，周长四千六百五十米，相当于 1 343 750 平方米，[79] 在唐代，相当于一点二零九顷。[80] 至于称西内的太极宫，占地面积约一点九平方千米，相当于 1 917 220 平方米，[81] 在唐代相当于一点七二五五顷。[82] 一个御用的药园，居然占地三顷，面积是相当可观的。为天子治疗所需的药材，大概大部分都取材于这个药园。药园平常是由药园师负责的。药园师不但要按照季节的变化，栽种不同的药材，当然也要在药材成熟之后，按时采集。这个药园师要在面积是三顷的药园里工作，是相当辛苦的。所以在太医署的编制里，有八名药园生作为药园师的助手。平均每名药园师各有助手四人。即使如此，他们的工作，恐怕还是相当忙碌的。顺便可以附述的是药园生的年龄，都介于十六岁至二十岁之间。

b 进贡

在管理御用药园之外，太医署之药园师的另一项工作是要对各州进贡的药材，“择其良者而进”。[83] 为了达成这项工作，他必须对各地所贡的药材逐一审查。推想这项工作必定也相当费力费时。当然在药剂知识方面，这两位药园师必须具备下列的专业知识。首先到唐代为止，我国的药材，在文献上，共有八百四十四种，他对这几百种药材，必须每一种都熟悉。其次，这些药材在药性上有“阴阳配合，子母兄弟，根叶花草，草石骨肉之异”，[84] 因此药园师必须熟悉这些不同药材之药性。

从隋代开始，印度与西域两方面已有外来的药方传入我国。譬如从印度传来的有《龙树菩萨药方》四卷和《婆罗门诸仙药方》二十卷，[85] 从西域传来的也有《西域诸仙所说药方》二十三卷、《西域婆罗方》三卷、《西域名医所集要方》四卷，以及《婆罗门药方》五卷。[86] 这些药方虽然有的只有三卷，却也有些药方，多达二十卷或二十三卷。每一种药方，必定都会使用一些本为我国所没有的外来药材。即使在长安的御用药园，未能栽种这些“洋药”，不过两位药园师可能也需要熟悉洋药的药材。如果有“洋药”贡入内廷，而药园师不知药名或者不知药性，恐怕他是有失职掌的。这样说，京师药园师不但要熟悉我国的药材，还得因应中西文化之交流而熟悉印度与西域的医材。

2. 唐代太子的医疗制度

与唐代天子的医疗制度相比，唐代太子的医疗制度简单得多。如前述，唐代太子的医疗机构，分属于门下省与太常寺。但与太子医疗有关的机构只有左春坊而已。左春坊下辖司经、典膳、药藏、内直、典设和宫门六局。药藏局是负责处理太子医疗事宜的唯一机构，下列将此局的编制，表出如下：[87]

表五　唐代药藏局之编制表

职　称	品　秩	人　数	职　掌
药藏郎	从六品下	二人	正主管，掌和医药
药藏丞	正八品上	二人	副主管，掌和医药
书令史		一人	
书吏		二人	
侍医		四人	诊候议方
典药		二人	
药童		六人	
掌固		四人	

由此表可见几件事：第一，药藏郎官居从六品下，职位甚高。天子医疗机构太医署的主管太医令的品秩，不过只是从七品下而已。何以药藏郎的官品在编制上高于太医令，尚不可解。

第二，药藏郎与药藏丞的职掌是“掌和医药”，所谓“和”，有调和或混合之义。这个职掌与典药的职掌显然不同。“典”的意义是保管。所以“典药”只是保存与管理药材。如果侍医开出了药方，可能药藏郎（或药藏丞）就要负责从“典药”的手里取得药材，再把它们混合起来，以便煎药。如果这个推测无误，管理与煎煮药材是各有专人负责的。他们为太子的医疗分工合作。“典药”管理或保管药材，当然比药藏郎或药藏丞只在收到“侍医”所开的药方时再去配药的工作繁重，所以在编制上，“典药”是有六名药童作为助手的。至于配药，既非经常性的工作，即使没有助手，药藏郎（或丞）应该可以独力胜任的。

第三，书令史是文书人员，书吏是他的助手或下属。这些文书人员的工作，当然和太医署里的史，以及奉医局里的书令史的档案工作一样，他们的工作任务，是要为太子的病况留下记录。由此可知，唐代政府的文书或档案工作，不仅是要为天子的医疗情形编写记录，由于太子是储君，也就是未来的天子，也要为他的医疗情形，同样地编写官方的记录。隋代的太子府没有书史或书令史，他的病况没有档案可以稽查。

第四，掌固的职掌为何，全然不明，已如前述。

3. 唐代宫人的医疗制度

唐代皇宫的宫人有广义、狭义两种意义。广义的宫人，可指宫中所有的女性。除了皇后，宫中的女性，共分嫔妃、婕妤、才人与宫人四等，每一等又各有品秩。[88] 除了嫔妃的地位仅次于皇后，身份尊贵以外，婕妤与才人大概都以品学和容貌作为身份等级的标准。对于这两种宫人，天子是随时可以宠幸的。譬如武则天在得到唐高宗的恩宠之前的身份就只是一名才人。[89] 至于宫人，因为需要在后庭担任各种服务性的工作，身份最低。在一般情况之下，这些宫人往往把整个一生埋没在宫内，她们终身都不会得到天子的恩宠。[90] 这个阶层的宫人，最值得同情与可怜。狭义的宫人，通常被称为宫女，是才人以下的，品秩最低的宫中女性的代名词。

在宫人的这几个层次之中，贵妃、嫔妃，甚至才人的医疗情况如何，文献上没有记录。不过奉医局与太医署是为天子做医疗服务的机构，贵妃、嫔妃与才人既是天子身边的女性，或者这三个阶层的宫中女性的医疗工作，也需要由奉医局与太医署负责。至于狭义的宫人，也就是一般的宫女，平时要集体地住在掖庭宫里。[91] 她们的生活细节虽由掖庭局负责管理，[92] 可是她们的医疗事宜却由奚官局另行管理。[93] 如果宫女有病，由奚官局“供其医药”。[94] 不过医生是由奉医局派来，还是由太医署派来，文献上并没有清楚的说明。宫女生病时所用的药虽由奚官局直接供给，不过奚官局本身并无药房。宫女所需用的药材，平时集中在太医署的“宫人患坊”里。[95] 需要用药时，由奚官局派人到太医署去领取。据表四，太医署有太医署监、太医正与医师“番别一人莅坊”。[96] 意思可能是说这三种医疗人员要轮流到“宫人患坊”去值班。宫女如果有病，除由宫人患坊的值班医生负责诊治，还可在这个患坊里领药。这样看，奚官局虽为宫女诊治而需“供医药”，其实医与药的来源却都是太医署。奉医局与太医署虽然同为负责天子医疗事宜的机构，但奉医局并不负责宫女的医疗服务，而太医署却除了要负责天子的医疗工作，也要兼顾宫女的医疗工作。而宫女的数目一向是相当庞大的。[97] 相形之下，太医署的业务要比奉医局的业务繁重多了。

4. 唐代民间的医疗制度

甲　三都的医疗制度

所谓三都，各指西京长安、东都洛阳与北都太原，已见前述。这三都各有行政首长——都牧一人。都牧的品秩是从二品，[98] 职位相当高。在这三位都牧之下，各有品秩是正七品下的功曹司功参军事二人。三都的医疗工作是由这六位功曹司功参军事负责的。[99] 医疗人员与药材的来源为何，文献上虽无直接的记录，不过并非没有蛛丝马迹可寻。现在就把医与药的来源分别考察如下：

药材方面：又要仰仗太医署。因为太医署的职掌除了为天子、皇后、嫔妃、婕妤、才人和数目庞大的宫女负责医疗工作，还要“岁给药以防民疾”。[100] 所谓“给药”，应当不是由宫廷中把药材直接送到民间，而是送给地方政府。长安、洛阳与太原既是三都，可能是宫廷赠药时，首先考虑的三个地点。易言之，三位都牧收到医材，应该转拨给他们属下的功曹司功参军事。三都的居民患病，所需之药材是由功曹司功参军事免费供应的。

医务人员方面，太医署要负责训练二十名医师。由于这个机构，在编制上无法容纳这么多人，医师在学成之后，自然必须离开奉医局与太医署。唐代有无分发制度，今尚不明。无论如何，像三都这样重要的地点，一定是新毕业的实习医生愿意争取就业的地方。假如事实的确如此，三都的药材与医生的来源，都与太医署具有密切的关系。此外，在医生的来源方面，应当与奉医局也有些关系。三都的医务人员既由宫廷所训练的人才担任，他们诊治的方法，当然也不会脱离内科、针科、按摩科和咒禁科。

乙 都督府区

唐代的地方行政区域在三都之外，还有大、上、中、下等四种都督府区以及都护府区。[101] 先看都督府区。大都督府共有潞州、扬州、益州、荆州与幽州五府。[102] 上都督府，共有兖州、营州与洪州三府。[103] 中都督府，共有代州、安州、越州、福州、潭州、秦州、凉州、西州、戎州、嶲州、原州、庆州、延州与广州十四府。[104] 下都督府，共有十六府。[105]

从地理位置上看，由这大、上、中、下四种都督府所辖的四十州，大致包括唐代国土的三分之二。然而每一府的医疗人员，从编制上看，实在相当贫乏。根据文献，在大都督府里，管理医疗事宜的，只有一名品秩是从八品上的医学博士。中都督府与下都督府里的医疗人员也只有品秩各为正九品上与正九品下的医学博士一人。[106] 至于各州，当然也各有本州的医务人员。根据唐代的行政系统，人口在四万户以上的州是上州，人口在三万户以上的是中州，人口不到三万户的州是下州。[107] 可是陕、汝、虢、仙、邠、陇、泾、宁、鄜与坊等州，因为在地理上，或者邻近长安，或者邻近洛阳，由于地位比较重要，有几州的人口虽然不到四万户，本来应该列为中州，却都破例地升级为上州。[108] 至于各州的医务人员，无论是在上州、中州，还是在下州，在编制上，每州都只有品秩是从九品下的医学博士一人。[109] 由各都督府与各州的医疗人员之编制看来，都督府里的医学博士，可能只是医务的行政人员，如果情形的确如此，只有在各州的州政府里工作的医学博士，才是真正负责临床诊治的医疗人员。

从时间上看，唐太宗贞观三年（629 年）九月，“设诸州治医学”。[110] 治医学的文义不很清楚，如果可以当作学习来解释，可见当时各地方政府是没有医疗人员的。所以在唐高祖的武德时代（618—626 年），当京畿所在的关中地区发生了一种传染病——“骨蒸病”，“得之必死”。[111] 能够得到医疗而且痊愈的，完全由于民间医生许允宗的诊治。[112] 各地州政府在编制上不设医疗人员的情形，持续了很长的一段时间，直到开元十一年（723 年）七月才由唐玄宗诏令“天下诸州各置职事医学博士一员”。[113]

以上州为例来观察，州里的医学博士要负责全州四万人的医疗事宜，他的工作量之繁重，是可想而知的。下州的人口既然不到三万户，就人口的户数而言，下州医学博士的工作量，似乎比较轻松。事实上，情形似乎并非如此。因为下州的所在地，都分布在比较荒僻，或者未甚开发的边区。所以下州医学博士为了执行医疗工作，免不了经常要穿山越岭，长途跋涉。这样说，下州的医学博士，虽然似乎可因州里的户数较少，而对医疗工作的执行，在次数上比较少一点，可是他在执行任务时的困难度，大于上州的医学博士，也是可以想见的。为了减轻各州医学博士的工作量，在开元二十七年（739 年），又由玄宗诏令“十万户以上州，置医生二十人，十万以下，置（医生）十二人，各于当界巡疗”。[114] 根据这个简单的回顾，唐代政府在从武德元年到开元十年（618—722 年）的一百一十四年之间，对于民间的疾病，可说完全没有医疗福利的照顾。从开元十一年（723 年）起，无论人口之多寡，才在上、中、下各州各设医学博士一人。文献上，在这位博士的职称之上另加“职事”二字。唐代的官职，大致分为勋官、散官与职事官等三种。[115] 所谓“勋官”是由于特别的功勋（尤其是战功）而设立的职位，这种官职，既不在一般编制之内，可说是特设的官职。至于“散官”，是虽有官位，却没有实权的官职。只有“职事官”才是既有官位，又有实权，而须从事公务之处理的政府官员。由此看来“职事医学博士”所负责的工作，应当与太医署或奉医局里的医学博士的工作并不完全相同。如前述，署里与局里的医学博士的工作是教学，各州的职事医学博士的工作却是到各地去巡回医疗。

在唐代的行政制度上，州以外的地方行政的基层单位是县，每一县又按人口之多寡而分为上、中、下县三个等级。[116] 可是在编制上，县政府并没有医疗人员。[117] 那就等于说，各县的县政府并不负责本县的医疗工作。负责各县之医疗事宜的单位是州政府。实际处理各县医疗工作的人员是州里的医学博士。上文要以上州或下州的医学博士之医疗任务加以比较，正由于县政府里没有编制的医务人员。综合以上的认识，在各都督府区之中，医学博士负责整个行政区域医务工作的指导，各州医学博士负责执行，各县居民有病，如果不愿或无力自费就医治疗，就只能等候州医学博士的到来。各州的医学博士为了执行医疗任务，是需要在各县巡回临床诊治的。

唐代各县虽无县医，可是一个小镇却可以有一位医务人员。这当然是一种特殊的现象。其实所谓镇，并不是地方行政上的乡镇，而是一个在军事上具有重要地位的驻军地点。根据驻军的人数，凡有驻军五百人的地点，称为上镇，具有驻军三百人的地点称为中镇，驻军三百人以下的地点称为下镇。[118] 在军事行政上，上镇有一位掌管医药事宜的“仓曹参军事”。[119] 不过，在中镇与下镇的军事行政上，却都没有这个职位。县政府没有县医而上镇却有镇医，看来虽似甚不合理，其实镇医的编制只能说是唐代政府对于战士的优待。既然是为了优待军人，在只有五百名驻军的地点设有军医，而在人口十倍于上镇的县里不设县医，是不足为奇的。

讨论都督府区里的医疗制度的时候，最后值得注意的一件事是，无论是在上、中、下都督府里，或是在上、中、下州政府里，编制上的医疗人员，都只有一位医学博士。在针科、按摩科与咒禁科方面，编制上是没有医务人员的。医学博士既在医术上没有同僚，他的医务工作的进行，就可能会遭遇一些技术专业上的困难。最明显的例子是，假如这位医学博士不通针术，他就无法为他的病患者，在需要施用针治的关键时刻去进行针治。根据这层分析，各州的医学博士，必须是一位全科的医疗人员。他除了必须专长于内科，至少还要兼通针术。此外，如果他还能执行按摩科与咒禁科方面的医疗工作，当然就更理想。由这个编制所显示出来的事实是，唐代的州政府非常缺乏医疗人员。州医学博士既然需要同时执行内科与针科的医疗服务，他的工作当然比宫廷或三都的医疗人员，得负起更多的医务责任。至于三都的，特别是宫廷的医疗人员，因为在编制上，每一种专科，

都各有专业人员各负其任，他们的医疗职责如与州政府的医疗人员相比，其实既并不算重，也不算多。总之，这个事实说明，唐代医疗人员的编制并不合理。

丙　都护府区

根据唐代的行政制度，除了都督府，还有几个都护府。单于、安西与安北三府是大都护府，安南、安东与北庭是上都护府。[120] 在地理上，单于与北庭二都护府在今蒙古国，安西都护府在今新疆，安北都护府在今黑龙江，安南都护府在今越南，安东都护府在今朝鲜。易言之，这六个都护府都分布于唐代领土的边疆地区。在编制上，这六个都护府完全没有医疗人员。[121] 这等于说，上述区域虽在七至九世纪，向唐代的中央政府朝贡，可是唐代政府对于这些地区之居民的医疗事宜，却完全不负责任。当地的病患者必须自行就医的事实，是很明显的。唐代政府对都督府所辖的各州在编制上，设有一名医学博士，已如上述。在人数上，各都督府区内的医疗人员的人数，虽然十分不足，但如与都护府所辖的边疆地区完全不设医疗人员的情况相比，还是稍有医疗福利的。可能正由于唐代政府对于边疆地区的都护府的辖区不提供医疗照顾，反而促成了回纥医学和西藏医学在六至九世纪，或在隋代至唐代的发展。[122]

（三）总结

唐代的医疗制度，大体上沿自隋代所建立的制度。唐代一方面继承这些制度，但在另一方面，对这些制度又有所改进。就制度而言，几乎所有的医务机构都为天子或太子而设立。在隋代，为天子服务的医疗机构有三：尚食局设有食医四人，专门负责天子之食疗事宜；尚医局设有侍御医四人，或个别或集体地为天子进行临床医疗事宜。此外，这些侍御医也要负责四十名实习医生之教学工作。太医署有内科、按摩与祝禁科博士各二人，负责二百名实习医生之教学工作。另有主药二人，可能是天子的主治医生。为太子服务的医疗机构是药藏局，局中设有侍御医二人，负责太子之临床诊治。

在唐代，为天子服务的医疗机构仍为尚食局、尚药局与太医署等三单位。尚食局有食医八人。此局改为奉医局之后，虽有主食十六人，但无食医。可见在饮食方面，隋代二帝颇重视食疗。唐代初年，在从武德元年到龙朔元年（618—661年）的最初四十四年，也就是唐高祖、唐太宗与唐高宗的前几年，也同样的注意食疗。可是在从龙朔二年到天祐三年（662—906年）的那二百余年之间，对于食疗的功效却完全放弃了。转变的原因何在，似尚有待稽考。尚药局初按隋制，沿用旧名，局中设有侍御医四名。自龙朔二年起此局改称奉医局之后，侍御医的人数虽仍然为四名，却另增设按摩师与咒禁师各四人。如果当时的按摩师已采用天竺按摩法，去教导天子以导引之法，而进行身体的自疗，似乎印度的体疗法，是在唐高宗在位初年传入我国的。关于药材的处理，奉医局设有主药十二人。天子如果因病而须服药，需要经过包括太子在内的尝药手续。尝药制度的建立，说明唐代天子虽不重视食疗，但对药疗却非常严谨。隋代是没有尝药这个制度的。至于太医署，除按隋制而设医科、按摩与咒禁等三科的博士，又新增加了针科博士。唐高宗的眼不能视，就是由针术治好的。不过这四科博士的主要任务可能不是为天子治病，而是从事那上述四科的医学教学。为天子治病的任务应该是由太医监与太医正负责的。不过这两位医疗人员，平时也还要在宫人病坊值班，为宫人治病。在药材方面，宫中除了可以使用由产药各州所进贡的药材，大概常用的药材的主要来源，是长安附近的御用药园。由于药园面积很大，产量很多，有不少药材，要由太医署统筹，分配给外地。主要的分配地，可能是不产药材之各州。关于奉医局与太医署，在奉医局与太医署的编制里，各有书令史与史的编制。这两种人员的主要工作当然是为天子的病况作记录以建立病史。此外，也许会对各科博士的教学、实习医生的成绩、药材的来源与对外地各州的分配，也要各作记录。隋代的尚药局与太医署既没有书令史与史的编制，天子的病况可能当时并无记录。易言之，我国的医学档案的建立可能是在唐代开始的。

在地方政府方面，三都各设功曹司功参军事二人，每一都督府各设医学博士一人，负责各都与各府的医疗工作。位于边疆各地的都护府则不设医学博士。分属各都督府的各州，从盛唐的开元十一年（723年）开始，才有医学博士的编制；不过从开元二十七年（739年）开始，又按照各州人口之多寡，增加协助职事医学博士的医生人数，人口在十万人以上的上州，编制上有医生二十人，人口在十万人以下的各州，只置十二人，至于在人口不足三万的下州，可能只能按照开元十一年的规定，而只能有医生一人。经过这次调整，各州医生的编制人数，已经合理得多；不过大体上，地方政府的医疗人员的人数仍然偏低。在武则天称帝的长安时代（701—705年），当时的佛教徒虽然为了敬老和养病两件大事，而在民间成立了悲田病坊，[123] 在三十年之后的开元二十二年（734年），唐玄宗为了消灭“匃者”，不但不准他们在京城（可能除了长安，兼指洛阳）行乞，还把他们送进新开设的病坊里去，由官府照顾这批“匃者”的膳食。[124] 似乎从开元后期或八世纪的三十年代开始，当时的病坊又兼有收容所的功能，而并不一定是真正的医疗机构。可是到了会昌五年（845年），由于唐武宗要消灭佛教，他诏令天下所有的僧尼全部还俗。[125] 具有二百四十年历史的悲田病坊，正因为僧人还俗，无法继续管理，才由各州府一面拨出七顷至十顷的土地，一面选出“耆寿”一人，负责管理赈济或施粥的工作。[126] 可见在从开元二十二年到会昌五年的这百余年间（734—845年），由佛教徒管理的悲田病坊因为附设在佛教的寺院之中，规模不会很大，不过病坊的性质，可能接近疗养院，但从845年以后，由唐代政府接管的悲田病坊，占地至少七顷，规模虽然很大，性质却接近养老院，医疗福利不一定是有的。这样说，相当于医院的那种可以从事大型医疗服务的机构，不但在国祚短暂的隋代没有成立，就是在立国几达三百年的唐代，恐怕也还没成立。[127] 唐代虽然在政治上是一个强国，文化也非常发达，不过由于唐代的医疗机构，都附属于当时的中央政府。天子与太子，甚至一般宫女虽然都可以得到医疗，可是就民间的一般医疗情形而言，唐代的医疗制度，还是落后的。

注释

1 隋代门下省所属六局及其职员名称，见《隋书》卷二十八，第774页。

2 据《说文解字注》第八篇，第36页，“值，《史记》《汉书》多用直为之。”可见值、直二字可以互训。

3 1975年年底，考古学家在湖南省长沙市马王堆的第三号汉墓里，发现了一大批可能写于西汉文帝十二年（168年）的医简，后被整理者定名为《五十二病方》。其中有十多种病方，常以大量的日常食品（如食盐、乳汁、猪脂、牛脂和蜂蜜等）渗入药中，而进行食疗。由《五十二病方》所记载的五十多种疾病，有半数以上可以用食疗的方法加以治疗。此外，1972年考古学家在甘肃省武威县旱滩坡的东汉早期墓葬中发现了九十二片医学木简，整理者根据其中一简上的“治百病方”四字，而把在武威发现的整批医简定名为《治百病方》。其中有些病方记载治疗时的饮食和食物性的药引，包括酒饮、料饮、酢浆饮、鼓汁饮等。在这两批医简之外，汉人的食疗法，还可见于东汉名医张仲景（约150—219年）的著作《伤寒杂病论》和《金匮要略》。由这两种医书所记载的“猪肤汤”和“当归生姜羊肉汤”都是《五十二病方》和《治百病方》所未记载的食疗方。

4 隋代的新食疗方，据《隋书》卷二十九，《经籍志》三，第1043页所载，有《神仙服食经》十卷、《杂仙饵方》八卷、《服食诸杂方》二卷、《老子禁食经》一卷、《食馔次第法》一卷、《四时御食经》一卷等数种。

5 隋代尚药局在典御二人与直长四人之外，设有侍御医四人与医师四十人，见《隋书》卷二十八，第774页。

6 隋代太常寺所属十一署及各署编制，见《隋书》卷二十八，第776页。

7 在我国行政制度上，官秩相同、职位也相等的行政单位主管，分为左右二部，似乎始于周代。据《尚书》（1989年，上海：上海书店影印《四部丛刊初编》本）第二十一，第11页下—第15页，《立政》篇，在西周时代，虎贲、缀衣、趣马、小尹、携仆、百司与庶府等七个单位都是王室的内监事务。其中六个单位的主管，都只有一人，但是携仆的主管却有两人，一称左携仆，一称右携仆。此外，据《汉书》卷十九，《百官公卿表》，第776页，当时的将军之职，共分为前后、左右等四单位。据《汉书》的原注，这左右之分，也是周代的旧有制度。

8 隋代太医署的编制，见《隋书》卷二十八，第776页。

9 详见本文“唐代的医疗制度”章节。

10 唐代的太卜署，见《唐书》卷四十八，第1245—1246页；《唐六典》卷十四，第409—410页。

11 属于门下坊的典膳局的编制只有四人，主管称为监，人数是二人，副主管称为丞，人数也是二人。在这四人之外，没有其他的人员。详见《隋书》卷二十八，第779页。

12 唐代殿中省所属各局，见《旧唐书》卷二十四，《职官志》三，第1863—1866页；《新唐书》卷四十七，《百官志》二，第1217—1219页；《唐六典》卷十一，《殿中省》，第320—331页。

13 尚药局在龙朔二年（662年）改称奉医局，见《新唐书》卷四十七，第1219页。

14 孟诜，《旧唐书》卷一九一，《方伎传》，第9101—9102页；《新唐书》卷一九六，《隐逸传》，第5599—5600页，皆有传。但皆未记孟诜曾经编著《食疗本草》（见谢海州等辑之校本，1984年，北京：人民卫生出版社）。《旧唐书》卷四十七，《经籍志》下，第2050页，仅列孟诜著有《孟氏必效方》十卷，至《新唐书》卷五十九，《艺文志》三，第1570页，方列孟诜编著《食疗本草》三卷。该书约散佚于宋末元初（1552—1578年）的战乱之中。今英国伦敦大英博物馆藏有斯坦因于敦煌千佛洞中所发现之五代后唐明宗长兴五年（934年）之手写本残本一卷（编号5.76），共存一百三十七行、二千七百七十四字，记录了二十六种植物与蜜和糖的药性。详见赵健雄编：《敦煌医粹——敦煌遗书医药文选校释》（1988年，贵阳：贵州人民出版社排印本），第215—244页。

15 中书、门下二省与诸卫须派代表至尚药局监视御药入宫，见《新唐书》卷四十七，第1218页。所谓诸卫，当指左右卫与金吾卫。据《唐六典》卷二十四，《诸卫》条，第615—616页，左右卫的大将军与将军，“掌统领宫廷警卫之法令，以督其属之队仗……凡宿卫内廊窗门外，分为五仗，皆坐于东西廊下。若御座正殿，则立于两阶之次。……承天，嘉德二门之内，皆大将军守之。”又据《唐六典》卷二十五，《左右金吾卫》，第638页，“左右金吾卫大将军、将军之职，掌宫中及京城昼夜巡警之法。”

16 托名黄帝的《神农本草经》共录药材三百六十五种［见史兰华等编《中国传统医学史》(1992年，北京：科学出版社)，第68页］，南朝陶弘景（456—536年）所著《本草经集注》再录三百六十五种，（见尚志钧等《本草经集注》之辑校本，《内容提要》，第1页），苏敬（约599—674年）等撰著《新修本草》又记录了新增之药材一百一十四种［见李经纬等著《中国古代医学史》(1990年，石家庄：河北科学出版社)，第129页］。综合这三种著作记录，到唐代为止，当时所知的药材之总数共为八百四十四种。

17 唐代宫廷对于孝道的重视，可透过对《孝经》的重视为说明。据《唐会要》卷四，《杂录》之“皇太孙”条，第49页，贞观十七年（643年）太子李治得子，太宗赐皇太孙《尚书》与《孝经》各一部。颁赐《孝经》当然是希望太子与皇太孙都能重视孝道。在唐代以前的群经之中，《孝经》并没有特别重要的地位。除此之外，唐代宫廷对于孝道的重视，可能也与在隋、唐时代流行的与孝道有关的书籍有关。从目录学上观察，以《隋书》卷三十三，《经籍志》二与《旧唐书》卷四十六，《经籍志》上及《新唐书》卷五十八，《艺文志》二，作为观察的对象，在隋、唐之间所流行的与孝道有关的书籍，大约是下表所列举的十六种：

			《隋书》	《旧唐书》	《新唐书》	备　注
王韶之	《孝子传》	十三卷			※ ✓	※ 增为十五卷
	《孝子传赞》	三卷	✓	✓	※	
萧广济	《孝子传》	十五卷	✓			
郑缉之	《孝子传》	十卷	✓			
	《孝子传赞》	八卷		✓	✓	
师觉授	《孝子传》	八卷	✓	✓	✓	
宋躬	《孝子传》	二十卷	✓	※ ✓	※	※ 仅十卷
	《孝子传略》	二卷	✓			
梁元帝	《孝友传》	八卷		✓		
	《孝德传》	三十卷	✓			
梁武帝	《孝子传》	三十卷			✓	
申秀	《孝友传》	八卷	✓	✓	✓	
虞盘佐	《孝子传》	二十卷			※ ✓	※ 仅一卷
徐广	《孝子传》	三卷		✓	✓	
	《杂孝子传》	二卷		✓		
李袭誉	《忠孝图传赞》	廿七卷		✓		

但据《宋史》卷一五五至一六〇，《艺文志》一至六，上表所列十六种与孝道有关的书籍，在宋代全部亡佚。

18 隋唐医学博士人数的更动，见《唐六典》卷十四，第410页。

19 “流外”之称，见《旧唐书》卷四十二，《职官志》一，第1803页。

20 药童的年龄介于十六岁与二十岁之间，见《唐六典》卷十四，《太常寺》，第409页。

21 《唐六典》卷十四，《太常寺》，第409页：“药园生业成，补药园师。”

22 Chuang Shen, “Bibliographical Notes on Two Ancient Chinese Medical Works”, in *The Gest Library Journal*, vol. VI, No. 2, 1993, Princeton, pp. 73—91.

23 《本草经》的成书时代，见前引《中国传统医学史》，第 68 页。

24 《新修本草》（1981 年，上海：上海古籍出版社）为影印后书钞阁藏日本森立之藏本，仅存卷四、五、十二、十七、十九，共五卷。《本草经集注》的内容，见前引《中国古代医学史》，第 112—113 页。此书记有尚志钧、尚元胜合编辑校本（1994 年，北京：人民卫生出版社排印本），共 551 页。

25 《甲乙经》的成书时间，见孔祥序：《针炙甲乙经成书年代和卷数考》，载于 1985 年《中华医史杂志》，第十五卷，第一期，第 54—56 页。

26 《甲乙经》的内容，见上引书，第 108—109 页。此经现有张灿玾、徐国阡主编的校注本，书名《针炙甲乙经校注》（1996 年，北京：人民卫生出版社排印标点本）。

27 现把这二十四种脉象的名称，按照《脉经》的原有顺序，排列如下：

1. 浮　2. 芤　3. 洪　4. 滑　5. 数　6. 促　7. 弦　8. 紧　9. 沉　10. 伏　11. 革　12. 实　13. 微　14. 涩　15. 细　16. 软　17. 弱　18. 虚　19. 散　20. 媛　21. 迟　22. 结　23. 代　24. 动

28 《脉经》的二十四种脉象包括生理与病理的脉象，见《中国传统医学史》，第 380 页。

29 《赤乌神针经》是唐代针科学生第一类教科书的记录，见《隋书》卷三十四，第 410—411 页。

30 《赤乌神针经》的第一次著录，见《隋书》卷三十四，《经籍志》三，第 1040 页。

31 《赤乌神针经》的第二次著录，见《旧唐书》卷四十七，《经籍志》下，第 2046 页。

32 《偃侧图》与《流注图》是唐代针科学生第二类教科书里的两种的记录，见注 29。

33 《偃侧人经》与《偃侧杂针炙经》的著录，皆见《隋书》卷三十四，《经籍志》三，第 1047 页。

34 《黄帝十二种明堂偃侧人图》的著录，见《新唐书》卷五十九，《艺文志》三，第 1565 页。

35 《黄帝流注脉经》的著录，见《隋书》卷三十四，《经籍志》三，第 1040 页。

36 王素引用《黄帝中诰孔穴图经》，见郭世余《中国针炙史》（1989 年，天津：天津科学技术出版社），第 147 页。

37 《素问》《黄帝针经》《明堂》与《脉诀》为唐代针科学生第三类教科书里的四种，见《唐六典》，卷十四，第 410—411 页。

38 《黄帝针经》的第一次著录，见《隋书》卷三十四，《经籍志》三，第 1040 页。

39 《黄帝针经》的第二次著录，见《旧唐书》卷四十七，《经籍志》下，第 2046 页，《黄帝针炙经》与《黄帝三部针经》的著录，见上引。

40 《黄帝针经》的第三次著录，见《新唐书》卷五十九，《艺文志》三，第 1565 页。

41 《中国针炙史》（1989 年，天津：天津科学技术出版社），第 36 页，注 5。

42 《汉书》卷二十五上，《郊祀志》上，第 1193 页："周公相成王，王道大治，制礼作乐，天子曰明堂、辟雍，诸侯曰泮宫。以宗祀文王于明堂，以配上帝。"同书，卷二十五，《郊祀志》下，第 1243 页："初，天子封泰山，泰山东北址古时有明堂处，处险不敞。上欲治明堂奉高旁，未晓制度。济南人公玉带上黄帝时明堂图。明堂中有一殿，四面无壁，茅盖通水，水圜宫垣，为复道，上有楼，从西南入，名曰昆仑，天子从之入，以拜祀上帝焉。于是山令奉高作明堂汶上，如带图。"

43 医书中"明堂"一名之含义，在古代的医学文献里，可参阅宋人王惟一于北宋仁宗天圣四年（1026 年）所著《新铸铜人腧穴针炙图经》。1994 年，岳麓书社《中国医学大成》三编影印清宣统元年（1909 年）贵池刘氏重刊大定二十六年（丙午，1186 年，金代刊本）之夏竦序。现代学者的著作见郭世余《中国针炙史》，第 27 页。顺便值得一提的是，《新铸铜人腧穴针炙图经》在天圣五年颁行不久之后，就在此年至天圣八年的四年之间（1027—1030 年），刻之于石。按照中国的文化传统，凡是刻于金石的文字，原意都想能够流传万世。可是此图的石刻本，显然并未能够流传万世。首先，这些北宋的刻石，在元初的至元时代后期（1277—1294 年），被人从河南汴梁移到大都（北京），然后，又在明英宗正统十至十一年（1445—1446 年），不但因为修筑北京的城墙，而被劈毁，而且还被埋在新修的城墙之下，长达五百年。直到 1965 年至 1971 年间，若干《新铸铜人腧穴针灸图经》的残石才因为北京市政府的拆除明代新修的城墙，而重见天日。在石刻本中，夏竦为此经所写的序与此经的卷下都已佚失。详见于柯：《宋新铸铜人腧穴针灸图经残石的发现》，见《考古》，1972 年：第六期（北京：科学出版社），第 18—24 页。

44 无名徐氏所撰《脉经诀》的第一次著录，见《旧唐书》卷四十七，《经籍志》下，第 2046 页。

45 无名徐氏所撰《脉经诀》的第二次著录，见《新唐书》卷五十九，《艺文志》三，第 1565 页。

46 《黄帝岐伯按摩》的著录，见《汉书》卷三十，《艺文志》，第 1779 页。

47 《汉书》卷三十，《艺文志》，第 1776—1779 页，所藏医学、房中术与神仙等三方面的著作，已有《黄帝内经》《神农黄帝食禁》《黄帝三王养阳方》《黄帝杂子步引》《黄帝岐伯按摩》《黄帝杂子芝菌》《黄帝杂子十九家方》等七种都托名于黄帝。再据《隋书》卷三十四，《经籍志》三，第 1040 页，则有所载《黄帝素问》《黄帝甲乙经》《黄帝八十一难》《黄帝针经》《黄帝流经脉》等五种。其中《黄帝素问》本为《黄帝内经》的一部分。《素问》早佚，至隋才重新发现，唐人王冰对《素问》加以整理并增补了已缺的第七卷里的《干元纪大论》第七篇。宋嘉祐二年（1057 年），医官高保衡与林亿等对王冰的增补未再加整理校正，定名为《重庆补注黄帝内经素问》而加刊行，流传至今，见史华兰等编《中国传统医学史》，第 51 页。

48 《内经》的著成时代，医术界与学术的意见，一向很不统一。大致而言，此书既非同一作者之作，亦非同一时期写成。反之，此书的初稿虽然可能写于战国时期，以后却经过秦汉和唐宋时期的整理综合，增补修改，详见史华兰等编《中国传统医学史》，第 8 页。

49 汉代之导引文与其附图，于 1973 年年底在湖南省长沙市马王堆的三号汉墓中出土。图为绢本，长约五十三厘米，宽约一百一十厘米，绘有四十四组正作各种导引动作的人物。每一图各附简要之说明文字，可辨认的共有三十一组。根据这卷绢画，汉代的导引术大致可分为肢体运动、呼吸运动与持械运动等三类。详见《导引图论文集》（1979 年，北京：文物出版社初印本），以及沈寿《西汉帛图导引图解析》，见《文物》，1980 年，第九期，第 70—75 页。

50 《唐六典》卷十四，《太常寺》，第 411 页："按摩博士掌教按摩生以消息导引之法"。

51 这六种导引动作的记载，见《淮南子》（1989 年，长沙：岳麓书社，杨坚点校本），内篇的卷七，《精神训》，第 72 页。

52 关于今人对于六禽戏的研究，见沈寿《西汉刘安淮南子六禽戏的考释与研究》，载于《中华医史杂志》，第十一卷，第三期（1981 年，北京），第 178—181 页。

53 有关华佗所创"五禽术"之记载，首见《后汉书》，卷八十二下，《方术列传》下，第 2739—2740 页，次见《三国志》卷二十九，《魏书》，《方技列传》，第 804 页。

54 同注 52。

55 同上注。

56 关于中国式按摩法及印度式按摩法，见《备急千金要方》（1990 年，台北：中国医药研究所），第 481—483 页。

57 关于唐高宗因患风眩症而想把朝政交给武则天的记载，见《资治通鉴》卷二〇二，《唐纪》十八，第 6375 页。

58 唐高宗目不能视的病，后由秦鸣鹤在他头顶之百会与脳户二穴上施针治愈，事见《大唐新语》卷九，《谀佞第二十一》，第 141 页；《资治通鉴》卷二〇三，《唐纪》十三，第 6415 页；《旧唐书》卷五，《高宗纪》下，第 111 页。

59 《唐六典》卷十四，《太常寺》，第 411 页："咒禁博士掌教咒禁生，以咒禁祓除邪魅之为厉者。"

60 庄申：《禊俗的起源与演变——从祓除邪恶到骑马、百戏与游船》，见《历史考古与文化——庆祝高去寻院士八十寿庆论文集》，上册，第 113—144 页。

61 见劳干：《上巳考》，见《民族学研究所集刊》第三十期（1970 年，台北：台湾"中央研究院"出版），第 249—262 页。

62 见注 60。

63 武则天对王皇后的迫害，见《资治通鉴》卷二〇〇，《唐纪》十六，第 6294 页；《旧唐书》卷五十一，《高宗废后王氏、良悌萧氏》合传，第 2169—2170 页；《新唐书》卷七十六，《王皇后传》，第 3473—3474 页。

64 武则天见到王后与萧妃的鬼魂"披发沥血"地在宫中为祟，见《资治通鉴》卷二〇〇，《唐纪》十六，第 6294 页；《旧唐书》卷五十一，《王皇后萧良悌合传》，第 2170 页；《新唐书》卷七七六，《王皇后传》，第 3474 页。

65 武则天从大足元年十月到长安三年十月驻跸长安，见《旧唐书》卷六，《则天纪》，第 130—131 页；《新唐书》，卷四，《则天纪》，第 102、104 页。

66 武则天从圣历三年三月到五月以及大足元年四月到七月驻跸三阳宫的记录，见《旧唐书》卷六，《则天纪》，第 117、129 页；《新唐书》卷四，《则天纪》，第 83、102 页。

67 岑仲勉认为"武则天长期留居……是由于她曾在长安出家，避洛可以纵情荒淫享乐"，详见所著《隋唐史》（1984 年，北京：中华书局排印本），上册，第 148 页。此说可说完全忽略了武则天在杀害王后与萧妃之后，所产生的心理上的恐惧状态。

68 《太平广记》（1961 年，北京：中华书局排印标点本）卷三十三，《申元之传》，第 210 页："开元时，邢和璞、罗公远、叶法善、吴筠、何思远、史崇、秘希官，皆在宫中。"

69 罗、叶二人的御前幻术表演与带领玄宗夜游月宫，分见《太平广记》卷二十二，《罗公远》，第 146—150 页及同书卷二十六，《叶法善》等两条，第 170—174 页。郑处诲《明皇杂录》（收入 1985 年，上海：上海古籍出版社排印《开元天宝遗事十种》之丁如明辑校本），第 40、43 页，所辑此书逸文，则未记叶法善与唐玄宗同游月宫之事，而改记为叶法善与唐玄宗于上元之夜同游西凉州观灯，顷刻而回。所游地点虽异，所记故事性质相同。

70 据上注所引《太平广记》卷二十二及卷二十六，霓裳舞衣曲虽由唐玄宗默记在月宫中演奏的声调而写成，不过这种记录，过于荒诞，当然不值深信。比较可信的是中唐诗人白居易（772—846 年）在他的诗题是《霓裳羽衣歌》的长诗之中，认为此歌是由杨氏创声、元氏造谱，详见《白居易集》（1997 年，北京：中华书局排印标点本），卷二十一，第 460 页。所谓杨氏与元氏，据白居易的自注，分指开元时代（713—741 年）的西凉府节度使杨敬述与他的好友元稹（779—831 年）。可见由《太平广记》中所记玄宗在开元中把霓裳羽衣曲由月宫带回人间的事，在时间上，是有根据的。目前国乐之中还保存了由南宋的姜夔（1163—1203 年）在孝宗淳熙十三年（1186 年，丙午）所发现的商调霓裳曲十八段里的一段，参阅金文达《中国古代音乐史》（1994 年，北京：人民音乐出版社排印本），第 212 页。

71 关于唐代的禹步，见《千金翼方》（1992 年，北京：人民卫生出版社影印清代翻刻元大德原刊本）卷二十九，《禁经》上，"掌诀"第五，第 346—347 页。

72 关于唐代的营目，见上引书，卷二十九，《禁经》上，"掌诀"第五，第 345 页。

73 关于唐代的掌诀，见上引书，卷二十九，《禁经》上，“掌诀”第五，第345—347页。

74 我国古代契卷中所印手指或手掌称为手印。详见陈槃：《手印》，收入陈著《涧庄文录》（1997年，台北：编译馆排印本），下册，第533—535页。但佛家诵咒时，以手指所形成之不同结构，亦曰手印。其名梵语称mudra，对音为牟陀罗，详见望月信亨：《佛教大辞典》（昭和三十三，东京：世界圣典刊行协会），第一册，第176—177页。关于手印的种类与结构，见李鼎霞：《佛教造像手印》（1991年，北京：燕山出版社）。

75 道士与和尚在唐玄宗的后宫互竞法力，见《朝野佥载》（1979年，北京：中华书局排印赵守俨点注本），卷三，第66页。

76 唐都长安的药园，占地三顷，见《唐六典》卷十四，《太常寺》，第409页。

77 据《隋唐考古》（1992年，南京：南京大学出版社排印本），第30页，唐都长安大明宫的西墙长二千二百五十六米、南墙长一千六百七十四米、北墙长一千一百三十五米、东墙稍斜，长一千二百六十米，向东折三百零四米，再向南一千五十米，周长七千六百七十九米。据《新中国的考古发现和研究》，第576页，城墙总长七千六百二十八米。《唐长安大明宫》（1959年，北京：科学出版社），第4页。

78 大明宫周长7 679米，在唐代，相当于70 593.444平方步，或294.139亩，也相当于2.941 4顷。

79 据注77，第41页，唐都兴庆宫东西宽一千零七十五米，南北长一千二百五十米，周长四千六百五十米。

80 兴庆宫周长四千八百五十米，在唐代，相当于343 750平方米，或29 025方步，或120.937 5亩，也相当于1.209 4顷。据《新中国的考古发现与研究》，第576页，东西宽一千零八十米，南北长一千二百五十米。

81 据注76，第21—22页，唐都太极宫北长14 291米。又据《唐都长安》（1987年，西安：西北大学出版社排印本），第69页，太极宫的面积约一点九平方千米。

82 在唐代，太极宫的面积相当于1 917 220平方米，即41 411.852方步，或172.549 8亩，也相当于1.7255顷。

83 “择其良者而进”的这句引文，见《唐六典》，卷十四，《太常寺》，第409页。

84 同上注。

85 这两种印度药方的记录，见《隋书》卷三十四，《经籍志》三，第1047—1048页。

86 这三种西域药方的记录，见《隋书》卷三十四，《经籍志》三，第1047—1048页。《西域婆方罗方》里的《耆婆方》，在北魏时代，曾被刻在当时新都洛阳郊外龙门石窟的药方洞之洞壁。详见邵殿文：《药方洞石刻药方考》，文载于《中原文物》（河南郑州出版）1993年，第四期，第49—57页。

87 唐代太子府药藏局，见《新唐书》卷四十九上，《百官志》四上，第1295页。

88 《资治通鉴》卷一九九，《唐纪》十五，第6288页，唐代嫔妃在称呼上共有贵妃、淑妃、德妃与贤妃等四种，在品秩上，皆视一品。《资治通鉴》卷一九九，《唐纪》十五，第6284页，才人之品秩为正五品。

89 武则天在唐高宗的后宫，初为才人，见《旧唐书》卷六，《则天纪》，第115页；《新唐书》卷四，《则天皇后纪》，第81页。又见《资治通鉴》卷一九九，《唐纪》十五，第6284页。

90 关于唐代多数宫人在消磨了青春之后，既无爱情，也无归宿的悲惨命运，见程蔷、董乃斌：《唐帝国的精神文明》（1996年，北京：中国社会科学出版社排印本），第298页。

91 唐都长安的宫女住在掖庭宫，见徐松《唐两京城坊考》卷一，《掖庭宫》条，第9页。因掖庭宫只有东西门，而无南北门。东门东通太极宫，但经西门可离掖庭宫而通芳林门以南的修德坊，“故宫人于此出入”。

92 在唐代，管理宫女的单位是掖庭局，见《新唐书》卷四十七，《百官志》二，第1222页。

93 唐代宫女之医疗单位是奚官局，见《新唐书》卷四十七，《百官志》二，第1223页。

94 唐代宫女之药材由奚官局供给，见《唐六典》卷十二，《内侍者》之《奚官局》条，第359页。

95 唐代宫人患坊，见《新唐书》卷四十八，第1244页，《百官志》三。

96 为唐代宫人治疗须由太医署医师、医监、医正“番别一人莅坊”，见《新唐书》卷四十八，《百官志》三，第1244页。

97 唐代宫女的数目，史籍虽无明确的记录，但据《资治通鉴》卷二〇九，《唐纪》二十五，第6639页，景云元年（710年），正月十五日，唐中宗与韦后“纵宫女数千人出游”，又据同书卷二一五，《唐纪》三十一，第6862页，天宝三载（744年），唐玄宗在武惠妃死后，“后宫数千，无当意者。”根据这两项记载至少在中宗与玄宗时代，宫女的数目都有数千人。

98 唐代三都牧之品秩，见《新唐书》卷四十九下，《百官志》四下，第1311页，《唐六典》卷三十，《京兆、河南、太原三府官吏》条，第740页。

99 唐代都牧之功曹司功参军事负责各都之医药事宜，见《新唐书》卷四十九下，第1312页。《唐六典》无此记录。

100 太医署“岁给药以防民疾”的记录，见《新唐书》，卷四十八，《百官志》，第1244页。

101 大、中、下都督府的记录，见《新唐书》卷四十九下，《百官志》四下，第1314—1315页。

102 《通典》卷三十二，《职官典》十四，第186页，“都督”条：“太极初以并、益、荆、扬为四大都督府。开元十七年，加潞州为五焉。其余都督，定为上中下等。”注：“上都督府五、中都督府十三、下都督府十六。”兹将唐代五大都督府之有关文献与其地理位置，分列如下：

一 潞州大都督府，见《旧唐书》卷三十九，《地理志》，第1476页；《新唐书》卷三十九，《地理志》三，第1008页。此州之地理位置，见《中国历史地图集》，第五册（1982年，上海：地图出版社彩印本），第46—47页，《河东道图》。

二 扬州大都督府，见《旧唐书》卷四十，《地理志》三，第1571—1572页；《新唐书》卷四十一，《地理志》五，第1051—1052页。此州之地理位置见《中国历史地图集》，第五册，第55—56页，《江南东道图》。

三 益州大都督府，见《旧唐书》卷四十一，《地理志》四，第1663—1664页。此州的地理位置，见《中国历史地图集》，第五册，第65—66页，《剑南道北部图》。

四 荆州大都督府，见《旧唐书》卷三十九，第1551—1552页。

五 幽州大都督府，见《旧唐书》卷三十九，《地理志》二，第1515—1516页；《新唐书》卷二十九，第1019—1020页。此州之地理位置，见《中国历史地图集》，第48—49页，《河北道南部图》。

103 唐代上都督府，据《通典》卷三十二，《职官》十四之“都督”条，共五府，然据两《唐书》，仅有兖、营、洪三府，各府的地理位置如下：

一 兖州上都督府，见《旧唐书》卷三十八，《地理志》一，第1446页；《新唐书》卷三十八，《地理志》二，第995—996页。此州之地理位置见《中国历史地图集》，第五册，第44—45页，《都畿道・河南道图》。

二 营州上都督府，见《旧唐书》卷三十九，《地理志》一，第1521—1522页；《新唐书》卷三十九，《地理志》三，第1023页。此州之地理位置，见《中国历史地图1集》，第五册，第50—51页，《河北道北部图》。

三　洪州上都督府，见《旧唐书》卷四十，《地理志》三，第1604—1605页；《新唐书》卷四十一，《地理志》五，第1067—1068页。此州之地理位置，见《中国历史地图集》，第五册，第57—58页，《江南西道图》。

104　据《通典》卷三十二，《职官》十四，第186页之“都督”条，唐代的中都府，共十三府。然据两唐书《地理志》，中都督府的府数共为十四府。今将有关各府之文献与各府的地理位置分列如下：

一　代州中都督府，见《旧唐书》卷三十九，《地理志》二，第1483页；《新唐书》卷三十九，《地理志》三，第1006页。

二　安州中都督府，见《旧唐书》卷四十，《地理志》三，第1581页；《新唐书》卷四十一，《地理志》五，第1055页。此州之地理位置，见《中国历史地图集》，第五册，第54页，《淮南道图》。

三　越州中都督府，见《旧唐书》卷四十，《地理志》三，第1589页；《新唐书》卷四十一，《地理志》五，第1060—1061页。此州之地理位置，见《中国历史地图集》，第五册，第55—56页，《江南道图》。

四　福州中都督府，见《旧唐书》卷四十，《地理志》三，第1598—1599页；《新唐书》卷四十一，《地理志》五，第1064页。此州之地理位置，见《中国历史地图集》，第五册，第55—56页，《江南东道图》。

五　潭州中都督府，见《旧唐书》卷四十，《地理志》三，第1612页；《新唐书》卷四十一，《地理志》五，第1071页。此州之地理位置，见《中国历史地图集》，第五册，第57—58页，《江南西道图》。

六　秦州中都督府，见《旧唐书》卷四十，《地理志》三，第1630页；《新唐书》卷四十，《地理志》四，第1040页。此州之地理位置，见《中国历史地图集》，第五册，第61—62页，《陇右道东部图》。

七　凉州中都督府，见《旧唐书》卷四十，《地理志》四，第1044页；《新唐书》，卷四十，《地理志》三，第1640页。此州之地理位置，见《中国历史地图集》，第五册，第61—62页，《陇右道东部图》。

八　西州中都督府，见《旧唐书》卷四十，《地理志》三，第1644—1645页；《新唐书》卷四十，《地理志》四，第1046—1047页。此州之地理位置，见《中国历史地图集》，第五册，第63—64页，《陇右道西部图》。

九　戎州中都督府，见《旧唐书》卷四十一，《地理志》四，第1692—1963页；《新唐书》卷四十二，《地理志》六，第1085—1086页。此州之地理位置，见《中国历史地图集》，第五册，第67—68页，《剑南道南部图》。

十　巂州中都督府，见《旧唐书》卷四十一，《地理志》四，第1698页；《新唐书》卷四十二，《地理志》六，第1083页。

十一　原州中都督府，见《旧唐书》卷三十八，《地理志》一，第1407页；《新唐书》卷三十七，《地理志》一，第968页。此州之地理位置，见《中国历史地图集》，第五册，第40—41页，《京畿道・关内道图》。

十二　庆州中都督府，见《旧唐书》卷三十八，《地理志》一，第1407—1408页；《新唐书》卷三十七，《地理志》一，第969—970页。此州之地理位置，见《中国历史地图集》，第五册，第40—41页，《京畿道・关内道图》。

十三 延州中都督府，见《旧唐书》卷三十八，《地理志》一，第 1410 页；《新唐书》卷三十七，《地理志》一，第 971—972 页。此州之地理位置，见《中国历史地图集》，第五册，第 40—41 页，《京畿道·关内道图》。

十四 广州中都督府，见《旧唐书》卷四十一，《地理志》四，第 1711—1712 页；《新唐书》卷四十三上，《地理志》七上。此州之地理位置，见《中国历史地图集》，第五册，第 69—70 页，《岭南道东部图》。

105 据《通典》卷三十二，《职官》十四，第 186 页，“都督”条，唐代的下都督府，共有十六府。现将各府地理位置之资料，分列如下：

一 黔州下都督府，见《旧唐书》卷四十，《地理志》三，第 1620 页；《新唐书》卷四十一，第 1073 页。此州之地理位置，见《中国历史地图集》，第 59—60 页，《黔中道图》。

二 鄯州下都督府，见《旧唐书》卷四十，《地理志》三，第 1633 页；《新唐书》卷四十，《地理志》四，第 1041—1042 页。此州之地理位置，见《中国历史地图集》，第五册，第 61—62 页，《陇右道东部图》。

三 临黔州下都督府，见《旧唐书》卷四十，《地理志》三，第 1634 页；《新唐书》卷四十，《地理志》四，第 1042 页。此州之地理位置，见《中国历史地图集》，第五册，第 61—62 页，《陇右道东部图》。

四 叠州下都督府，见《旧唐书》卷四十，《地理志》三，第 1638—1639 页。此州之地理位置，见《中国历史地图集》，第五册，第 61—62 页，《陇右道东部图》。

五 瓜州下都督府，见《旧唐书》卷四十，《地理志》三，第 1642 页；《新唐书》卷四十，《地理志》四，第 1045 页。此州之地理位置，见《中国历史地图集》，第五册，第 61—62 页，《陇右道东部图》。

六 沙州下都督府，见《旧唐书》卷四十，《地理志》四，第 1045 页。此州之地理位置，见《中国历史地图集》，第五册，第 61—62 页，《陇右道东部图》。

七 雅州下都督府，见《旧唐书》卷四十一，《地理志》四，第 1682—1683 页；《新唐书》卷四十二，《地理志》，第 1073 页。此州之地理位置，见《中国历史地图集》，第五册，第 65—66 页，《剑南道北部图》。

八 泸州下都督府，见《旧唐书》卷四十一，《地理志》四，第 1685—1686 页；《新唐书》卷四十二，《地理志》，第 1092 页。此州之地理位置，见《中国历史地图集》，第五册，第 67—68 页，《剑南道北部图》。

九 松州下都督府，见《旧唐书》卷四十一，《地理志》四，第 1699 页；《新唐书》卷四十二，《地理志》，第 1086 页。此州之地理位置，见《中国历史地图集》，第五册，第 65—66 页，《剑南道北部图》。

十 桂州下都督府，见《旧唐书》卷四十一，《地理志》四，第 1725—1726 页；《新唐书》卷四十三上，《地理志》七上，第 1105—1106 页。此州之地理位置，见《中国历史地图集》，第五册，第 69—70 页，《岭南道东部图》。

十一 邕州下都督府，见《旧唐书》卷四十一，《地理志》四，第 1737 页；《新唐书》卷四十三上，《地理志》七上，第 1101—1102 页。此州之地理位置，见《中国历史地图集》，第五册，第 69—70 页，《岭南道东部图》。

十二 容州下都督府，见《旧唐书》卷四十一，《地理志》四，第 1743 页；《新唐书》卷四十三上，《地理志》七上，第 1109 页。此州之地理位置，见《中国历史地图集》，第五册，第

69—70 页，《岭南道东部图》。

十三　胜州下都督府，见《旧唐书》卷三十八，《地理志》一，第 1419 页；《新唐书》卷三十七，第 975—976 页。此州之地理位置，见《中国历史地图集》，第五册，第 40—41 页，《京畿道・关内道图》。

十四　琼州下都督府，见《旧唐书》卷四十一，《地理志》四，第 1763 页；《新唐书》卷四十三上，《地理志》七上，第 1100—1101 页。

十五　麟州下都督府，见《新唐书》卷三十七，《地理志》一，第 975 页。

十六　丰州下都督府，见《新唐书》卷三十七，《地理志》一，第 976 页。

106　上、中、下州各设医学博士一人，见《唐书》卷四十九下，《百官志》四下，第 1317—1318 页。

107　上、中、下州的人口户数之规定，见《旧唐书》卷四十四，《职官志》三，第 1917—1919 页；《唐六典》卷三十，《三府督护州县官吏》，第 745—746 页；《唐会要》卷七十，《量户口定州县等第例》，第 1231 页。三书之中，又以《唐会要》的记录最详。兹据《唐会要》之资料而将各州之户数与州级之高下关系，列表如下：

唐代各州户数与州级之关系表

时间 户数	唐高祖 武德时代 （618—626 年）	唐高宗 永徽时代 （650—655 年）	唐高宗 显庆时代 （656—661 年）	唐玄宗 开元十八年 （730 年）	备　注
上州	30 000 以上	20 000 以上	30 000 以下上	40 000 以上	显庆时代以前已定为上州、中州者之各州，户数不按新制。
中州			20 000 以上	25 000 以上	开元十八年之六雄州、十望州、三辅及别敕同上州之都督府，及畿内区并用边缘州三万户以上为上州，二万户以上为中州，亲王任中州、下州刺史者，并为上州，去任后，仍旧。
下州				20 000 以下	

资料来源：《唐会要》卷七十，《量户口定州县等第例》，第 1231 页。

108　陈、汝等十一州之人口户数不足三万户仍为上州，见《唐六典》卷三，《户部尚书》，第 73 页。

109　上、中、下州各设医学博士一人，见《新唐书》卷四十九下，《百官志》四下，第 1317—1318 页。

110　贞观三年九月，“设诸州治医学”的记录，见《唐会要》卷八十二，第 1522 页。

111　武德时代，关中患骨蒸病，“得之必死”，见上引，卷八十二，第 1521 页。

112　骨蒸病患者，多因许允宗之治疗而痊愈，亦见上注。《旧唐书》卷四十七，《经籍志》下，第 2050 页，又《新唐书》卷五十九，《艺文志》三，第 1571 页，著录崔知悌《骨蒸病灸方》一卷。不知唐初民间医生医治骨蒸病，是否也用灸疗法。

113　开元十一年七月，玄宗诏令“天下诸州各置职事医学博士一员”，见《唐会要》卷八十二，第 1522 页。

114　人口在十万户以上的各州置医生二十人，人口在十万户以下各州，置医生十二人，同注 110。

115　唐代官职分为职事官、勋官与散官三种，分见《旧唐书》卷四十二，《职官志》一，第 1804—1806 页；《新唐书》卷四十六，《百官志》一，第 1186—1197 页；《唐六典》卷二，《尚书吏部》条，第 26—40 页。

116　唐代政府对上、中、下县人口户数之规定，《旧唐书》《新唐书》与《唐六典》皆无记录。唯一记录见于《唐会要》，卷七十，《量户口定州县等第例》条，第 1231 页。据此条，关于唐代各县之户口与县级高下的关系，可列表如下：

唐代各县户数与县级之关系表

时　间	唐高祖	玄　宗	备　　注
户　数	武德时代（618—626 年）	开元十八年（730 年）	
上县	5 000 以上	6 000 以上	赤、畿、望、紧等县，不限户数。
中县	2 000 以上	3 000 以上	
中下县	1 000 以上	3 000 以下	

资料来源：《唐会要》卷七十。

117 上、中、下县医疗人员之编制，见《新唐书》卷四十九下，《百官志》四下，第 1318—1319 页。

118 上、中、下镇驻军人数的规定，见《新唐书》卷四十九下，《百官志》四下，第 1320 页。

119 上镇之仓曹参军事，见《新唐书》卷四十九下，《百官志》下，"上镇"条，第 1319 页。

120 都护府的官秩，见《唐六典》卷三十，《三府督护州县官吏》，第 754 页；《旧唐书》卷四十四，《职官志》三，第 1922 页；《新唐书》卷四十九下，《百官志》四下，第 1316—1317 页。都护府的府数，据《唐六典》，第 754 页，仅安南、安西、单于、北庭四府，此数不确。据《通典》卷三十二，《职官》十四，第 186 页，"都护"条，唐代都护府应该共有安东、安西、安南、安北四大都护府，及后加之单于都护。但据两《唐书》，唐代都护府的总数，应为六府，今将各府之相关资料及其地理位置胪列如下：

一　安东大都护府：高宗总章元年（668 年）李勣平高丽国，于平壤城置安东都护府，武后圣历元年（698 年）更名安东都督府，中宗神龙元年（705 年）恢复原名，见《旧唐书》卷三十九，《地理志》三，第 1023 页。

二　安西大都护府：太宗贞观十四年（640 年），平高昌，置西州都护府，治西州，高宗显庆二年（657 年），移府治于高昌故地，咸亨元年（670 年），此府陷于吐蕃。武后长寿二年（693 年），收复安西四镇，再于龟兹国重置安西都护府，详见《旧唐书》卷四十，《地理志》三，第 164 页；《新唐书》卷四十，《地理志》四，第 1047—1048 页。

三　安南大都护府：高祖武德五年（622 年）初置交州总管府于隋交阯郡。高宗调露元年（679 年）改称安南都护府，见《旧唐书》卷四十一，《地理志》四，第 1749—1750 页；《新唐书》卷四十三上，《地理志》七上，第 1111—1112 页。但两《唐书》对此府府名之记载并不一致；《新唐书》称此府为安南中都护府，《旧唐书》所记无中字。

四　安北大都护府：据《旧唐书》，卷三十八，《地理志》一，第 1420 页，玄宗开元十年（722 年）分关内丰、胜二州置瀚海都护府，高宗总章时代（668—669 年）改为安北大都护府。总章元年既比开元十年早了五十四年，绝无更改开元时代所定之名的可能。《新唐书》，卷三十七，《地理志》一，第 976 页，既有高宗总章二年（669 年）把龙朔三年（663 年）所设的渲瀚海都督府改名安东大都护府的记载，可见在时间上《旧唐书》的记载是错误的。

五　单于都护府：高宗龙朔三年（663 年）初置云中都护府于山西云中，次年（麟德元年，664 年），改称单于大都护府，见《旧唐书》，卷三十九，《地理志》二，第 1488 页；《新唐书》卷三十七，《地理志》一，第 976 页。

六　北庭都护府：太宗贞观二十年（646 年）于西突厥之故土设庭州，武后长安二年（702 年）

设北庭都护府，见《旧唐书》，卷四十，《地理志》三，第 1645—1646 页，《新唐书》卷四十，《地理志》四，第 1047 页。

121 分见新、旧《唐书》对六大都护府之记载。

122 关于回纥与西藏医学的发展，见前引《中国古代医学史略》，第 153—156 页，以及王孝先著《丝绸之路医药学交流研究》（1994 年，乌鲁木齐：新疆人民出版社排印本），第 149—153 页。

123 悲田病坊从长安时代开始为病人与老人服务，见《唐六典》卷四十九，第 862—863 页，“病坊”条。

124 唐玄宗“禁京城匄者，置病坊以廪之”，见《资治通鉴》卷二一四，第 6809 页，玄宗开元三十二年条。曲彦斌：《中国乞丐史》（1990 年，上海：上海文艺出版社排印本），连本书所引《资治通鉴》卷二一四里的资料也没引用到，真是一本陋书。

125 唐武宗灭佛，诏令天下僧尼还俗，见《旧唐书》卷十八上，《武宗纪》，第 605—606 页；《新唐书》卷八，《武宗纪》，第 245 页。

126 见《旧唐书》卷十八上，第 607 页，《武宗纪》，“会昌五年十一月”条；《全唐文》卷七十七，《选耆寿勾当悲田病坊敕》，第 351 页。

127 Edward H. Schafer：*The Golden Peaches of Sarmarkand*（1963，The University of California Press，Berkeley and Los Angeles，pp. 176—177），认为唐代的病坊就是医院，这个了解恐怕不一定正确。

都市人口篇

唐代长安的居住区

唐代长安的地理空间，在地方行政上，是划分成一百零九个里坊的。[1] 而长安的人口，似乎从初唐起，直到中唐，始终不下一百万。[2] 还有唐代京官的人数，大约到太宗贞观之末（648 年），已经超过一万八千人。[3] 上述的两种人口，在那一百零九个里坊之中，如何分布，从唐代生活史的立场而言，是一个应该厘清的问题。

为了要厘清这个问题，不妨先在那一百零九坊之中，找出何处是高级居住区。找出高级居住区之后，其他的地区，或是中级的，或是低级的居住区，就比较容易指认。至于所谓高级居住区，当然与居住者的身份有关。唐代的京官，共分正一品、从一品、正二品、从二品、正三品、从三品、正四品上、正四品下、从四品上、从四品下、正五品上、正五品下、从五品上、从五品下、正六品上、正六品下、从六品上、从六品下、正七品上、正七品下、从七品上、从七品下、正八品上、正八品下、从八品上、从八品下、正九品上、正九品下、从九品上以及从九品下等九品三十阶。在当时，具有由正一品到从三品的前三品和前六阶之官职的京官，都被视为高级官员。根据这个标准，把具有由正四品上到从六品下的另外三品和十二阶的其他京官，可视为中级官员，而具有由正七品上到从九品下的最后三品和十二阶官职的京官则可视为低级官员。

（一）初唐前期长安的高级居住区

以下按照初唐、盛唐、中唐与晚唐的时间顺序，把生活在初唐的高级京官与其居住点，列表如下：

表一　初唐时期（高祖、太宗、高宗三朝，618—683 年）长安高级居住区及其居者人名表

居住时间	居者姓名	居者官职与官秩	居住地点	资料来源
武德三年（620 年）	封伦（568—627 年）	尚书省右仆射，从二品	兴化坊	《唐两京城坊考》卷四，第 99 页
武德九年（626 年）	尉迟敬德（？—658 年）	开府仪同三司，从一品	长寿坊	同上，卷四，第 120 页
贞观元年（627 年）	长孙无忌（？—659 年）	太尉，正一品	永兴坊	同上，卷三，第 53 页
贞观二年（628 年）	李靖（571—649 年）	尚书省左仆射，从二品	平康坊	同上，卷三，第 56 页
贞观三年（629 年）	房玄龄（578—648 年）	司空，正一品	务本坊	同上，卷二，第 40 页
贞观四年（630 年）	王寿	尚书省左仆射，从二品	延福坊	《唐代墓志汇编》上册，第 24 页
贞观四年（630 年）	李寿	宗正卿，从三品	延福坊	《增订唐两京城坊考》卷四，第 199 页
贞观六年（632 年）	魏徵（580—632 年）	太子太师，从一品	永兴坊	《唐两京城坊考》卷三，第 52 页
贞观十二年（638 年）	韩仲良	户部、刑部尚书，正三品	安兴坊	《金石萃编》卷五十，第 18—22 页
贞观十二年（638 年）	侯君集（？—643 年）	吏部尚书，正三品	道政坊	《唐两京城坊考》卷三，第 84 页
贞观十四年（640 年）	孙伏伽（？—658 年）	大理卿，从三品	大宁坊	同上，卷三，第 71 页
贞观十六年（642 年）	段志元（598—642 年）	辅国大将军，正二品	醴泉坊	《金石萃编》卷四、五，第 24—29 页
贞观十六年（642 年）	高士廉（575—647 年）	尚书省左仆射，从二品	崇仁坊	《唐两京城坊考》卷三，第 54 页
贞观十六年（642 年）	独孤开	左卫将军，从二品	胜业坊	同上，卷三，第 410—411 页
贞观十八年（644 年）	马周（610—648 年）	尚书省中书令，正三品	宣阳坊	同上，卷三，第 58 页
贞观十九年（645 年）	杨师道（？—647 年）	门下省侍中，正三品	长兴坊	同上，卷二，第 42 页
贞观二十二年（648 年）	孔颖达（574—648 年）	国子祭酒，从三品	平康坊	同上，卷三，第 56 页
贞观二十三年（649 年）	李勣（594—669 年）	太尉，正一品	普宁坊	同上，卷四，第 123 页
贞观二十三年（649 年）	于志宁（588—665 年）	尚书省右仆射，从二品，同中书门下平章事 4	亲仁坊	同上，卷三，第 61 页
贞观二十三年（649 年）	张行成（587—653 年）	尚书省左仆射，从二品	道政坊	同上，卷三，第 84 页
永徽三年（652 年）	来济（610—662 年）	尚书省中书令，正三品	常乐坊	同上，卷三，第 85 页

（续表）

居住时间	居者姓名	居者官职与官秩	居住地点	资 料 来 源
显庆三年（658 年）	尉迟恭（585—658 年）	襄州都督，从二品	布政坊	《唐代墓志汇编》上册，第 292 页
显庆三年（658 年）	许敬宗（592—672 年）	尚书省中书令，正三品	永嘉坊	《唐两京城坊考》卷三，第 83 页
显庆四年（659 年）	许圉师（？—679 年）	户部尚书，正三品	大宁坊	同上，卷三，第 71 页
麟德元年（664 年）	刘祥道（596—666 年）	礼部尚书，[5] 从二品	居德坊	同上，卷四，第 124 页
麟德时代（664—665 年）	陆敦信	右相（中书令），从二品	大宁坊	《两京城坊考补》卷三，第 403 页
乾封元年（666 年）	刘仁轨（601—685 年）	尚书令左仆射，从二品	光德坊	《唐两京城坊考》卷四，第 108 页
总章元年（668 年）	阎立本（？—673 年）	尚书省中书令，从二品	延康坊	同上，卷四，第 110 页
总章元年（668 年）	阎立本	尚书省中书令，从二品	长寿坊	同上，卷四，第 120 页
上元二年（675 年）	戴至德（？—679 年）	尚书省左仆射	义宁坊	同上，卷四，第 123 页
仪凤元年（676 年）	薛元超（622—683 年）	中书省中书令，正三品	崇仁坊	同上，卷三，第 54 页
永隆元年（680 年）	王德贞	侍中，正三品	永乐坊	同上，卷二，第 44 页
永隆元年（680 年）	裴炎（？—684 年）	中书令，从二品	永宁坊	同上，卷三，第 63 页

上表列举从初唐时代（618—683 年）约六十六年之间，任职于长安的三品以上的高级官员三十二人。他们的居住地点，包括从兴化坊到永宁坊的二十五个里坊。为了能够指出这些里坊的所在地点，谨以图示唐代长安的东、西、南、北等四城的所在地，并作简要说明。（图一：唐代长安城坊及街道图）。

唐代的长安城，四面都有城墙。首先连接东墙之春明门与西墙之金光门的金光大道，把全城分成南北两大部分。北部的中央地区是禁区；此区因有连接东墙之通化门与西墙之开远门的开远大道由中横穿而过，又把这个禁区分成北面的宫城与南面的皇城等两小区。宫城与皇城以外的所有里坊，都属于由官员和一般市民所居住的外郭城。外郭城的主体当然是金光大道以南的里坊与东西二市。所谓南城，正指这片空间。至于分布在宫城与皇城之东西二侧的二十五坊，虽因位于金光大道之北而属于北城，但在性质上，却仍是外郭城的一部分。连接皇城正南入口的朱雀门与南城最南的明德门而成的朱雀大道，是长安最重要的南北向的干道，由于这条大道正好位于长安的最中央，所以把全城划分成东西两大部分。位于朱雀大道以西包括五十五坊与西市，在行政上，属于长安县。位于同一条大道之东的五十四坊与东市，在行政上，则属万年县。属于长安县的是长安的西城，属于万年县的是东城。以上简介了长安的东、西、南、北四城的地理位置与各城的性质，现再讨论初唐时代长安高级官员之居住区域（图二：初唐时期长安高级居住区之地理分布图）。

甲　初唐前期长安高级居住区的独居特性

在图二所示的二十五坊之中，除了在大宁坊，前后共有三位高级官员都居于同坊；还有在长寿、永兴、道政、崇仁、延福与平康等六坊，前后共有两位高级官员居于同坊以外，实际上，在别的十八坊之内，似乎都只住有一位高级官员。同坊之中既然再也没有另一位官至三品的京官大员，这三十二位居住者在退朝与公余之后的家庭生活，因为缺少朋友的聚会，恐怕是有些孤独的。下文即以从大宁到平康的其中六个里坊来做个别的观察。高士廉（575—647 年）是在 642 年住进崇仁坊的，当薛元超（622—683 年）在 676 年住进崇仁坊的时候，高士廉已去世二十九年。尉迟敬德是在 626 年住进长寿坊的，但在 658 年去世。当阎立本（卒于 673 年）在 668 年住进长寿坊，尉迟敬德已在十年之前卒于此坊。侯君集是在 638 年首次以吏部尚书（三品大员）的身份住进道政坊的。[6] 但他在五年之后的 643 年，却因为与太子李承乾共同谋反而被唐太宗所杀。[7] 当张行成（587—653 年）在 649 年定居道政坊，侯君集已经被诛六年。根据这些史实，虽然高士廉与薛元超、尉迟敬德与阎立本，以及侯君集和张行成都曾前后住在同一里坊，不过时代晚的居住者从未见过时代早的居住者，是无可置疑的。

再来看看上述六坊之中另外三坊的情形。孙伏伽可能是在 640 年当他被任命为大理卿时住进大宁坊的。虽然他在不久之后，因被改任为陕州刺史而离开了长安，[8] 不过他可能在 654 年“致仕”（在唐代，致仕是退休的专有名词）后，重新住进大宁坊，最后于 658 年过世。当许圉师于 659 年住进大宁坊，从时间上看，正好是孙伏伽卒后的第一年。正与在崇仁、长寿和道政等三坊里所发生过的情形一样，许圉师与孙伏伽，在他们的居住点是从来不曾见过面的。

在另一方面，又正与发生在崇仁、长寿和道政等三坊里的情形一样，当陆敦信在664年住进大宁坊，在时间上，只有他与从659年起就已经住在该坊的许圉师（卒于679年），似乎曾有在同坊之中见面的可能。不过这个看法，目前只能说是一种假设，在史料上，还缺乏证明。

长孙无忌是在627年住进永兴坊的。以后，他在此坊，大概住了很长的一段时间。至少唐太宗在638年（贞观十二年）以及唐高宗在654年（永徽五年）分别因为他的健康状况不良，而到他的私人宅第去探病时，[9]他都住在此坊。魏徵（580—632年）是在632年才住进永兴坊的。但在同一年，魏徵去世。如果魏徵在632年，未曾与已在永兴坊居住了五年的长孙无忌在永兴坊中见过面，这两位高级官员，除了在朝廷议政时会有相见的机会，在一般的居住生活而言，他们应该是未曾见过面的。

最后要注意的个案是平康坊。李靖（571—649年）是在628年住进此坊的。孔颖达（574—648年）则在二十年后的648年才住进同坊。不过由于李靖从635至636年起，就"阖门负守，杜绝宾客，虽亲戚不得妄进"。[10]如果孔颖达在648年不曾在平康坊里与李靖见过面，从此之后，这二人除了上朝可以见面之外，应该是不会在平康坊里再有见面或相聚之机的。

综合以上的分析，初唐长安的高级官员，在居住的选择上，似乎是尽量的不与他人互相雷同。这些官员们把没有其他三品大员所居住的里坊选择为他们自己的居住点，究竟是出于有心，还是由于无意，目前虽然也许还不容易做出结论，不过这些高级官员在居住的习惯上，带有一种孤独性，似乎是相当明显的。

乙　选择居住点的地理条件

在表一的二十多个坊之中，最早被选择的两个居住点，兴化坊和长寿坊，都位处西城，跟着被选择的另外两个居住点，永兴坊和平康坊，则在东城。看来这四坊的地点选择，似乎隐约代表高级居住区由西向东发展的开始。就一般情况而言，高级官员居住点的选择，应该与两种条件有关：一种是政治性的条件，另一种是生活性的条件。所谓政治性，指从居住点到宫廷去上朝是否方便，至于所谓生活性，则指在居住点采购日常生活的必需品是否方便。且看上述四坊在地点的选择方面，是否都与这两个条件有关。

1　兴化坊

在长安，最早被三品大员所选中的居住点是兴化坊。可是兴化坊的地理位置，似乎并不很理想。由政治性的条件来看，由兴化坊去上朝，比较方便的路程是由兴化坊走出东坊门，环绕东面邻坊（丰乐坊）的西、南、东三面，进入朱雀大道，再向北直达皇城之正南门的朱雀门，到了朱雀门，就开始进入禁区了。此外，由兴化坊去上朝，当然也可以先走出兴化坊的西坊门，然后沿着北面邻坊（通义坊）的坊墙向北走，在太平坊进入金光大道而继续向东行，直到朱雀门为止。采用第一条路线，由兴化坊到朱雀门，必须经过丰乐、殖业与光禄等三坊。就是采用第二条路线，也必须要经过通义、太平和光禄等三坊。无论采用那一条路线，由兴化坊经朱雀门而去上朝，路线都是迂回的。易言之，以兴化坊作为居住点，上朝的路线并不直接，就政治性的条件而言，似乎并非理想的选择。再就生活条件来观察，由兴化坊到西市去采购日常生活的必需品，至少也需要向西或向西北走过一坊之地。相形之下，由兴化坊到西市，要比由兴化坊到朱雀门近得多。这个情势显示，封伦选择西城的兴化坊作为他的居住点，可能主要是由于他对生活条件的考虑。至于政治性的条件，对住在兴化坊的封伦而言，似乎并不是十分受到重视的。

2　长寿坊

再看长寿坊。由此坊出发，只需要穿过北面的怀远坊，就可以很快的到达西市而购置所需。可是在另一方面，由长寿坊经过朱雀门去上朝，不但至少需要经过崇贤、崇德、安业、丰乐、殖业与光禄等六个里坊，在路线上，也因为需要有九十度的转角而并不直接。因此可以了解尉迟敬德选择长寿坊作为他的居住点，应该也以生活条件方面为优先大于政治条件的考虑。这个结论，是可以用史料来解释的。从贞观十七年（643 年）起，唐太宗给予尉迟敬德每月只在朔望两日（每月的初一与十五）入朝参见天子的优厚待遇。[11] 朔望两日以外，他是可以在家闲居的。除此以外，尉迟敬德又在他晚年的最后十六年（643—658 年），独自生活，“不与外人交通”。[12]可见在尉迟敬德最后十六年的生命之中，如何能够轻易从市场上取得他的生活必需品，从而适应他孤独的生活，才是他真正需要注意的事。相形之下，一个月入宫两次去朝谒天子，对年老而孤僻的尉迟敬德而言，实在是并不很值得重视的事。总之，封伦在620年选择兴化坊，以及尉迟敬德在626年选择长寿坊作为他们的居住点，似乎都以生活性条件方面的考虑为主，政治性条件方面的考虑，对这两人而言，似乎都是次要的。

3　*永兴坊与平康坊*

在东城，永兴坊是第一个被三品大员所选择的居住点。从此坊去上朝，只要从西坊门走到启夏门街，再在天街（开远大道）向西转，很快就可到达宫城正南方的大门承天门，然后直接入宫。还有，就是从永兴坊到东市去采购日常生活的必需品，也只要穿过南面邻坊的崇仁坊便可迅速到达。看来长孙无忌于627年定居永兴坊，在地点方面，曾是一个很好的选择。永兴坊既对上朝和购物都很方便，可见长孙无忌在居于此坊之前，对于该坊在政治性与生活性两个条件，是同时有所注意的。

从这个角度上看，李靖在628年定居平康坊，与长孙无忌在627年定居永兴坊，似乎具有相同的意义。就政治条件而言，由平康坊上朝，只要步出该坊的西坊门而走上启夏门街，再在务本坊的东北角转入金光大道，经过务本与兴道二坊，就可到达朱雀门。再就生活条件而言，由平康坊到东市也只要穿越位于此坊与该市之间的一条道路（朱雀大道东第三街），并无其他里坊的阻隔。入市采购，平康坊是最方便的里坊之一。经过以上的分析，可以容易的看出来，封伦与尉迟敬德选择西城的兴化坊与长寿坊作为他们的居住点，主要是由于对这两坊在生活条件的考虑，而长孙无忌与李靖选择东城的永兴坊与平康坊作为居住点，则除了考虑到这两坊在生活条件方面的优良位置，也注意到两坊在政治条件方面的位置。

根据上面的讨论，初唐长安之高级居住点，以在620至626年之间发展的西城兴化与长寿二坊为时最早，接着是在627至628年之间的东城之永兴与平康二坊。再接着是在629至630之间被选中的务本与延福二坊，前者在东城，后者在西城。易言之，在从620到630年的十年之间，最早发展起来的高级居住点的地理分布，刚好在东、西二城，各有三坊。且看务本与延福二坊的地理形势。

4　务本坊与延福坊

务本坊的位置是位于朱雀大道东第二街的最北方。此坊既隔着北面的金光大道而面对皇城，由该坊去上朝，只要从西坊门出坊，向北行不远，便可与金光大道相接，然后沿顺这条大道走过兴道坊，立即可达朱雀门而入朝。就是入市购物，务本坊与东市也不过只有平康坊的一坊之隔而已。以务本坊作为居住点，与以平康坊作为居住点一样，是对此坊之政治条件与生活条件都能兼顾的。可是西城的延福坊的地理位置却有很大的差异性。如果要从延福坊去上朝，不但先要由此坊的南坊门走到长安南城的第六条横街，还得要由这条横街，在通过怀贞坊之后，而在崇业坊的东南角向北转，进入朱雀大道，然后通过崇业、安业、丰乐、殖业和光禄等五坊，才能到达朱雀门。既然如此，就上朝而言，延福坊当然不是理想的居住点。此外，就在入市购物方面，由延福坊到西市，至少也要在步出该坊的西坊门之后，跨越二坊之地（长寿坊与怀远坊），才能到达西市。易言之，住在延福坊，该坊的生活条件并不能充分发挥。无论是上朝，还是入市，延福坊都不是理想的居住点，尽管就事实而言，从延福坊入市，要比上朝方便得多。

（二）初唐后期长安的高级居住区

630年之后，初唐时代长安的高级居住区开始进入一个新阶段，产生重大的变化，详见图二：初唐时期长安高级居住区之地理分布图。

甲　居住区的形成

第一种变化，是由若干个别的居住区所建立的居住区逐渐形成。在西城，位于西市之北的居德、醴泉和布政等三坊，以及位于整个长安城之西北角的普宁、义宁和居德等三坊，虽然分别形成一纵一横的两个居住区，不过更重要的居住区却在东城发展。

第一个值得注意的居住区是朱雀大道东第三街的北半段。在这个地段，永兴坊和平康坊是早在627年和628年已由长孙无忌和李靖定居过的两个里坊。等到高士廉在642年住进崇仁坊、马周在644年住进宣阳坊以及于志宁在649年住进亲仁坊，由永兴坊经过崇仁、平康、宣阳等三坊而到亲仁坊的这五个里坊，就在从 627 到 649 年的二十三年之间，在朱雀大道东第三街的北半段，形成一个狭长的高级居住区。连接五坊之地而形成一个居住区，是前所未有的。

事实上，在东城形成的居住区，并不只限于朱雀大道东第三街的北半段而已。譬如东市的东西二侧共有四坊。东市西北角的平康坊是在 628 年成为李靖之居住点的。东市东北角的道政坊，则在 638 年由侯君集住入，西南角的宣阳坊在 644 年由马周住入，东南角的常乐坊则在 652 年来济住入。可见在从 628 到 652 年的二十五年之间，东市之东西二侧的四个里坊，已形成以东市为中心点的另一个高级居住区。

东城还有第三个高级居住区。在皇城的东侧，共有四坊。除了长孙无忌在 627 年已经住入永兴坊以外，在 638 年韩仲良住入安兴坊，到了 642 年，高士廉与独孤开分别住入这四坊的最后两坊：崇仁坊和胜业坊。由这四坊所形成的一个正方形的居住区是在 627 至 642 年的十六年之间发展起来的。到 658 年，中书令许敬宗住入安兴坊东面邻坊的永嘉坊。如果把永嘉坊与东市之东侧的邻坊道政和常乐二坊相连，再把永兴坊与东市之西侧邻坊的平康和宣阳二坊相连，就可以把永嘉坊与由平康、宣阳、道政和常乐等四坊形成的第二个高级居住区，以及由永兴、崇仁、安兴和胜业等四坊形成的第三个高级居住区联合起来，再形成一个由九个里坊所形成的，占地特大的长方形居住区。宣阳坊的南面邻坊是亲仁坊，649 年，尚书省右仆射同中书门下平章事于志宁住在此坊。安兴坊的北面邻坊是大宁坊，659 年，户部尚书许圉师住入此坊。假如把大宁坊和亲仁坊也一起计算在内，上文所提到的特大长方形居住区的构成里坊之总数，又可由九个增加为十一个。只是由于大宁坊比较偏北，亲仁坊比较偏南，在增加了大宁与亲仁二坊之后，这个长方形居住区的形状显得很不规则。

乙　向边缘地区发展

个别的居住区逐渐有第二种变化，开始向长安外郭城的边缘地区发展。在 649 年，太尉李勣定居于西城的普宁坊。在长安的外郭城里，普宁坊不但位于全城的西北角，而且还与长安的西墙相对，位置是很偏僻的。664 年，礼部尚书刘祥道住入居德坊，675年戴至德住入义宁坊，这两坊既都在普宁坊之南，也都面对长安城的西墙。在东城，638年，吏部尚书侯君集定居道政坊，652年，中书令来济定居常乐坊，还有在658年，中书令许敬宗住入永嘉坊。在道政、常乐与永嘉等三坊之东，就是长安外郭城的东面城墙。可见从七世纪三十年代晚期开始，直到七世纪五十年代晚期为止，在这三十年的时间之内，居住点向东西城墙两侧的边缘地区发展，是初唐长安高级居住区在发展过程中的一种新趋势。

（三）武则天时长安的高级居住区

以上是从618到683年，或初唐前期三朝（高祖、太宗、高宗）的六十六年之间，高级居住区在长安发展的一般情形与若干特点。从684年起，虽由唐高宗的第八子李旦继任皇位，成为唐代的第四位天子唐睿宗，不过就从同一年的一月开始，武则天女皇不但掌握了实际的政权，而且堂而皇之地把国号由唐改为周，并且前后延续了二十二年之久。对唐代的中央政府而言，武后执政既是外来的新政权，所以由684到705年这段时期也该视为唐代的另一阶段。

甲　武则天时期长安的高级官员

现在先把在此期间，曾经居住在长安的高级居住区里的官员与相关资料列表如下：

表二　初唐后期（武则天时期，684—705年）长安高级居住区及其居者人名表

居住时间	居者姓名	居者官职与官秩	居住地点	资料来源	备　注
乾封元年（666年）	李孟常	右威卫大将军，正三品	静安坊（靖安坊）	《文物与考古》1985年第五期，第58页	
垂拱元年（685年）	韦待价	天官尚书，正三品	兰陵坊	《唐两京城坊考》卷二，第39页	据《唐六典》卷二，第37页，光宅元年（684年）改吏部尚书为天官尚书，神龙元年（705年）复故
长寿二年（693年）	宗楚客	中书令，正三品	醴泉坊	同上，卷四，第117页	
神功元年（697年）	豆卢钦望（629—709年）	尚书省左仆射，从二品	颁政坊	同上，卷四，第104页	
神功元年（697年）	武三思	春官（礼部）尚书，正三品	休祥坊	同上，卷四，第114页	据《唐六典》卷二，第37页，光宅元年改礼部尚书为春官尚书，神龙元年，复故

（续表）

居住时间	居者姓名	居者官职与官秩	居住地点	资料来源	备　注
久视元年（700年）	韦安石（651—714年）	春官（礼部）尚书，正三品	晋昌坊	同上，卷三，第69页	
久视元年（700年）	韦巨源	春官（礼部）尚书，正三品	宣阳坊	同上，卷三，第59页	
长安二年（702年）	姚元崇	开府仪同三司，从一品	平康坊	同上，卷三，第56页	
长安二年（702年）	姚元崇	开府仪同三司，从一品	兴宁坊	同上，卷三，第82页	
神龙元年（705年）	桓彦范（653—706年）	侍中，正三品	通济坊	同上，卷三，第70页	
神龙元年（705年）	苏环（639—710年）	尚书省左仆射，从二品	崇仁坊	同上，卷三，第54页	

乙　武则天时期长安高级居住点的地理特性

根据表二，在武则天执政期间，曾经住在长安高级居住区里的三品以上的中央官员，共有十人，不过他们的居住点则共有十一个不同的里坊［图三：初唐后期（武则天时期）长安高级居住区之地理分布图］。在此十一坊之中，醴泉、宣阳、平康与崇仁等四坊是在初唐前期已经被选定的居住点。实际上，在武则天执政期间被选中的新的高级居住点，主要有兰陵、休祥、晋昌、兴宁、颁政和通济等六坊而已。且看其中五坊的地理位置何在。

首先要注意的是兰陵坊。在长安的南城兰陵坊，位于朱雀大道东第一街。在从北到南的里坊顺序里，兰陵坊是第六坊。由兰陵坊去上朝，只要步出此坊的西坊门，立刻就是南城最宽阔的朱雀大道（根据考古发现，此街现存的残留宽度是一百五十至一百五十五米），顺着朱雀大道向北行，在经过靖善到兴道等五坊之后，就可通过朱雀门而进入皇城了。这条上朝的道路不但是直接的，还是笔直的。进入朱雀大道，不需要转弯，只要继续向北行，就可到达朱雀门。至于由兰陵坊入市购物，也可采取上朝路线的一部分。由于东、西二市分别坐落于金光大道和此道之南的第二条横街之间，由兰陵坊进入东市，可顺朱雀大道而向北行，先走到安仁坊，然后在该坊的西北角，顺着上述之第二条横街，转而向东，然后到达东市。采用这条路线需要经过兰陵坊以北的靖善、光福、安仁和开化等四坊，以及开化坊以东的崇义和宣阳等两坊。易言之，由兰陵坊出发，一共要经过六个里坊，才能到达东市。另一方面，假如要由兰陵坊进入西市，也可先顺朱雀大道向北行，走到安仁坊西侧的丰乐坊，再顺着南城的第二条横街，折而向西，然后到达西市。采用这条路线，除了需要先经过兰陵坊以北由靖善到安仁的三个里坊，还要经过横街上的丰乐、兴化、延康和怀远四坊。易言之，由兰陵坊出发，又需要经过六个里坊，才能到达西市。这就显示兰陵坊在南城之中的地理位置，相当的中央化；至少在生活条件方面，由兰陵坊入市购物，无论是到东城的东市，还是到西城的西市，这两条路线的距离是相等的。

休祥坊位于宫城以西的第二街，在从北而南的里坊顺序里，它是第二坊。从另外一个角度来看，休祥坊的地理位置位于长安外郭城的西北角。在 649 年，太尉李勣曾经定居于休祥坊之西面邻坊的普宁坊。五十年之后，武后的宠臣武三思才在 697 年，定居于普宁坊之东面邻坊的休祥坊。前文指出，在初唐前期，高级居住区的发展方向之一，是向长安外郭城的边缘地区扩张。休祥坊既然位于长安外郭城的西北角，当然属于边缘地区。选择休祥坊作为高级居住点之一，是初唐的向边缘地区扩张风气的延长。

兴宁坊位于宫城以东的第三街，在自北而南的里坊顺序之中，它是第二坊。就整个长安城的地理位置而言，兴宁坊位于外郭城的东北角。659 年，户部尚书许圉师曾经住在兴宁坊之西方邻坊的大宁坊。四十年后，开府仪同三司姚元崇住进大宁坊的东方邻坊：兴宁坊，方重新重视东北角。兴宁坊既是长安外郭城东北角的里坊之一，当然属于长安城的边缘地区。把兴宁坊选择为初唐后期的高级居住点之一，当然也是初唐前期的向边缘地区扩张风气的延长。

通济坊位于长安外郭城的南城，位于朱雀大道以东的第三街，在从北而南的里坊顺序之中，它是最南的一坊。步出通济坊，再沿着南方的顺城街而走出附近的启夏门，就离开长安城了。从这个地理位置看来，通济坊也处于长安城的南方边缘地区。把通济坊作为高级居住点之一，就居住区的发展过程而言，仍然是初唐前期的向边缘地区扩张风气的延长。

在武则天执政期间，另一个新选择的高级居住点是晋昌坊。在行政上，此坊与通济坊都属于朱雀大道以东的第三街，它的里坊位置是通济坊以北的第二坊。在唐代，有名的慈恩塔（高三百尺，共分六层），就建在晋昌坊。此坊虽与南城的南顺城街还有两坊之隔，不过根据整个长安城的地理形势，晋昌坊位于外郭城的东南角，仍然得视为边缘地区之里坊之一。

住在休祥坊与兴宁坊，只要步出这两坊的南坊门，就到了开远大道。由这条大道而走到太极宫南的承天门，距离相当有限。这就等于说，由此二坊去上朝，是相当方便的。再就这两坊的日常生活条件而言，无论是由休祥坊到西市，还是由兴宁坊到东市，也都只需要经过本坊以南的两个里坊，就可到达市场。把休祥与兴宁两坊作为初唐后期的高级居住点，从这两坊的政治性条件和生活性条件来观察，似乎都是相当理想的选择。至于住在晋昌与通济两坊，如需购物，各需走过五坊与七坊，才能到达东市，而如需上朝，则各需走过位于朱雀大道以东之第三街的六坊与八坊，再走过位于金光大道上的两个里坊，才能到达朱雀门。易言之，住在晋昌与通济两坊，无论是入市购物还是上朝参谒，都因为路途较远而感觉不便。韦安石与桓彦范在 700 与 705 年分别住进晋昌坊和通济坊的原因虽然不明，不过把这两坊作为高级官员的居住点，无论就生活条件或政治条件而观察，都不是理想的选择。唯一的解释是在靠近南墙的南城，住户稀少，住在晋昌坊与通济坊，在朝参以外的时间之内，可以避免与人往来。

总之，在武则天执政期间新选定的几个居住点，除了兰陵坊具有中央化的地理位置，其他里坊，都位于边缘地区：休祥坊位于外郭城的西北角，兴宁坊位于外郭城的东北角，晋昌坊位于外郭城的东南角，通济坊则直接与外郭城的南面城墙相邻。武三思在 697 年定居于西城的休祥坊以及姚元崇在 702 年的定居于东城的兴宁坊，在都市发展的过程之中，意义不大。定居于休祥和兴宁二坊的主要意义是加强对于外郭城之西北角与东北角的扩张，然而这种扩张都是在初唐的前半期已经开始的一种风气的延长。所以向西北角与东北角的扩张，并不具有重大的意义。反之，在初唐的后期把兰陵、晋昌与通济等三坊选择为新的居住点，在都市发展的过程之中，却另具深义。

在朱雀大道的两侧，按照从北到南的里坊顺序，每街都有九坊。如果韦待价在 685 年所选定的居住点是朱雀大道以东第一街的第五坊，也即兰陵坊的北面邻坊——靖善坊，此坊的位置可说正好适中。可是韦待价所选定的居住点却不是靖善坊而是朱雀大道以东第一街的第六坊——兰陵坊。在此街的九坊之中，兰陵坊既是第六坊而不是位置适中的第五坊，该坊的地理位置，虽然它也有中央化的特性，却应该说是稍为偏南的。因此，就时间与空间的因素而言，韦待价在 685 年定居兰陵坊，应该视为高级居住区在初唐后期向南发展的开始。此后，这个向南发展的情势，更随着时间的变化而逐渐开朗。700 年，尚书左仆射韦安石定居于晋昌坊。该坊虽然位于长安的东南角，却也是比较偏南的。等到侍中桓彦范在 705 年定居于面对长安城之南墙的通济坊，高级居住点逐渐移向南城之边缘地区的局势，似乎已经形成。如果把韦待价在 685 年定居南城之兰陵坊视为南移的第一步，韦安石在 700 年定居东南角的晋昌坊就得视为南移的第二步，接着桓彦范在 705 年定居长安南墙之畔的通济坊，不但需要视为南移的第三步，也许还得视为南移局势的完成。由 685 到 705 年，长安高级居住区的地理位置之逐渐南移，前后历时二十年。

当韦待价在 685 年定居兰陵坊时，由朱雀大道以南的第六条横街算起（也即从兰陵坊以南的那条横街算起），更偏南的三条横街是无人居住的。所以兰陵以南的开明、保宁和安义等三坊，以及晋昌坊和该坊以南的通善和安德二坊在当时，都还是农田。在这些地方，虽然偶有居者，可是由于人口太少，彼此的“烟火不接”。[13] 另一方面，当地的农田，却是“阡陌相连”的。[14] 桓彦范能以三品大员的身份，定居在通济坊而与农夫为伍，勇气是可嘉的。

（四）武则天时期洛阳的高级居住区

分析了武则天执政期间，长安高级居住区的发展情形，跟随要注意的是洛阳高级居住区的情形。在她执政的二十二年之内，除从大足元年（701 年，同年又改称长安元年）十月到长安三年（703 年）十月，武则天曾在长安的大明宫里住了两年以外，[15] 其他的十九年，她全都住在洛阳。当时的京官大员，当然也得跟随着这位女天子，由长安搬迁到洛阳去。在这个情况之下，洛阳的高级居住区的选择与发展，又是需要注意的。现在先把从 684 到 705 年的二十二年之间，居住在洛阳的高级官员的姓名及其居住地点列表如下：

表三　武后执政期间洛阳高级居住区及其居者人名表

居住时间	居者姓名	居者官职与官秩	居住地点	资料来源	备　注
嗣圣五年（688 年）	王本立	夏官（兵部）侍郎，正四品下，同凤阁鸾台平章事	立德坊	《唐两京城坊考》卷五，第 171 页	
嗣圣七年（690 年）	武攸宁	纳言，正三品	乐和坊	同上，第 148 页	光宅元年（684 年）改中书省侍中为纳言，神龙元年（705 年）复旧
嗣圣八年（691 年）	狄仁杰	地官（户部）侍郎，正四品下，同凤阁鸾台平章事	尚贤坊	同上，第 150 页	
长寿二年（693 年）	娄师德	夏官（兵部）侍郎，正四品下，同凤阁鸾台平章事	择善坊	同上，第 155 页	
长寿二年（693 年）	豆卢钦望	内史，正三品	修行坊	同上，第 149 页	光宅二年（685 年），改中书令为内史，神龙元年复旧
神功元年（697 年）	武三思	春官（礼部）尚书，正三品，同凤阁鸾台三品	尚善坊	同上，第 148 页	
神功元年（697 年）	宗楚客	检校夏官（兵部）尚书，正四品上，同凤阁鸾台平章事	宣风坊	同上，第 168 页	
神功元年（697 年）	杜景佺	凤阁（中书省）侍郎，正四品上，同凤阁鸾台平章事	崇政坊	同上，第 151 页	
圣历元年（698 年）	苏味道	凤阁侍郎，正四品上，同凤阁鸾台平章事	宣风坊	同上，第 168 页	
圣历元年（698 年）	李峤	凤阁侍郎，正四品上，同凤阁鸾台平章事	宣风坊	同上，第 168 页	
圣历二年（699 年）	魏元忠	凤阁侍郎，正四品上，同凤阁鸾台平章事	仁风坊	同上，第 166 页	
久视元年（700 年）	张锡	凤阁侍郎，正四品上，同凤阁鸾台平章事	尚贤坊	同上，第 150 页	
久视元年（700 年）	韦安石	文昌（尚书省）右相，从二品	明义坊	同上，第 169 页	
大足元年（701 年）	李怀远	凤阁侍郎，正四品上，同凤阁鸾台平章事	安业坊	同上，第 147 页	
大足元年（701 年）	李迥秀	夏官侍郎，正四品上，同凤阁鸾台平章事	正平坊	同上，第 149 页	
长安四年（704 年）	韦嗣立	凤阁侍郎，正四品上，同凤阁鸾台三品	归德坊	同上，第 153 页	
长安四年（704 年）	杨再思	御史大夫，从三品	永丰坊	同上，第 156 页	
长安四年（704 年）	韦承庆	凤阁侍郎，正四品上，同凤阁鸾台平章事	归德坊	同上，第 153 页	
神龙元年（705 年）	桓彦范	侍中，正三品	陶化坊	同上，第 159 页	

表三列举了十九位高级官员所居住的十五个里坊（图五），可见洛阳高级居住区的分布状况，现先把洛阳城的地理形势，简要介绍。[图四：初唐后期（武则天时期）洛阳城坊及街道图]

开始营建于隋炀帝大业元年（605年）三月，完成于次年（606年）正月的洛阳城，是在不到一年的时间之内快速完成的。由于洛阳分建于洛水的南北二岸，此城遂因洛水之中穿而自然地分为南北二城。北城包括建于西南角之高冈上的禁区（皇城在南，宫城在北），和平地上的北外郭城。城内有两条比较重要的大街。横贯全城东西，而在西端与东宫之宣仁门相接的是介于宣仁门与上东门之间的上东大街。北端与安喜门相接而纵贯在城南北的是安喜大街。北城的一个市场和二十八个里坊，就分布在由这两条大街之后所形成的十字形的四隅（诸坊之间还有些狭长的十字街，不必一一细述了）。南城建于洛水以南的平地上。城内有三条重要的大街：第一条是位于南城之西部，隔着洛水而遥对皇城南墙之端门的定鼎门大街。第二条是位于南城之中部，隔着三至四个里坊而与定鼎门大街遥远平行的长夏门大街。这两条大街都是纵贯全城的南北向大街。第三条也位于南城之中部，由于东端从建春门开始，所以称为建春大道。它是横贯全城的东西向大街。由于建春大道与定鼎门大街和长夏门大街直角相交，又把南城分成长夏门以东、定鼎门以东和定鼎门以西等三个区域。南城的八十一个里坊和两个市场（南市在长夏门以东区域的北部、西市在定鼎门以西区域的西部），就很规律性地分布在这三个区域之中。

据表三，王本立是第一个在洛阳定居的高级官员。他的居住点是北城的立德坊。该坊与坐落在西北角的北市只有两坊之隔（由立德坊向东，可经归义、景行两坊而达北市，也可由立德坊向北经清化、思恭二坊而达北市），在生活上，购物很方便。就是由立德坊去上朝，只要先向南，穿过承福坊，再绕过皇城的东南角后，继续西行，在经过皇城南墙的左掖门之后，便可到达皇城的南面正门端门，由端门而继续向北，通过应天门，便可入朝了。立德坊与宫城的所在地，从地理的观念来说，是遥遥相对的，只是从立德坊入宫，并无其他路线可达，必须采用上述的马蹄形的迂回路线。南城定鼎门大街以东的第一与第二街的最北端的里坊，是旌善坊与尚善坊。这两坊是隔着洛水而与北城之左掖门和端门相对的。由北城南墙的东南角经左掖门而到端门的距离，正好是两坊（旌善、尚善）。所以由立德坊上朝，等于要经过承福、旌善和尚善等三坊。实际上，经过三个里坊去上朝，这段距离不能说是很远。只是立德坊四面环水（西面是泻口渠、东面和北面都是泻城渠、南面是新潭），地理环境是很特别的。王本立从立德坊去上朝，不但在陆地上要经过承福坊和相当于两个里坊之长度的道路，在水路上，恐怕也得先要渡过新潭。这与住在长安的高级官员在上朝时，无需考虑水道问题的情势相较，是大不相同的。在表三所列举的十九位官员之中，王本立是唯一定居北城的高级官员，其他的十八人，都是住在南城的。

在南城，最早被选择的定居点是乐和与尚贤二坊。武攸宁在690年住进乐和坊，狄仁杰在691年住进尚贤坊。据图五：初唐后期（武则天时期）洛阳高级居住区之地理分布图，乐和坊位于定鼎门东第二街，在从北向南的里坊顺序之中，它是第六坊。尚贤坊位于定鼎门东第三街，在由北向南的里坊顺序之中，它是第八坊。这两坊不但在东西向的方位上是邻坊，而且还在南北的方位上，同为洛阳最南端的里坊。由这二坊去上朝，大概都要先走到位置较西的定鼎门大街，在走过五坊的距离之后，再由天津桥通过洛水，然后先后经过皇城之端门和宫城之应天门而入朝。至于入市，则由二坊走上永通门道，经过明教、宁人和从政坊，就可进入西市。或由二坊先到坊北的永通门道，经过归德与仁和二坊，顺着长夏门东第一街而向北行，再经过正俗、永丰、修善、思顺等四坊，就可进入南市。由乐和、尚贤二坊到西市购物的距离虽然比到南市的距离稍近（至少可以少走一坊），可是南市却从隋末以来，一直是一个繁盛的商业营业点。[16]住在乐和与尚贤坊，有时不到西市而到南市去购物的可能性是相当大的。

跟着，在693年被娄师德所选择的居住点是择善坊，而在同一年，被豆卢钦望所选择的是修行坊。这二坊的位置相差很远。择善坊位于定鼎门东第四街，在从北而南的里坊顺序之中，它是第二坊。由于它与南市只有福善坊的一坊之隔，入市购物，当然是很方便的。至于上朝，则必需沿南北向的第二街，走过三坊之地，然后在定鼎门大街的最北端通过天津桥，而从端门入朝。入市便于上朝，是把择善坊选择为居住点的主因，或许是毋庸置疑的。至于位于定鼎门东第二街的修行坊，在由北而南的里坊顺序之中，是第四坊。由此坊入市可先由建春门南的第二条横街走过淳化坊，然后由永通门道向西，走过宽政、大同和广利等三坊而入西市。采用这条路线，需要经过四坊之遥的路程。此外，也可由建春门南的第一条横街，先经过崇政、敦化二坊的北侧走上长夏门大街，再经永丰、修善和思顺坊的西侧，然后由建春门北的第一条横街而入南市。采用这条路线既需要经过五坊之遥的路程，还需要连续的转弯，路线是迂回的。还有，要从修行坊去上朝，似乎比较方便，只要从坊北的建春门南第一条横街，走过邻坊淳化坊的北侧，再沿定鼎门大街，走过从淳化到尚善等四坊的西侧，再通过天津桥，就可经端门到应天门而上朝了。在地理位置上，住在修行坊，似乎就入市（特别是到西市）与上朝而言，都要经过一段四坊之遥的距离，而没有方便与较不方便的差别。豆卢钦望把修行坊作为他在洛阳的居住点，应该是一个好选择。

到697年，在洛阳的南郭城，有三个里坊，同时被选择为高级居住点。第一个地点是被武三思所选的尚善坊。根据图五，此坊位于定鼎门东的第一街，它在从北而南的里坊顺序之中，是第一坊。步出此坊的西坊门，就是定鼎门大街，在街的北端过天津桥，再经端门和应天门，就可入宫。武三思既是武则天的宠臣，他当然需要住在禁区距离最近的地方，以便随时因旨入宫。武三思既然常在宫中出入，可能餐饮也在宫中。所以在日常生活上，他可能并不十分需要考虑入市购物的问题。即使他有入市的需要，在他所住的尚善坊与南市之间，也不过只有四坊之隔，距离不能算远。武三思把尚善坊选为他的居住点，必然是经过考虑的。

第二个地点是由宗楚客所选中的宣风坊。该坊位于定鼎门之西的第一街，在从北到南的里坊顺序之中，它是第三坊。由此坊上朝，在步出东坊门之后，顺着定鼎门大街而向北，在通过观德和积善二坊的东侧，就可过天津桥而达端门。就是入市，由宣风坊出发，也只要向南通过淳风、宽政二坊，然后再在永通门道走过大同和广利二坊的南侧，就可到达西市。经过四坊而到达市场，路程既不算远，经过二坊而可达上朝路线之起点的天津桥，路程更近。宗楚客以宣风坊作为他在洛阳的居住点，也应该算是有眼光的一种选择。

第三个地点是崇政坊。这是杜景佺选中的居住点。崇政坊位于定鼎门以东的第三街，在从北向南的里坊顺序之中，它是第六坊。崇政坊的西面邻坊是修行坊，从693年起，豆卢钦望就住在那里。在官职上，豆卢钦望是内史（中书省的首长本称中书令，但在光宅二年，即685年，改称内史），杜景佺却只是凤阁侍郎（中书省在685年改称凤阁），在官秩上，内史是正三品，[17]而凤阁侍郎是正四品上。[18]豆卢钦望的官职显然较高。杜景佺只有正四品上的职位，本来不能跻身于中央政府前三品的高级官员之列，可是他却在正四品上的官秩以外，又有同凤阁鸾台平章事的身份。在武则天执政期间，凡是具有这个身份的官员，实际上，就是宰相。杜景佺既是宰相，他的身份当然又高于只是内史的豆卢钦望。所以杜景佺才能住进崇政坊，与住在修行坊的豆卢钦望，比邻而居。由崇政坊出发，无论是去上朝，还是入市，所经过的路线，应该与从修行坊出发而采取的路线一致，只是去上朝，由崇政坊出发，必需比由修行坊出发，多走一坊之地，而由崇政坊入市，则可比由修行坊出发，少走一坊之地而已。

从697年开始直到705年这九年期间，几乎每一年都有一位三品大员在洛阳的南郭城里定居。他们的定居地点，已见表三，这里不必再述。值得注意的是，如果把表三所列举的十五个里坊做一个全盘性的考察，可以发现两件事：首先是几乎所有的居住点，都集中在定鼎门大街与长夏门大街之间的第二区域。譬如在定鼎门大街以西，只有韦安石和宗楚客两人分别住在明义坊和宣风坊，而在长夏门以东的第三区域，主要有杨再思一人住在永丰坊（位于长夏门东第一街）。其次是居住区的形成。把若干个别的居住点连接起来，就形成一个居住区。关于这一点，上文在讨论长安的居住区的时候，已有所论。事实上，在洛阳同样也有居住区的形成。譬如宗楚客在697年住进宣风坊，等到韦安石在700年住进宣风坊西面邻坊的明义坊、李怀远在701年住进宣风坊东面邻坊的安业坊，这三坊就在洛阳城的西侧，在五年的时间之内，形成一条东西相连的高级居住区。又如武攸宁在690年住进乐和坊、狄仁杰在691年住进尚贤坊、704年韦承庆住进归德坊。这三坊又在洛阳城的最南端，以十五年的时间形成一条东西相连的居住区。

此外，李迥秀在701年住进乐和坊之北面邻坊的正平坊，豆卢钦望在693年住进正平坊之北面邻坊的修行坊。从690到701年，乐和、正平与修行等三坊，又以十二年的时间形成一个南北相连的居住区。修行坊的东面邻坊是崇政坊，杜景佺是在697年住入此坊的。崇政坊与修行坊东西相连，也是一个小型的高级居住区。可是如把从崇政、修行、正平、乐和、尚贤到归德等坊再加相连，这六坊就在定鼎与长夏二门之间的第二区域之中南部，形成一个横卧着的马蹄形的大型高级居住区。在此区内，武攸宁于690年住入乐和坊，时间最早，韦承庆于704年住入归德坊，时间最晚，这个由六个里坊共同形成的大型居住区，是在690到704年之间，以十五年的时间形成的。

对于洛阳高级居住区的讨论，到此可以告一段落。不过在结束本节之前，还应对洛阳高级居住区的讨论，作一个综合性的结论：

第一，在被十九位三品大员所选定的十五个里坊之中，除了立德坊位于北郭城以外，其他的十四坊都位于南城。除了王本立，没有人愿意住在北郭城的主要原因，可能是为了避免水灾。高宗永淳元年（682年）六月，洛水大涨，不但冲坏了上朝必经的天津桥，更"漂损"了北郭城的立德与景行等坊的二百余家。[19]立德坊的位置是面对宫城的，景行坊则位于立德坊以东。所谓"漂损"，大概指屋宇既被大水冲毁，又在水上漂流而去的状况。如上文所指出，立德坊的地理环境是四面环水的。该坊西面的泻口渠以及该址南面的新潭，实际上都与漕渠相通，而漕渠又与洛水相通。当洛水大涨，立德坊当然会首当其冲，而遭受到洛水的水灾。景行坊虽非四面环水，不过漕渠位于该坊之南部，洛水大涨，景行坊是也免不了水患的。王本立在688年定居立德坊，虽在时间上是682年的水灾之后的第六年，可是选择水患之区作为居住区，毕竟冒了几分风险。十九位大员有十八位都不住在北郭城，可能应该说是他们都不愿冒水患的风险而才住在南郭城的。

第二，在南郭城被定鼎、长夏二街划分而成的三个区域之中（定鼎门以西是第一区、定鼎与长夏二门之间是第二区、长夏门以东是第三区），不但几乎所有的居住点都集中在第二区，而且在此区内，还有几个连接若干居住点而形成的大型居住区。在第一区的居住点，只有明义和宣风二坊，而在第三区，也只有永丰、陶化和仁风三坊。明义与宣风坊以及永丰和陶化坊，虽然都因为左右相邻而形成小型的居住区，但如与在第二区内，由崇政到归德等六坊相连而成的大型居住区相比，声势要小得多。

第三，南郭城各居住点的选择，是多由生活条件来决定的。易言之，入市的便利与否，比上朝的便利与否，更加受到重视。只有武三思一人定居距离皇城和宫城最近的尚善坊，是以上朝的便利作为主要的考虑。

（五）盛唐时期长安的高级居住区

讨论过初唐初期的长安，初唐后期的长安与初唐后期的洛阳的高级居住区的发展状况，接着便探讨盛唐长安高级居住区的发展状况。可是事实上，必须说明的是，这方面的资料并不多。资料的来源，在官职的任期方面，仍以《新唐书》的《宰相表》为主；官秩方面，以《唐六典》与《旧唐书》的《职官志》为主；居住点方面，则以《唐两京城坊考》为主。此外，也参考了清代与近代学者所编著的与金石学有关的著作。

表四　盛唐时期长安高级居住区及其居者人名表

居住时间	居者姓名	居者官职与官秩	居住地点	资料来源
景龙元年（707年）	乙速孤行俨	武卫将军，从三品	大宁坊	《金石萃编》卷七十五，第21页
景云元年（710年）	苏环	左仆射，正三品	崇仁坊	《新唐书》《宰相表》上，第1678页 《金石萃编》卷六十九，第1页 《唐两京城坊考》卷三，第54页
景云元年（710年）	张说（667—730年）	中书侍郎，正四品上，同中书门下平章事，宰相	宣义坊	《新唐书》《宰相表》上，第1678页 《唐两京城坊考》卷四，第101页
景云元年（710年）	张说（667—730年）	中书侍郎，正四品上，同中书门下平章事，宰相	永乐坊	同上，卷二，第44页
景云二年（711年）	魏知古	右散骑常侍，正三品，同中书门下平章事，宰相	布政坊	同上，卷四，第105页
景云二年（711年）	窦怀贞	御史大夫，正三品，同中书门下平章事，宰相	光福坊	《新唐书》《宰相表》上，第1679页 《唐两京城坊考》卷二，第38页

（续表）

居住时间	居者姓名	居者官职与官秩	居住地点	资料来源
景云二年（711年）	陆象先（665—736年）	中书侍郎，正四品上，同中书门下平章事，宰相	安兴坊	《新唐书》《宰相表》上，第1679页 《唐两京城坊考》三，第72页
先天二年（713年）	郭元振	太仆卿，从三品，同中书门下平章事，宰相	宣阳坊	《新唐书》《宰相表》上，第1678页 《唐两京城坊考》卷三，第59页
开元三年（715年）	李日知	黄门侍郎，同四品上，同中书门下平章事，宰相	曲江坊	《新唐书》《宰相表》上，第1676页 《唐两京城坊考》卷三，第91页
开元四年（716年）	苏颋	紫微侍郎，正四品上，同紫微黄门平章事	新昌坊	《新唐书》《宰相表》中，第1685页 《唐两京城坊考》卷三，第88页
开元五年（717年）	李吉	右威卫将军，从三品	静恭坊（即靖恭坊）	《增订唐两京城坊考》卷三，第150页
开元六年（718年）	韦顼	卫尉卿，从三品	永宁坊	《唐代墓志汇编》上册，第1211页
开元八年（720年）	崔泰之	户部尚书，正三品	平康坊	同上，第1277页
开元十一年（723年）	鲜于庭诲	右卫将军，从三品	安定坊	同上，第1274页
开元十六年（728年）	萧嵩	兵部尚书，正三品，同中书门下平章事，宰相	布政坊	《新唐书》《宰相表》中，第1687页 《唐两京城坊考》卷四，第105页
开元二十一年（733年）	张九龄（673—740年）	中书侍郎，正四品上，同中书门下平章事，宰相	修政坊	《新唐书》《宰相表》中，第1689页 《唐两京城坊考》卷三，第81页
开元二十一年（733年）	裴光庭（676—733年）	中书侍郎，正四品上，同中书门下平章事，宰相	平康坊	《新唐书》《宰相表》中，第1688页 《金石萃编》卷八十一，第37页 《唐两京城坊考》卷三，第56页
开元二十一年（733年）	裴光庭	中书侍郎，正四品上，同中书门下平章事，宰相	光德坊	同上
开元二十一年（733年）	李仁德（673—733年）	右威卫将军，从三品	醴泉坊	《唐代墓志汇编》下册，第1412页
开元二十二年（734年）	李林甫	礼部尚书，正三品，同中书门下平章事，宰相	平康坊	《新唐书》《宰相表》中，第1689页 《唐两京城坊考》卷三，第56页
开元二十八年（740年）	杨思勖（661—740年）	太骁卫大将军，正三品	翊善坊	《唐代墓志汇编》下册，第1509页
开元二十八年（740年）	范安及	右骁卫大将军，正三品	兴宁坊	《增订唐两京城坊考》卷三，第141页
开元二十九年（741年）	张嘉祐	左金吾卫将军，从三品	安邑坊	《唐代墓志汇编》下册，第1532页
天宝二载（743年）	万行	左龙武军将军，从三品	永兴坊	《增订唐两京城坊考》卷二，第83页
天宝三载（744年）	豆卢建（711—744年）	太仆卿，从三品	胜业坊	《唐代墓志汇编》下册，第1565页

（续表）

居住时间	居者姓名	居者官职与官秩	居住地点	资　料　来　源
天宝五载 （746 年）	源光乘	太子詹事，正三品	宣阳坊	同上，第 1650 页
天宝七载 （748 年）	张去逸	太仆卿，从三品	颁政坊	同上，第 1621 页
天宝八载 （749 年）	薛义 （678—749 年）	左龙武大将军，正三品	金城坊	同上，第 1633 页
天宝九载 （750 年）	张毗罗 （682—751 年）	左武卫将军，从三品	金城坊	同上，第 1721—1722 页
天宝九载 （750 年）	赵冬曦	国子祭酒，从三品	善和坊 （即光德坊）	《中原文物》1986 年第四期，第 43 页
天宝十二载 （753 年）	刘元尚 （686—753 年）	左监门卫将军，从三品	金城坊	《金石萃编》卷九十，第 5 页 《唐代墓志汇编》下册， 第 1707—1708 页
天宝十二载 （753 年）	刘感 （683—753 年）	左龙武军将军，从三品	永兴坊	《金石萃编》卷八十九，第 24 页 《唐代墓志汇编》下册， 第 1690—1691 页
天宝十四载 （755 年）	李玄德	右龙武军将军，从三品	翊善坊	《增订唐两京城坊考》卷二，第 76 页
天宝十五载 （756 年）	崔圆	中书侍郎，正四品上，同中书门下平章事，宰相	崇义坊	《新唐书》《宰相表》中，第 1693 页 《唐两京城坊考》卷二，第 41 页
乾元二年 （759 年）	李揆 （711—784 年）	中书侍郎，正四品上，同中书门下平章事，宰相	光宅坊	《新唐书》《宰相表》中，第 1695 页 《唐两京城坊考》卷三，第 50 页
上元元年 （760 年）	裴遵庆 （691—775 年）	黄门侍郎，正四品上，同中书门下平章事，宰相	升平坊	《新唐书》《宰相表》中，第 1696 页 《唐两京城坊考》卷三，第 79 页
宝应元年 （762 年）	元载 （?—777 年）	户部侍郎，正四品上，同中书门下平章事，宰相	安仁坊	《新唐书》《宰相表》中，第 1696 页 《唐两京城坊考》卷二，第 36 页
广德二年 （764 年）	杜鸿渐 （709—769 年）	兵部侍郎，正四品上，同中书门下平章事，宰相	长兴坊	《新唐书》《宰相表》中，第 1697 页 《唐两京城坊考》卷二，第 43 页

由图六：盛唐时期长安高级居住区之地理分布图可以看出盛唐时期的长安高级居住区，至少具有以下四种特征：

第一，承继初唐后期（武则天时期）向南发展之趋势而继续向南发展。譬如在朱雀大道以东的第四街，李日知于 715 年定居曲江坊、张九龄在 733 年定居修政坊、而裴遵庆也在 761 年定居升平坊。在初唐时代的八十八年，曲江、修政和升平等位于南郭城而偏南的三个里坊，是从未有三品大员居住过的。

第二，大型居住区的形成。位于朱雀大道以东第一街的安仁与光福二坊，与位于朱雀大道以东第二街的崇义、长兴和永乐等合成五坊，首先形成一个居住区。对于这个居住区，可以称为第一号居住区。崇义坊与其东面邻坊的宣阳坊是东西相连的。由这两坊相连，又形成一个居住区。这个东西相连的小型居住区，可以称为第二号居住区。宣阳坊既然位于朱雀大道以东的第三街，所以又与同街的永兴、崇仁和平康等三坊形成另一个居住区。这个南北相连的长方形居住区，可以称为第三号居住区。从宏观的角度观察，实际上，第一号、第二号与第三号居住区，是互相连接的。像这样由九个里坊或三个居住区连接而成的特大型居住区，由七个里坊所形成的大型居住区，自初唐前期已开始发展，至盛唐时代更出现九坊相连的特大号大型居住区。而盛唐以后，且不要说九坊相连，就是七坊相连的大型居住区也从不再见。特大号大型居住区的形成，可视为唐都长安在都市发展方面的一个特性。

第三，是向西北与东北的角落地带的发展。在西北角落，张去逸在748年居于颁政坊，鲜于庭诲在723年定居于安定坊，薛义、张毗罗与刘元尚则分别在749、750、753年定居于金城坊。至于在东北角落，杨思勖在740年定居翊善坊，豆卢建在744年居于胜业坊，李撰在759年定居光宅坊。再据表一与表二，安定、金城、翊善与光宅等四坊，在初唐的前期与后期，也从未有三品大员的居住。这四坊被选为居住点，由都市发展的角度来观察，不能不说是向西北及东北角落的新发展。独孤开虽然远在642年曾经居于胜业坊，但从此以后，从未再有高级官员重新住过。等到豆卢建在744年再度定居胜业坊，在时间上，已在独孤开居于此坊的百年之后。根据鲜于庭诲、豆卢建、张去逸、薛义、张毗罗、刘元尚、杨思勖与李撰等八个个案以观察，也许可说，盛唐长安之高级居住点向角落地带的发展，集中在八世纪四十至五十年代（亦即玄宗的开元、天宝时期以及肃宗时期）。这个现象，也许不是一种巧合，而是一种风气的反映。如果文献上的资料更多，这个现象，应该还可以看得更清楚一点。

至于在长安的西北角，虽然魏知古早在711年已曾定居布政坊，李仁德也在733年居于醴泉坊，不过布政与醴泉二坊，在初唐前期已曾是当时的高级官员之居住点（参见表一及图二），在盛唐时期，当然不能再当作新发展的角落地带之居住点来看待。同样的，在长安外郭南城之东北角，乙速孤行俨在 707 年居于大宁坊，苏环在 710 年居于崇仁坊，陆象先在 711 年居于安兴坊，还有，刘感在 753 年居于永兴坊。可是大宁、崇仁、安兴与永兴等四坊在初唐前期，也曾是当时的高级官员之居住点，因此这四坊也不能在盛唐时期重新视为新发展的角落地带之居住点。不过其中多人如魏知古、李仁德、乙速孤行俨、苏环、陆象和刘感都选择定居于前代已经曾为高级居住点的布政、醴泉、大宁、崇仁、安兴和永兴等六坊，也间接反映了在盛唐时期，高级居住点往西北与东北角落发展是一种新风气。

第四，盛唐时期长安的高级居住点，共有二十九坊（见表四与图六）。除去醴泉、颁政、布政、光德、长兴、永乐、永兴、崇仁、平康、宣阳、永宁、大宁、安兴、胜业、兴宁等十五坊，早在初唐时期，已是当时的居住点以外，新开发的居住点共有十四坊。另外，除了安定、金城、醴泉、颁政、布政、光德和宣义等七坊在西城，其他的二十二坊，全部在东城。据图二，在初唐前期，长安的高级居住点共有二十五坊，其中分布在西城的共有十坊，分布在东城的则有十五坊，再据图三，在初唐后期，长安的高级居住点，共有十一坊，分布在西城的只有三坊，分布在东城的，则有八坊。可见在盛唐时期，长安的高级居住点之中，西城的七坊占二十九坊的总数的百分之二十五稍弱，而东城的二十二坊，则占二十九坊的总数之百分之七十五稍强，也是一种从初唐以来已经如此的历史性的发展。东城的居住点一向多于西城的，只是到了盛唐，这个特性，才能从百分之二十五比百分之七十五的比例上，看得更清楚而已。

（六）中唐时期长安的高级居住区

根据表五，中唐时期长安的高级居住点，就现有的资料看来，至少共有二十九个不同的里坊。如把这些里坊放在它们应有的位置上，当时的高级居住点可以用图七：中唐时期长安高级居住区之地理分布图来表示。现在再根据表五与图七，而把中唐时期长安高级居住区的几项特性分述如下：

表五　中唐时期（代宗、德宗、顺宗、宪宗、穆宗、敬宗、文宗、武宗、宣宗，762—859 年）长安高级居住区及其居者人名表

居住时间	居者姓名	居者官职与官秩	居住地点	资料来源	备　注
上元二年（761 年）	裴遵庆（691—775 年）	黄门侍郎，正四品上，同中书门下平章事，宰相	升平坊	《金石萃编》卷一〇〇，第 18 页《唐两京城坊考》卷三，第 79 页	
宝应元年（762 年）	元载（?—777 年）	户部侍郎，正四品上，同中书门下平章事	安仁坊	《新唐书》《宰相表》中，第 1696 页《唐两京城坊考》卷三，第 37 页	
广德二年（764 年）	杜鸿渐（709—769 年）	黄门侍郎，正四品上，同中书门下平章事	长兴坊	《金石萃编》中册，第 1697 页《唐两京城坊考》卷二，第 43 页	
广德二年（764 年）	王缙（700—781 年）	黄门侍郎，正四品上，同中书门下平章事	道政坊	《新唐书》《宰相表》中，第 1697 页《唐两京城坊考》卷三，第 84 页	
广德二年（764 年）	臧希晏（712—764 年）	左金吾卫将军，从三品	安邑坊	《金石萃编》卷九五，第 22 页	
大历二年（767 年）	李勉（717—788 年）	京兆尹，从二品	亲仁坊	《旧唐书》卷一三一，《李勉传》，第 3634 页《唐两京城坊考》卷三，第 61 页	
大历三年（768 年）	张献诚	检校户部尚书，正三品开府仪同三司，从一品	光福坊	《洛阳出土历代墓志辑绳》，第 580 页	
大历四年（769 年）	元结（723—772 年）	左金吾卫将军，从三品	永崇坊	《金石萃编》卷九八，第 18 页	
建中元年（780 年）	崔祐甫（721—780 年）	中书侍郎，正三品，同中书门下平章事	静恭坊（靖恭坊）	《唐代墓志汇编》下册，第 1832—1833 页《新唐书》《宰相表》中，第 1700 页	《旧唐书》卷四三，《职官志》二，第 1849 页，“武德令，本四品，大历二年（767 年）九月，升正三品。”
建中三年（782 年）	关播	中书侍郎，正三品，同中书门下平章事	常乐坊	《旧唐书》卷一三〇，《关播传》，第 3628 页《唐两京城坊考》卷三，第 85 页	
建中三年（782 年）	杜某	右武卫将军，从三品	延福坊	《增订唐两京城坊考》卷四，第 200 页	
贞元元年（785 年）	韩滉（723—787 年）	检校右仆射，从二品，同中书门下平章事	崇仁坊	《唐两京城坊考》卷三，第 54 页	《新唐书》《宰相表》未列其名。此据《新唐书》卷一二六，《韩滉传》，第 4436 页。

（续表）

居住时间	居者姓名	居者官职与官秩	居住地点	资料来源	备　注
贞元三年（787年）	李泌（722—789年）	中书侍郎，正三品，同中书门下平章事	光福坊	《新唐书》《宰相表》中，第1704页 《两京城坊考》卷二，第38页	
贞元六年（790年）	杨万荣	右领军卫大将军，正三品	大宁坊	《增订两京城坊考》卷四，第117页	
贞元八年（792年）	张宷	左金吾卫大将军，正三品	义宁坊	《八琼室金石补正》，卷一三〇	
贞元九年（793年）	贾耽（710—785年）	尚书右仆射，从二品 同中书门下平章事	光福坊	《新唐书》《宰相表》中，第1706页 《唐两京城坊考》卷二，第38页	
贞元十二年（796年）	浑瑊	同中书令，正二品	大宁坊	《新唐书》《宰相表》中，第1706页 《唐两京城坊考》卷三，第72页	《旧唐书》卷四三，《职官志》二，第1848页，“本正三品。大历二年十一月升正二品。”
贞元十二年（796年）	刘升朝	左金吾卫大将军，正三品	辅兴坊	《增订唐两京城坊考》卷四，第179页	
贞元十四年（798年）	郑余庆（748—820年）	中书侍郎，正三品，同中书门下平章事	昭国坊	《新唐书》《宰相表》中，第1707页 《唐两京城坊考》卷三，第67页	
贞元十四年（798年）	苻璘（734—798年）	神策军将军，从三品	靖恭坊	《金石萃编》卷一一三，第21页	《唐六典》不列此职。但见《旧唐书》卷四四，《职官》三，第1904页。
贞元十六年（800年）	杜佑（735—812年）	检校右仆射，从二品，同中书门下平章事	安仁坊	《唐两京城坊考》卷二，第37页	《新唐书》《宰相表》中，第1707页，称杜佑于贞元十九年（803年）得同中书门下平章事衔。《新唐书》卷一六六，《杜佑传》，第5088页，称张卒，乃诏是职据《旧唐书》卷一四〇，《张传》，第3832页，张卒贞元十六年（800年）。今从《旧唐书》，不从《新唐书》《宰相表》。
永贞元年（805年）	郑絪（752—829年）	中书侍郎平章事，正三品	昭国坊	《新唐书》《宰相表》未列郑絪名 《唐两京城坊考》卷三，第67页	《旧唐书》卷一五九，《郑絪传》，第4181页，于其官职后有“平章事”三字，但无“同中书门下”五字。

（续表）

居住时间	居者姓名	居者官职与官秩	居住地点	资料来源	备　注
永贞元年（805年）	陈义（739—805年）	左骁卫将军，从三品	金城坊	《唐代墓志汇编》下册，第1947页	
元和二年（807年）	武元衡（758—815年）	门下侍郎，正三品，同中书门下平章事	靖安坊	《新唐书》《宰相表》中，第1709页 《唐两京城坊考》卷二，第46页	
元和二年（807年）	李吉甫（758—814年）	中书侍郎，正三品，同中书门下平章事	安邑坊	《新唐书》《宰相表》中，第1709页 《唐两京城坊考》卷三，第76页	
元和三年（808年）	裴垍	太子宾客，正三品	光德坊	同上，卷四，第108页	
元和五年（810年）	权德舆（759—818年）	礼部尚书，正三品，同中书门下平章事	光福坊	《新唐书》《宰相表》中，第1710页 《唐两京城坊考》卷二，第38页	
元和十年（815年）	裴度（765—839年）	中书侍郎，正三品，同中书门下平章事	永乐坊	《新唐书》《宰相表》中，第1712页 《唐两京城坊考》卷二，第44页	
元和十二年（817年）	张源（771—838年）	左龙虎将军，正三品	永平坊	《唐代墓志汇编》下册，第2167—2168页	《唐代墓志汇编》所录张氏墓志铭未记此职年代。姑以其卒年暂代。
元和十二年（817年）	秦朝俭	左卫领军卫上将军，正三品	宣阳坊	《增订唐两京城坊考》卷二，第97页	
元和十四年（819年）	令狐楚（766—837年）	中书侍郎，正三品，同中书门下平章事	开化坊	《新唐书》《宰相表》中，第1714页 《唐两京城坊考》卷二，第36页	
长庆元年（821年）	李光颜	检校左仆射，从二品，同中书门下平章事	开化坊	《新唐书》卷一七一，《李光颜传》，第5186页	居宅为穆宗之赐第。
长庆二年（822年）	李逢吉	门下侍郎，正三品，同中书门下平章事	宣义坊	《新唐书》《宰相表》下，第1718页 《唐两京城坊考》卷四，第101页	《旧唐书》卷四三，《职官志》二，第1843页，“武德令，正四品上，大历二年九月升正三品”。
长庆二年（822年）	元稹（779—831年）	工部侍郎，正三品，同中书门下平章事	安仁坊	《新唐书》《宰相表》下，第1718页 《唐两京城坊考》卷二，第37页	
长庆三年（823年）	崔伦	光禄卿，从三品	靖安坊	同上，第46页	

（续表）

居住时间	居者姓名	居者官职与官秩	居住地点	资料来源	备 注
长庆三年（823年）	牛僧孺（779—847年）	户部侍郎，正四品下，同中书门下平章事	新昌坊	《新唐书》《宰相表》下，第1718页 《唐两京城坊考》卷三，第89页	
长庆四年（824年）	梁某（779—824年）	右卫上将军，正三品	永昌坊	《唐代墓志汇编》下册，第2103—2104页	《唐六典》《旧唐书》皆作大将军。“上”或“大”之误。
大和元年（827年）	刘渼润	右门卫将军，正三品	辅兴坊	同上，第2119—2120页	《唐代墓志汇编》所录为刘妻杨氏墓志铭，故未录刘某任职年代。杨氏卒于大和四年（830年），暂定刘某任将军在大和元年。
大和二年（828年）	包栋（770—828年）	国子祭酒，从三品	升平坊	同上，第2102页	无任职与去世年代之记录。暂以入葬年代（828年）为准。
大和三年（829年）	李宗闵	吏部侍郎，正四品上，同中书门下平章事	靖安坊	《新唐书》《宰相表》下，第1720页 《唐两京城坊考》卷二，第46页	
大和四年（830年）	杨文政（781—830年）	左金吾大将军，正三品	常乐坊	《唐代墓志汇编》下册，第2119页	《唐代墓志汇编》所录杨氏墓志铭，未记任此职年代，姑以其卒年暂代。
大和四年（830年）	何文哲	工部尚书，正三品	延寿坊	《增订唐两京城坊考》卷四，第187页	
大和六年（832年）	王涯（?—835年）	右仆射，从二品，同中书门下平章事	永宁坊	《新唐书》《宰相表》下，第1722页 《唐两京城坊考》卷三，第63页	
大和七年（833年）	李德裕（787—849年）	兵部尚书，正三品，同中书门下平章事	安邑坊	《新唐书》《宰相表》下，第1722页 《唐两京城坊考》，第193页	
大和八年（834年）	贾温	太子宾客，正三品	永昌坊	《增订唐两京城坊考》卷二，第79页	
大和八年（834年）	崔群	兼吏部尚书，正三品	长兴坊	《千唐志斋藏志》下册，第1136页	《新唐书》《宰相表》下，未列崔群之名及所任职。
开成四年（839年）	陈士栋（786—839年）	太子詹事，正三品	修德坊	《唐代墓志汇编》下册，第2192页	
会昌三年（843年）	李思忠	左监门卫上将军，正三品 检校右仆射，正二品	永乐坊	《唐两京城坊考》卷二，第45页	永乐坊为赐第，李思忠为赐名。官衔之名，《唐六典》《旧唐书》皆作大将军。“上”或为“大”之误。

第一，在居住点的选择上，无论是在西城还是在东城，又有新地点的发展。先看西城，在皇城以西第一街的东北角落地带，修德坊与辅兴坊是两个新被选择的居住点。在北城部分的皇城以西第一街共有修德、辅兴、颁政与布政等四个大坊。在初唐的前后期，由于尉迟恭定居布政坊，以及豆卢钦望定居颁政坊，这四坊中位置最南的二坊首先得到发展。此后，要到中唐时期，当刘升朝、刘漠润与陈士栋分别定居辅兴与修德二坊，这四坊在居住方面的发展，才算完成。再看东城。在长安的东北角落，光宅、永昌、永兴与崇仁是最靠近宫城与皇城的四个里坊。在初唐前后期，高士廉、薛元超和苏环曾经先后居于崇仁坊。到了盛唐时期末年，李撰又曾定居光宅坊。只有永昌坊，在从初唐到盛唐的一百年之中，似乎从来不是长安的一个高级居住区。直到右卫大将军梁某在 824 年左右定居永昌坊，这个情况才稍为有所变化。易言之，自从唐代在 618 年立国，似乎一直要到两百年以后的 824 年左右，永昌坊才第一次成为一个高级居住点，而位于皇城与宫城以东的从光宅到崇仁的这四坊，才都先后发展成为一个南北相连的居住区。从都市发展的角度来说，中唐时代在西城发展修德与辅兴二坊，与在东城发展永昌坊，也许应当视为在盛唐时代开始形成的，向长安之西北与东北角落发展的一项后继发展。

第二，是在东城的靖恭坊的发展。根据图七，东城的东市是由市西的平康与宣阳、市东的道政与常乐、市北的胜业、市南的安邑等六坊，以及东市西北角上的崇仁、西南角上的亲仁和东南角上的靖恭等三坊，联合环绕的。在这九坊之中，崇仁、平康、宣阳、亲仁、道政与常乐等六坊，早在初唐前期，已经陆续成为当时的高级居住区。741 年张嘉祐定居安邑坊之后，东市附近的第八坊，又在都市发展上，成为新的高级居住点。只有靖恭坊，也许由于位置距离长安城的东墙太近，一直不是三品大员的理想居住点。这个情形，一直要到 780 年，当崔祐甫定居此坊，才算有一种大的变化。可是这时候，上距李靖在 628 年居于平康坊，高士廉在 642 年，居于崇仁坊，已经超过一个半世纪。易言之，在唐代，经过了一百五十年以上的时间，环绕东市的九个里坊，才逐渐形成一个高级居住区。

第三，是仍有特大型高级居住区的形成。在东城，朱雀大道以东第一街的开化、安仁和光福三坊，同一条大街以东第二街的长兴、永乐和靖安等三坊，以及同一条大街以东第三街的宣阳、亲仁、永宁、永崇和昭国等五坊，自西至东共有十一坊，联合形成一个特大型的高级居住区。这个居住区的所在地，如与在盛唐时期所形成的特大型高级居住区的所在地相较，差别并不很大，不过在盛唐时期，特大型居住区并不只限于南城（譬如崇仁坊就位于北城），可是在中唐，这个特大居住区却并不包括北城的任何里坊。这个情势所代表的意义似乎显示，从盛唐以来，居住区逐渐向南发展的趋势，在中唐时代，仍然延续。而由许多个别的居住点共同形成一个特大型高级居住区的发展方式，从初唐，经盛唐，直到中唐，也一直赓续不断。

最后，在整体的地理分布上，在这二十九个里坊之中，除了修德、辅兴、义宁、金城、延寿、光德、延福、永平与宣义等九坊位于西城，其他的二十个里坊，全在东城。东城的居住点既然比西城的要多出约一倍，当然显得东城的重要性大于西城。

（七）晚唐时期长安的高级居住区

表六　晚唐时期（宣宗、懿宗、僖宗、昭宗，847—904 年）长安高级居住区及其居者人名表

居住时间	居者姓名	居者官职与官秩	居住地点	资料来源	备　注
会昌六年（846 年）	白敏中	兵部侍郎，正四品下，同中书门下平章事	永宁坊	《新唐书》《宰相表》下，第 1729 页 《唐两京城坊考》卷三，第 64 页	
大中四年（850 年）	郑朗	工部尚书，正四品下，同中书门下平章事	宣平坊	《新唐书》《宰相表》下，第 1732 页 《唐两京城坊考》卷三，第 78 页	
大中六年（852 年）	刘瑑	户部侍郎，正四品下，同中书门下平章事	宣平坊	《新唐书》《宰相表》下，第 1734 页 《唐两京城坊考》卷三，第 78 页	
咸通四年（863 年）	杨玄略	银青光禄大夫，从三品	永宁坊	《增订唐两京城坊考》卷二，第 105 页	
咸通五年（864 年）	萧寘（？—865 年）	兵部侍郎，从四品，同中书门下平章事	永乐坊	《新唐书》《宰相表》下，第 1737 页 《唐两京城坊考》卷二，第 45 页	
咸通八年（867 年）	刘遵礼	银青光禄大夫，从三品	来庭坊	《唐代墓志汇编》下册，第 2435 页	

（续表）

居住时间	居者姓名	居者官职与官秩	居住地点	资料来源	备 注
咸通十一年（870 年）	王铎（？—884 年）	礼部尚书，正四品下，同中书门下平章事	永宁坊	《新唐书》《宰相表》下，第 1739 页 《唐两京城坊考》卷三，第 64 页	
咸通十二年（871 年）	杨于陵	左仆射，从二品	新昌坊	《增订唐两京城坊考》卷三，第 155 页	
咸通十五年（874 年）	马公度	左领军卫上将军，正三品	修德坊	同上，卷四，第 178 页	
乾符元年（874 年）	崔彦昭	兵部侍郎，正四品下，同中书门下平章事	靖恭坊	《新唐书》《宰相表》下，第 1741 页 《唐两京城坊考》卷三，第 87 页	《新唐书》《宰相表》未列崔彦昭为兵部侍郎。此据《新唐书》卷一八三，《崔传》，第 5380 页。
乾符二年（875 年）	郭宣	国子祭酒，从三品	永乐坊	《唐代墓志汇编》下册，第 2474 页	
乾符六年（879 年）	段琼	右千牛卫将军，从三品	昭国坊	《增订唐两京城坊考》 卷三，第 109 页	
中和元年（881 年）	郑畋	门下侍郎，正三品，同中书门下平章事	升道坊	《新唐书》《宰相表》下，第 1744 页 《唐两京城坊考》卷三，第 90 页	
光启元年（885 年）	杨某	检校刑部尚书，正三品	宣阳坊	《唐代墓志汇编》下册，第 2523—2524 页	《唐代墓志汇编》所录为杨妻李氏墓志铭。该铭未记杨某之名及任职年代。李氏卒大顺二年（890 年）。暂定杨某任职在光启元年（885 年）。

根据此表，晚唐时期长安的高级居住区，由现有的资料来看，似乎只有永宁、宣平、永乐、来庭、靖恭、升道与宣阳等十坊。如把这十坊放在它们应在的位置上，可以得到图八：晚唐时期长安高级居住区之地理分布图。现在先把由这十坊所形成的居住特性分述如下：

第一，这十坊的所在地，除了修德坊，全在东城。三品以上的中央大员，在晚唐的五十六年之中，是极少有人住在西城的。东城的重要性大于西城，从初唐以来就已开始形成，并于晚唐时代发展到最高峰。同时也就在这个特性发展到最高峰的九、十世纪之交，唐代亡国了。

第二，在这十坊之中，至少有三坊是具有悠久历史的老社区。譬如说朱雀大道以东第二街与第三街的永乐坊和宣阳坊，是早在初唐前期已经开发的高级居住点，而永宁坊也是在初唐后期或武则天时代已经开发的另一高级居住点。晚唐的中央大员在长安定居于永乐、永宁和宣阳坊，可能应该说是对于老社区的一种依恋。不过在另一方面，晚唐高级居住点的选择，当然也还有其他的心态。譬如在东城，刘遵礼在 867 年住进皇城以东第二街的来庭坊，就等于是为长安的东北角落，又开发了一个新的居住点。看来晚唐的高级大员对于他们居住点的选择，对于历史情怀和另辟新区是同样重视的。

（八）结论

在个别地讨论了从初唐经盛唐与中唐，直到晚唐的长安高级居住区的特性之后，似乎还应对整个长安的高级居住区在都市发展上的特性，综述如下：

第一，东城的居住点，从初唐的前期开始，直到晚唐，始终多于西城。同时，南城的居住点，也从初唐开始，直到晚唐，也始终是多于北城。由于这两个情势，使得长安的东城与南城，在都市发展上，始终比西城与北城更重要。东多于西与南多于北，是由于长安的三个宫廷区（西内、东内和南内）都建在东城。住在东城入朝，比住在西城方便得多。

第二，东城的居住点，从初唐起，已渐有向南发展之倾向。从时间上看，这个倾向是由 700 年韦安石定居晋昌坊而开始的。到 705 年，当时的高级居住点发展到南城城墙旁边的通济坊，可说已经把向南的开发，发展到极点。此后，李日知在 715 年定居曲江坊，也不过只是加强这个向南发展的情势而已。

第三，北城的居住点，从初唐开始直到晚唐，向西北与东北角落地带发展的趋势，也始终不断。晚唐时代，对东北角落的来庭坊与对西北角的修德坊的开发，都是这个发展的实例。

第四，在东西二城都有联合数坊而形成的大型居住区。不过东城的居住区，有时由九坊、甚至十一坊形成，这样的特大型高级居住区，不见于西城与北城。

第五，长安的外郭城，共有一百零九坊。如把从图二、图三、图六至图八里的居住点加以综合性的统计，唐代的高级居住点的总数，竟然高达五十七坊，约占一百零九坊的百分之五十二点二九。[20] 所以他们的居住点就外郭城的东、西、南、北四城而言，几乎可说遍布各地，无所不及。可见唐代的高官，在日常生活方面，喜欢独居，而不喜与同品或品级更高的同事同住一坊。他们何以会产生这种喜好孤独生活的心态，似乎是值得再加探索的。

注释

1 唐代的里坊总数：从隋初建立大兴城到初唐高宗龙朔元年（582—661 年）为止，西城有五十五坊，东城有五十三坊，里坊的总数是一百零八坊。龙朔二年（662 年），由于修建大明宫丹凤门前之南北大街，把翊善与永昌二坊分为光宅、翊善、永昌与来庭等四坊，故东城里坊的总数由五十三坊增加到五十五坊，而全城里坊的总数也由一百零八坊增加到一百一十坊。到盛唐时代，由于玄宗在开元二年（714 年）把东城的隆兴坊改成兴庆宫，东城里坊的总数又由一百一十坊减为一百零九坊。总之，唐代长安城的里坊总数，共有三项变化，由 618 到 661 年，共有一百零八坊，由 662 到 740 年，共有一百一十坊，由 714 年开始，直到唐亡，共有一百零九坊。

2 唐代长安人口总数，见本书《唐代长安百万人》部分。

3 据《通典》卷一九，《职官》一，第 481 页，京官人口总数为 18 805 人。

4 《两京城坊考》于志宁名下未列官职。据《旧唐书》卷七十八，第 2699 页；又《新唐书》卷一〇四，第 4005 页，志宁尝任尚书省左仆射、同中书门下三品，即宰相。故今于此表之志宁名下，即以该职为其代表官职，以补《两京城坊考》文之阙。

5 《两京城坊考》以司礼太常伯为刘祥道之代表官职。据《旧唐书》卷八一，第 2753 页，又《新唐书》卷一〇六，《刘祥道传》，第 4050 页。其人于麟德元年（664 年）先拜尚书省右丞相，辞相后才转任司礼太常伯。所谓司礼太常伯，其实就是礼部尚书；据《唐六典》卷四，第 108 页，唐高宗在龙朔二年（662 年）把礼部尚书改名为司礼太常伯，但到咸亨元年（670 年）又放弃新名，而恢复礼部尚书的旧名。

6 贞观十二年（638 年），侯君集拜吏部尚书（官秩正三品），详见《旧唐书》卷六十九，《侯君集传》，第 2510 页。

7 侯君集被诛的时间，不见于《旧唐书》卷六十九，《侯君集传》，第 2509—2514 页，却见于《旧唐书》卷七十六，《太宗诸子传》之《李承乾传》，第 2649 页。

8 孙伏伽由大理卿调任陕州刺史，见《旧唐书》卷七十五，《孙伏伽传》，第 2638 页。

9 唐太宗与高宗在贞观十二年（638 年）与永徽五年（654 年）至长孙无忌的私宅探疾，分见《旧唐书》卷六十五，《长孙无忌传》，第 2451、2456 页。

10 李靖从贞观九或十年（635 或 636 年）起“杜绝宾客”，见《旧唐书》卷六十七，《李靖传》，第 2481 页。

11 尉迟敬德只需朔望入朝，见《旧唐书》卷六十八，《尉迟敬德传》，第 2500 页。

12 尉迟敬德晚年有十六年的时间，不与外人交通，同上注。

13 开明、保宁和安义三坊以南，以及晋昌、通善和安德三坊以南，居民“烟火不接”，见毕沅《长安志》卷七,《开明坊》条,第 9 页。

14 六坊以南之农地“阡陌相连”,亦见上注。

15 武则天于 701 年十月到 703 年十月,驻跸长安,见《旧唐书》卷六,《则天皇后纪》,第 130—131 页;又见《新唐书》卷四,《则天后纪》,第 102、104 页。

16 据徐松《永乐大典》所辑《河南志》(1994 年,北京:中华书局排印标点本)卷一,第 15 页,“隋之丰都市(入唐后,改称南市),市内共有一百二十行,三千余肆,四壁有四百余店,货贿山积。”由此可以想见该市商业之繁盛。

17 内史(中书令)之官秩为正三品,见《唐六典》卷九,第 271 页;《旧唐书》卷四十三,《职官志》二,第 1848 页。

18 贞观十七年(643 年),萧瑀以太子太保,李勣以太子詹事官加“同中书门下平章事”之衔,成为正式宰相。到光宅元年(684),中书省改称凤阁、门下省改称鸾台。以后,所有担任宰相之职的官员,都必需在他的本职之外,另加“同凤阁鸾台平章事”或“同凤阁鸾三品”之衔,才是正式宰相。详见王颖楼《隋唐官制》(1995 年,成都:四川大学出版社),第 9 页。

19 永淳元年水灾的记录,见《旧唐书》卷三十七,《五行志》三,第 1353 页。

20 朱雀大道东与西各街高级官员的居住情况,可以表示如下:

	曾经居住之里坊	无人居住之里坊
朱雀大道东第一街(共九坊)	开化、安仁、光福、兰陵	兴道、靖善、开明、保宁、安义
朱雀大道东第二街(共九坊)	务本、崇义、长兴、永乐、靖安	安善、大业、昌乐、安德
朱雀大道东第三街(共十五坊)	翊善、光宅、永昌、来庭、永兴、崇仁、平康、宣阳、亲仁、永宁、永崇、昭国、晋昌、通济	通善
朱雀大道东第四街(共十一坊)	大宁、安兴、胜业、安邑、宣平、升平、修政、曲江	长乐、修行、青龙
朱雀大道东第五街(共十坊)	兴宁、永嘉、道政、常乐、靖恭、新昌、升道	入苑、立政、敦化
朱雀大道西第一街(共九坊)		光禄、殖业、丰乐、安业、崇业、永达、道德、光行、延祚
朱雀大道西第二街(共九坊)	兴化、宣义	太平、通义、崇德、怀贞、丰安、昌明、安乐
朱雀大道西第三街(共十三坊)	修德、辅兴、颁政、布政、延寿、光德、延康、延福	崇贤、永安、敦义、大通、大安
朱雀大道西第四街(共十一坊)	安定、休祥、金城、醴泉、长寿、永平	怀远、嘉会、通轨、归义、昭行
朱雀大道西第五街(共十三坊)	普宁、义宁、居德	修真、群贤、怀德、崇化、丰邑、待贤、永和、常安、和平、永阳

据此表,唐代长安成为高级居住区的里坊,共有从朱雀大道东第一街之开化、安仁等坊到朱雀大道西第五街之普宁、义宁等五十七个里坊,占全城一百零九坊的百分之五十二点二九。

图一　唐代长安城坊及街道图

图二　初唐时期长安高级居住区之地理分布图

图三 初唐后期（武则天时期）长安高级居住区之地理分布图

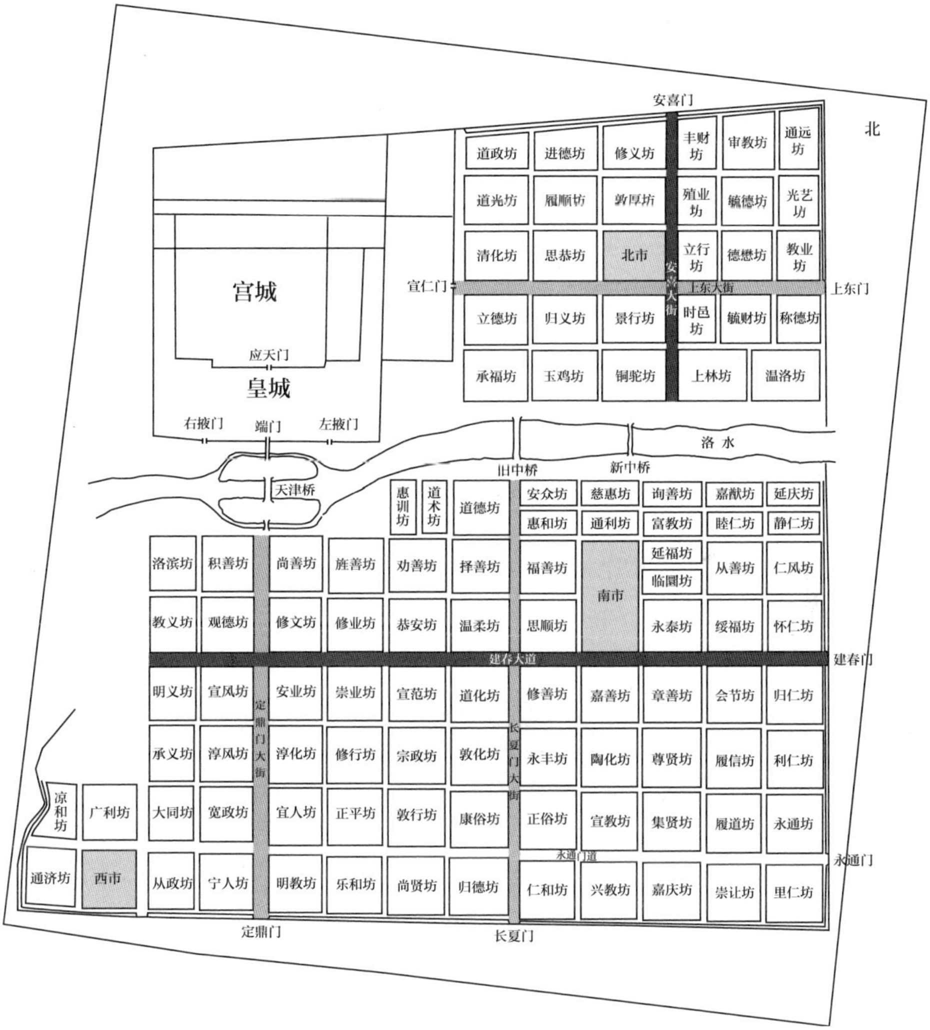

图四　初唐后期（武则天时期）洛阳城坊及街道图

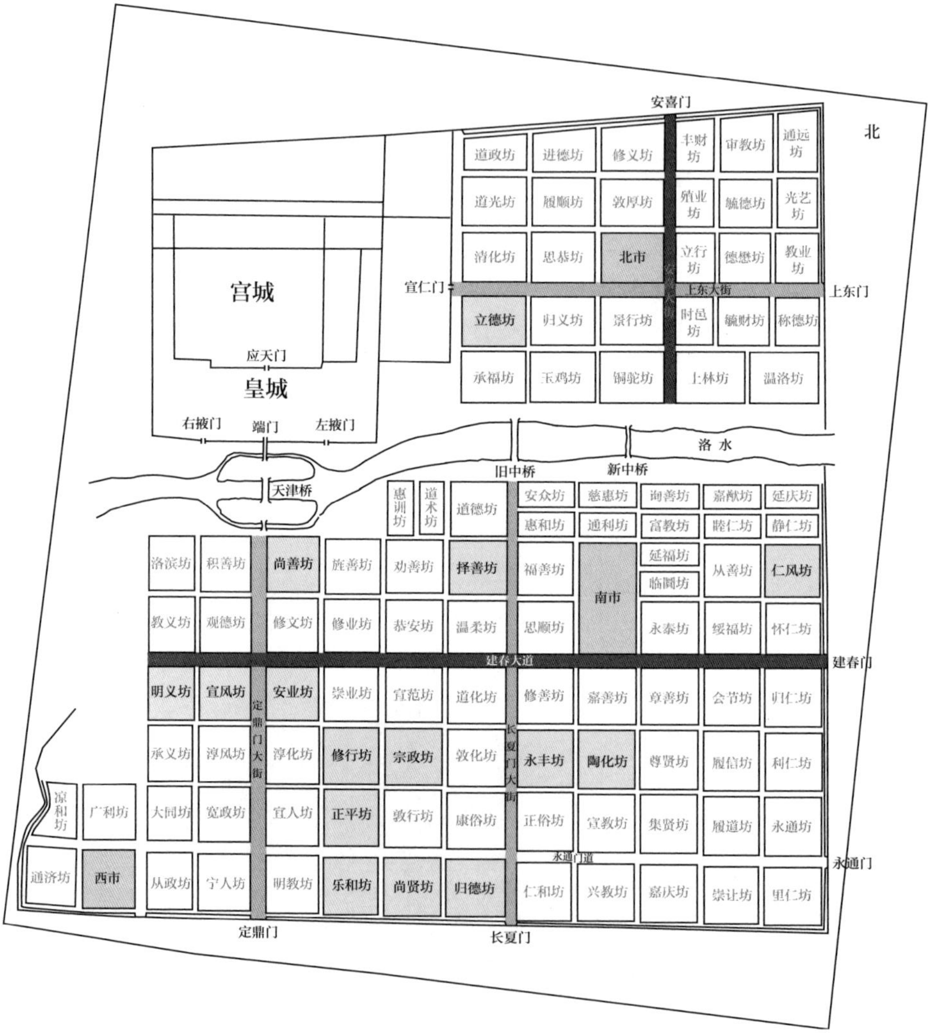

图五　初唐后期（武则天时期）洛阳高级居住区之地理分布图

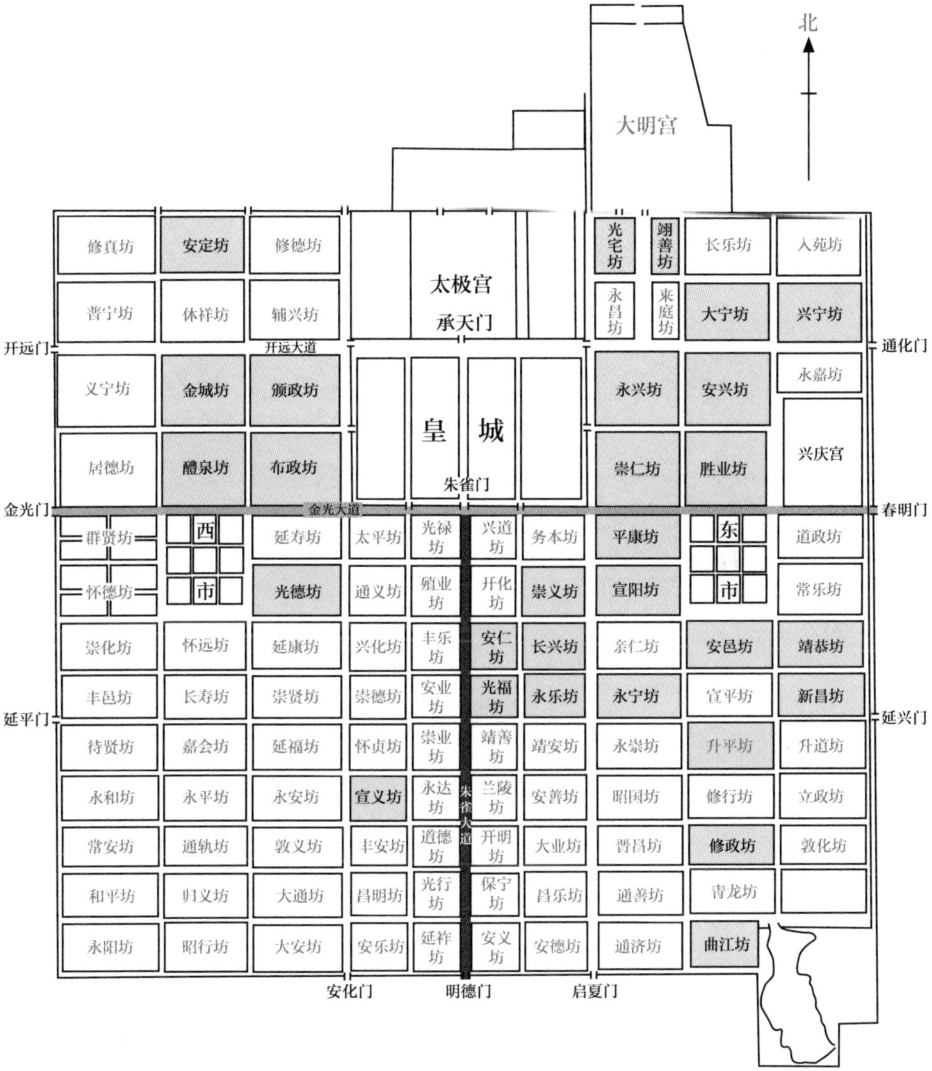

图六　盛唐时期长安高级居住区之地理分布图

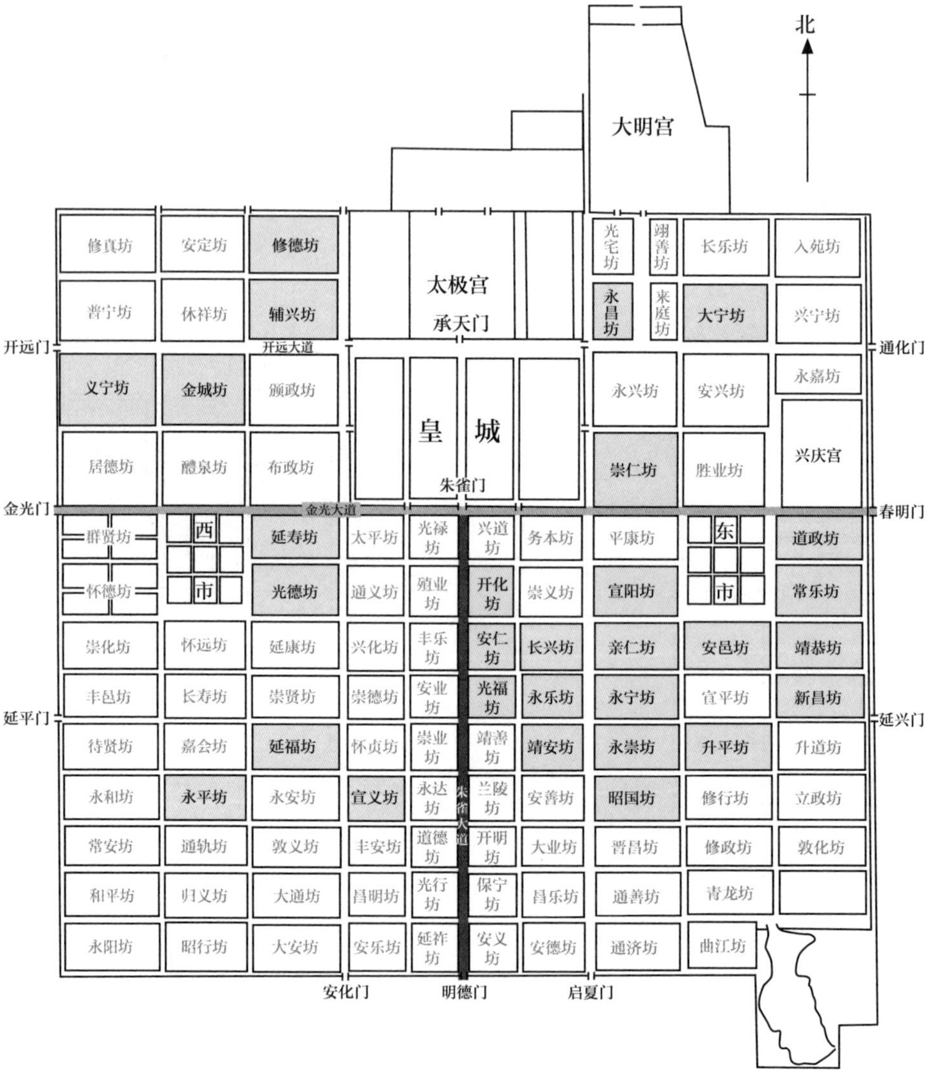

图七　中唐时期长安高级居住区之地理分布图

图八　晚唐时期长安高级居住区之地理分布图

唐代长安百万人

在明代吴承恩的《西游记》里，唐僧玄奘是这部神怪小说的中心人物。其实玄奘的重要性，并不需要吴承恩为他宣传。就在唐代初年，他往返印度而取经回国的事迹，恐怕已经是家喻户晓的。

唐太宗贞观十九年（645 年）的正月下旬，玄奘回到当时的国都长安。据佛教文献的记载，当玄奘还没进入长安，而只到达长安西郊的时候，为欢迎他的归来闻风而至的人，已有数十万人。[1] 如果把这个数字，当作四十万人来计算，也许其中的十万人，可以视为长安附近各地的居民，而其他的三十万人，或者可以视为长安居民的总数之半。假如这个推测与历史的真相相差不远，在唐初的七世纪中期，长安的人口总数，可能在六十万人左右。

韩愈是中唐时代著名的文学家。由他在唐德宗贞元十九年（803 年）所写《论今年权停举选状》的文章里所提到的人口数字，[2] 对唐代长安人口总数的了解，是很有关系的。韩愈所说的举选或选举，不是目前政治性的选举。在唐代，选举这两个字，是考试的代名词。[3] 他写这篇文章的意思，是想请当时的中央政府把应该在当年举办的进士考试暂停一次。

韩愈在这篇文章里，指出两件事：

第一，唐代每一户的人口，都不少于十人。假如长安共有八万户，而每一户的人口，就以十人来计算，长安的人口总数，就已经有八十万人之多。在 645 至 803 年这一百五十多年之间，长安的居民总数增加了二十万人。平均起来，唐代长安人口约每一年半增长二千人，每一个月的人口约增长一百一十人。这个比率虽然不算高，不过唐代各州县的人口，逐渐向长安集中的这个情形，还是相当清楚的。

他指出的第二件事是，当时（803年）长安人口的总数，已在一百万人以上，相对长安居民的总数，增加了二十万人。

所增加的这二十万人，又都是些什么人呢？仔细分析，这些人的来源是相当复杂的。第一，在人种方面，这二十万人不但包括四种中国人，还包括许多民族不同的外国人。先看这四种中国人是什么人。在唐代，驻守在首都（可能包括长安的郊区）的卫戍部队是京兆彍骑。在唐玄宗开元十二年（724年），京兆彍骑的军力是六万六千人。到唐肃宗时代，彍骑已经废除了，当时的卫戍部队已改称为神策军。在德宗贞元元年（785年），驻守在首都附近的神策军的人数，是十二万人。[4] 可是在唐中宗时代（705—710年），唐代天子的羽林军的人数，却只有一万人。从时间上看，从中宗时代，经过玄宗时代，再到德宗时代，驻守在长安的军队的人数是与日俱增的。韩愈向德宗上状请求暂停贞元六年的进士考试，只在贞元元年之后五年。这时候，长安兵力的总数，估计在十万人左右，应该是甚有可能的。

除了军队，长安还有两种本来不是长安居民的中国人。其人一种叫流寓人[5]，另一种叫做寄寓人。[6] 所谓流寓，就是从别处迁来，暂时在长安城内居住的外乡人。流寓人的身份比较混乱：有些是来经商的，有些是来做工的，又有一些是来做事的；至于所谓寄寓人，就是从别处到长安来只作短期居留的外乡人。一般而言，寄寓人多半是从全国各地到长安来参加进士考试，或者明经考试的士人。这种应考士人的人数，据韩愈的估计，每年总在五千人左右，不过有时也可高达七千人左右。平均起来，大概每年到长安来应考的士人总数，约在六千人左右。[7] 为了参加进士考试，很多士人要从离国都很远的州县赶到长安来。由于要长途跋涉，或者怕万一在途中生了病，一个人难以应付，不少考生从家里出发的时候，就带着用人一起上路的。[8] 用最保守的方式来计算，如果在六千个考生之中，有四千人是各带一名用人的，那就会使每年到长安的寄寓人的总数，不会少于一万人。流寓人的人口总数虽然难以推测，不过在情理上，流寓的人既可经商又可做别的事，这种人的人口总数应该多于寄寓人的总数。这样，如果把流寓人的人口总数算成两万人，恐怕并不会算得太多。

在士兵、流寓人与寄寓人之外，接着要注意的是唐代长安城内的僧尼人口。长安共有一百五十八座佛教寺院。[9] 在有些寺院里，佛僧的数目是相当庞大的。譬如在慈恩寺，也就是玄奘曾在该寺把印度的佛经由梵文翻译成中文的那座寺里，官方正式承认的佛僧就有三百人。[10] 在唐代，佛僧、佛尼都拥有一群为他们工作的人。这些人如在僧寺工作，身份是僧奴，如果在尼寺工作，身份是尼寺婢。[11] 要计算唐代长安佛寺里的人口，在佛僧与佛尼之外，寺奴与寺婢的人口，也是不应忽略的。长安城内虽有三家旅馆，[12] 可是能容纳的人数并不多。不过唐代的寺院，却经常可以为由外地来的寄寓人，提供相当大的住宿空间。所以像慈恩寺这种大型僧寺的人口，如果在三百个佛僧之外，把寺奴与寄寓人也计算在内，超过四百五十人，是很可能的。至于小型佛寺里的人口数字，虽然在文献上，好像缺乏记录，不过似乎无妨把这类寺院的人口，按大型寺院的人口之半数来计算。这样说，一个小型寺院的人口是二百二十五人，似乎也是甚有可能的。不过在唐代的长安，像慈恩寺那样的大寺，大概只有四座。这样说，在一百五十五座小型寺院里的人口总数，可能应该是三万五千九百零五人。再加上四座大型寺院里的一千八百人，长安佛寺里的人口总数，可能是三万七千七百零五人。如果不需要这么严格的计算，长安佛寺里的人口总数，无妨可以视为四万人。

总之，唐代长安的人口，在八十万长安居民之外，还有在部队中具有军籍的士兵十万人、在长安取得户籍的流寓人两万人和报了临时户口的寄寓人一万人，以及佛僧、佛尼四万人。这样，长安的人口已经达到九十七万人了。

韩愈说唐代长安的人口超过一百万。现在已有九十七万人是已知的。那最后的三万多人又是什么人呢？想要找到这个问题的答案，就必须回到前面提过的外国人的那个问题上去。在长安，外国人的来源似乎比中国人里的流寓人和寄寓人更复杂。大致上，唐代长安的外国人共有下列九种：第一种是所谓“昭武九姓”的胡人。所谓昭武九姓，现有两种记录，据第一种出自《新唐书》的说法，九姓是指康、安、曹、石、米、何、史、火寻与戊地九姓，但据第二种出自《北史》及《隋书》的记录，却指安、曹、米、何、穆、小安、那色波与乌那曷九姓。无论根据哪种记录，这九姓都是从当时的西域，也就是从现在的中亚细亚和新疆维吾尔自治区来华的胡人。第二种外国人是波斯胡人，这是从现在的伊朗和伊拉克一带来华的中东民族。第三种外国人是大食人，这是从现在的沙特阿拉伯来华的另一种中东民族。第四种外国人是突厥人，这是从蒙古沙漠地区来的蒙古人。第五种外国人是吐蕃人，这是从西藏、青海一带来华的唐古特民族。第六种是昆仑奴，这是从非洲来的黑种人。第七种是日本与新罗人，这是从日本与朝鲜来的日本与韩国人。第八种是回鹘人，这是从西域，也就是从现代的新疆来华的维吾尔族人。第九种是各国的质子，所谓质子，是把向唐代政府称臣而经常入贡的各国王子，被召入宫中，担任唐朝皇帝之卫队队长的人质。在这九种外国人之中，以回鹘人的人数最多，质子的人数最少。唐玄宗天宝十五年（756 年），安禄山发兵叛变，他举兵攻下长安，逼使玄宗匆匆忙忙地逃到四川去。安禄山的兵力很强，唐代的部队都打不过他们。最后只好由郭子仪向回鹘人去借他们的部队，这才打败了安禄山的残余势力而收复了长安。回鹘部队觉得他们立了大功，不但长期住在长安城里，而且常常在街头公开杀人或伤人，而当他们犯了罪，被关入狱，回鹘兵的首领甚至还公开入狱去抢回被捕的回鹘人。[13] 至于质子，因为每国只派一人，这一类外国人的人数，当然是最少的。

在回鹘人以外，来自中东的波斯人与阿拉伯人，恐怕是人数最多的外国人。关于这一点，是可以从他们在长安建筑了祆教、景教与伊斯兰教的寺院而得到证明的。所谓祆教（Zoroastrianism），是在公元前七至前六世纪（相当于中国的春秋时代），由波斯人苏鲁支（Zoroaster，约公元前 600—前 520 年）在现在的伊朗所创立的一种宗教。祆教的经典认为世间万物完全受制于阴阳二神。阳神（Ahura-Mazda）代表光明，也就是善，阴神（Angra-Mainyu）代表黑暗，也就是恶。阴阳两神虽然经常争斗，最后终由阳神获胜。所以在人世间，善是可以制服恶的。[14] 为了表示对于阳神的尊敬与崇拜，祆教徒特别以火作为阳神的象征而加以崇拜。在唐代的长安，祆教徒一共建有五座祆寺。[15]

至于景教（Nestorianism），是在相当于中国的后汉时代的东罗马帝国，由聂斯多瑞斯（Nestorius，约 386—451 年）所创立的一种与基督教有关的宗教。就基督教的教义而言，神与基督是一体的。可是根据景教的教义，圣母所生的，只是与圣母结合而生的人，并不是天主的本身。所以景教的教徒只拜天主而不拜圣母玛利亚。此外，因为基督有时是有形可见的人，有时却是无形而不可见的天主圣子。所以神与基督并非同体。[16] 由于这种宗教的教义与被东罗马帝国的皇帝所信仰的基督教的教义有别，所以聂瑞多瑞斯在被驱逐出境之后，首先到达波斯。[17] 当景教在波斯兴起之后，这种宗教，又顺着联络汉代之中国与地中海国家的丝路，而逐渐向东传播。到唐太宗贞观九年（635 年），终于传入中国；两年以后（637 年），又在唐代的长安，建立了一座景教的寺庙。[18]

除此以外，信奉伊斯兰教的阿拉伯人，也在长安城内建立了一座清真寺。在佛寺以外，袄教、景教与伊斯兰教教堂的总数是七座。假如这七座的每一座，拥有两千名教徒，这三教教徒的总数，已是一万四千人。横行霸道的回鹘人的总数如果是一万人，那么，唐代长安城里的外国人，只是回鹘人、波斯人与阿拉伯人，总数已经高达两万四千人。再把昭武九姓的胡人、日本人、新罗人、突厥人、吐蕃人、昆仑奴与各国质子的人数加起来，总数是八千人，恐怕是相当可能的。这样看，在长安的九种外国人的人口总数，约三万人，应该是不成问题的。

总之，在唐代的长安，中国人的人口总数可能是九十七万人左右。外国人的人口总数可能是三万人左右。把这两个数字相加，长安城内的人口总数，超过一百万人，是绝对可能的。韩愈在 803 年所提出的长安人口总数，经过以上的分析，应该是正确的。

注释

1 据道宣《续高僧传》(台北：文殊出版社出版标点本。此书未著明出版时间。) 卷四,《译经》四，第 185 页。玄奘在贞观十九年正月二十四日，“届于京郊之西，道俗相趋，屯赴阛阓，数十万众，如值下生。”

2 《昌黎先生集》(著雍执徐，戊辰，1928 年，蟫隐庐影印宋世彩堂本）卷三七，《论今年权停举选状》，第 12—13 页。

3 《唐书》(1973 年，北京：中华书局出版标点本），卷四四，《选举志》，第 1159—1180 页。

4 据《唐书》卷五〇，《兵志》一，第 1323—1340 页。唐代兵制，先后共经府兵、彍骑与禁兵等三阶段。府兵制度虽从唐初已经实行，似乎到玄宗开元十一年（723 年）才达到高峰。当时府兵的人数是十二万。从开元十二年（724 年）起，府兵改彍骑，分属十二卫，每卫各有一万人。但在这十二卫之处，有一支是六万六千人的京兆彍骑。至于禁军，虽然早在高宗龙朔三年（663 年）已经设立，然而当时称为羽林军的禁军人数，只有一百人，显然并不重要。不过羽林军的人数，此后却与日俱增。武则天时期，先由百人增到千人，中宗时期，又由千人增到万人。唐代宗广德元年（763 年），禁军改称神策军。到贞元十四年（798 年），神策军的人数有十四万，已经发展到最高峰。府兵时期，驻守在长安的人数，迄今不详，无由推测。在彍骑时期，京兆彍骑的六万六千人，应该是长期驻守长安的。至于在禁兵时期，驻守在长安的羽林军，在中宗时期，已有万人。经过安史之乱，为了保护皇室的安全，长安禁军人数，不但可能多于羽林军的人数，也比京兆彍骑的人数还要多。所以到 798 年，也就是韩愈上《论今年权停举选状》之前五年，长安的禁军的人数，也许会在十万人左右。

5 流寓是一个颇有历史性的名词。据班固的记载，廉范与他的父亲从陕西一齐到四川去。自从廉范之父死于四川，廉范也就没再回故乡，而“流寓于西州”，详见《后汉书》卷三十，《廉范传》，第 1101—1104 页。

6 寄寓也是一个颇有历史性的名词。《韩非子》的《亡征》篇说：“公家虚而大臣实，正户贫而寄寓富。”所谓寄寓，应该是指移徙无定的人。

7 见注 2。

8 白行简在《李娃传》中说，常州刺史荥阳公之子因为到长安应举，不但带了足够两年之用的生活费用，而且还把他的各季衣服、古玩与装在车马上的装饰，一齐也都带去。见汪辟疆《唐人小说》（1955 年，上海：古典文学出版社出版标点本），第 100 页。荥阳公之子既然带了这么多东西，一定也带有若干用人的。至于一般应举的人，虽然不会这么富有，但带一个用人去照顾他的生活起居，也是可以推想而知的。

9 这是根据徐松《唐两京城坊考》(1985 年，北京：中华书局出版标点本），卷一至卷四所述佛寺而得到的统计数字。

10 这是根据段成式《酉阳杂俎》(1981 年，北京：中华书局出版标点本）续集，卷六《寺塔记》，第 262 页，《慈恩寺》条而得的资料。

11 印度与中国的佛教，都有一种管理佛教行政事务的僧官制度。中国的僧官制度大致是从东晋时代开始的。此后，在南北朝时代，无论是在南朝、还是在北朝，都有组织相当严密的僧官制度，详见贺光中《历代僧官制度考》，载于《东方学报》第一卷，第一期（新加坡：马来亚大学出版），第 239—287 页，再据明复《中国僧官制度研究》(1981 年，台北：明文书局），第 67 页，宋代的僧官仆婢甚多。据此推想，唐代的僧官，或者也有佛寺的寺奴与寺婢。

12 据徐松《唐两京城坊考》卷三，第一家在东市西南角的亲仁坊内（第 62 页）、第二家在亲仁坊以南两坊的永崇坊内（第 66 页）、第三家在长安东北角之道政坊内（第 84 页）。

13 《新唐书》(1973 年，北京：中华书局出版标点本）卷二一七上，《回鹘传》上，第 6120—6121 页。

14 张星烺《中西交通史料汇篇》(1928 年，北平：辅仁大学），第四册，第 122—125 页。

15 这五座祆寺在长安的位置如下：

第一座在皇城西墙外之西南隅布政坊，见韦述《两京新记》《正觉楼丛书》本，卷一，第4页；《唐两京城坊考》卷四，第105页。

第二座在外郭城靖恭坊西方街南之西，见李好文《长安志》卷九，第5页；《唐两京城坊考》卷三，第86页。

第三座在外郭城西北角普宁坊之西北角（《唐两京城坊考》卷四，第123页）。

第四座在西市正北之醴泉坊的西北角，见《两京新记》卷一，第16页；《唐两京城坊考》卷四，第117页。

第五座祆寺的位置在外郭城西的崇化坊，见《米萨宝墓志》，载于《北平图书馆馆刊》卷六，第二号，第3页。

16 P. Y. Saeki：*The Nestorian Monument in China*（1916，Tokyo），pp. 111—115.

17 同上注，pp. 97—105. 另见 F. S. Drake：The History of Christianity in China，I. Nestorian Christianity，in *St. John's Review*（1954，Hong Kong），vol. XXI，no. 7.

18 据唐德宗建中二年（781年）在长安所刻的《大秦景教流行中国碑并颂》，景教是在唐太宗贞观九年（635年），由阿罗本（Alopen）带着景教的经典进入长安的。不过要到贞观十一年（637年），唐太宗才准许景教徒在中国境内传教。景教教徒的大秦寺（即景教寺），也是在这年由唐太宗御令批准而在长安外郭城之义宁坊内兴建的。详见冯承钧《景教碑考》（1933年，上海：商务印书馆），第四章"景教碑文"，以及徐松《唐两京城坊考》卷三，第123页，《义宁坊》条。但在此书中，徐松除把景教寺称为波斯胡寺，又把阿罗本记为阿罗斯。此外，再据《两京新记》卷一，第11页，及《唐两京城坊考》卷四，第117页，景教徒又在醴泉坊建有另一座景教寺。不过，在《大秦景教流行中国碑并颂》的碑文，对醴泉坊的景教寺是没有记载的。

唐代的宵禁

(一) 唐代以前夜禁的历史

1. 周代

中国古代的都市，特别是都城，经常实行夜禁。古代的夜禁用现代的语汇来说，就是宵禁。从文献上看，夜禁的实施，似乎是在周代开始的。根据《周礼》，当时的中央政府设有一个官名是司寤氏的官员。他的职掌是“掌夜时，以星分夜，以诏夜士夜禁，御晨行者、夜行者、夜游者。”[1]所谓星，据《周礼》在另一部分的记载，就是二十八宿。[2]而二十八宿，也就是天空中分属于苍龙、朱雀、白虎与玄武四宫，或东、南、西、北四宫的二十八颗星。[3]由《周礼》的记载看来，司寤氏必需明了天象。他的第一项职掌是利用他的天象知识，再根据这二十八颗星在天空里的位置而定出日落与日出的时间，从而规定夜的长短；也即夜由何时开始，又在何时结束。司寤氏的另一项职掌是由他负责把夜的时间的起讫点，通知巡行与守夜的夜士。经过这项通知，夜士才有正式的依据而去禁止城市的居民在夜间行走与游荡。不但如此，由上引“御晨行者”这句话来推测，即使黑夜的时间已过，清晨的时间已到，可是如果夜禁的时间还没终止，城内的居民似乎仍然是不得离宅擅行的。

---

* 本文曾发表于1994年1月24日在台北文物陈列馆会议室举行之讲论会。

《周礼》的成书时代，虽然可能是战国时代的中叶（也即公元前四世纪），而且写成的地点，也可能是在位于山东半岛之东部的齐国。[4]不过，此书所说的夜禁，可能是对周都洛阳实行夜禁所做的记录。如果事实的确如此，洛阳或者是中国治安史上第一个实行了夜禁的都市。从另一方面看，二十八宿在中国的发源地可能是渭水流域，[5]而在时间上，中国人对于二十八宿的认识，大致是在公元前七世纪。[6]把这几点加以综合，中国人对于二十八宿的认识，虽然远在公元前七世纪（也即春秋时代），可是却要到三百年以后的战国时代，才把由对二十八宿的位置的观察所得，成为日与夜的划分的那一个结论，写在《周礼》里，从而形成周代的夜禁时间的依据。

2. 汉代

西汉的国都是长安，从史料上看，西汉的长安，正如同周代的洛阳，在入夜以后是有夜禁的。汉代的名将李广（卒于汉武帝元狩四年，公元前 119 年），有一次，因为率兵征讨匈奴失败，在被夺去官职而成为庶人之后，住在长安南郊的蓝田。数年后的某夜，李广与他的随从乘马到别处去饮酒。在归途中，当他们骑到霸城亭，就被负责治安的霸城尉拦住，不准李广继续前进。于是李广的随从说："这位骑士是李广，他以前可是担任过将军的人。"可是霸城尉却说："这个时候，就连现职是将军的人出来行走，也是要受禁止的，更别说什么以前的将军了！"说完，他就命令李广一定得在霸陵亭住一晚，而不准他回家。李广夜归被阻的事，虽然并见于《史记》与《汉书》为李广所写的传记，[7]然而这两篇传记都没记载这件事的发生，究竟在什么时代。不过根据《汉书》在其他篇章里的记载，这件事发生的时间，似乎大致还是可以考定的。因为两种《李广传》在记载了李广夜归被阻之事以后，都说"居无何，匈奴败韩将军"。[8]所谓韩将军，据《史记集解》，就是韩安国，[9]而韩安国是在汉武帝元光六年（公元前 129 年）才被授命为将军的。[10]看来《李广传》里所说的"居无何"，在时间上，具有在夜归受阻那件事发生以后不久的意思。那么，夜归受阻应该是韩安国担任将军以前不久（也即是元光六年之前不久）的事。所以这件事的发生，似乎可以根据韩安国开始担任将军的时间而定在元光五年（公元前 130 年），或元光四年（公元前 131 年）。霸城位于汉代长安之东陵。如果东郊实行夜禁，长安的其他郊区应该同样也实行夜禁。这就等于说，在汉武帝在位初期，长安的郊区，在入夜以后，是有夜禁的。既然连长安的郊区也要夜禁，汉代的国都长安，必定更是要夜禁的。周代的夜禁，如果是在公元前七世纪的东周末年开始实施的一项治安措施，则到了汉武帝元光四年或五年，夜禁在中国大都城里的实施，可能前后已有六百年。

根据陈寿的记载，曹操在他二十岁的那年，曾经担任洛阳北校尉的职位。[11] 再据一种已经失传的记录，有一次，汉灵帝所喜爱的一个名叫蹇硕的太监，因为离宫夜行，竟被曹操的部下用棒打死。[12] 曹操的卒年是汉献帝建安二十五年（220 年），他卒世时的年龄是六十六岁。[13] 如以此年为定点而向上推算，曹操二十岁的那年应该是汉灵帝熹平三年（174 年）。可见不仅在西汉初年的武帝元光时代，长安实行夜禁，直到东汉末年的灵帝熹平时代，洛阳也同样的实行夜禁。从东周后期或公元前七世纪算起，到熹平四年，夜禁在中国大都城里的实施，前后已有八百年的历史了。

3. 晋代

在晋代，王承曾经先在河南的许昌担任东海王司马越的参谋，后来才到徐州去担任东海太守。[14] 有一次，他的部属捉到一个犯了夜禁罪的人。在审问的过程之中，王承问犯人："你为什么要犯夜禁之罪？"那人的回答竟是："从师受书，不觉日暮。"这两句话的意思可能大致是说："我因为专心听老师给我讲解书中意义，没有注意到时间，所以当我离开老师的家而走上归途的时候，天色已经晚了。"王承听了这个人的解释，就向他说："如果我治理浙江，只会用鞭子去惩罚像宁越一样的读书人以建立我的威名，那岂是我推行政治与教育的本意！"说完这句话，他就把犯人释放了。但他又怕被放的那个人在回家的路上继续前进，会被别人再次捉到而治罪，甚至还叫他的部属把这个本来犯了夜禁之罪的人，一直护送到他的家。[15] 王承释放犯人的这件事，大概在历史上很有名，所以不但刘义庆（403—444 年）在刘宋时代把这件事记入《世说新语》，[16] 甚至到唐初的贞观末期，当房玄龄等人修《晋书》，也没忘记把这件事写到王承的传记里去。[17]

《世说》与《晋书》在记载王承释放夜禁之人的时候，都没提到王承是在何时担任东海王的参谋，以及又在何时担任东海太守。但据《晋书》的其他篇章，司马越是在晋怀帝即位（307 年）不久之后，以东海王的身份出镇许昌的。[18] 所以王承出任东海太守的时间，也许应该比晋怀帝即位之年的永嘉元年稍迟。东海郡的位置既在今山东与江苏两省之间，[19] 可见在时间上与地理上，到了相当于西晋末年的四世纪初期，中国的东南沿海地区，也是实行夜禁的。根据《世说》与《晋书》里的这项数据，似乎可以说，当时的夜禁地区，既可把沿海的徐州地区包括在内，则晋代的夜禁地区，当然比西汉只在长安、东汉只在洛阳实行夜禁，又扩展了相当大的范围。大体而言，汉代的夜禁，从文献上看，只限于黄河流域的京畿地区，要到西晋末年，才在沿海地区加以实施。从东周后期或公元前七世纪算起，到永嘉二年，夜禁在中国的实施，已经超过一千年了。

（二）唐代夜禁的方式

1. 传呼

唐代长安人口的总数，是超过一百万人的。[20] 唐代的政府，为了能够按照周代、汉代与晋代所实施的夜禁而便于管理，长安的夜间，也是实行夜禁的。唐代的建国，发生在唐高祖的武德元年（618 年）。从这年开始，一直到唐太宗贞观十一年（637 年）这二十年之内，唐代的中央政府，在每一天的早晨和晚上，都要派人骑着马而“循道䚯謼”。[21] 所谓“䚯”，就是高声，[22] 至于“謼”，其读音既为呼，而其文义也就是呼的古字。[23] 所以“䚯謼”就是高呼。“循道䚯謼”就是让服务的人员骑着马再沿着街道而在街上大叫“夜禁的时间快要到了”“夜禁的时间开始了”，或者“早晨到了”“夜禁解除了”这一类的话，使长安的每一位居民，都能听得见。这种为夜禁的到来与结束而发出的口讯，就是“䚯謼”，也就是传呼。等到晚上的传呼停止了，夜禁也就跟着开始了。这时候，街上是不准通行的。所以传呼可说是夜禁的开始。

长安的街道，共有二十五条，[24] 最长的几条，以从北墙的芳林门和丹凤门通到南墙的安化门与启夏门的安化门街与启夏门街的那两条街为例，每一条街的长度都是八千六百五十一米，[25] 两条街道长度的总和大致要比二十二里还长。再以从东墙的通化门和春明门通到西墙的开远门和金光门的那两条街道为例，每一条街的长度都是九千七百二十米，[26] 所以这两条街道的长度的总和，更不下于二十六里，长度比十八里还长。（图一）街头与街尾的距离这么远，负责传呼的人，只在这四条大街上，也即在这六十六里的距离之间来往传呼，当他们从街头叫到街尾，如果不是骑马而要步行，恐怕至少要用七至八小时的时间才能走得完。在长安城里传呼，从空间上看，骑马是必要的。即使如此，当他们传呼完毕，恐怕已经声嘶力竭了，传呼的工作，可以说是非常吃力的。

2. 击鼓

为了改善传呼人的工作，以及加强传呼的功能，当时的大臣马周，就在唐太宗贞观十一年（637 年），想出了一个新的办法，而对传统的传呼加以改革。新的办法就是利用击鼓的方式来取代人为的传呼。[27] 根据有关的资料，鼓在唐代以前的使用除了可以作为天子的卤簿，[28] 也即天子出行时的一种仪仗以外，如果按照对于鼓的声音所做的记录来统计，这种器物，至少具有五种不同的用途：

甲　鼓是平时并不使用，但到必要时才向民间发出危急警告的工具。大概远在西周后期的周厉王时代（公元前 878—842 年），鼓是当作警鼓来使用的。[29]

乙　鼓是战争之前聚集己方兵力和扰乱敌人军心的工具。从时间上看，至少在春秋时代，鼓的使用方式之一是把鼓当作战鼓来使用的。[30]

丙　鼓是与箫、笳和钲同时合奏的乐器。由于这种使用方式在汉代相当流行，鼓就成为汉代鼓吹乐里的主要乐器。[31]

丁　鼓是用声音来表示市场的商业之始与终的信号。把鼓当作商业的信号来使用，虽然似乎是在东汉时代开始的。[32] 不过直到六世纪中期的北魏时代，洛阳商市的罢市，仍然要用鼓声作为信号。[33]

戊　除了音乐与商业方面的用途，在汉代，鼓又是报告时间的工具。[34]

马周以街鼓取代传呼，虽与上述古代用鼓之甲、乙、丙、丁四种用法无关，却与声的戊种用法紧密有关。不过在汉代，用鼓声报时，只限于宫内，因为在当时，能够听到鼓声从而知道正确时间的人，人数大概很有限。可是马周用街鼓来朝暮传呼，长安的居民，对于夜禁的始与终的时间，是有深刻认识的。

夜禁开始前，击鼓八百下。夜禁解除以前，击鼓三千下。[35]解除夜禁的鼓声比夜禁开始的鼓声多，是因为夜禁开始时，大家都还没睡。击鼓八百下，每一个人是一定都能听得见的。可是解除夜禁时，大家仍在睡梦中。为了让贪睡的人能从梦中清醒过来，多打两千两百下，是有必要的。尽管鼓声低沉，不过鼓声能比人的呼叫声传送得更远一点，是无可疑的。所以用鼓声来传递夜禁的开始的讯息，会比人的叫声更方便和更有效。就以人力的使用而论，如果每条街至少需要用五个人来传呼，这二十五条街道上的传呼人的总数就是一百二十五人。可是如用乘马击鼓的方式来代替徒步的口头传呼，也许每一条街只需要用一至二人，一面骑马，一面打鼓，可能已经足够了。所以当马周提出用街鼓代替传呼的建议，太宗立即批准。这样，从唐代治国以来连续使用了二十年之久的传呼，到贞观十一年的年底，终于废除了。[36]

（三）唐代夜禁的时间与地点

1. 时间

这种表示夜禁开始的鼓声，当时虽有街鼓之称，不过由于鼓声冬冬，一般人索性就把这种街鼓，称为“冬冬鼓”。[37]譬如中唐时代的诗人张籍[38]在“六街朝暮鼓冬冬”这句诗里所说的“鼓冬冬”，[39]正指在前面所提到的，由与东西南北四墙的十二道城门相连的那六条街道上所发出来的街鼓的鼓声。不了解唐代长安城的夜禁要击鼓，恐怕对张籍的这句诗，是无法了解的。

甲　长安城城门之开与关的顺序

与传呼同时进行的，是城门的关闭与开启。唐代的长安城，在结构上，是分为三部分的。（图一）面积最大的是郭城。周长约三十六点七八余里。在郭城的北面的正中央是皇城，皇城以北，是宫城。皇城和宫城，本来就是禁区。所以长安的夜禁，主要是在郭城里执行的。郭城有十二个城门，每一条城墙，各有三座城门。东墙的城门是通化门、春明门和延兴门，西墙的城门是开远门、金光门和延平门，南墙的城门是启夏门、明德门和安化门，北墙的城门是芳林门、景耀门和光化门。这十二座城门以及皇城与宫城里的城门的关闭与开启，是有定规的。关于开门：每天清晨，先在宫城南墙正中央的承天门上“击晓鼓”(同时也击钟)。晓鼓要连续不断地打“一刻”的时间。等到这通晓鼓打完，先开皇城正南方的朱雀门。这时候，开始打第一通冬冬鼓。等到这通鼓打完，再开宫城的承天门、长乐门与广运门，以及太极殿前面的左右延明门与两仪殿的乾化门。打开这几道门之后，再打第二通冬冬鼓。等到这通鼓打完，才能打开宫中其他各殿的门。至于关门的顺序，似乎与开门的顺序正好相反：当一通冬冬鼓打完，先关宫城内各门，等到第二通冬冬鼓打完，再关左右延明门、乾化门、长乐门、广运门、承天门与皇城的朱雀门和其他各门。[40]

在方位上，宫城、皇城与郭城的位置顺序是宫城在北，皇城稍南，郭城在南。根据这方位上的顺序，三城城门的开与关顺序是开门时，先开郭城各门，再开皇城各门，最后，才开宫城各门。至于关门时，要先关宫城各门，再关皇城各门，最后，才关郭城各门。这就等于说，开门时，要由南方开始，到北方结束，而关门时，却由北方开始，再到南方结束。用另一种方式来说，三城城门的开关与方位的关系是：位置愈南的城门愈先开，同时也愈晚关，位置愈北的城门愈晚开，同时也愈先关。

这个顺序虽然不知起源于何时，至少在唐代，由这个顺序的建立似乎促进一种制度的形成。根据这个开与关的顺序，可以看出来这个制度的制定是处处为住在长安的天子安危（也即天子的利益）而着想。开门时，由郭城，而皇城，再宫城的顺序，以及关门时由宫城而皇城再郭城的另一顺序，不过是利用三城城门的开启与关闭来强调天子的重要性。为了要尊重天子，所以更要顾虑到在宫里深居简出的天子的安危。在这层顾虑之下，天子的宫城各门最晚开，却又最早关。同时也在这样的用意之下，郭城各门无不最先打开，却又要最晚关闭。天子的尊与贵，就在宫城、皇城与郭城城门的开关顺序之下，显露无遗。

乙　长安城城门之开与关的时间

从史料上，长安城门的开与关的时间虽然并不十分清楚，不过对于何时送出开门与何时收回关门的钥匙的记录，却相当清楚。三城各门的开与关的时间，从钥匙的送出与收回时间的认定，大致是有帮助的。以下是在宋代史料中所保留下来的唐代长安三城城门钥匙之送出与收回的官方记录：

> 凡皇城、宫城阖门之钥，先酉而出，后戌而入；开门之钥，后丑而出，夜尽而入。京城阖门之钥，后申而出，先子而入；开门之钥，后子而出，先卯而入。[41]

这段史料先后牵涉酉、戌、丑、申与子五个时辰。在唐代，这些时辰虽然普遍使用，现在却是不常用的。所以这几个时辰在我们现代的生活里，相当于每一天的哪几个小时，应该首先有所了解。对于这一点，有一首从敦煌石室里发现，题目是《十二时》的唐代通俗诗，看来相当有用。《太子十二时》的全文很长，不必全录。不过此诗在每一句的开始之前，既按照天干的顺序，而把十二个时辰依次排列，也对这十二时辰的每一时辰的特点各有简易的说明。而这些说明对于唐代的十二时，与现代时间的对照，是很有关系的。现把这首通俗诗歌里的十二时辰与其简易说明引录如下：

> 夜半子　鸡鸣丑　平旦寅　日出卯　食时辰　隅中巳
> 正南午　日映未　甫时申　日入酉　黄昏戌　人定亥[42]

根据这些简易的说明，可知在十二时辰里，每一时辰的特征是：

子时是夜半，也即由每夜十一点到次日清晨一点那两小时。

丑时是鸡鸣的时间，也即由清晨一点到三点那两小时。

寅时是既安静而又逐渐光明的时间，[43]也即早晨三点到五点那两小时。

卯时是日出的时间，也即上午五点至七点那两小时。

辰时是吃早餐的时间，也即由早晨七点至九点那两小时。

巳时是快要正午的时间，也即由上午九点至十一点那两小时。

午时是跨越正午时间，也即由上午十一点至下午一点那两小时。

未时是日照很强的时间，也即下午一点到三点那两小时。

申时是吃晚饭的时间，[44]也就是下午三点到五点那两小时。

酉时是太阳落入地平线以下的时间，也即下午五点到七点那两小时。

戌时是黄昏的时间，也即下午七点到九点那两小时。

亥时是就寝的时间，也即晚上九点到十一点那两小时。

如果把《太子十二时》所记的每一时辰和这些时辰在现代生活里的相对时间，转换为送出与收回开门和关门钥匙的时间，可以列表如下：

唐代长安三城城门门钥的送出与收回时间表

时间	城名	宫城　皇城	郭　城	备　注
开门	送钥	下午五时至七时之前		先酉而出
			下午三时至五时以后	后申而出
	收钥	下午七时至九时之后		后戌而入
			夜十一时至次晨一时之前	先子而入
关门	送钥	清晨一时至三时以后		后丑而出
			夜十一时至次晨一时以后	后子而出
	收钥	天亮以后		夜尽而入
			上午五时至七时之前	先卯而入

宋代的史料虽对长安三城在城门的开启与关闭之前的送钥与收钥时间，留下这么详细的记录，但对长安三城城门的开与关的时间，却没有明确的记录，这是相当令人费解的事。既然在唐代的史料里，不见有长安城门之开与关的记载，这些城门的开关时间，只好依赖宋代的记录。在北宋时代修成的《唐书》里，对于长安城门的开门与关门的时间，是这样的记录的：

日暮，鼓八百声而门闭，……五更二点，鼓自内发，诸街鼓承振坊市门皆启鼓三千挝，辨色而止。[45]

引文所说的日暮，也许可以假设为日入。如果真是日入，用《太子十二时》来对照，应该是酉时。那么，关城门的时间，应该是酉时，也就相当于每日下午五点至七点的那两小时。这个假设，似乎可与“唐代长安三城城门门钥的送出与收回时间表”里的数据互相配合。因为根据该表，为宫城与皇城城门的关闭而送出门钥的时间是酉时（下午五点至七点）之前。同时为郭城城门的关闭而送出门钥的时间是申时（下午三点至五点）以后。门钥送到以后，在酉时（下午五点至七点），宫城与皇城几乎可说立即使用门钥来关门。然后再在子时（夜十一点至次晨一点）之前把门钥送回。这样看，《唐书》所说的“日暮，门闭”，也许可以理解为：到酉时，宫城、皇城和郭城的城门一律关闭。

如前述，夜禁是由城门与城门的关闭而开始的。负责城门的关闭，当然是对于夜禁任务一部分的执行。在唐代长安三城城门的关闭是由唐代中央政府里的门下省来负责的，直接负责的机构叫做城门局。这个局的主管叫做城门郎，[46] 他们听到鼓声，就下令关门或开门。等到城门关了，不但郭城内与外的交通中断了，皇城与郭城之间的交通也中断了，而且整个长安城的夜禁也就立即开始了。

唐代的城门郎，共有四人，官阶都是从六品。[47] 四位官员同时担任这个职位的原因，可能是由于负责长安的宫城、皇城与郭城的关闭与开启，工作量是相当重的。因为在唐代的长安，专门负责运送三城各城门与宫城和皇城各殿之殿门门钥的人，在编制上就有八百人。[48] 这八百人又分成上下两班。所谓上下班，大概分指上午班与下午班。按照这个推论，每班应该各有四百人。开门与关门的门钥是要存放在宫城里的。大概每次从宫里把钥领出来，都要送给城门郎去签收。门钥使用完毕，可能又要城门郎签注使用完毕的单据，然后才能缴回宫城。八百人来往不停地运送门钥，城门郎也得不停地签收与签缴，工作应该相当繁忙。也许这四位城门郎，即使不是同时工作，可能也会分成上午班与下午班，而轮流值班。

2. 地点

甲　长安

无论是用传呼还是用击鼓来表示夜禁时间的到来，夜禁开始之后，直到第二天的黎明，在再度传呼或再度击鼓，表示夜禁时间的终止之前，在夜禁期间，无论是人、还是车马，一概不准在街上通行。关于这一点，唐代的传奇小说曾有不少描写。为了能够说明夜禁在长安的执行，唐代小说里的描写，是值得重视的。譬如第一篇与长安之夜禁有关的小说，是由中唐时代的牛肃所写的《张无是》。根据牛肃的描写，在玄宗天宝十二年（753 年）的冬天，有一个家在皇城西侧布政坊的人，名叫张无是。有一天晚上，在街上走路的张无是，本来是准备回家的，可是就在他还没到家之前，表示夜禁时间已经到来的八百下禁鼓已经打完。要是再在街上走路，是要犯法的。为了不犯法，张无是只好无可奈何的走到一座桥下面，冒着冬夜的风寒，在那里躲了一夜。[49]

第二篇小说是由白行简所写的《李娃传》。在这篇著名的小说里，白行简一开始就说，在天宝时代（742—756 年），有一个年轻人到长安的平康里去见李娃，他们又喝茶，又喝酒，谈了很长的时间。等到“日暮，鼓声四动”，李娃家里的老太太就问这位年轻人：“我们这儿离你住的地方有多少远？”年轻人因为想赖在李娃家里，所以就欺骗她说：“家在延平门外数里。”老太太就接着说：“鼓已发矣。当速归，无犯禁。”[50]《李娃传》里所说的“日暮，鼓声四动”，是对于长安夜禁即将开始之前，鼓声在长安各街同时响起的生动描写。

据图一，平康里（坊）位于长安城之东北角，而延平门的方位却在长安城的西南部。由平康里到延平门最方便的走法，是先由平康里向南走，经过宣阳、亲仁二坊而到永宁坊，再从永宁坊向西，陆续经过永乐、光福、安业、崇德、崇贤、长寿与丰邑七坊而至延平门。这条路线的全长是七千九百一十八米。[51]否则，也可以先由平康坊向西，陆续经过务本、兴道、光禄、太平、延寿、西市六坊而到达群贤坊，然后再从群贤坊向南，经过怀德、崇化和丰邑等三坊而到延平门。这条路线的全长是五千八百七十一米。[52]可是不论这位年轻人要采取哪一种走法，由长安市东北的平康坊到西南的丰邑坊，全程的长度至少都在六千米以上。通过这个长度，如果是步行，至少需要两个小时，如果是奔跑，至少要一小时，如果是车行，至少也要半小时。即使乘马车由平康坊出发，如果在路上万一发生任何状况，也不一定能在半小时之内，赶到延平门而离开长安。可是表示宵禁到来的八百下鼓声，却早已在半小时之内击毕。所以在《李娃传》里那位老太太所说的"鼓已发矣，当速归，无犯禁"，正是对唐代长安宵禁开始的一种表现。

第三篇小说是由沈既济所写的有名的《任氏传》。这篇小说所描写的故事，在时间上，发生于玄宗天宝九年（750 年），发生的地点，也是长安。故事的内容则围绕男主角郑六，女主角任氏，和介入郑生与任氏之间的韦崟而开展。在此传中，郑六在长安城东边的升平坊，进入任氏宅中，住了一晚。由次晨，"既行，及里门，门扃未发。门旁有胡人鬻饼之舍，方张灯炽炉。郑子憩其帘下，坐以候鼓。"[53] 这一段的意思是，当郑六离开任家，走到升平坊的坊门前，因为夜禁的时候还没完，所以坊门也还没开。他既然出不去，只好坐在坊门旁边的胡人店里，等待解除夜禁的那三千下鼓声的到来。

第四篇小说是由薛用弱所写的《集异记：裴通远》。这位中唐文人的主要活动时间，约在由唐穆宗之长庆（821—824 年）到唐文宗之大和（827—835 年）时代之间。这篇小说描写住在长安西城崇贤里的裴通远，在唐宪宗入葬景陵的那天，驾了马车，又带了妻女，一齐到长安东北角的通化门外去看热闹。在回程中，他因为天色已晚，已经加快了车速。可是马车才到皇城之前的天门街，"夜鼓时动，车马转速。"[54] 这篇小说所说的"夜鼓"，当然仍是表示夜禁即将到来的街鼓。车马转速的原因，当然是怕如果在八百下鼓声打完之前还不能赶回崇贤里，是要犯夜禁而会被打的。

在前引的四篇唐人小说之中，《任氏传》所提到的时间是天宝九年（750 年），《张无是》提到的时间是天宝十二年（753 年），而《李娃传》所提到的时间是天宝时代（742—756 年）。总之，由这三篇小说所记载的故事都发生在由公元 742 到 756 年的天宝时代。至于由《裴通远》所提到的时间，既是唐宪宗的入葬，现所牵涉的时间，已经迟到 821 年。也即是由这四篇小说所牵涉的时间，从天宝九年到长庆元年（750—821 年），前后七十年。易言之，从天宝时代到长庆时代的长安居民，对于八百下街鼓响起以前，不愿触犯夜禁条例的各种描写，是可与历史资料互相印证的。根据唐代的小说，唐代作家对于宵禁怎么开始、怎么解除的描写，也应该是了解长安宵禁制度的一种相当珍贵的原始资料。

乙　其他地区

关于唐代长安的夜禁，虽可从唐人的小说里发现不少珍贵的资料，可是在文献上唐人对长安以外各地夜禁的记载，甚至连对京都洛阳夜禁的记载，都很少见。由于资料的贫乏，目前只能以山东、湖北与江苏等三地区的夜禁为例，而把唐代其他地区夜禁的情形，附述如下：

（i）山东（郓州）

中唐时代，藩镇的势力很大。他们为了争取更多的领地，不但彼此攻击，甚至有时还彼此联合起来，集体与唐廷对抗。[55] 在山东方面，从李正巳（742—780年）在代宗大历时代（766—779年）开始，直到正巳之次子李师道在宪宗元和十四年（819年）的年初被其部将刘悟所杀，李氏父子占领山东的郓（今山东东平县西北）、曹（今山东荷泽县）等十二州，前后长达六十年。[56] 据史书的记录，李师道在兵败之前数月，“闻风动鸟飞，皆疑有变。”可见当时他在心理上，已经非常紧张。为了能够避免大战之前一切可能发生的变量，李师道特别规定在他所住的郓州，不但不准宴会、聚集，甚至连在路上遇见熟人，也不准交谈。凡是犯错的人，一律都要受到刑罚。[57] 可是等到李师道被杀，田弘正进入郓州以后，他除了“恶除苛禁，从人游乐”，[58] 还在寒食节的前后，连续七昼夜“不禁行人”。[59] 由这七夜“不禁行人”的记录看来，可能在李氏父子时代，至少在李师道的统治时代，郓州是实行夜禁的。

（ii）湖北（荆襄）

宪宗元和五年（810年）十二月，吕元膺（749—820年）以御史中丞的身份被任为鄂岳观察使。元膺到任后，有一晚，不知为了什么原因，他竟想黑夜登城。可是要登城，必须先上城门。而在他想登城的时候，城门已经关闭了。吕元膺身旁的人对守门人说：“想登城的人是御史中丞！你知道吗？”不料守门人的回答竟是：“在这样的黑夜之中，我可分辨不出你所说的想要登城的人，是不是真的就是御史中丞。即使登城的人真的是他，按照军法的规定，晚上是无人可以登城的。”吕元膺既然无法登上城门，当然只好走开。可是到了第二天，他因为守门人尽忠职守，还给他擢升了一个官阶更高的好职位。[60] 这段记录虽然只与黑夜不能登城有关，不过登城是夜行的一部分。所以夜间禁止登城，事实上，似乎也可以视为夜禁的一部分。除此以外，再由这段记录，还可看出当时的地方首长虽然不能夜上城门，不过至少可以在晚上走过城里的街道而直达城门。这个事实，似乎可以证明地方长官在夜晚，是不受夜禁之限的。

（iii）江苏（扬州）

在晚唐时代，山西籍的温庭筠（812—870年）[61]是当时著名的文人才子。他能以八叉手的快速写成出色的艳诗，[62]更是文学史上脍炙人口的美谈。懿宗咸通四年（863年）他曾在湖北的襄阳担任过官职是巡官的地方小官。[63]宦场的发展既不得意，于是他弃官而去江苏。可是当他到了扬州，竟"与新进少年狂游狭邪"，意思是他在扬州只与一般新中举的年轻进士，在风月场中鬼混。不久以后他甚至还因为喝醉了酒，犯了夜禁，而被管理治安的虞侯打了一顿。虽然不知道温庭筠究竟被打了多少杖，不过他至少被打得不但断了牙齿，也毁了容。[64]可见江苏地区对犯了夜禁的人的杖罚和长安的杖罚可能相当接近，杖数既多又重，温庭筠是为犯夜禁而在杖罚上吃了大亏的。

（四）唐代执行夜禁的官员

在唐代，夜禁期间为政府执法的机构叫做金吾卫。[65]这是由宰相直接统辖的宫廷禁军的一种职责。唐代中央政府有很多机构都分左与右两个办公室。最明显的就是在当时宰相的办公室，也分为左与右两部分。唐代的金吾卫，既然是由宰相负责的，所以也分成左右金吾两卫。每一卫的主管都叫做大将军，副主管都叫将军，大将军的职位是正三品，将军的职位是从三品。[66]在唐代的京官之中，三品的地位是相当高的。

金吾卫的职责有两种，首先，在白天，这个机构要同时负责皇城、宫城与长安城的治安。其次，到了夜晚，要再负责长安城内的治安，[67]也就是负责长安城的夜禁。其实夜禁的主要负责人是隶属于金吾卫的左右卫使。如前述，长安虽是唐代的首都，但在地方行政上，却分属于长安与万年两县。长安县的范围是从西边的城墙直到朱雀门大街。[68]对长安的宫城而言，这块土地，方向偏左。万年县的范围，是从长安城东边的城墙直到朱雀门大街，[69] 对长安宫城而言，这块土地，方向偏右。所以左县是长安县，右县是万年县。属于金吾卫的左右街使，应该是分别负责左县与右县和夜禁任务的官员。更清楚的说，左街巡使负责巡查长安县的夜间治安，右街巡使负责万年县的夜间巡察。

在唐代，中使是天子身边的亲信，在一般情况之下，朝廷的大臣，为了中使可能会在天子面前为他们说说好话，经常不愿意或者也不敢得罪他。元和三年（808 年），有一个唐宪宗的中使叫做郭里旻，因为喝醉酒了，在夜禁以后，不但没有回宫，而且还在街道上继续行走。于是金吾卫的人就用棍子把这个中使当场打死。[70] 根据金吾卫对郭里旻事件的处理，他既可把皇帝的亲信杖死，可见他们对于宵禁法令的执行，是相当严格的。

为什么金吾卫的人可以连皇帝的亲信，也照打不误呢？对于这个问题，是只要查一查唐代的法律，是就可以得到答案的。根据唐代法律的规定，户籍设在宫中的人，只能在白天出入宫廷。夜出宫殿门，是要受到“杖八十”之处罚的。[71] 杖就是用棍子打，“杖八十”固然是一种严刑，不过身体健壮的人，也许还能挺得住，郭里旻既是唐宪宗身边的亲信，说不定就是一个平常并没吃过苦的宦官。所以等这八十棍子打完，他早已一命呜呼了。后来唐宪宗虽然因为郭里旻之死，心中不快，于是把执法的金吾卫薛伾加以放逐。[72] 其实薛伾受到放逐是很冤枉的。因为当时的法律已有明文规定，设籍于宫的人如果不因公务而擅自出宫，是要受杖八十下的。金吾将军的职掌正是捉拿这种在夜禁期间还在街上行走的车马与行人。无论从法律的，还是从他职掌上的立场来看，他都有权对偷出宫廷的人用棍子来执行杖罚。如果郭里旻不死，也许薛伾还能照样担任金吾将军。可惜薛伾的运气不好，他既把郭里旻打死了，他自己也只好认了被放逐的命运。

在行政区域方面，唐代的长安，是分成一百零九个坊与两个市场的。所谓坊，就是对一块长方形的土地的一种行政上的称呼。当时的坊，共分三等，小坊的面积是南北长五百至五百九十米、东西宽五百五十八至七百米。[73] 中坊的面积是南北长五百至五百九十米、东西的宽度是一千零二十至一千一百二十五米。[74] 至于大坊的面积是南北长六百六十至八百三十八米、东西宽一千零二十至一千一百二十五米。[75]长安城内虽有二十五条街道，每一坊里也各有自己的坊街。一般而言，小坊只有一条由东向西的横街。[76]至于中坊和大坊，除有东向西的横街，又有一条由北向南的直街；二街相交，成为十字形。[77]各坊不但在坊的四周，筑起坊墙，又在每一条街的两头，都加盖一座坊门。坊门虽然是用木材建成的，坊墙却是土墙。此外，有的坊没有土墙，只有竹篱。至于两个市场，虽然东面的叫东市，西面的叫西市，不过每市既然各占一坊，所以在市场外面，也是各有坊墙的。

在唐代，宵禁开始以后，除了领有县政府的公文或者自己所住的那一坊的公文，[78]才可以在街上通行，其他的人，一概不准通行。大概有不少人，为了在刚刚实行宵禁的时候，赶快回家，而又怕在街上会被金吾抓到，是想赶快爬过坊墙或坊篱，而进入自己居住的坊里去，以求安全无事的。爬墙入坊，不但是一种投机的表现，而且也是一种不法的行为，不过这种行为的产生，似乎也反映一般人对于宵禁有点恐惧感。可是如果在爬坊墙或爬坊篱的时候又被金吾抓到，是要“杖七十”的，假如在爬的时候，先把坊墙或坊篱弄坏了，然后又被金吾抓到了，是要加罚七十杖的。[79]对于这一百四十杖，恐怕身体再好，也不容易挺得过去的。

（五）唐代夜禁的特例

唐代虽在京城与黄河及长江流域都实施夜禁，不过由另一批史料看来，当时的夜禁，是有特例的。根据由这些史料，这些特例，又可按照所牵涉的人物，可区分为三个类型：

一、由政府核准的特例。

二、由特权的破坏而形成的特例。

三、由地方官吏所造成的特例。以下就按照这个顺序，而把这三种类型不同的特例，逐一介绍。

1．由政府核准的特例——上元节的灯会

所谓政府核准的特例，事实上，就是民间的上元节。这个节日既是正月望日，

也就是俗称的正月十五日。由于在上元节的晚上，长安的居民要“盛饰灯影之会”，[80]所以“金吾弛禁，特许夜行”。[81]根据这两句话，在入夜之后，长安的居民无论怎么样地奔走于大街小巷之间，平常负责夜禁时期之治安的金吾卫，是完全不会出面干涉的。

甲　特禁的开始

在南北朝时代（386—588 年）的末年，也即六世纪的八十年代，或者更明确的说，在 584 年，北朝的最后王朝北周（577—581 年），已经被隋所灭，当时只有陈朝（557—588 年），南朝的最后王朝，还以江南的一隅之地，与在西北崛起的隋代互相对峙。到 583 年（那年既是隋文帝的开皇三年，也是陈后主的至德元年），有一个官职是治书传御史而姓名是柳彧的人，曾经向隋文帝上书，请求隋文帝下令禁止每年正月十五日在民间举行的燃灯之戏。如果燃灯只是民间的娱乐或者休闲活动，为什么要下令去禁止这种活动的举行呢？现把这篇奏书的某些重要片断，翻译成现代的语体文，而摘录如下：

> 每到正月十五日，无论是在京城里，还是在京城以外的其他地区，火把和蜡烛的光，无不明亮地照耀着，鼓声也无不（沉重地）震动着。这时候，京城与外地的居民，在性别上，无论是男是女，在阶级上，甚至连一般凡夫俗子，无不一起都挤到街道上去。在这些人里面，固然有些人聚集在一起互相游戏，却又有人集合起来而一起在街道上无事地游荡。……这样，既会造成伤风败俗的恶劣行为，也会引起盗贼的产生。大家为了能在正月十五日的当晚，向别人炫耀自己家里所制作的灯怎么好，又怎么讲究，而彼此互相竞赛，有的人固然用完所有的钱，甚至有些人还弄得因此而破产，连整个的家庭成员，（突然之间）都变成了别人的奴婢。……[82]

根据柳彧的这篇奏书，不难看出在南北朝时代的末期，在西北地区（至少是在隋代的京师及其附近地区），在正月十五日的晚上点灯游乐，是相当盛行的。隋文帝虽然在 583 年，接受了柳彧的奏言，而下令禁止民间的正月十五日燃灯，不过这项禁令，似乎没发生很大的作用。到了唐代，每到正月十五日，民间仍旧照样举行灯会。

乙　唐中宗时代（705—710 年）的上元灯会

从隋文帝开皇三年起，直到初唐末年的武后长安四年，在这两百二十多年的时期之内（583—704 年），每年的正月十五日之夜，是否暂时取消夜禁，在文献上，似乎并无记录。不过至少在唐中宗在位的神龙（705—707 年）与景龙（707—710 年）时代，这五年的正月十五日之夜，是没有夜禁的。

在神龙时代的长安，无论从高级的社会人士（譬如与天子有关的皇亲国戚，或者其他的贵族），还是身份较低的工商阶级，无不都要在正月十五日的晚上，上街夜游。长安城的面积是约八十四平方千米，位在长安城里比较偏远地区的居民，为了便于参加灯会以及离会而回家，有车的人，是要赶马车去看灯的。至于贵族或者皇亲国戚，为了身份而不便徒步，当然也要乘车参加灯会。这样，车辆、马匹与行人只好拥挤在一起。甚至有的时候，一家人彼此走失了，连想要在人群之中转身回顾以寻找走失的人，好像也有点困难。[83] 可是那些贵族，就在这么拥挤喧哗的场合，仍然要一边骑着马又一边互相比赛，看谁能在正月十五日的晚上，找到最多的乐趣。唐代的长安既有夜禁，一般居民，常年在入夜以后，只能关在家里。在上元节之夜，长安的街头既有这么多的人，对他们来说，这种由于灯会的出现而带来的夜生活，应该是新鲜的，也是刺激的。金吾卫的执法人员，想要把成千上万的人一齐认定为犯人，也是不可能的；所以唐代的中央政府只好公开承认上元节是一个假期，在这个假日的夜晚，免除夜禁。

到了景龙四年（710 年），也就是唐中宗在位的最后一年，在正月十五日之夜举行灯会的风气，似乎比在神龙时代更为兴盛。首先，唐中宗在当天晚上，特别准许"数千"名宫女出宫纵情观灯。唐代的宫女，很像被关在鸟笼里的鸟一样，根本没有自由。在一般情况之下，宫女是很少能够私自出宫的。这天晚上，唐中宗突然准许数千名宫女出宫观灯，这些长年寂寞的宫女当然个个兴奋异常。且不要说数千名宫女如何在长安的街道上，既莺声燕语，又指手画脚地尽情观灯，从而增加了灯会的热闹气氛，就是这几千名观灯的女性的突然来临，也必会使灯市中的青年子弟，增加了邪念。所以到第二天，内官清点宫女人数的时候，才发现有些出宫观灯的宫女，大概已被某些不良的分子拐走，从此“逃逸不还”，[84]也就是从此不再回宫了。这真应验了柳彧在隋文帝开皇三年所说的，“因为在灯会中，男女混杂，既会造成伤风败俗的恶劣行为，也会引起盗贼的产生”的那句话。唐中宗如果事先知道开放宫门，特准宫女外出观灯会引起这么多宫女被人拐走，大概他宁愿让那些寂寞的宫女在宫中多抱怨一晚，也不会把她们放出宫外的。

就在特准宫女出宫观灯的当晚，唐中宗本人与皇后也换上了便装，一齐出宫观灯。大概为了尽情欣赏，这一对天子夫妇并不只停留在某一里的或某一条街的灯会里，他们一边走又一边看，连续地看了设在不同里坊里与不同街道上的灯会。[85]唐中宗在宫外与长安居民一齐在灯会里，挤挤闹闹地一同观灯，真应验了“天子与庶民同乐”的那句俗话。也许唐中宗觉得他对正月十五日的灯会看得不过瘾，所以在正月十六日的晚上，他又换上了便装，一个人走出皇宫，再度与长安的居民一同观灯。[86]既然连天子也要在正月十五日与十六日，连续两个晚上都要出宫观灯，在这两晚，金吾卫又怎么能像平常一样地执行夜禁的任务？

丙　唐睿宗时代（710—711 年）的上元灯会

可是天子与皇后出宫观灯的事，除神龙时代以外，似乎不再有其他的记录。大概在唐中宗以后，唐代的其他各帝，就没再做过换了便装，“微行市里，以观烧灯”的事。不过在另一方面，上元节的灯会，却好像也在睿宗先天二年（713 年），发展到最高峰。怎么证明呢？

首先，观灯的时间最长。如前述，在先天二年之前（譬如在隋文帝时代），观灯的时间，只是正月十五日的当晚。到了唐中宗时代，以景龙四年（710 年）的灯会为例，已经增加了一晚，而成为把正月十五日与十六日连在一起的一个大节日。可是到了睿宗的先天二年，上元节灯会的时间，又增加了一日一夜，而成为连续三日三夜的，时间更长的大假日。[87]所以取消夜禁的时间，也只好由正月十六日的夜晚，再向后延长一夜，而把正月十七日也包括在内。这么长时期的连续取消夜禁，在夜禁史上，还是首次。

其次，灯的制作规模最奢侈。在先天二年的上元节所制作的灯，包括了一只史无前例的巨型大灯。这只大灯，是用五万只灯联合组成的一个大灯轮。灯轮上既有这么多的小灯，轮的本身，当然需要相当大的高度。据唐人的记录，这个灯轮的高度是二十丈。[88]轮上既有五万只小灯，又在这些小灯之间，夹杂色彩鲜艳的丝锦以及用黄金或绿玉做成的装饰品，[89]所以这个大灯轮，除了华丽以外，也必定是明亮耀眼的。用这么大的规模来制作上元节的花灯，真是前所未有的大手笔。安放这只灯轮的地点是在安福门外。[90]据图一，安福门是皇城西墙的北门。从另一角度来看，安福门的位置介于皇城的西北角与宫城的西南角之间。在宫城以内安放这么高大的一个灯轮，如果事先不得到唐睿宗本人的同意，应该是不可能的。根据这个推想，在安福门外，安放高达二十丈的大灯轮，说不定还是出于唐睿宗本人的授意。无论如何，用五万只小灯来点缀一个二十丈的灯轮，这样的制作，既空前也绝后。如说灯会的发展，以灯的制作而言，在睿宗先天二年达到最高峰，似乎并不为过。

第三，欢乐的气氛更浓厚。关于这一点，似乎需要从人数、服饰与歌舞等三方面来分别观察。

（i）人数

唐代宫廷里的宫人，虽然在中宗景龙四年（710 年）的正月十五日之夜，有不少宫女因为出宫观灯而“逃逸不归”。不过睿宗对在 710 年之上元夜所发生的这件事，似乎早已淡忘。所以他在 712 年的正月十五日之夜，又再度特准宫女出宫观灯。从宫中放出来的宫女的总数是“千数”，[91]意思是超过一千人。不过“千数”这两个字的位置，也许应该参考唐中宗所特准出宫的人数，而改正为“数千”。唯其如此，由唐睿宗与唐中宗所特准出宫的宫女总数可能才会前后大致相等。如果宫女的人数真是“数千”，可能至少有三千人吧。另一方面，即使“千数”并非手民之误，而不应改为“数千”，如果睿宗在正月十五日之夜特准一千五百名宫女出宫观灯，正月十六日之夜又特准另外一千五百名宫女出宫观灯，在这两晚，出宫观灯宫女的总数，仍是三千人。

除了宫女，在十五日与十六日的灯会中，观灯的女性，又有从长安县与万年县的女性之中挑选出来的“少女妇千余人”。[92]这个记载的意义相当暧昧。所谓千余人，既可能是由长安与万年两县挑选出来观灯的少女妇的总数，也可能说长安与万年等两县，各有挑选出来观灯的少女妇千余人。如果每县各有千余人，少女妇的总数，似乎也接近三千人了。假如每晚观灯的宫女人数是三千人，而从万年与长安两县选出来的少女与少妇的人数也是三千人，在十五日与十六日这两晚，观灯的女性，至少就有六千人。这个人数恐怕比在唐中宗神龙时代出来观灯的女性人数还要多。另一方面，假如睿宗在这两晚特准出宫的观灯宫女的人数是一千五百人，而从长安与万年两县挑选出来的观灯的女性的人数，也是一千五百人，在这两晚，观灯的女性总数，可能是三千人左右。即使如此，这个人数，恐怕也不会比在神龙时代，在长安街头观灯的女性人数少。一般情况之下，观灯的男性，常比女性要多。假设观灯的男性的总数，五倍于女性的总数，那么观灯的人次的总数，可能高达三万六千人，或者更多。（即使减半，可能也在两万人左右）。看来在睿宗先天二年，观灯人数之多，也是空前的。

（ii）歌舞

为什么在先天二年正月十五日与十六日两晚，要从万年县与长安县的女性居民之中挑选三千人（或一千五百人）来观灯呢？这是另有原因的。原来被选中的女性，无论是少女还是少妇，规定要在灯轮之下“踏歌三日夜”。[93] 如果这群舞者选自长安的一百零九坊，每坊至少要选出二十八人。所谓“踏歌”，就是让这些舞者，手牵着手，一面跳舞，一面唱歌。所以《旧唐书》的《睿宗纪》在记载先天二年之上元节的灯会时，是要说“少女妇连袂踏歌”的。[94] 三千人（或一千五百人）一齐踏歌，无论是她们的同声合唱，还是她们的集体舞蹈，场面都必然壮丽可观。女子在上元节之夜，连续踏歌三日夜，又是前所未有的事。从这个事实认定，上元节的灯会，在先天二年达到最高峰，似乎也不为过。

（iii）服饰

被特准出宫的宫女，无论是否负有在灯轮下踏歌的任务，她们的衣着与服饰恐怕会相当引人注意。据唐代的记载，当这些宫女在灯会中出现的时候，“衣罗绮、曳锦绣、耀珠翠、施香粉。一花冠、一巾帔，皆万钱”。[95] 所谓绮，是汉代的旧称，在唐代，绮是称为细绫的。[96] 在唐代，绫的产地很广，[97] 可是罗的产地却相当有限，[98] 所以在盛唐时代，罗是贵族妇女的衣料。[99] 在服装方面，直到盛唐时代，兴起从西域方面传进来的狭袖胡装以前，中国传统女装的衣袖一向很长，长到有时是可以拖到地面上的。[100] 当这些宫女，身上穿了用绫（特别是用罗）所做的长袖拖地的衣服，身上戴了耀眼的珍珠和翠玉，又擦了香粉，而在灯轮下载歌载舞，当然会引起所有参加灯会之人士的注意。

丁　唐玄宗天宝十年（751 年）的上元灯会

天宝十年的正月庚子，正是十五日，当然又是一个可以燃灯的上元节。可是那年灯会情形究竟如何，史书并没有任何记载。不记载灯会的原因，是由于在那天晚上，发生了另一件比灯会的进行更值得记载的大事。这件大事牵涉天宝时代的两个贵族之间的纠纷。想要了解纠纷的发生，似乎应该先对由杨贵妃的亲属所形成的杨氏五宅，首先有所了解。

道号太真的杨玉环，虽然只是在天宝三年（744 年）被唐玄宗以不正当的手法偷接入宫的一个女道士，[101] 不过由于这位山西姑娘，不但“肌态丰艳”，而且还“晓音律”。尤其重要的是她“性警颖”与“善承迎上意”，[102] 所以她入宫的时间不过只刚超过一年，已在天宝四年（745 年）八月，由玄宗把她册立为贵妃了。[103] 杨玉环既然得宠，到天宝七年（748 年），她的大姐、三姐与八妹，也就被唐玄宗分别封为韩国、虢国与秦国夫人。[104] 而杨玉环的亲兄杨铦以及堂兄杨锜，也分别被玄宗任命为鸿胪卿与侍御史。[105] 在唐代，鸿胪寺卿的官阶是从五品、[106] 侍御史的官阶是从六品下。[107] 杨锜的官阶虽然不高，不过玄宗却把武惠妃所生的女儿太华公主嫁给杨锜。[108] 杨锜既然得到天子之驸马的身份，立即成为贵族。他的贵族身份，也可能是唐玄宗为他的官阶低下而特别给予的一种补偿。总之，由于杨贵妃的三位姐妹和两位兄长，身份都很特殊，当时的长安社会就用杨氏五宅这个名词来称呼杨贵妃的这五位亲属。

天宝十年（751 年）上元夜的灯会，可能设于长安城西的西市。那天晚上，杨氏五宅领着一批随从，又一起骑了马而到西市去参观灯会。唐玄宗的第二十四位女儿广宁公主与驸马程昌胤，[109] 当晚也骑了马到西市去参观灯会。这两批贵族和所率领的随从，正好在西市的市门口迎面相遇。由于双方都想要抢先通过市门，而又互不礼让，于是就在西市的市门口引发了一场马鞭之战。如果这场混战只限于双方的随从，也还不算是什么大事。最严重的是杨氏五宅的随从之一，不但居然用马鞭去打广宁公主，甚至还把这位公主打下马来。等到驸马程昌胤下马去扶公主的时候，五宅的随从竟不停手地又把程姓驸马连打了几鞭。看来杨氏五宅显然在这场马鞭战事之中大获全胜，而广宁公主那边可说是全军覆没了。广宁公主被打之后，当然不甘心，于是她就一面流着眼泪，一面把受辱的经过向唐玄宗哭诉。玄宗听完公主的报告，对五宅方面的处罚是把鞭打了公主的五宅随从处死。不过他对五宅的三位夫人与杨氏兄弟却连一句申诫的话也没说。至于公主那方面，由于程昌胤的驸马身份无法变动，只好把程昌胤所兼任的官职取消了。[110]

由以上的马鞭之战所显示出来的，虽然似乎只像是盛唐时代的贵族之间的斗争，其实由相同的历史资料也可显示这场斗争的形成，是由于上元之夜的灯会。如果在天宝十年的上元节，已经没有灯会，这两批贵族当然都不可能既骑了马又率领了随从而到西市去观灯。既然连杨氏五宅与公主和驸马这么高贵的上流社会分子也要在上元之夜参观灯会，可见在天宝十年上元节的晚上，正如同在唐中宗的神龙与景龙时代，或者与睿宗的先天时代一样，还是没有夜禁的。

马鞭之战的时间是天宝十年。五年之后，由于安禄山的叛变，不但逼使唐玄宗放弃了长安而匆匆地逃入四川，唐代中央政府与藩镇之间的长期战争，也就自此开始。唐代的太平盛世，也自此成为过去。所以在各种史书之内，似乎再也不见有对于上元灯会的记载。唯一值得注意的是中唐诗人张祜的一首诗题是《正月十五夜灯》的七言绝句。诗文如下：

> 千门开锁万灯明，正月中旬动帝京，三百内人连袖舞，一时天上著词声。[111]

张祜的生平不详，但据近人的考证，他可能生于德宗建中三年（782年），到文宗大和九年（835年）犹在。而且他曾在宪宗元和十五年（820年）到穆宗长庆二年（822年）、文宗大和三年（829年）以及九年（835年），三度住在长安。[112]上引的七言绝句诗，不妨视为是张祜在长安的见闻的记录。由诗中所描写的“千门开锁万灯明”与“三百内人连袖舞”看来，就在820—835年之间，当时的长安，在上元之夜，依然和安禄山叛变之前的承平世界一样，是要沿例举行灯会的。而且在那天晚上，也是有宫女连袖起舞的。舞蹈的人数既然只有三百，如与在睿宗先天时代，数千人一齐在点着五万盏灯的大灯轮下踏歌起舞的盛况相较，场面是比较清冷的。不过当时既有灯会又有舞蹈，可能在上元节的夜晚，仍是没有夜禁的。这样算来，从神龙元年（705年），首次临时取消上元节的夜禁以来，到820—835年之间为止，上元之夜无夜禁的历史，至少已有超过百年的历史了。

2. 帝权的破坏

至于天宝五年（746年）的那一次，不但牵涉长安的夜禁，而且更与夜禁的破坏有关。在讨论唐代长安之夜禁的时候，杨贵妃被从杨铦的家里接回兴庆宫中的过程，是不应该忽视的。

如前述，杨太真是在天宝四年（745年）的八月，被册立为唐玄宗之贵妃的。可是当她得宠之后，原有的性格也就跟着发生重大的改变。所以到天宝五年（746年），她的性情不但不再温顺，甚至好像还有点凶悍。[113]可能也就由于她的性格改变，玄宗也在天宝五年与九年，两次对她大发脾气之后，竟把杨贵妃送回她亲兄杨铦的家里去。[114]天宝九年（750年）的那一次，[115]因与夜禁无关，本文也不再提。

杨贵妃是在天宝五年（746年）七月的丙辰日，被送回杨铦家里去的。唐玄宗把她送回娘家，虽然也许还不能算是天子休妻的行为，不过对这位既不温顺又有点凶悍的贵妇而言，当然也应该算是一种实质上的惩罚。可是在另一方面，玄宗在把杨贵妃送出宫以后，心里总觉得不舒服。且不要说他连午餐也不想吃，就连在他身边侍候的那些太监，好像无论做什么事，也都不合玄宗的心意，以至于白白地被这位天子用棍子打来打去。到这时候，只有侍候玄宗多年的高力士，想出一个办法来测验唐玄宗的大发脾气，是不是由于杨贵妃的离宫，而使得他不知怎么才好。高力士的办法就是把兴庆宫中的寝具、摆设，还有不少的食物，一共装了一百多辆车，先从宫中直接运到杨铦家去，再转送给杨贵妃。当唐玄宗知道高力士要带着车队到杨铦家去，就把御厨为他所做的午餐，分出一部分来，叫高力士也带到杨家去，送给杨贵妃。高力士接到这批御食，立刻明了唐玄宗虽把杨贵妃赶回娘家，必定对她并没完全绝情。于是他就利用这个机会而跪在唐玄宗的面前说："还是把贵妃接回宫来吧。"玄宗既不反对，等于默准了高力士的建议。[116]杨贵妃是在七月的丙辰日的上午被送出宫的。如果在当天下午又把她接回宫，对唐玄宗的天子威严而言，大概并不好看。高力士既然想到了这点，于是就把迎接杨贵妃回宫的事，移到夜晚才进行。

等到长安夜禁开始，街道上再也没有行人与车马，高力士就先到位于兴庆宫之西北角的安兴里去，再把杨贵妃从杨铦家里接出来。然后，他得打开安兴坊里十字街的南坊门，[117]而把杨贵妃接出安兴坊。跟着，他在关闭了安兴坊的南坊门之后，又得打开安兴坊以南的胜业坊的北门和东门。[118]打开北门，是让杨贵妃在离开安兴坊之后，能够进入胜业坊。至于打开东门，是让杨贵妃能够离开胜业坊。唐玄宗所住的兴庆宫的宫门——兴庆门，就在胜业坊。所以当杨贵妃利用胜业坊的东坊门而离开胜业坊，高力士就得接着再打开兴庆宫的宫门，才能使杨贵妃进入兴庆宫。（图一）

根据以上的所说的路线，高力士迎接杨贵妃回宫，从安兴坊、经过胜业坊、再到兴庆宫，高力士最少也得连续地开启与关闭六个坊门与一个宫门。长安郭城坊门的开启与关闭，与宫廷无关，也许高力士奉旨迎接杨贵妃，要开启与关闭这些坊门，他还可以办得到。可是兴庆宫的宫门的开启与关闭，如前述，是由城门郎执行的。各宫的宫门之开与关，都定有固定的时间。如果要使宫门不按规定的时间去开启与关闭，城门郎是要事先向门下省报备，并且得到准许，才能够特案执行的。[119]高力士带领车队去接杨贵妃，可能事先并没能预先知会城门郎，他要在已经实行夜禁的夜晚，打开兴庆宫的宫门。因此，当高力士带着杨贵妃回到兴庆宫前，宫门必然是紧闭的。他为了要打开兴庆宫门，一定得先通知门下省的城门郎。而城门郎在得到必需夜开宫门的请求之后，一定也得先去报告门下省的主管。而门下省的主管可能事先也并不知道高力士奉接杨贵妃，是经过玄宗之默认的。看来，为了要向夜开宫门的这件大事负责，门下省的主管也得连夜朝见天子，以求证实。如果事实的确如此，当门下省的侍中得了玄宗的许可，他才能准许城门郎去打开兴庆宫门。城门郎也只能得到门下省侍中的命令之后，才能带了门钥，赶到兴庆宫门前去开门。在深夜里去办理以上所说的层层手续，可能需要不少的时间。所以杨贵妃离开杨铦的家，虽在晚上，可是等到她在兴庆宫里重见唐玄宗的时候，天色已亮，已经是第二天的清晨了。[120]

杨贵妃见到唐玄宗以后，所做的第一件事就是跪在玄宗的面前，向他谢罪认错。不过等到玄宗高兴地拍着杨贵妃的肩膀，[121] 这场逐妃出宫的风波，也就立刻归于平静。可是高力士出宫去迎接杨贵妃，应该是带有护驾的卫士和宫廷车辆的。即使晚上不驾车，可能为了不让贵妃亲自步行，高力士也会准备一架步辇让她坐着回宫的。[122] 那么为了担负步辇与贵妃的重量，高力士恐怕是又要带领一些宫女的。当这一大群荷枪持戟的护卫、莺声燕语的宫女（甚至可能还有一辆马车）忽而打开与关闭安兴坊与胜业坊的坊门，忽而又去打开与关闭兴庆宫的宫门，在实行夜禁的静夜里，住在安兴与胜业两坊里与住在兴庆宫旁的长安居民，当然是会听得清清楚楚的。尽管他们也许不敢公然的传播夜间所发生的怪事，不过这些百姓的心中必然明白，住在兴庆宫里的那位玄宗皇帝，曾经利用了他天子的特权，是既破坏了夜禁的规定，也违背了法律的。

3. 地方官吏的破坏

甲 山东（郓州）

除了帝权的破坏，是唐代夜禁的特例之一，地方官吏的破坏，也形成唐代夜禁的另一种特例。在上文曾经提到，在中唐时代，李正巳与李师道父子，是割据山东的藩镇。唐宪宗元和十四年（819 年），当李师道被杀，而田弘正进入郓州以后，他曾特准郓州的居民，在寒食节（清明节前一日）前后，可以连续七昼夜的自由出入郓城，“不禁行人”。可见在 819 年以前，至少有很长一段时间，郓州是实施夜禁的。田弘正的“不禁行人”的新规定，对于唐代的夜禁而言，当然是由地方长官的特权所形成的一种破坏。

乙 河南（蔡州）

相同的例子，又见于蔡州。裴度（765—839 年）是中唐时代的名臣。他在唐宪宗元和十二年（817 年），曾经被特任为淮西宣慰使。元和十三年（818 年），他在到达蔡州之后，把宣慰使的办公室设在蔡州。[123] 蔡州的州城是汝南郡，[124] 即今河南省之汝南县。[125] 在裴度入蔡州之前，蔡州是长期被一批藩镇占领的。在藩镇占领时期，按照藩镇的规定，除了当地的居民是不准带着酒和下酒菜而彼此拜访的。此外，正如同李师道规定山东郓州的居民，不准在街上交谈，蔡州的居民，按照当地藩镇的规定，也是不准在街上交谈的。此外，蔡州藩镇更无理地规定是，居民晚上不准点灯。[126] 既然连在室内点灯也不准，街道上当然是有夜禁的。可是当裴度到了蔡州之后，他又制定了一些新规定。别的规定可以不提，至少他对夜禁的废除不可不注意。所以史书上说，自从他规定居民可以不受昼夜的限制而自由来往，蔡州的人才第一次知道人生居然会是这么的快乐。[127] 在没有发现其他性质相同的资料之前，裴度取消了蔡州的夜禁，也许只能视为唐代的夜禁已在部分地区被取消的孤证。不过裴度既可取消蔡州的夜禁，也许邻近蔡州的河南道之其他各州，曾经效仿裴度的取消蔡州夜禁，而取消了当时的夜禁，也未可知。总之，以裴度在 818 年取消蔡州的夜禁为例，到九世纪初期，唐代政府对于夜禁的执行，无法全面照顾。这就等于说，当时的夜禁，已经相当松弛了。

（六）夜禁的松弛

根据以上的讨论，唐代夜禁的实施，大体上，在从初唐之初到盛唐之末这一百五十年之中，是曾严格执行的。可是从另一批资料来看，从中唐的后半期（或者从九世纪前半期）开始，夜禁的实施，已有逐渐松弛的现象。造成夜禁松弛的主要原因，也许可从三个不同的层面来观察：

1. 法令的执行不力

大和五年（831 年），长安的左右巡街使曾经向唐文宗（827—839 年）上奏。奏文的要点，可用语体文摘录如下：

在至德（756—757 年）与长庆（821—824 年）时代，（先皇）唐肃宗与唐穆宗曾经两次下令，规定长安各坊一般住宅的大门，都不准面对坊街，但有三品以上之官阶的人家，可以不受此限。可是这两道命令的颁布时间，都太早了。所以现在一般人都不太理会以前的规定。目前即使想去干涉（某些民宅的大门的位置与方向不对），都会觉得相当困难。宅门既然面对坊街，所以有时在清晨，当（那三千下）街鼓还没打完，有人已经打开宅门而走上坊街了。或者有时虽然已到深夜，（因为有人还没回家），宅门还是敞着的。[128]

由这段奏言所说的"（晓）鼓未动即先开"和"夜已深犹未闭"的现象看来，夜禁的松弛，可能是在九世纪的前期（或九世纪的三十年代）开始的。而夜禁首先松弛的地点，也可能就在当时的国都长安。既然有很多人完全不听街鼓的指示而按时回家或依时出门，那就说明在九世纪的三十年代，长安的部分居民已经不再恐惧于犯夜。不惧夜禁，当然也就造成夜禁的松弛。大和五年（831 年）以后，夜禁松弛的情形，似乎愈来愈甚。譬如在唐末的天祐三年（906 年）闰十二月，当时的皇城使又曾向昭宗上奏。现在再用语体文把这篇奏文的全文引录如下：

皇城之内的空间，与宫廷的禁地相隔很近。可是近来无论是军人还是百姓，常常在街鼓打完之后，还照样的在街道上任意行走。现在请求再按照原有的命令，规定在（八百下）街鼓打完之后，一概禁止通行。所以我请求陛下再派您的御林军来禁止这些（不守法律规定的）人。[129]

如把大和五年左右街使的奏文与天祐三年皇城使的奏文互相对照，至少可以看得出来两种现象：首先在 831 年，不按照街鼓的指示而犯夜的人的活动范围，似乎只限于那些人所住的那一坊，所以有些人可以停留在邻家而不回家，或者在晓鼓还没打完的时候就已经走上了坊街。然而到 906 年，不惧犯夜的人的活动范围已经超出坊的空间，而直接走上了长安城内的街道。易言之，时间愈后，犯夜的人的活动空间愈大。其次在 831 年，犯夜的人，似乎只是长安的居民，而没有军人。可是在 906 年，犯夜的人，除了长安的居民，还有驻守长安的军人。对于犯夜的军人，巡街使与皇城使如果不是无权管理，就是在执行上发生困难。因此皇城使才要请求唐昭宗派他自己的御林军，在夜间执行夜禁，也就是让军人出面干涉军人。总之，在中唐与晚唐，也即在从 831 至 906 年的这七十多年之中，以长安为例，中央政府对于夜禁的法令的执行是不能落实的。法令的执行既然不力，当然造成夜禁的松弛。

2. 夜市的兴起

唐代早期的市，按照中宗景龙元年（707 年）的规定，不仅必须设立在每一州的州城或每一县的县城之内，而且营业的时间是从午时（上午十一点到下午一点那两小时）到日入前七刻。[130] 按照上文所引敦煌出土本《太子十二时》里“日入酉”的说法，日入的时间是酉，也就是从下午五点到七点的那两小时。如果“日入前七刻”大致相当于下午五点之前的某一时段，可见直到八世纪初年为止，由政府所准许设立的市的营业时间，用现代的时间观念来看，不过只有从上午十一点到下午四点稍过的六个小时而已。夜市是没有的。市场的营业时间，既然受到这样的硬性规定，当然不能满足一般的需求。这就促成了夜市的兴起。根据一批从唐代的诗文中所得到的资料，河南的汴州，[131] 江苏的苏州、[132] 金陵、[133] 楚州 [134] 与扬州，[135] 四川的成都，[136] 以及广东的广州，[137] 都有夜市。此外还有一些夜市，却分布在水道旁边 [138] 或山头之上 [139] 等并不重要的地方。在城市以外的这些地方建立夜市，一方面显示，市的所在已经不再遵守景龙元年的规定而必须设在州城与县城内。另一方面，也显示出就连郊外的水边夜市或山头夜市，也不再遵守景龙元年的规定，而必须在日入前七刻收市。如与在初唐时代中央政府对市的地点的选择与营业时间的规定互相对照，从八世纪下半期开始，夜市的出现，无论是从法令方面或者是从经济方面而言，都是一种破坏。总之，夜市的形成既然破坏了夜禁，这也就相对地形成夜禁的松弛，甚至促成了夜禁的崩溃。从这个着眼点上扩大观察，不但更可发现，到了北宋时代，当时的夜市已可在开封的闹市里一直营业到夜半三更，[140] 而且更看出来，在时间上，到了北宋，夜禁的实施，可能已经成为过去。

（七）结语

根据以上的讨论，对于唐代的夜禁，也许可以得到以下所列举的几项认识：

第一，在空间上，唐代的夜禁地理，在黄河流域方面，东起山东半岛的郓州，西至关中平原的京畿地区，至于在长江流域方面，东起江苏的扬州，西至湖北的武汉。如与汉、晋时代的夜禁地理相较，唐代的夜禁地区是最辽阔的。

第二，在时间上，唐代的夜禁，如以马周在太宗贞观十一年（637 年）创立街鼓制度为起点，再以皇城使在昭宗天祐三年（906 年）奏请加派御林军执行夜禁为终点，前后历时二百七十年。唐代的国祚，一共只有二百九十年。所以夜禁的实施，可以说与唐代的国祚相始终。在中国的夜禁史上，这么长期的实施夜禁，也是少有的现象。

第三，在行政上，唐代的夜禁是由专人负责执行任务的。在京城长安，夜禁的执行者是金吾卫的左右巡街使。在京城以外之地区，是各州县政府的虞候。

第四，在制度上，在贞观十一年以前的唐代初期（618—626 年），夜禁的始与终，都以人力传呼。但从贞观十一年（637 年）以后，废除传呼，而以街鼓制度取代。夜禁开始时，击鼓八百下，夜禁停止，击鼓三千下。

第五，在法律上，已经制定条文，对于一般民众与设籍于宫中的犯夜者，各有不同的杖刑。

第六，在实质上，唐代的夜禁，从初唐到盛唐，是曾严格执行的。不过从执行的角度而言，唐代夜禁的实施，并非绝对完美无瑕。首先，在盛唐时代，唐玄宗为在夜间接回杨贵妃，已在 745 年，运用天子的特权而破坏过夜禁。到了中唐，裴度与李师道又曾在 818 年与 819 年，各在蔡州与郓州，两度运用地方长官的特权，而对外地的夜禁，分别有所破坏。此外，再由于夜市在中唐的兴起，以及法令在晚唐的执行不力，到了晚唐，夜禁制度的实施，可能除在京畿地区，还在继续执行，但在其他地区，夜禁的实施，似乎已经名存实亡了。北宋时代的夜市，可以在当时的国都开封公然营业，固然应该视为由于生活上与经济上的需要，不过在另一方面，似乎也未尝不可视为，是由于唐代夜禁之崩溃所促成的。

注释

1 《周礼》(1933 年，上海：商务印书馆《四部丛刊初编》缩印宋刊本) 卷九,《秋官司寇》之《司寤氏》条。

2 《周礼》卷六,《冯相氏》。经文云：“冯相氏，掌十有二岁、十有二月、十有二辰、十日、二十有八星之位，辨其叙事，以会天位，冬夏致日，春秋致月，以辨四时之叙。”引文所说的二十八星，据郑玄的注文，即二十八宿。此外,《周礼》卷六,《春官宗伯》之“保章氏”于其经文也间接提到二十八宿。经文云：“保章氏，掌天星，以志星辰，日月之变动，以观天下之迁，辨其吉凶，以星土辨九州岛之地，所封封域，皆有分星。”所谓星土之星，据郑玄的注文，就指二十八宿。

3 中国天文学史研究小组编著,《中国天文学史》(1988 年，北京：科学出版社)，第二章，第 22 页：“月亮在恒星间的运动周期是二十七、二十二天，于是古人（周人）把赤道附近的天空分成二十八份，这就是二十八宿。”所谓二十八宿，东方的苍龙有角、亢、氐、房、心、尾和箕七宿。西方的白虎有奎、娄、胃、昴、毕、觜和参等七宿。南方的朱雀有井、鬼、柳、星、张、翼和轸七宿。北方的玄武也有斗、牛、女、虚、危、室和壁七宿。

4 杨向奎《〈周礼〉的内容分析及其成书时代》一文，原载于《山东大学学报》，1954 年，第四期，后收入杨著《绎史斋学术文集》(1983 年，上海：上海人民出版社)，第 228—276 页。

5 陈遵妫《中国古代天文学史》(1955 年，上海：上海人民出版社)，第 89 页。

6 见注 3 所引《中国天文学史》，第 22 页。

7 《史记》(1959 年，北京：中华书局出版标点本) 卷一〇九,《李将军列传》，第 2871 页；又见《汉书》(1959 年，北京：中华书局出版标点本) 卷五十四,《李广苏建传》，第 2443 页。

8 同上引《史记》，第 2871 页;《汉书》，第 2443 页。

9 同上注。

10 《汉书》卷十九（下）,《百官公卿表》第七（下），第 771 页。

11 《三国志》(1959 年，北京：中华书局出版标点本) 之《魏书》卷一,《武帝纪》，第 2 页。

12 同上注,《魏书》卷一,《武帝纪》，第 3 页，于“太祖……年二十，除洛阳北部尉”一句之下，裴松之注文所引《曹瞒传》。

13 同上注,《魏书》卷一,《武帝纪》，第 53 页。

14 《晋书》(1974 年，北京：中华书局出版标点本)，卷七十五,《王湛传》附《王承传》，第 1961 页。据《晋书》卷十五,《地理志》下，第 451—452 页，东海为徐州之一郡，所属有郯、朐等十二县。

15 同上注所引《王承传》。

16 《世说新语》(1969 年，香港：大众书局出版杨勇校笺本),《政事第三》，第 133 页；又 1987 年，香港：中华书局出版徐震堮校笺本，卷上,《政事第三》，第 95 页。

17 见注 14 所引《王承传》。

18 见注 14 所引《晋书》卷五十九,《东海王越传》，第 1623—1624 页。

19 谭其骧主编《中国历史地图集》第三册（ 1982 年，上海：地图出版社)，第 51—52 页，西晋徐州青州图。

20 见本书“唐代长安百万人”部分。

21 《新唐书》卷四十九（上）,《百官志》四上，第 1286 页。

22 见许慎《说文解字》(1970 年，台北：艺文印书馆影印段玉裁注本)，第三篇上，第 1 页。

23 《汉书》卷四十五,《息夫躬传》，第 2187 页，有“射仰天大謼”之句，据唐人颜师古（ 581—645

年）的注，“謼，古呼字”。

24 街道的总数、方向与名称，见徐松《唐两京城坊考》(1985年，北京：中华书局标点本）卷二，《西京外郭城》，第34页。

25 据中国科学院考古研究所西安唐城发掘队《唐代长安城考古纪略》(见《考古》1963年，第十一期，第595—611页），由明德门至富城北面玄武门偏东之处的长度为八千六百五十一点七米。明德门与安化门同在长安外郭城之南墙，而玄武门与芳林门同在北墙，所以由安化门至芳林门的距离，大致等于由明德门至玄武门的距离，也即八千六百五十一点七米。

26 由长安外郭城东墙春明门至西墙金光门的距离，据现代考古发掘的结果，是九千七百二十米，详见注25所揭《唐代长安考古纪略》。

27 见《旧唐书》(1975年，北京：中华书局出版标点本）卷七十四，《马周传》，第2613—2619页；又见《新唐书》(1975年，北京：中华书局出版标点本）卷九十八，《马周传》，第3894—3901页。

28 《汉书》卷六十三，《武五子传》，第2749—2759页，刘旦在汉武帝元狩元年（公元前122年）受封为燕剌王后，“建旌旗鼓车，旄头先驱”。据晋灼的注，“凡此旄先驱，皆天子之制。”注文里的此字，除了旄头先驱，还包括旌旗与鼓车。可见鼓车在燕剌王使用之前，本是天子的卤簿。除了这项记录，《汉书》卷七十六，《韩延寿传》，第3214页，韩延寿曾经建有鼓车与歌车。据汉人孟康的注，鼓车是郊驾时才使用的专车。至于“郊驾”，再据唐人颜师古的注，是郊祀时的法马。而“郊祀”，就是在郊外祭拜天地。据《汉书》卷二十五，《郊祀考》，在汉代，郊祀是天子的专职。鼓车既是郊祀时才用的车，可见这种车虽不是天子常用的卤簿，仍是天子卤簿的一种。《后汉书》卷七十六，《循吏传》，第2457页，序又有以下记录：“(光武帝）建武十三年（公元37年），异国有献名马者，日行千里，又进宝剑，贾兼百金。诏以马驾鼓车，剑赐骑士。”外国所献的名马，是献给天子（光武帝）的。光武帝用名马来驾鼓车，虽然是对于这匹贡马的马力的浪费，但光武帝要用名马驾鼓车的主要目的，可能是用名马驾鼓车，来炫耀他的仪仗车队之不凡。可见从西汉武帝的元狩六年，到东汉光武帝建安十三年，在这五十多年之中，鼓车一直是天子的一种仪仗。

29 《韩非子》(据《无求备斋韩非子集成》本影印明万历间刊本）卷十一，第20页（下），《外储说左上》：“楚厉王有警为鼓。以与百姓为戍，饮酒醉，过而击之也，民大惊，使人止之，曰：‘吾醉而与左右戏，过击之也。’民皆罢。居数月，有警，击鼓而民不赴。”楚自熊勇（公元前847—838年在位）立国，到负刍在位的第五年（公元前223年）被秦所灭，前后经历三十三王，国祚六百六十五年。但在这三十三位楚王之中，并无楚厉王。所以韩非子所说的这位厉王，也许是西周的周厉王（公元前878—842年在位）之笔误。

30 《谷梁传》在鲁僖公二十二年（公元前638年）条下记云：“宋公与楚人战于泓水之上，司马子反曰：‘楚众我少，鼓险而击之，胜无幸焉。’”可见在公元前638年，鼓是聚集与坚定己兵同时扰乱敌方军心的一种工具。

31 见台静农《两汉乐舞考》，载于《台湾大学文史哲学报》(1950年，台北：台湾大学），第254—308页。

32 1970年，考古学家在四川的广汉、彭县与成都等三地，发现了四块汉砖，其中三块，刻有包括市场在内的楼房，并在楼房第二层空悬一鼓。所悬的鼓，正是表示营业时间之始与终的信号鼓。关于这三块四川汉砖的图版与汉砖画面之内容的解释，见刘志远《汉代市井考——说东汉市井画像砖》，载于《文物》1973年，第三期（北京：文物出版社），第58—60页。

33 杨衒之《洛阳伽蓝记》(据徐高阮校注本，1960年，台北：台湾“中央研究院”）卷二，第12页，《龙华寺》条。

34 卫宏《汉旧仪》(据孙星衍《平津馆丛书》本《汉旧仪补遗》卷下，第1页)："立夏、立秋，昼六十二刻。夏至，昼六十五刻，夜漏不尽。五刻，击五鼓，夜漏不尽。三刻，击三鼓。"

35 关于长安夜禁之终与始的鼓声数目之记录，亦见《新唐书》卷四十九上，《百官志》四上，第1286页。

36 废止传呼的年代，现有两说，据第一说，是在贞观十年(636年)，见宋钱易《南部新书》(1958年，北京：中华书局标点本)乙集，第14页。但据第二说，废止的年代是贞观十一年，见《旧唐书》卷七四，《马周传》，第2613—2619页。

37 见《新唐书》卷九十八，《马周传》，第3894—3900页。

38 张籍之生卒年，史籍无闻。据近人吴汝煜的考证，张籍应当生于唐代宗大历元年(766年)，但卒年不详。在唐宪宗元和十年(815年)，他年五十岁。详见傅璇琮主编之《唐才子传校笺》(1989年，北京：中华书局)，《张籍传校笺》，第553—572页。

39 见《张司业集》；又见《全唐诗》(1960年，北京：中华书局标点本)卷三八二，第4285页，《洛阳行》："六街朝暮鼓冬冬，禁兵持戟守宗宫。"

40 见《大唐六典》[1961年，台北：文海出版社影印日本亨保九年(1724年)手抄本]卷八，第181—182页。

41 见《旧唐书》卷四十五，第1846页。

42 见刘复编《敦煌掇琐》(1925年，北平：中央研究院历史语言研究所)第二册，第179—180页。

43 《鬼谷子》(1926年，上海：商务印书馆《四部丛刊初编》影印明正统道藏本)卷中，《摩篇第八》："平者，静也"。

44 关于《太子十二时》所说的申为甫时，含义很复杂。至少要从两个不同的层面去了解，才能把"甫时申"的说法解释得通。据第一个层面《淮南子》在《天文训》里记著："(日)至于悲谷是谓餔食。"据写在这一句下面的注文，悲谷的方住是西南方。如果把日照的方向，按十二地支的顺序来排列，午在正南，申在西南。所以申与方位上的西南方有关。这个推论正可以汉代的字典对"餔"字的辞释是"食时也"来印证(见许慎《说文解字》十四篇下，第32页，对申字的解释)。可见在汉代，日照在西南方，也即到了申时，就要吃东西，而所吃的，正是当天的晚饭。这样看，唐代的人《太子十二时》里所说的"甫时申"，其实应该按照《淮南子》或《说文解字》的写法写作"餔时申"。把甫作为"餔"的假借字是含义不清的。

45 关于长安城城门的开启与关闭时间，见《新唐书》卷四十九上，《百官志》上，第1286页。

46 关于城门郎的职掌，见《旧唐书》卷四十五，第1846页。

47 关于城门郎的官阶，同上注。

48 关于运送长安城城门门钥者的人数，亦同上注。

49 见《太平广记》卷一〇〇，《张无是》，第673页。

50 见汪辟疆《唐人小说》(1955年，上海：古典文学出版社出版标点本)，第101页。

51 据注25所引《唐代长安城考古纪略》一文所列考古数据，平唐、宣阳、亲仁与永宁四坊的南北长度各为500米、544米、540米与515米。四坊的南北长度的总数是2 099米。再据同文所列考古数据，永宁、永乐、光福、安业、崇德、崇贤、长寿与丰邑七坊的东西宽度，各为1 022米、700米、562米、588米、683米、1 020米、1 033米与1 115米。七坊的东西宽度的总数是6 723米。把平康等三坊的南北总长度与永宁等七坊的东西总宽度相加，由平康坊到延平门的距离是7 918米。

52 据注25所引同一文之考古数据，平康、务本、兴道、光禄、太平、延寿、西市七坊的东西宽度，皆为 562 米，合计共宽 3 772 米。而群贤、怀德、崇化与丰邑等四坊的南北长度，为 500 米、544 米、540 米、515 米，四坊的南北总长度为 2 099 米。把平康等七坊的东西宽度与群贤等四坊的南北长度相加，由平康坊到延平门的距离是 5 871 米。

53 关于郑六“坐以俟鼓”的记载，见前引《唐人小说》，第 43 页。

54 关于裴通远因“夜鼓时动”所以“车马转速”的记载，见前引《太平广记》卷三四五，第 2734 页。

55 这里只举一例为证，唐昭宗乾宁二年（895 年），山南西道节度使李茂贞与邠州节度使王行瑜，曾经各率精兵数千，进入长安。昭宗逃出长安后，只好暂时住在石门镇的佛寺里，详见《旧唐书》卷二〇上，《昭宗记》，第 753—754 页。

56 李氏父子在郓州共六十年事，见《旧唐书》卷一二四，《李师道传》，第 3538—3541 页。

57 李师道禁止郓人宴众等事，见《资治通鉴》卷二四一，《唐记》五十七，第 7766—7767 页。但此事不见《旧唐书》与《新唐书》的《李师道传》。

58 关于田弘正废除李氏父子之苛禁的记载，同上注。

59 关于田弘正在郓州时，寒食节前后七昼夜不禁行人的记载，亦同上注。

60 吕元膺入夜登城被拒之事，首见中唐时人李肇所写的《唐国史补》（1957 年，上海：古典文学出版社出版标点本）卷中，第 43 页；继见《资治通鉴》卷二三八，《唐纪》五十四，第 7681—7682 页；又见《新唐书》卷一六二，《吕元膺传》，第 4998 页。但《旧唐书》卷一五四，《吕元膺传》不载此事。

61 温庭筠的生卒年，历代不详。现列生卒年代，乃据夏承焘于《温飞卿系年》一文之考证，详见夏著《唐宋词人年谱》（1979 年，上海：上海古籍出版社），第 383—424 页。

62 关于温庭筠以八叉手之快速写成诗词的记载，温庭筠八叉手而成传之事，见宋人计有功编《唐传记事》（1965 年，北京：中华书局出版标点本）卷五十四，《温庭筠传》，第 823 页。

63 见《旧唐书》卷一九〇下，《文苑传》下之《温庭筠传》，第 5078—5079 页。

64 温庭筠犯夜禁事，见《旧唐书》卷一九〇下，《温庭筠传》，第 5078—5079 页。

65 关于金吾卫的记载，见《旧唐书》卷四十四，《职官志》三，第 1901 页；又见《新唐书》卷四十九上，《百官志》上，第 1284—1285 页。

66 关于金吾卫将军的官阶的记载，同上注。

67 关于金吾卫的职掌，见上引《旧唐书》，第 1901 页。

68 关于长安县的领地，徐松《唐两京城坊考》卷二，第 34 页。

69 关于万年县的领地，亦同上注。

70 郭里旻被杖死事，见《旧唐书》卷一四，《宪宗纪》上，第 425 页。

71 《唐律疏议》卷七，第 15 页：“诸于宫殿门，虽有籍，皆不得夜出入。若夜入者，以闯入论，无籍入者，加二等，即持杖入殿门者，绞。夜出者，杖，八十。”

72 薛伾被放逐事，见《旧唐书》卷一四，《宪宗纪》上，第 425 页。

73 据注 24 所揭《唐代长安城考古纪略》，所谓小坊，指朱雀街两侧的四列坊。亦即由务本到安德、由安德到安乐、再由安乐到太平的这三十六坊。

74 据《唐代长安城考古纪略》，所谓中坊，指位置在由春明门至金光门之间的这条大街以南、与前述三十六小坊以外的其他六列坊，亦即东城的由道政至芙蓉园，由芙蓉园至通济，由通济至平康，再由平康至道政的这二十六坊，以及西城的由延寿至大安、由大安至永阳、由永阳至群贤、再由群贤至延寿的这二十六坊。中坊的总数是五十二坊。

75 据《唐代长安城考古纪略》，所谓大坊，指在由春明门至金光门之间的这条大街以北，而位置又在皇城之东西两侧的六列坊，亦即皇城以东的由入苑至永嘉、由永嘉至崇仁、由崇仁至光宅、再由光宅至入苑的十三坊，以及在皇城以西的，由修德至布政、由布政至居德、由居德至修真、再由修真至修德的十二坊，大坊的总数是二十五坊。

76 董祐诚等编《咸宁县志》(清嘉庆二十四年，1819 年，41 本)，第一次把小坊里的横街，在地图上标示出来。譬如在平康以西的四列坊，每坊都只有一条横街。在大坊里，从北向南数的第一坊，各坊，本来都有十字街。但是皇城东第一街，因为分成翊善、来庭、光宅与永昌四小坊，所以每坊也只有一条横街。

77 徐松《唐两京城坊考》在第 221 页之后，附有《唐长安城复原图》。据此地图，大坊与中坊里的街道，完全是十字街。

78 长安虽是唐代的首都，在空间上部分属于万年和长安两县。两县县域的分界是连接皇城南墙之朱雀门与外郭城南墙之明德门的这条大街。据图一，这条大街正好相当长安城的南北轴心直线。此街以东的五十四坊与东市，在行政上，属于京兆府的万年县，同一大街以西的另外五十四坊以及西市，在行政上，则属于京兆府的长安县。所以如果住在这条大街以东的人想在传呼以后，或者击鼓以后，到街西去，就得先请万年县政府发一张准予夜行的证明。同样的，在宵禁期间，朱雀大街以西的人，想要到街东去，也得请长安县政府先发一张夜间的通行证。没有通行证，就是犯法。金吾是有权责打的。

79《唐律疏议》卷八，《越州镇戍等城垣》条说："越官府廨垣及坊市垣篱者，樊七十。侵坏者，亦如之。"既说坊市垣篱，可见长安各坊与东西二市，应该有的有墙，有的有篱。

80 "盛饰灯影之会"之句，见到倲《大唐新语》(1984 年，北京：中华书局出版标点本）卷八，第 127 页。

81 "金吾弛禁，特许夜行"之句，亦同上注。

82 柳彧向隋文帝上书的内容，见《资治通鉴》卷一七五，《陈纪》九，第 5471 页。

83 这一段的原文是"贵游，戚属，及下隶工贾，无不夜游。车马骈阗，人不得顾。王主之家，马上作乐以相夸竞。"原文见《大唐新语》卷八，第 127—128 页。

84《旧唐书》卷五十一，《韦庶人传》，第 2174 页："(神龙）四年正月望夜，……，放宫女数千，夜游从观，因与外人阴通，逃逸不还。"

85 同上引，第 2174 页："(神龙）四年正月望夜，帝与后微行市里，以观烧灯。"

86 唐中宗在正月十六日之夜再度微行观灯之事，见《旧唐书》卷七，《中宗纪》，第 149 页。

87 先天二年的灯会共有三日三夜的记录，见唐人张鷟《朝野佥载》(1979 年，北京：中华书局，程毅中点校本）卷三，第 69 页。

88 先天二年的灯轮高二十丈，同上注。

89 灯轮以金、玉、锦为饰，同上注。

90 灯轮在安福门外，同上注。

91 "宫女千数"的记录，同上注。

92 张鷟在《朝野佥载》里对这段记载的原文是："妙简长安、万年少女妇千余人"。所谓简，就是选。所以这千余少女和少妇能够出来观灯，是经过挑选的。

93 据注 87 所引唐人张鷟的记录，在先天二年的上元节，被挑选出来的少女与少妇要在灯轮之下"踏歌三日夜"，可是据五代人刘煦所修《旧唐书》卷七，《睿宗纪》，第 161 页，负责踏歌的却并不是长安、万年两县选的少女与少妇，而是从宫中出来的宫女。可见这两种记录的内容虽很接近，数据却颇有差距。

94 《旧唐书》卷七，《睿宗纪》，第 161 页。

95 “衣罗绮……皆万钱”这段引文的原文，见注 87。

96 《汉书》卷一下，《高帝纪》，第 65 页：“八年，春三月，令贾人毋得衣锦、绣、绮、縠、絺、纻、罽。”初唐的据贾师古在此句下的注文：“绮，文缯也，即今之细绫也。”

97 在唐代，绫的产地很广，兹据《新唐书》之《地理志》所列各地土贡方物之记载，汇列绫之产地如下：

一 河南府河南郡，土贡文绫（见卷三十八，第 982 页）。
二 渭州灵昌郡，土贡方文绫（见卷三十八，第 986 页）。
三 蔡州汝南郡，土贡四窠、云花、龟甲、双距、溪鹭等绫（见卷三十八，第 988 页）。
四 徐州彭城郡，土贡双丝绫（见卷三十八，第 990 页）。
五 青州北海郡，土贡仙纹绫（见卷三十八，第 993 页）。
六 兖州鲁郡，土贡镜花绫、双距绫（见卷三十八，第 995 页）。
七 海州东海郡，土贡绫（见卷三十八，第 996 页）。
八 博州博平郡，土贡绫（见卷三十八，第 1011 页）。
九 卫州汲郡，土贡绫（见卷三十八，第 1012 页）。
十 德州平原郡，土贡绫（见卷三十九，第 1018 页）。
十一 定州博陵郡，土贡细绫、瑞绫、两窠绫、独窠绫、二包绫及熟线绫（见卷三十九，第 1018 页）。
十二 幽州范阳郡，土贡绫（见卷三十九，第 1019 页）。
十三 江陵府江陵郡，土贡方纹绫（见卷四〇，第 1027 页）。
十四 扬州广陵郡，土贡独窠绫（见卷四十一，第 1051 页）。
十五 苏州吴郡，土贡绯绫（见卷四十一，第 1058 页）。
十六 湖州吴兴郡，土贡乌眼绫（见卷四十一，第 1058 页）。
十七 杭州余杭郡，土贡白编绫、绯绫（见卷四十一，第 1059 页）。
十八 睦州新定郡，土贡文绫（见卷四十一，第 1060 页）。
十九 越州会稽郡，土页白编、交梭、十字在纹等绫（见卷四十一，第 1060 页）。
二十 明州余姚郡，土贡吴绫、交梳绫（见卷四十一，第 1061 页）。
二一 汉州德阳郡，土贡绫（见卷四十二，第 1081 页）。
二二 梓州梓潼郡，土贡红绫（见卷四十二，第 1088 页）。
二三 遂州遂宁郡，土贡樗蒲绫（见卷四十二，第 1088 页）。
二四 绵州巴西郡，土贡绫（见卷四十二，第 1089 页）。

此外，以下两篇近人论文，或亦值得参考。第一篇是 Edward H. Schafer and Benjamin E. Wallacker：“Local Tribute Products of the T'ang Dynasty”，载于 *Journal of Oriental Studies* 1957 与 1958 年合刊号（1960 年，Hong Kong），vol. IV，nos 1—2，pp. 213—248，第二篇是王永兴《试论唐代丝纺织业的地区分布》，载于《魏晋隋唐史论集》第二辑（1983 年，北京：中国社会科学出版社），第 269—292 页。第一篇提供了唐绫与唐锦之产地的地图，第二篇对唐绫与唐锦在唐代前期与后期的地理分布有所讨论。该文之论点可能比第一篇用时代不分先后的资料而画出的地图更具参考意义。

98 在唐代，罗的产地相当有限，兹亦据《新唐书》之《地理志》所列各地土贡方物之记载，汇列罗之产地如下：

一 镇州常山郡，土贡孔雀罗、瓜子罗及春罗（见卷三十九，第 1014 页）。

二　定州博陵郡，土贡罗（见卷三十九，第 1018 页）。

三　隋州汉东郡，土贡合罗（见卷四十，第 1031 页）。

四　润州丹杨郡，土贡衫罗（见卷四十一，第 1056 页）。

五　越州会稽郡，土贡宝花罗及花纹罗（见卷四十一，第 1060 页）。

六　成都府蜀郡，土贡单丝罗（见卷四十二，第 1079 页）。

七　彭州蒙阳郡，土贡段罗、交梭罗（见卷四十二，第 1080 页）。

八　蜀州唐安郡，土贡单丝罗（见卷四十二，第 1080 页）。

99　罗在盛唐时代成为贵妇的衣料，也许可用以下的两种记载，作为证明。首先，根据唐人郑处诲《明皇杂录》（1985 年，上海：上海古籍出版社标点本）卷下，第 25 页，杨贵妃的三姐虢国夫人曾经衣穿黄罗衫。其次，再据同书卷下，第 28 页，杨贵妃在天宝十五年（756 年）被玄宗赐死时，缢死她的刑具正是杨贵妃自己的一条罗巾。

100　中唐时代的画家周昉曾经画过《簪花仕女图》，见《中国博物馆》之《辽宁省博物馆》（1983 年，北京：文物出版社），图版 84—86。图中有仕女多人，她们的衣袖已接触或几将接触地面。

101　杨太真入宫的历史是甚不光彩的。据《旧唐书》卷五十一，《后妃传》，第 2177 页，王皇后死于开元十二年（724 年），再据同书同卷同传，第 2177—2178 页，武惠妃死于开元二十五年（737 年）。自从王后与武妃去世，玄宗虽有"后宫数千，无当意者。"就在这时期，有人报告玄宗，寿王李瑁（他与武惠妃所生的儿子）的王妃是杨氏，可是"杨氏之美，绝世无双。"玄宗见到杨氏，果然"悦之"。于是杨氏就在玄宗的示意之下，先离开寿王府，再到一个道观里去，不但做了女道士，而且还得了"太真"的道号。然后玄宗一面为寿王另聘韦氏为妃，一面再"潜内太真宫中"。意思是把已经作为女道士的杨太真，偷偷地接进皇宫里去。本注之引文，引自《资治通鉴》卷二一五，《唐纪》三十一，第 6862 页。

102　"肌态丰艳，晓音律，性警颖，善承引上意"是司马光对杨太真的体裁与性格的描写，亦见上引书，第 6862 页。

103　据《资治通鉴》卷二一五，《唐纪》三十一，第 6866 页，杨太真是在天宝四年八月壬寅，被册立为贵妃的。

104　这三姐妹被封为夫人的事，见《资治通鉴》卷二一六，《唐纪》三十二，第 6891 页。

105　杨铦与杨锜的任命，见《旧唐书》卷五，《玄宗纪》，第 2179 页。

106　关于鸿胪寺卿的官阶的记载，见《旧唐书》卷四十四，《职官志》三，第 1885 页。

107　关于侍御史的官阶的记载，同上注，第 1863 页。

108　关于杨锜尚武惠妃女太华公主，见《旧唐书》卷五十一，《后妃传》，第 2179 页。

109　关于这位公主与驸马的姓名的记载，诸书所记似不一致，如据《旧唐书》卷五十一，《后妃传》，第 2180 页，与《资治通鉴》卷二一六，《唐纪》三十二，第 6902 页，当事人应是广平公主与程昌裔；如据《新唐书》卷七十六，《后妃传》上，第 3494—3495 页，以及乐史《杨太真外传》，第 134 页，当事人是广宁公主与程昌裔。但据《新唐书》卷八十三，《诸帝公主传》，第 3659 页，玄宗的第二十四位公主是广宁公主，而驸马的姓名是程昌胤。据岑仲勉《唐史余沈》（1960 年，北京：中华书局）卷二，第 70—74 页，《玄宗诸女》条，昌胤是宋人因避宋太祖之名讳（匡胤）才改成昌裔的。看来，《新唐书》在《后妃传》与《诸帝公主传》中对广宁公主的称呼的记载无误，但在《后妃传》中把驸马程昌胤记为程昌裔却是一项错误。至于《旧唐书》与《资治通鉴》对公主的称呼与驸马的姓名的记载，都是错误的。

110　关于这个马鞭之战的记载，上注所引四种史书都有记载。本注所依据的史书，见《旧唐书》卷五十一，《后妃传》，第 2180 页。

111 张祜诗，见《全唐诗》卷五一一，第 5838 页。

112 关于张祜活动时代的考证，详见谭优学《唐诗人行年考》(1981 年，成都：四川人民出版社)，第 239—288 页，《张祜行年考》。

113 据《资治通鉴》卷二一五，第 6872 页，从天宝五年的七月开始，杨贵妃“妒悍不逊”。

114 把杨贵妃送回杨铦私宅的记载，见《旧唐书》卷五十一，第 2179 页。

115 杨贵妃在天宝九年二月第二次被送回杨铦私宅的记载，见《资治通鉴》卷二一六，《唐纪》三十二，第 6897—6898 页。

116 以上这一段，是按照《资治通鉴》卷二一五，《唐纪》三十一，第 6873 页的原文而改写成语体文的。其中只有送到杨铦家去的那一百多车的物品的内容，是按照《旧唐书》卷五十一，第 2179 页的记载。

117 杨铦的私宅，是否在安兴坊，迄今尚无文献可以确定。不过《旧唐书》第 2179 页与《新唐书》第 3493 页，都有高力士迎接杨贵妃回宫经过安兴坊的记载。可见杨铦私宅，也许就在安兴坊。据徐松《唐两京城坊考》卷三，第 72 页，安兴坊有南坊门。既有南坊门，当然有十字街。

118 据上注所引《唐两京城坊考》卷三，第 73—74 页，胜业坊也有十字街。因此，此坊当然也有北门与东门。

119 城门郎在规定的时间以外，开启与关闭城门与宫门，要先报告门下省的原文是“诣合覆奏”。详见《旧唐书》卷四十三，《职官志》二，第 1846 页。

120 杨贵妃回到兴庆宫，在次日清晨才见到唐玄宗的记载，见《杨太真外传》，第 132 页。

121 这句话的原文是“上欢然慰抚”，详见《旧唐书》卷五十一，第 2179 页。

122 步辇是一种在结构上没有靠背也没有把手，但有椅脚的椅式坐具。使用人坐在辇上，可由人力抬起步辇而前进。故宫博物院现藏初唐阎立本的《步辇图》一幅，见《中国美术全集》之《绘画编》2《隋唐五代绘画》(1984 年，北京：人民美术出版社)，图版 2。图中所绘是唐太宗在贞观十五年（641 年）接见吐蕃使者禄东赞的场面。在此图中，唐太宗就坐在由几名宫女所抬起的步辇上。再据注 99 所引《明皇杂录》卷下，第 36 页，唐玄宗也曾在武惠妃生日的那天，乘坐步辇。以阎立本的画迹与郑处诲的记载为例，可见从初唐到盛唐，步辇一直是天子在宫中用以代步的一种坐具。也许高力士到杨家去迎接杨贵妃，事先是准备了步辇，为她代步的。

123 裴度入蔡州事，见《旧唐书》卷一七〇，《裴度传》，第 4419 页。

124 蔡州汝南郡，见《新唐书》卷三十八，《地理志》二，第 988 页。

125 唐汝南郡故址在今河南汝南县，见臧励龢等人编《中国古今地名大辞典》(1931 年，上海：商务印书馆)，第 1195 页。

126 不准点灯的原文是“夜不燃烛”，见《旧唐书》卷一七〇，《裴度传》，第 4419 页。

127 同上注。

128 见《唐会要》(1936 年，上海：商务印书馆《丛书集成初编》本）卷八十六，第 1576 页。

129 同上注，卷七十八，第 1422 页。

130 同上注，卷八十六，第 1581 页。

131 中唐诗人王建有《寄汴州令狐相公传》(见《全唐诗》卷三〇〇，第 3406 页)，诗文如下：“三军江口拥双旌，虎帐长开自教兵。机锁恶徒狂寇尽，恩驱老将壮心生。水门向晚茶商闹，桥市通宵酒客行。秋日梁王池阁好，新歌散入管弦声。”由诗中第三联看来，汴州非但有夜市，夜市更是通宵营业的。

132 晚唐诗人杜荀鹤（846—904年）有《送人游吴》诗。（见《全唐诗》卷六九一，第7925页），诗文如下：“君到姑苏见，人家尽枕何。古宫闲地少，水港小桥多。夜市卖菱藕，春船载绮罗。遥知未眠月，乡思在渔歌。”此诗提到卖菱藕的苏州夜市。

133 中唐诗人杜牧（803—852年）有《泊秦淮》诗（见《全唐诗》卷五二三，第5980页）。诗文如下：“烟笼寒水月笼沙，夜泊秦淮近酒家，商女不知亡国恨，隔江犹唱后庭花。”秦淮是金陵南方的一条河。船只既已夜泊秦淮河畔，而岸上酒家仍有歌女唱歌，足证中唐时代的秦淮河边是有夜市的。

134 中唐诗人卢纶有《送吉中孚校书归楚州旧山》诗（见《全唐诗》卷二七六，第3124—3125页）。诗文如下：“并楫湖上游，连墙月中泊。沿溜入阊门，千灯夜市喧。喜逢邻舍伴，遥语问乡园。……”据《唐太子传校笺》第二册（1989年，北京：中华书局），第1—13页，傅璇琮《卢纶传校笺》，卢纶或生于唐玄宗天宝五至六年间（746—747年），卒于唐德宗贞元十四至十五年间（798—799年）。此诗虽不知作于何年，但可假设为卢纶三十岁以后的作品。也即此诗之完成，或在776—777年左右。诗题既说归楚州，而诗文又提到具有千灯的夜市，可见在八世纪的后半期，楚州不但有夜市，而且夜市灯火明亮，想必是十分热闹的。

135 据《太平广记》（1961年，北京：中华书局）卷二七三，第2150页，收有唐阙史以《杜牧》为题之传奇一种，其文有下列数句：“扬州胜地也，每重城向夕，倡楼之上，常有绛纱灯万数，辉罗耀烈空中。九里三十步街中，珠翠填咽，邈若仙境。”从“绛纱灯万数，辉罗耀烈空中”的描写，可见当杜牧在扬州时，当地的夜市非常热闹。除此以外，中唐的另一诗人王建（约751—835年）有《夜看扬州市》诗（见《全唐诗》卷三〇一，第3430页）。诗文如下：“夜市千灯照碧云，高楼红袖客纷纷，如今不似时平日，犹自笙歌彻晓闻。”据缪钺《杜牧传》（1977年，北京：人民文学出版社），第37—43页，杜牧在扬州的时期，是从大和七年到九年（833—835年）的那两年。王建的卒年，正与杜牧的扬州时期相当。根据杜、王两人的描写，扬州的夜市不但非常热闹，而且以“笙歌彻晓”之句为证，扬州有些夜市的营业更可能是通宵的。

136 《方舆胜览》（1983年，台北：商务印书馆影印，文渊阁旧藏《四库全书》本）卷五十一，第7页引《成都志》所载唐人《古诗》。诗中的下列两句与夜市有关：“锦州夜市连三鼓，石宝书斋彻五更。”由于此诗作者姓名不详，所以成都在何时具有夜市，一时还不易判断。

137 中唐诗人张籍有《送郑尚书出镇南海》诗（见《全唐诗》卷三八四，第4328页），因诗文较长，不逐录。只引有关夜市的诗句如下：“蛮声喧夜市，海色浸潮台。”

138 除注133所引杜牧《泊秦淮》诗，已经提到金陵、秦淮河畔的夜市，在唐代其他诗人的作品里，也曾对金陵地区以外的水边夜市有所记载，譬如盛唐诗人岑参（715—769年）有《巴南舟中夜市》诗（见《全唐诗》卷二〇〇，第2091—2092页），诗文不录。据陈铁民、侯忠义《岑参集校注》（1981年，上海：上海古籍出版社），第466—507页，所附《岑参年谱》，岑参在唐代宗大历元年（766年）自长安入蜀，大历四年（769年）卒于成都。用岑参在四川的四年时间为证据，在八世纪中期稍后，四川巴州的夜市，应当已在水边形成。只是岑参所说的巴南，范围太广，不能确指四川的水边夜市应在巴州何地而已。此外，晚唐诗人郑谷有《峡中寓止二首》诗（见《全唐诗》卷六七四，第7712页）。其诗第一首有“市晚鬻菜迟”之句，第二首有“夜船归草市”之句。所谓“市晚”，如果可以理解为晚市，也许就是夜市。至于“草市”，按照《元和郡县志》卷二十七，《江南道》，《三沔州汉水县》条下的记载：“赤壁草市，在县西八十里，古今地书多言，此是曹分兵败处。”“草市”是设在距离县城很远的郊外的市场。《元和郡县志》是李吉甫的著作，编成于唐宪宗元和八年（813年）。此书既然提到沔州的赤壁草市，可见至少在813年之前，湖北地区已有草市。当时的草市，是否也已夜间营业，目前还无法确定。但郑谷的诗句既提到峡中的夜草市，那就显出他所提到的峡中夜草市，与岑参诗中所提到的巴南市一样，由于水路的交通方便，都是在水边形成的。

139 晚唐诗人张乔有《送友人进士许棠》诗（见《全唐诗》卷六三八，第 7313 页）。诗文如下："离乡积岁年，归路远依然。夜火山头市，春江树杪船。干戈愁鬓改，瘴疠喜家全。何处营甘旨，潮涛浸薄田。"据《全唐诗》的编者对张乔的介绍，这位诗人在唐懿宗咸通时代（860—874 年）中进士。黄巢起义（878—884 年）时，隐于安徽九华山（见《全唐诗》卷六三八，第 7305 页）。也许《送许棠》这首诗就是他隐居时期的作品。由此看来，到九世纪后期，有些地区是在山头上设有夜市的。

140 孟元老《东京梦华录》(1961 年，香港：商务印书馆邓之诚注释本）卷二，第 66 页，《州桥夜市》条，这些夜市的营业时间，"直至三更"。

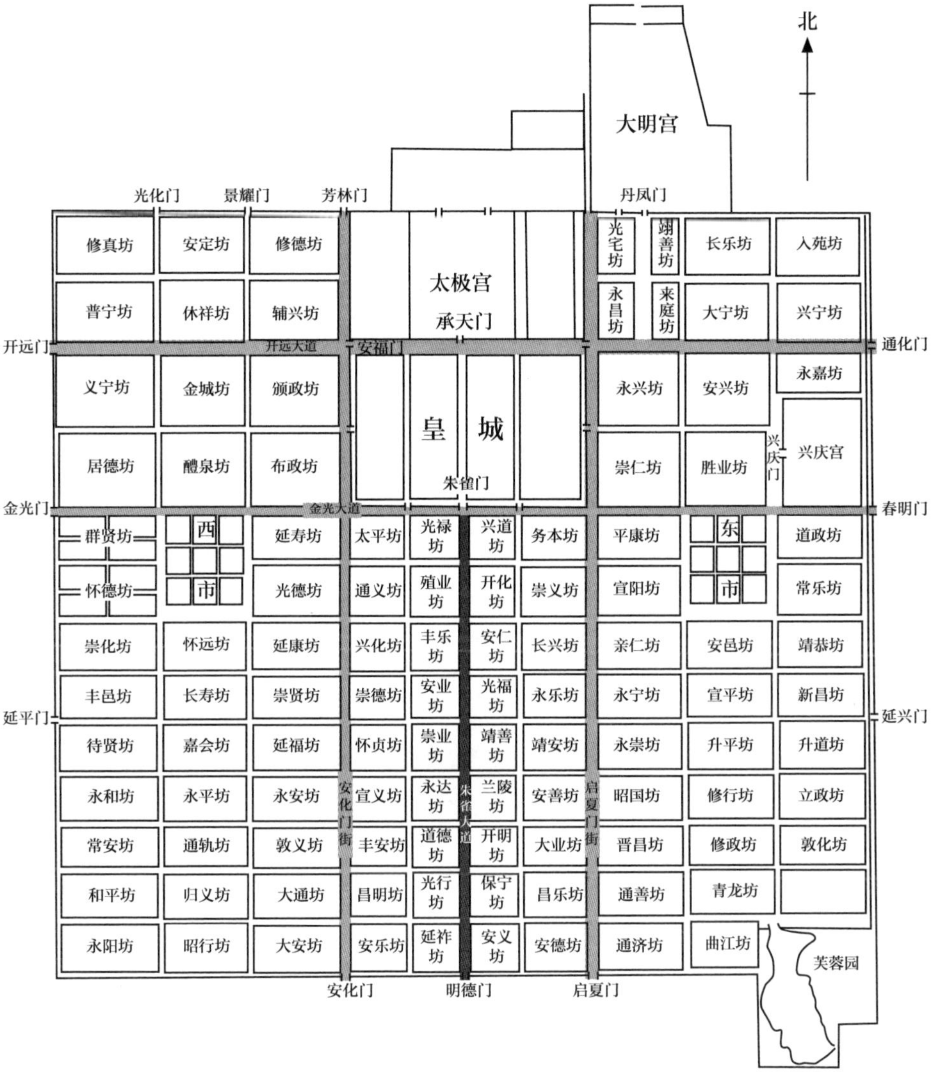

图一　唐代长安城坊及街道图

杂 篇

唐鱼二种及其相关之问题*

（一）鲤鱼

饮食是文化的一部分。饮食的历史不但应该视为文化的历史的一部分，也应该视为生活之历史的一部分。近年我国学界对于唐代文化的研究，虽然日渐兴盛，可是对于包括饮食在内的唐代生活史之研究，似乎还未见开拓。本文虽然综合了与唐代之历史、地理、文学、医学与法律有关的资料，也许还只能算是对于唐代文化史之研究的一个新尝试。

1. 从文献上看唐代以前的鲤鱼

鲤鱼是我国最常见的淡水鱼类之一。它与中国饮食文化的关系是悠长而密切的。《诗经》的《小雅》，在《鱼丽》里曾说："鱼丽于罶，鰋鲤。君子有酒，旨且有。"[1]《小雅》的《六月》又说："吉甫燕喜，既多受祉。来归自镐，我行永久。饮御诸友，炰鳖脍鲤。侯谁在矣，张仲孝友。"[2]《诗经》的《周颂》在《潜》篇又说："猗与漆沮，潜有多鱼。有鳣、有鲔，鲦、鲿、鰋、鲤。以享以祀，以介景福。"[3]除了上引三诗，《诗经》的《陈风》也曾说："岂其食鱼，必河之鲤。"[4]

在上引各诗之中，颂是贵族祭祀时颂神或颂祖先的乐歌，雅是贵族在大型宴

* 本文（一）、（二）部分曾以《唐鱼二种》为题，载于《唐代文化研讨会论文集》，第611—643页。

会时所用的乐歌，而风是表现各地风土人情的民歌。既然《诗经》的颂、雅与风都提到鲤鱼，可见在从周代到春秋时代的这几百年之间，贵族的祭祀与宴会，既然要用鲤鱼，就在民间，当时的饮食，也重视鲤鱼。《鱼丽》虽未提到鲤鱼的产地，可是《六月》却明白地指出给吉甫贺喜的酒宴是在镐京举行的。镐京的位置在成为黄河之支流的渭水的南岸，[5] 所以吉甫的酒宴中所吃的鲤鱼应该来自渭水。《潜》篇所提到的包括鲤鱼在内的六种鱼都来自漆、沮二水，而这两条河又都是渭水的支流。[6] 由《六月》与《潜》来看，周代贵族在祭祀与宴会时所用的鲤鱼的来源，大概是镐京以北的渭水与其支流。在《衡门》篇里，鲤鱼的来源是河。在先秦时代，所谓河一向都指黄河。[7]《陈风》是大致写于公元前 599 年以前的陈国的民歌。[8] 春秋时代，陈国的国土虽然兼跨河南与安徽两省，[9] 但其主要领土，却在河南的开封以东，这一带正是流入淮河的颍水流域的上游。产于黄河里的鲤鱼虽然特别肥美，但是由于地理位置的关系，陈国的国民或者是没有机会吃得到的。《陈风》里的那两句诗的原意虽然是说，如果想要吃鱼，什么地方所产的鱼都可以吃，不一定只有产于黄河的鱼才能吃。可是事实上，如果能把这个意思作反面的了解，也许可以说，远在春秋时代，在孔子删定《诗经》之前，住在颍水流域的陈国人却早已知道，虽然什么地方的鱼都可以吃，不过在品质上，由于产于黄河里的鲤鱼，特别的肥美，才是最好吃的。

位于开封以西的洛阳，是河南的一个重要的城市。在地理上，洛水是黄河的支流，洛阳就处在洛水的北岸。在政治上，在唐代以前，洛阳曾经先后是东周、东汉与北魏的国都。在南北朝时代，当北魏建都于洛阳的时候，洛阳的佛寺极多。在北魏孝静帝武定五年（547 年），杨衒之还特别为这些佛寺而编写了著名的《洛阳伽蓝记》五卷。此书卷三在记述位于洛阳与洛水之间的永桥市场的时候，曾经特别指出：

> 伊、洛之鱼，多于此卖。士庶须脍，皆诣取之。鱼味甚美。京师语曰：洛鲤、伊鲂，贵于牛羊。[10]

根据这段记载，产于洛水的鲤鱼，既然鱼肉“甚美”，或者与产于黄河里的鲤鱼一样，品质是非常好的。大概正由于产于洛水的鲤鱼品质好，在市场上面供不应求，所以才形成洛鲤在北魏时代的售价，比牛肉或羊肉还高的局面。尽管在北魏时代，当时的鱼价与牛羊肉价，现在已难稽考，不过如以杨衒之的记录为证，产于洛水的鲤鱼，在北魏时代的饮食文化之中，占有相当重要的地位，或许是无须置疑的。在了解了黄河之鲤与洛水之鲤在唐代以前的饮食史上的历史地位，再来讨论鲤鱼与唐代饮食文化的关系，似乎就更有意义了。

2. 从文献上看唐代的鲤鱼

唐代虽把陕西的长安建为国都，不过仍把河南的洛阳定为东都。唐代的天子虽然以住在长安的时间较多，可是每当他们偶住洛阳，应该是可以享用产于洛水之鲤鱼的。可是事实上，自从唐玄宗在开元元年（713 年）即位以后，唐代的天子不但没吃过“肉味甚美”的洛水鲤鱼，恐怕在他们的一生之中，是连任何一种鲤鱼也从来没吃过的。玄宗即位以后，唐代的十四位天子都吃不到洛鲤，并不是由于滥捕，以致鲤鱼已在洛水之中绝种，而完全是由于受到当时的政治礼教的影响。为了能把这个观点解释清楚，不得不先把从汉代开始，但到唐代仍在使用的避讳制度，稍为介绍一下。

甲　唐代的讳字与鲤鱼

从文献上看，大概远从西汉时代开始，中国的民间已经实行一种避讳的制度。所谓避讳，就是民间的书面文字，要避免使用天子及其家属之姓与名的讳字。假如这些讳字在书面上无法避免，就要根据改字、空字或缺笔等三种方法，而把讳字的结构与形状，或加以改变，或加以省略，或改用同声的字来代替，以达到避讳的目的。

秦始皇的姓名是嬴正。正字既然成为民间不能使用的书面讳字，所以不但在秦始皇生前就已镌刻完成的铭刻之中，不能使用“正”字，[11] 就在西汉时代，当司马迁编写《史记》，依然要避“正”字的讳。[12] 王莽篡汉，建立新朝（9 年）。十七年后，光武帝中兴，又灭了新，而建立了东汉王国（25 年）。由于汉光武帝的本名是刘秀，在东汉，“秀”字又成为民间不准使用的另一个书面讳字。关于这一点，无论以班固的《汉书》为例，[13]还是以东汉时代的碑刻为例，[14]都可清楚地看得出来。把“正”字改成“端”字，以及把“秀”字改成“茂”字，是用一个字来代替某一个讳字的改字避讳法。

许慎在东汉和帝永元十二年（100年）编成《说文解字》十五卷，成为中国的第一部字典。在这部字典中，许慎对于每一个字，是先用篆书写出它的结构，然后再在这个篆字之下，用楷书写出它的意义与读音。从光武帝，到汉和帝，东汉的四位天子分别是光武帝、明帝、章帝与和帝。除了光武帝的本名是刘秀，已如上述，其他三位天子的本名分别是刘庄、刘炟与刘肇。在《说文解字》之中，许慎虽然用篆书写出了明帝、章宗与和帝等三人的本名，可是在庄、炟、肇等三个篆字之下，他不但并未用楷书把这三个字加以辨认，而且还特别注明“上讳”。[15]意思是这三个字都是天子的本名，他为了要避讳，所以把应该用楷书辨认的释文都省去了。

在唐代，唐太宗的本名是李世民。“世”“民”二字既是讳字，民间的书面文字当然是不能使用的。所以在刻于贞观三年（629年）的《等慈寺塔记》之中，王世充这个名字就写成了王充。[16]在王世充的姓名之中省掉“世”字，就是在书面上用空字法来避免讳字。在书面上，把应该写出来的字故意省略掉，是用空字的方法来避免某一个讳字的省字避讳法。

此外，在刻于唐高宗乾封元年（666年）的《赠都泰师孔宣公碑》之中，碑文里的“愚智齐泯”这一句，是刻成“愚智齐泜”的。[17]泯是破灭，[18]泜是停止。[19]这两个字的字义既不相同，“齐泯”是不应该刻成“齐泜”的。可是由于“民”与“氏”的字形非常接近，所以才特别把“泯”字刻成“泜”字。用“泜”来代替“泯”，当然是由于“泯”字与“民”字同音，是唐代的讳字。所以把“泯”字刻成“泜”字，就是在书面上，用改字的方法来实行避讳制度。

乙　唐代的刑法与鲤鱼

在简单地介绍了汉唐之间的避讳制度之后，应该回到唐代的鲤鱼的这个主题上来。唐代是由李渊（566—635年）创立的。所以在唐代，李字是国姓；国姓当然是一个讳字。[20] 鲤字既与李字同声，所以鲤字也成为唐人的一个讳字。因为如果把吃鲤鱼简化为吃鲤，吃鲤也可与吃李相当。所以无论是在口语上，还是在书面上，吃李都是对唐代之国姓的一种侮辱。唐玄宗开元三年（715 年），唐代的中央政府明文规定民间不准吃鲤鱼。[21] 根据当时的法律，捕到了鲤鱼，应该加以放生。如果偷卖鲤鱼而被政府发现，是要接受用竹板在身上重打六十下之杖刑的。[22] 在唐代，如果私自拆开政府的公文信封而偷看公文的内容，所受的杖刑，不过只是六十竹板而已。[23] 此外，如果官奴或官婢逃亡而被捉回，每逃一天所受的杖刑也不过是六十竹板。[24] 可见因为买卖鲤鱼而要被杖六十竹板，刑罚是相当重的。偷卖鲤鱼而要被惩以这样严重的刑罚，是由于对于国姓的侮辱。

丙　唐人是否吃鲤鱼

唐玄宗既然是开元三年才下令禁止民间吃鲤，可以想见，在他颁布这条法令之前，在民间，也许还是可以吃鲤鱼的。何以证明呢？在唐玄宗时代，《游仙窟》是由张鹭所写的一篇小说。在《游仙窟》之中，当女主角崔十娘与男主角相对饮酒的时候，是有不少下酒菜的。其中一种是“荷间细鲤”。[25]

张鹭的《游仙窟》的写成时代虽难确考，不过日本文人山上忆良在日本的天平五年（相当于唐玄宗开元二十一年，733 年）曾作《沈疴自哀文》。在这篇文章之中，山上忆良曾经引用了《游仙窟》里的韵文。[26] 由此可证《游仙窟》的写本不但应在开元二十一年之前已经传到日本，而且这部小说的撰写，也应该比开元二十一年更早。

远在隋炀帝大业三年（相当于日本推古天皇十五年，607 年），日本政府已经开始派遣使者到中国来朝贡。[27] 到了唐代，这个朝贡团的派遣，非但没有停止，反而更加频繁了。从时间方面观察，大概遣唐使的第八、第九与第十次，与张鹭的活动时代正好密切有关。日本的第八次遣唐使虽在大宝二年（相当于唐武后长安二年，702 年）六月来华，团员却在日本庆云元年（相当于武则天长安四年，704 年）七月、庆云四年（相当于唐中宗景龙元年，707 年）三月，以及日本养老二年（相当于唐玄宗开元六年，718 年）分成三批，陆续返日。[28] 第九次遣唐使在日本养老元年（相当于唐玄宗开元五年，717 年）三月来华，团员在养老二年返日。[29]第十次遣唐使在日本天平五年（733年）来华，团员又分成三批，分别在天平六年（相当于唐玄宗二十二年，734年）十一月、天平八年（相当于唐玄宗开元二十四年，736年）七月，以及天平十一年（相当于唐玄宗开元二十七年，739年）返日。[30]在这三次遣唐使之中，第十次遣唐使正是在山上忆良写成《沈疴自哀文》的那年才来华的。假定《游仙窟》不会在传到日本之后，立即风靡一时，使得山上忆良在他的《沈疴自哀文》里也要引用《游仙窟》里的韵文，那么《游仙窟》传入日本的时间，应该比第十次遣唐使来华的时间要早一点。易言之，此书传入日本的时间，是应该早于开元二十一年（733年）的。

根据一位学者最近的研究，张鷟约生于唐高宗显庆三年（658年），卒于唐玄宗开元十八年（730年）。[31]在唐武后的垂拱三年（687年），张鷟的年龄是三十岁。对于享年七十三的张鷟而言，二十八岁到三十岁的这三年（也即从垂拱元年到三年，685—687年）可以算是他的早年。如果《游仙窟》是张鷟早年的作品，[32]这篇小说或者可以假定是他在垂拱三年或此年之前写成的。根据这个假设，到长安四年（704年），也即当日本的第八次遣唐使之团员返日的那年，这篇小说已经写成了十五年。再据同样的假设，到开元五年（717年），当日本的第九次遣唐使之团员返日的那年，这篇小说已经写成了四十年。《游仙窟》既已写成了这么多年，所以自长安四年至开元五年之间，日本的遣唐使之团员才有机会把这篇小说由中国带回日本。即使《游仙窟》传入日本的时间迟至开元五年，可是到开元二十一年，当山上忆良作《沈疴自哀文》，它已在日本流传了十六年。因此山上忆良才有机会把《游仙窟》里的韵文，引用到他的《沈疴自哀文》里。如果以上的推测可信，张鷟在《游仙窟》里把“荷间细鲤”当作一种下酒菜，就可以得到一种解释。因为这篇小说可能写于唐武后的垂拱三年前后，在那时候，唐玄宗非但不是天子，而且还只是一名年龄只有三岁的婴孩。[33]由唐玄宗所规定的民间不准吃鲤鱼的禁令，既在武后垂拱三年还没颁布，崔十娘当然是可以用“荷间细鲤”当作下酒菜的。

与张鷟同时的杜甫（712—770年），是盛唐时代最重要的诗人之一。杜甫在他的晚年，即肃宗宝应元年（762年）时，曾经转住绵州（今四川绵阳一带）。在这年，他写过一首诗题是《观打鱼歌》的诗，[34] 诗中曾说："渔人漾舟沉大网，截江一拥数百鳞。众鱼常才尽都弃，赤鲤腾出如有神。"[35] 晚唐时代，李复言撰《续玄怪录》，据此书之《薛伟》篇，薛伟除了曾经与他的同事一起吃鲤鱼，又曾梦见自己化身为鲤鱼，可是当他的化身被渔人捕到，因为别人想要吃鲤鱼，所以斫下了他的化身的鱼头。[36]

杜甫的《观打鱼歌》是他在宝应元年（762 年）的作品。[37] 这时候，由唐玄宗在开元三年（715 年）所制定的民间不得买卖鲤鱼之禁令，已经颁布了近五十年。杜甫既在这首诗里提到当地的渔民用网去捕赤鲤，可见在绵竹，四川的居民仍是吃鲤鱼的。

至于在《续玄怪录》里，薛伟与其他同事一起吃鲤鱼的事，虽然发生在唐肃宗乾元元年（758 年），可是故事发生的地点，仍与上引杜甫诗中所提到的地点一样，同在四川。不过特别值得注意的是，根据北宋初年的一种文献的记载，李复言的活动时代，是晚唐文宗的大和（827—835 年）与开成（836—840 年）时代。[38] 所以记载了发生于乾元元年的人化为鱼的怪事的《薛伟》篇，似乎也应该视为李复言在大和或开成时代才完成的作品。如果《薛伟》写于大和九年（835 年），其时上距杜甫在宝应元年记载绵竹居民用网去捕赤鲤的时间，已有七十二年。假如《薛伟》写于开成五年（840 年），上距杜甫在四川绵竹目睹居民捕鲤，已经接近八十年。

总之，以杜甫的诗句与李复言的小说为证，可以看出至少在从唐肃宗宝应元年到唐文宗开成五年左右逾七十年之间（762—840 年），四川的居民是吃鲤鱼的。他们敢在禁令之下偷吃鲤鱼，大概是由于四川远处西南；唐代中央政府所颁布的禁止吃鲤鱼的法令，在这些偏远地区，恐怕是难以执行的。

中唐词人白居易（772—846 年）在他的《舟行》诗里说："船头直行鳖，炊稻烹红鲤。"[39] 这首诗在诗题下面有"江州路上作"的五字注文。在白居易的一生之中，他是在宪宗元和十一年（816 年）之秋被贬到江州，又在元和十三年（818 年）之春离开江州的。[40] 唐代江州的州城是浔阳，其地在今江西鄱阳湖北端之西侧。[41]《舟行》虽难确断是他在江州的何年之作，但即使用最保守的方法来计算，也不会迟于元和十三年。诗文既说“炊稻烹红鲤”，可见在相当于816至818年的那三年，江西的江州一带的居民，是吃鲤鱼的。综合杜甫、白居易和李加见的诗，以及李复言的小说，河南与江西居民吃鲤鱼的时间，与四川居民吃鲤鱼的时间是吻合的。这样说，在从762到840年的这八十年间，禁吃鲤鱼的法令的执行，至少在河南、江西与四川三地都不够严格。

风格诡异的李贺（790—816年）写过《大堤曲》。在此诗中，李贺曾经写过下引之诗句：“郎食鲤鱼尾，妾食猩猩唇。”[42] 此诗的写作地点与时间都难确定。不过李贺的一生，行踪却是相当简单的。从出生以后，直到二十一岁左右（790—811年），李贺一直住在河南省昌谷。二十二岁到二十四岁间（812—814年），他才在长安担任政府中职位最低（从九品下）的小官。二十四岁到二十五岁，李贺曾在辞官之后，回到昌谷，历时约一年。以后，他先经过河南的洛阳与河阳（今孟县），再经过山西的长平（今晋城）与高平（今高平）而到潞州（今长治）。他在潞州的时间，大概两年多。最后，他又回到昌谷，可是没多久，就病死于家乡。[43] 因为晋城、高平与潞州都处于山西太行山的南端，地势是相当高的。成为黄河之支流的丹河，虽然发源于高平的西北方，可是这一带的产品，不是人参与野鸡，就是石英与石蜜。[44] 看来不但潞州不产鱼，就是流经高平的丹河，也并不产鱼。因此李贺诗里所提到的鲤鱼，似乎应该不会产于山西境内。因此，根据李贺行踪所及之地区来判断，他诗中所提到的鲤鱼，或许就只能是河南境内的产物了。

无论李贺是从河南到山西去，还是他从山西回河南，河阳是他必须经过的地方。而河阳的位置，又正好处在黄河之北岸。根据《诗经》的《陈风》，远在公元前六世纪，黄河就产鲤鱼。如果到了九世纪初期，黄河依然盛产鲤鱼，李贺诗中所提到的鲤鱼可能来自黄河。除此以外，成为李贺出生地的昌谷，即今河南洛阳西南之宜阳。成为黄河的支流的洛水，正好流经宜阳之北郊。[45] 如果《大堤曲》里所提到的鲤鱼的来源，不是黄河，可能就是洛水。假如事实的确如此，可见由杨衒之在547年所记载过的洛鲤，到817年左右，当李贺仍然在世的时候，依然是洛水流域居民喜爱的菜肴。

综合杜甫、白居易和李贺的诗，以及张鹭和李复言的小说里的资料，可以看出来，河南与江西居民不但也吃鲤鱼，而且他们吃鲤鱼的时间，与四川居民吃鲤鱼的时间是吻合的。这样说，在从 687 到 840 年的这一百五十余年之间，禁吃鲤鱼的法令的执行，至少在甘肃、河南、江西与四川等四地，都不够严格。从唐玄宗在 715 年下令禁吃鲤鱼，到 907 年唐代灭亡，唐之立国，共有二百九十多年。可是在这段时间之内，唐人竟有一百五十多年，是照吃鲤鱼，置法律于不顾的。

丁　鲤鱼在唐代的别名

活跃于晚唐的文人段成式（803—863 年），是著名的《酉阳杂俎》的作者。据他在这部书里的记录，在唐代，鲤鱼是有“赤鲜公”之别名的。[46] 所谓鲜（音浑），按照晋人郭璞（276—324 年）的说法，就是鲩鱼。[47] 而鲩鱼，再按照明人李时珍的解释，就是草鱼。[48] 根据鱼鳞的颜色，鲩鱼虽然又有白鲩与青鲩之别，[49] 可是事实上，并没有长着红鳞的赤鲩。所以所谓的“赤鲜”，是并不存在的。可是把红鳞的赤鲤称以赤鲜公的别名，似乎并非没有意义。

把赤鲤称为赤鲜公，虽然是无中生有而不切实际的事，不过用别名来称呼鲤鱼，并不是由唐人开始的。至少在文献上，可以找到不少的先例。譬如根据张揖的记录，在三国时代的魏代，长了黑鳞的鲤鱼，是有“鲣”之别名的。[50] 时代稍晚一点，到了晋代，根据崔豹的记录，鲤鱼鳞共有五种颜色；在当时，长了红鳞的鲤鱼的别名是“赤骥”，长了青鳞的鲤鱼的别名是“青马”，长了黑鳞的别名是“玄驹”，长了白鳞的别名是“白骐”，而长了黄鳞的鲤鱼的别名是“黄雉”。[51] 在过去，玄驹虽然是蚂蚁的别名，[52] 但由崔豹的记录来看，在三国时代开始使用的，把黑鳞的鲤鱼称为鲣的这个别名，到了晋代，似乎已经不再使用了；而且玄驹也不再是蚂蚁的别名，因为到这时候，黑鳞鲤鱼的新别名正是玄驹。所谓驹，本来是对年轻力壮的马匹的泛称。[53] 其实在晋代，不仅把黑鲤称为玄驹，是用马来称呼鱼，就是把赤鲤称为赤骥、把青鲤称为青马，以及把白鲤称为白骐，也都是用马来称呼鱼；因为在字义上，骥是奔速最快的千里马，[54] 而骐是一种在身上长着深黑色之斑点的马。[55] 在晋代，鲤鱼较为特别的别名是把黄鳞的鲤鱼称为黄雉。所谓雉，就是具有长尾的野鸡。[56] 在京剧之中，装饰在武生头冠上的长羽，正是雉的长尾羽。用雉与马匹的不同的名称作为五种鳞色不同的鲤鱼的别名，是晋人对鲤鱼给予新的代名词的一种风气。

段成式既说唐人为红鳞鲤鱼所起的别名是赤鲩公，可见这个别名是用一种鱼来称呼另一种鱼。在类型上，唐人把赤鲤称为赤鲩公，与魏人把黑鲤称为黑鲵，是一致的。这也无异于说，在类型上，唐人把赤鲤称为赤鲩公，与晋人把赤鲤称为赤骥、或把黄鲤称为黄雉的那种把鱼称为马或称为鸟的方法是不一致的。前面说过，唐人把红鳞的鲤鱼称为赤鲩公，虽然可能并没有特别的涵意，不过当唐玄宗颁布了民间不得买卖鲤鱼的禁令以后，用赤鲩公作为红鲤的代名词，至少可以避免使用鲤、李同声的这个讳字。假如这个推测可以接近事实，唐人把红鳞之鲤称为赤鲩公，一方面既与魏人在三国时代把黑鳞之鲤称为黑鲵的那个文化传统有些关系；另一方面，又可以在卖鱼的时候，由于并未直接使用红鲤这个讳字，而免掉六十竹板的杖刑，真不可不说是用心良苦。

（二）鳊鱼

1. 从文献上看唐以前与唐以后的鳊鱼

唐人所吃的第二种淡水鱼，是鳊鱼。这种河鱼的地理分布虽然相当广阔，不过根据李时珍（1518—1593 年）的调查，至少在明代晚年，也即在十六世纪的下半期，鳊鱼的产量似以流穿陕西与湖北的沔水流域与汉水流域最多。[57]《尔雅》在《释鱼》部分提过“魴魾”。[58] 据晋人郭璞写在魴魾二字之下的注文，魴鱼是住在江东地区的人对于鳊鱼的称呼。[59] 再据一般的惯用法，所谓江东，通常是指安徽芜湖以东的长江下游之南岸地区而言的。[60] 鳊鱼既在江东地区，另有魴鱼之别名，可见长江的下游地区，应该也是鳊鱼的产地之一。李时珍的记录既然特别指出鳊鱼的产量以陕西的沔水与湖北的汉水流域最盛，可见就以长江流域为例而言，鳊鱼的集中地区，似有因时而异的现象。易言之，鳊鱼的产地，从时间方面来看，好像并不是一成不变的。

沔水与汉水流域的中游与下游虽然都产鳊鱼，可是这两个地区并不是鳊鱼唯一的产区。譬如三国时代的吴国陆玑就曾明白地指出：

鲂，今伊、洛、济、颖鲂鱼也。广而薄肥，恬而少力，细鳞鱼之美者。……辽东梁水鲂，特肥而厚，尤美于中国鲂。故其乡语：居就粮，梁水鲂。[61]

在陆玑的这段记载之中，有两点是值得注意的：首先，他指出鲂鱼在体型上的特征是“广而薄肥”。用比较通俗的字眼来形容，鲂鱼在体形上的特征是又大又扁肥。这种鱼又称为鳊鱼，应该正与它在体质上的特征有关。其次，陆玑指出鲂鱼在长江流域以外是另有产区的。伊与洛虽然分指洛阳之南的伊水与洛水，但济与颍则各指发源于河南，却分别流入山东与安徽的济水与颍水。尽管济、颍二水的下游已经流出河南，却不能说这两条河是与河南无关的。这样说，在河南地区的伊、洛、济、颍等四水流通过的地方，也即中国的中原地区，又是鳊鱼的另一个产区。在三国时代，由陆玑所提到的出产鲂鱼的梁，应该就是在汉代，由班固所提到的大梁水。[62] 在辽东半岛，分为大、小辽河的辽水，是当地最重要的河流。大梁水虽然发源于辽东半岛东侧的山地，却向西流，流过辽东郡的郡治所在地以后，继续向东流，然后在辽阳以南注入小辽河，成为辽水的一部分。[63]

2. 从文献上看唐代的鳊鱼

综合吴人陆玑、晋人郭璞与明人李时珍的记录，鳊鱼在中国的分布相当广阔，无论是在东北的辽水流域、华北的黄河流域，还是在华中的长江流域，无不都有相当多的产量。从另一个角度来看，据前引杨衒之的记载，产于伊水的鳊鱼，既能和产于洛水的鲤鱼一样，在售价上，高于当时的牛肉或羊肉的售价，伊水鳊鱼的品质应该是相当好的。此外，再据前引陆玑的记载，产于大梁水的鲂鱼的鱼肉，不但既肥且厚，而且“尤美于中国鲂”，可见产于东北的鳊鱼的品质，可能比产于中原地区的鳊鱼的品质更好。可惜在文献上，除了陆玑赞美过东北的鳊鱼，产于大梁水的品质优美的东北鳊鱼，竟从未见于唐人的记录。所以唐人所吃到的鳊鱼，可能只限于湖北汉水流域的槎头鳊。

甲 汉水流域是鳊鱼的产地

上游发源于陕西南部的汉水，在流入湖北以后，在武汉注入长江，成为长江中游地区的重要支流。可是在地理上，位于陕西汉中以西的汉水上游，是另有沔水之专称的。[64] 在明代后期（或在十六世纪的下半期），无论是汉水还是沔水，都产鳊鱼。[65] 然而在唐代，鳊鱼的产地，似乎只限于汉水，特别是汉水下游的襄阳地区。在当时，沔水不产鳊鱼，不知究竟是由于唐人的疏忽，还是由于汉水的鳊鱼，产量逐渐增多，所以到了明代后期，鳊鱼的产地，已经由汉水扩张到沔水了。

盛唐诗人孟浩然（689—740 年），在籍贯上，是襄阳人。[66] 在孟浩然的五十二岁的生命之中，他虽然三次离家远游，[67] 可是他的一生，仍以居住在襄阳的时间较长。所以在孟浩然的诗篇里，在提到襄阳附近的地方的时候，也常常提到襄阳的鳊鱼。譬如他在《岘潭作》中说：

石潭傍隈隩，沙岸晓夤缘。
试垂竹竿钓，果得槎头鳊。
美人骋金错，纤手脍红鲜。
因谢陆内史，莼羹何足传。[68]

岘山位于襄阳东南四十五里，在汉水的西岸。[69] 岘潭是岘山的一个水潭。由这首诗，可知在岘山之下的水潭里，是有鳊鱼的。此外，他在《冬至后过吴张二子檀溪别业》诗中又说：

卜筑因自然，檀溪不更穿。
园庐二友接，水竹数家连。
直与南山对，非关选地偏。
草堂时偃曝，兰枻日周旋。
外事情都远，中流性所便。
闲垂太公钓，兴发子猷船。

余亦幽栖者，经过窃慕焉。
梅花残腊月，柳色半春天。
鸟泊随阳雁，鱼藏缩项鳊。
停杯问山简，何似习池边。[70]

此诗诗题所谓檀溪，应该是檀溪水的简称。檀溪水是汉水的支流，位于襄阳以北。[71]由这首诗可知非但汉水出产鳊鱼，在汉水支流的檀溪水里，同样也有鳊鱼的出产。据《岘山作》，产于岘山之下的鳊鱼，可以用渔竿钓，再据《冬至后过吴张二子檀溪别业》中“闲垂太公钓”之句，产于檀溪水里的鳊鱼，仍然要用渔竿钓取。看来孟浩然与他的朋友每次想吃鳊鱼，就可持竿垂钓。这样看，鳊鱼在襄阳一带的产量，应该是相当丰富的。

除了上引二诗，孟浩然又在《送王昌龄之岭南》诗中提到一种槎头鳊鱼，诗文如下：

洞庭去远近，枫叶早惊秋。
岘首羊公爱，长沙贾谊愁。
土毛无缟纻，乡味有槎头。
已抱沉痼疾，更贻魑魅忧。
数年同笔砚，兹夕闲衾裯。
意气今何在，相思望斗牛。[72]

乙　关于鳊鱼的别名

综合上引三诗，对于襄阳的鳊鱼，孟浩然曾经使用过两种不同的别名，一种是缩项鳊，另一种是槎头鳊。为什么鳊鱼会有这两种别名呢？一般而言，所谓缩项，就是缩颈，这个动作是指人类在害怕时，尽量把颈部缩短的一种表现。[73]大概由于鳊鱼的头部与腹部之间的距离很短，在视觉上与人类把颈部尽量缩短的形象很接近，所以这种鱼才得了缩项鳊的别名。

可是关于槎头这个名称的由来，从文献上看，传统的解释似乎是相当混杂的。据简单的统计，至少曾有四种不同的解释。根据南宋初期吴曾的说法，按照杜田的《杜诗补遗正谬》，槎头之名，可以有两种解释：据第一种，槎头是襄阳的一个地方。所以槎头鳊就是产于槎头的鳊鱼。据第二种，槎头是钓鱼的石岸上的枯木。[74] 事实上，根据《襄阳县志》，襄阳并没有叫做槎头的这个地方。[75] 因此槎头是地名的说法，是不能成立的。此外，因为岸上有些枯木，就得把水里的鱼称为槎头，似乎也太牵强。所以槎头为枯木之说，恐怕也难以成立。于是曾绎又提出了第三种说法。他认为在养鱼的水里所堆积的木材叫做“鱼槮”。可是襄阳人却把鱼槮称为“槎头”。[76] 按照曾绎的解释，槎头鳊应该是在堆着木材的养鱼塘里所出产的鱼。

可是吴曾却认为由杜田所介绍的两种传统的解释既然不对，就是曾绎的解释也是不对的。他指出，在东晋时代，由习凿齿所写的《襄阳耆旧传》里曾说，住在汉水旁边的人，为使汉水里的鳊鱼不致被人滥捕，于是把斜斫的木材，也就是槎，丢进汉水里去保护鳊鱼。[77] 除了吴曾，南宋初年的葛立方（？—1164 年）对于槎头也有相同的说法，只是他并没提到习凿齿的姓名与他的著作而已。[78]

其实关于在水里养鱼要放一些木材，除了晋代的习凿齿以及南宋的吴曾、曾绎和葛立方，都曾有所叙述以外，也见于唐代的文献。至少在晚唐时代在吴郡（今江苏苏州）隐居的诗人陆龟蒙（约卒于唐僖宗中和初年，881 年）在总题是《渔具》的一系列诗里，就有一首分题是《槮》的诗，诗题下有注，注文云：“吴人今谓之丛。”诗文云：

> 斩木置水中，枝条互相蔽。
> 寒鱼遂家此，自以为生计。
> 春冰忽融冶，尽取无遗裔。
> 所托成祸机，临川一凝睇。[79]

根据陆龟蒙的诗，在放了树木的水中养鱼，并不只是襄阳地区的特色，至少在江南的吴郡，当地的鱼也是用相同的方法来饲养的。再进一步，如果可以把襄阳的鳊鱼运到吴郡去饲养，根据当地的方言，鳊鱼是应当称为丛头鳊的。这样看，槎头这两个字，根本不值得南宋人小题大做地去加以讨论。总之，关于槎头鳊，按照习凿齿的说法，应该是生长在有斜斫的木槎掩护之下的汉水里的鳊鱼。这样说，他的说法与曾绎的说法相当接近。所不同的只是根据曾绎的解释，鳊鱼是生长在堆着木材的养鱼塘里的鱼，但据习凿齿的说法，鳊鱼是生长在堆着木材的汉水里的鱼而已。

丙　鳊鱼与孟浩然之死

王昌龄的年龄比孟浩然小九岁，[80] 也是盛唐时代的著名诗人之一。孟浩然与王昌龄（698—757 年）大概是在玄宗开元十七年（729 年）在长安认识的。[81] 开元二十六年（738 年），孟浩然正在襄阳养病。[82] 就在这年，王昌龄在他被贬到广东去的行程中，专程到襄阳去探望孟浩然。[83]《送王昌龄之岭南》应当是孟、王二人在襄阳分别之前，孟浩然为王昌龄所写的送别诗。孟浩然在这首诗里所提到的槎头，应该就是他在《岘潭作》那首诗里所提到的槎头鳊之简称。由诗中“已抱沉痼疾”与“乡味有槎头”两句来看，当王昌龄去探访孟浩然的时候，孟浩然的病况，似乎已经不轻。不过病中的孟浩然，还是用襄阳所产的鳊鱼来招待远来的王昌龄。

开元二十七年（739 年）二月，朝廷群臣为唐玄宗上“开元圣文神武皇帝”之尊号。玄宗大概就因为这件事而龙心大悦，所以不但免了民间当年应缴的各种税款，而且大赦天下。[84] 王昌龄可能就因为这道赦令，免除了在荒僻的广东服务的惩罚。开元二十八年（740 年）二月，他在回到中原去的途中，又专程到襄阳去探望久病的孟浩然。孟浩然见到王昌龄，当然非常高兴，所以他不但喝了酒，而且又吃了鱼。可是这样的酒食，对孟浩然的身体是相当不利的。大概孟浩然就在王昌龄离去不久之后，因病不治，死在襄阳。[85]

关于孟浩然病死的原因，《旧唐书》虽然只字不提，《新唐书》却说是由于背上的毒疮发作。[86] 根据唐人王士源在《孟浩然集》序里的说法，当王昌龄第二次到襄阳的时候，孟浩然背上所长的毒疮，已经医好了。可是他由于“食鲜动疾”，[87]

也就是由于吃了鱼，引发了某一种病，才不治而死的。所谓“动疾”，按照《新唐书》的说法，似乎是背疽的重发。然而从另一方面来看，这个说法，似乎并非绝对可靠。因为在明代，由凌蒙初所刻用朱墨套印的，刘长翁与李梦阳批点本的《孟浩然集》里，“食鲜”是刻成“食鳝”的。[88]所以如果根据这个版本，孟浩然的死因是由于吃了鳝鱼，重新引发了背疽的缘故。卒于开元初年的孟诜（约621—713年），年纪虽然大于孟浩然，却几乎可说是与孟浩然前后同时的人物。根据孟诜所写的《食疗本草》，[89]吃鳝鱼不但没有坏处，而且还可补五脏、逐十二风邪和治湿风。[90]在时代较晚的医书里，鳝鱼除了可治内痔出血，[91]又可治长在脚上的臁疮。[92]在另一方面，根据孟诜的老师孙思邈的医书，治疗背疽的医方虽然不下二十六种，[93]不过却没说背上长疽的人不能吃鱼。看来鳝鱼对于背疽，也许并无坏处。所以如说孟浩然之死，是由于吃了鳝鱼，似乎是难以令人首肯的。

从物产方面着眼，如前引，襄阳的鳊鱼，既然随处可得，产量应该是相当丰盛的。孟浩然既在王昌龄第一次到襄阳来的时候，用鳊鱼来招待他，当王昌龄第二次再到襄阳来的时候，孟浩然又用当地所产的鳊鱼来招待他，应该也是极有可能的。“食鲜”既可刻成“食鳝”，也许这个鲜字或鳝字本来应当是鳊字。如果这个假设可以成立，孟浩然之死的原因，似乎是由于食鳊。据医书，吃鳊鱼，有调胃气、利五脏等功能。可是“疳痢人勿食”。[94]所谓疳，就是肺痨，而痢，是痢疾。痢疾是腹泻，是短期可愈的小病。可是肺痨却是需要长期休养的大病。孟浩然既从开元二十六年的秋季起就在襄阳养病，到开元二十八年二月，王昌龄重游襄阳，他在家休养的时间，至少已经超过一年半。孟浩然既需要长期养病，可见他所得的病，可能不是背疽而是肺痨。有肺痨病的人是不应该吃鳊鱼的。可是孟浩然正好因为王昌龄的远道过访，所以在招待老朋友的酒食之中，吃了鳊鱼。这样看，孟浩然之死，既与他久患不愈的肺痨有关，也与他所吃的鳊鱼有关。如果这个推测可以成立，《新唐书》认为孟浩然之死，是由于他的背疽，或者并不是完全正确的说法。

丁　其他

杜甫虽然也是盛唐时代的诗人，可是他不但比孟浩然小二十四岁，[95]而且杜甫与孟浩然从没见过面。可是杜甫对孟浩然这位前辈诗人的事迹，似乎并不是毫无所知的。如前述，唐代宗大历二年（767年），杜甫住在四川夔州。在这一年，他想起了许多以前曾经活动于玄宗之开元与天宝时代，可是当时都已逝世的人物，于是写了十二首七言绝句来怀念他们。这组总题是《解闷》的第六首，是为孟浩然而写的。诗文是：

复忆襄阳孟浩然，清诗句句尽堪传，
即今耆旧无新语，漫钓槎头缩项鳊。[96]

据诗中“漫钓槎头缩项鳊”之句，杜甫不但知道襄阳出产鳊鱼，而且知道当地的鳊鱼，是到处垂钓可得的。孟浩然在《岘潭作》中所说的“试垂竹竿钓，果得槎头鳊”，杜甫是知道的。产于江南的鲈鱼，从六朝时代开始，就被认为是一种美味。[97]孟浩然虽然在他到浙江天台山去旅游的途中，到过江南，可是据他自己的诗，大概直到开元二十一年或二十二年，或者一直到他四十四岁或四十五岁的时候，他还没吃过鲈鱼。[98]在另一方面，杜甫虽然知道襄阳出产鳊鱼，可是他既从没到过陕西西南部的沔水流域与湖北西北部的汉水流域，看来在杜甫的一生之中，他似乎是从来没有吃过鳊鱼的。

尽管襄阳盛产鳊鱼，可是这种鱼，正如孟浩然在《送王昌龄之岭南》诗中的“乡味有槎头”一句所指出，只是当地的一种土产而已。在行政区域上，襄阳在唐代，属于山南道。在山南道的贡品之中，襄阳的贡品除了纶巾和漆器，还有柑、蔗、芋、姜等农产品。[99]鳊鱼并不是当地的贡品。可是在江陵的贡品之中，除了丝织品里的绫和布，农产品里的柑、橙、橘、椑，还有一种白鱼。[100]根据这个简单的清单，襄阳的鳊鱼，既不像江陵的白鱼一样，可以被襄阳的地方政府作为当地的贡品，也许在质量上，鳊鱼并不是十分好的。按照这个逻辑，孟浩然之死是由于吃了品质并不很好的鳊鱼，以致引发了他的痨病，也许又可增加一项侧证了。

（三）鱼脍

1. 唐代以前的鱼脍

从文献看，古人对于如何吃鱼的这种小事，一向很少记载。所以到唐代为止，古人究竟是怎么吃鱼的，并不是一个容易回答的问题。不过根据已搜集到的资料来看，古人吃鱼，非常重视鱼脍。在材料上，似乎至少有鲤鱼脍、鲈鱼脍与干鲈脍等三种素材。以下就对这些吃法，逐一介绍。

甲 周代的鲤脍

《礼记》里曾有这样一句话："牛与羊、鱼之腥，聂而切之为脍，麋、鹿为菹，野猪为轩，皆聂而不切。"[101] 东汉时代的郑玄（127—200 年）为这句经文所写的注是这么说的："聂之，言牒也。先藿叶切之，复报切之，则成脍。"[102]

所谓牒，就是把牛肉、羊肉与鱼肉切成片。可是把这三种肉切成片，却要经过两道手续，首先要把肉切成面积像藿香叶子那样的肉块，然后再改刀快切；把肉块切成肉丼。《诗经》在《六月》篇里所说的"饮御诸友，炰鳖脍鲤"，是在前面已经引用过的。《六月》虽是周宣王派吉甫去征讨玁狁而得胜归来的纪功诗，但据近人的考证，这首诗的写成时代，可能在周宣王十一年（公元前 817 年）。[103] 根据这个说法，远在东周的初年，住在渭水流域的周代贵族，已经知道在吃鲤鱼时，是要把那条鱼切成薄片来吃鲤脍的。从此以后，吃鱼要切成脍来吃，一直是非常受欢迎的一种烹饪法。

乙 汉代的胪脍

在东汉的末年，当左慈为曹操（155—220 年）在铜盘里钓到了鲈鱼，曹操立刻叫人把鱼切成了脍。[104] 而当时的名医华佗为广陵太守陈登治病，发现他胃中有寄生虫，也是由于常吃生鱼脍的缘故。[105] 从时间方面看，当左慈为曹操在铜盘里去钓鲈鱼的时候，曹操的官位是司空。[106] 再据陈寿的记录，曹操是在东汉末年汉献帝的建安元年（196 年），担任司空的。[107] 至于陈登，他是在曹操平定吕布的战役中，由曹操拜为广陵太守的。[108] 但吕布被俘与被斩的事，都发生在建安三年（198 年）。[109] 这就说明曹操吃鲈鱼脍与陈登吃生鱼脍的时间，各在 196 年与 198

年。在东汉时代，司空是三公之一，而三公既是中央政府里职位最高的官员，他们应该是与天子一起住在国都里的。在东汉末年的献帝时代，当时的国都是洛阳。所以曹操在 196 年担任司空时，应该住在洛阳。至于由陈登担任太守的广陵，据当时的行政区域，叫做广陵郡，该郡辖地在今江苏省之扬州与其以北数县。[110]综合以上的时间与地理的资料，可以看出来，在二世纪晚期的东汉末年，把活鱼切成细片而吃生鱼脍的风气，不但在黄河流域中游的洛阳很盛行，就在长江流域下游的东南沿海地区，也同样的盛行。

丙　晋代的鲈脍

在西晋时代，张翰吃鲈鱼脍是一件很有名的事。张翰的籍贯虽是江苏的吴郡，却因为追求功名，离开吴郡而到当时的国都河南洛阳去。在晋惠帝永宁元年（301 年）之夏，不知由于什么缘故而得到齐王司马冏的赏识，而由齐王为他开辟了一个名称是东曹掾的新职位。[111]可是就在那一年的秋天，张翰因为怀念他在故乡方可吃到的鲈鱼与莼菜的美味，毅然辞了官职，离开洛阳，回到吴郡去吃鲈鱼。[112]可见在四世纪初年的西晋中期，在江南吃鲈鱼，仍然要把那条鱼切成薄片来吃鲈鱼脍。这个吃法与曹操在二世纪晚期的东汉末年吃鲈鱼，要把鲈鱼切成生鱼片来吃鲈脍的吃法是相同的。

丁　隋代的干鲈脍

可是到了隋代，吃鲈鱼只吃生鱼片的传统吃法，终于有所改革。大业二年（606 年）三月，隋炀帝离开他的国都：陕西的大兴城，到江南去巡查。[113]当他到了江南，吴郡的地方人士曾把“金齑玉脍”献给他。[114]所谓“金齑玉脍”，本是在南北朝时期，流行于北朝境内的一句黄河流域的俗谚。由这名词所形容的对象，是以黄色的熟栗子和没有黏性的粳米饭为主体的“八和齑”。[115]可是在隋代的江南，这句谚语所形容的对象的内容却大不相同了。所谓“玉脍”，所指的虽是在下了霜以后才捕到的，肉色洁白如雪的鲈鱼，不过用于这道地方名菜里的鲈鱼，却不是活鱼而是鲈鱼干。至于“金齑”，也不是黄河流域地区所用的熟栗子，而是切碎了的香柔花的紫花和绿叶。[116]隋炀帝在吃过这道颜色艳丽的“金齑玉脍”之后，对这道吴郡的地方名菜，大加赞赏；他认为“金齑玉脍”足以作为东南地区之美味的代表。[117]既然吴郡人吃“金齑玉脍”，要把鲈鱼干切成干鱼片来吃，可见吃鱼脍可吃干鱼脍的这个吃法，到了七世纪初期的隋代末年，如与在二世纪末年的东汉末期，只吃生鱼脍的那种传统吃法相比，不但已经有所扩大，而且更可说是有所突破的。

3. 唐代的鱼脍

隋代虽可吃到用鱼干切成薄片的干鱼脍，可是从文献上看，唐代的鱼脍，似乎还是用活鱼所做的传统式的生鱼脍。就原料而言，由唐代诗文所提到的，至少有味鱼、鳊鱼、鲈鱼、鲫鱼与鲤鱼等五种。由于资料的限制，本文对前四种鱼脍，只能简要概述而已。至于鲤鱼，因为资料较多，本文的讨论，也就比较详细。现在就按照上面所提到的顺序，而把唐代的五种鱼脍，逐一介绍如下：

甲　唐代的味鱼脍与鳊鱼脍

唐代的味鱼脍，是由杜甫的诗所记载的。唐肃宗乾元元年（758 年）之冬，杜甫离开陕西的华州而到河南的洛阳去。就在这一段旅途之中，他经过湖城，[118]其地在今河南西南角邻近山西省边界的阌乡东北四十里。[119]就在湖城，他吃过一种味鱼。在以《阌乡姜七少府设鲙戏赠长歌》为题的这首诗里，杜甫对于味鱼曾有以下的描写：

> 姜侯设鲙当严冬，昨日今日皆天风。
> 河冻味鱼不易得，凿冰恐侵河伯功。
> 瓮人受鱼鲛人手，洗鱼磨刀鱼眼红。
> 无声细下飞碎雪，有骨已剁觜春葱。[120]

在地理位置方面，阌乡处于黄河的南岸，西面与建在陕西与河南交界之处的潼关距离大约四十里。因为阌乡的驿站正好就在从长安往洛阳的大驿道上，所以杜甫从华州到洛阳去，阌乡正是他的必经之地。由阌乡向北行三里，就是黄河。[121]杜甫诗里所说的已经冻结成冰的河，应该与《诗经》里所说的“河”一样，是指黄河而言的。如果这个判断无误，由诗中“河冻味鱼不易得”之句来看，由杜甫的姜姓友人为他所准备的鱼脍的材料，是一条从已经结了冰的黄河里捕到的活味鱼。再由“无声细下飞碎雪”之句来看，在吃的时候，这条味鱼是被姜某的瓮人切成像“碎雪”一样的生鱼片来招待杜甫的。

就在他吃过味鱼脍的第二年（乾元二年，759 年）的冬天，杜甫进入四川，住在成都。唐代宗宝应元年（762 年），成都尹严武被召入朝，离开四川。杜甫为了给严武送别，由成都一直送到三百里以外的绵州。[122] 就在绵州，杜甫写了两首《观打鱼歌》。据第一首，他亲眼看到绵州的渔人用网捕获了两种鱼，第一种是“鲅色胜银”的鲂鱼，也就是前面已经讨论过的鳊鱼，第二种是不断在网里跳跃，“腾出如有神”的鲤鱼。杜甫在介绍了他看到的鱼的种类之后，接着写下这样的诗句：

饔子左右挥霜刀，鲙飞金盘白雪高。[123]

所谓“饔子”，应该就是古代的“瓮人”，据《周礼》，瓮人是掌管割、烹、煎和之事的专门人才，也就是现代语体文里所说的厨师。至于霜刀，也许就是西晋文学家左思（卒于惠帝光熙元年，306 年）在其赋中以及李白在其诗中所说的“霜刃”。[124] 霜色白而质坚，所以左思、李白和杜甫才会用霜的白与坚来形容一把刀或者刀的刃。根据杜甫的这两句诗，四川绵州渔民从江里捕得的鳊鱼与鲤鱼，到了厨师的手里，就要被他的快刀，切成了一堆颜色像白雪一样的生鱼片，堆在金色的盘子里。这么说，孟浩然在湖北用鳊鱼招待王昌龄，所吃的鱼究竟是不是生鱼片，固然因为资料不足，还没法确定，可是在八世纪的中期，四川的居民吃绵州的鳊鱼，是要把鳊鱼切成生鱼片来吃鳊鱼脍的。

乙　唐代的鲈鱼脍

曹操与张翰分别在 196 年与 301 年所吃的鲈鱼脍，是用活鱼切成的生鱼片，隋炀帝在 606 年所吃的鲈鱼脍，是用鲈鱼干切成的干鱼片。可是在与唐人生活有关的文献里，不但看不到唐人吃干鱼片的记录，就连与鲈鱼有关的资料，也不多见。在晚唐时代，卒于唐僖宗中和（881—884 年）初年的陆龟蒙，是一位隐士，也是一位诗人。这位隐士的籍贯正是吴郡。吴郡既是鲈鱼的产地，[125] 而陆龟蒙又是一位相当多产的文人，如果陆龟蒙曾在他诗文作品之中提到他家乡的鲈鱼脍，这些资料当然是史料价值最高的第一手资料。可是事实上，陆龟蒙除了曾经记载过吴郡的鲈鱼的长度 [126] 有时会超过一唐尺，[127] 另外就只记载了当地居民对鲈鱼的吃法是“满釜煮鲈鳜”。[128]

尽管《诗经》与《左传》都曾提过釜，[129] 可是在传世器物之中，釜几乎是完全不存在的。[130] 目前收藏在上海博物馆里的战国时代齐国陈纯铜釜，[131] 虽然在清代后期曾经是有名的收藏家陈介祺（1813—1884 年）的藏品，却是在咸丰七年（1857 年）在山东胶州灵山卫出土的。据《左传》在昭公三年部分的传文，釜的容量是六斗四升。[132] 这种器物的容量虽大，不过在战国时代，在山东半岛地区，釜只是一种用来量米或量水的量器，而不是直接用以烹饪的炊器。可是在战国时代的西南地区，釜却不是量器而是炊器。[133] 再就考古发现而言，在南北朝时代的墓葬里，似乎是没有釜的。看来釜的使用，到了南北朝时期，似乎已经不再继续。

在陆龟蒙的“满釜煮鲈鳜”的诗句里，他也许是把釜当作锅的代名词来使用的。[134] 他所说的“满釜”，大概是指把鲈鱼或鳜鱼装满一只普通煮菜用的锅，而不像是说煮菜锅里所装的鱼，真的共有六斗四升那么多。不过吴郡的居民，既可在烹饪的过程之中，把鲈鱼或鳜鱼煮满一锅，可见在陆龟蒙身处的晚唐时代，或者九世纪的后半期，吴郡的鲈鱼的产量是相当多的。当地的鲈鱼既然可以煮一整锅，那又可以看出来，吃鲈鱼要吃切成薄片的鲈鱼脍，如果不是文人的，至少很像是一种高级而精致的吃法。以陆龟蒙的诗篇为例，至少在吴郡的乡间，由于乡民的生活简朴，吃鲈鱼要吃脍片的吃法，也许仍然不是流行的。

可是由别的资料来看，吃鲈鱼要吃鲈鱼脍的传统吃法，在唐代，可能还是存在的。首先值得注意的是李白的一首诗《秋下荆门》。全诗如下：“霜落荆门江树空，布帆无恙挂秋风。此行不为鲈鱼脍，自爱名山入剡中。”[135]

诗中所说的荆门，或即与虎牙山相对的荆门山，其地在湖北省宜都县西北方约五十里以外的长江南岸，[136] 而剡则指浙江省的嵊县。[137] 李白在唐玄宗开元十三年（725 年），由四川乘船，先穿过长江的三峡，再经过宜都，而到江陵。[138]上面所引的那首七言绝句，正是他在 725 年离开宜都而准备东游时所写的作品。由诗中所说的“此行不为鲈鱼脍”之句看来，他到江南去的主要目的，似乎并不是想到吴郡去吃让张翰为之弃官的鲈鱼脍，而是想到浙江的山阴一带去旅游。不过他的诗句既然提到鲈鱼脍，也许在八世纪的前半期，新鲜的活鲈鱼，还是要切成生鱼片而脍来吃的。

这个看法也许可用与李白同时的另一位盛唐诗人岑参（714—770 年）的诗篇来作旁证。唐代宗广德二年（764 年），岑参为他的朋友张秘书到江南去省亲而写过一首送别诗。诗的全文很长，现在只把与鲈鱼有关的那一部分节引如下：

昨夜动使星，今旦送征鞍。
老亲在吴郡，令弟双同官。
鲈脍剩堪忆，莼羹殊可餐。
既参幕中画，复展膝下欢。[139]

与岑参的诗意相当接近的另一首与鲈鱼脍有关的诗篇，是陆龟蒙的《润州送人往长洲》诗。全文如下：

秋来频上向吴亭，每上思归意剩生。
废苑池台烟里色，夜村蓑笠雨中声。
汀洲月下菱船疾，杨柳风高酒旆轻。
君住松江多少日，为尝鲈脍与莼羹。[140]

自从张翰因为想起家乡特产的美味，放弃了官位，再由洛阳赶回吴郡去吃莼菜羹与鲈鱼脍，这两种地方菜早已成为足以象征吴郡之产物的代表。岑参与陆龟蒙在他们的送别诗里提到这两种地方菜的用意，或者也不过是由于张秘书的双亲是吴郡的居民，以及陆龟蒙的朋友是要到长洲（吴郡的一部分）去而已。尤其是岑参在他的诗里提到的堪忆的鲈鱼脍，很像只是引用张翰之弃官而吃鲈脍的美谈，而不很像是说张秘书因为曾经吃过鲈鱼脍，所以也值得对这种鱼脍的美味去加以回味。可是从另一角度来看，如果值得让张秘书去回味的鲈鱼脍，以及值得让陆龟蒙的朋友停在吴郡，专门去吃的鲈鱼脍与张翰的故事并无关系，那就可以看出来，在盛唐时代，把活鲈鱼切成生鱼片来吃的脍的吃法，至少在江南，还是存在的。

丙　唐代的鲫鱼脍

在唐代的鱼脍之中，鲫鱼脍虽然并不十分重要，不过因为与鲫鱼脍有关的资料，在文献上记载得相当清楚，所以讨论鲫鱼脍，是绝不需要像讨论鲈鱼脍时，那么加以推测的。与鲫鱼脍有关的一项记载，见于杜甫早年的诗篇。杜甫在一首与郑虔（卒于 764 年）一齐到何将军的园林里去游玩的诗里，记载他们所吃的食物是："鲜鲫银丝鲙，香芹碧涧羹。"[141]

既说鲜鲫，可见被切成鲙的那条鱼，本来是活的。再由"银丝"来看，鲫鱼肉是被切成细丝而不是切成薄片的。由此可见唐代的鱼脍，至少有两种不同的切法；大概肉厚的鱼，可切成片，肉薄的鱼，才切成丝。一般的鲫鱼既不太大，所以肉都不厚。吃鲫鱼脍要把鱼肉切成丝，而不切成片，应该是很自然的。杜甫曾与郑虔一起到何将军的林园里去玩过两次。在时间上，第一次在唐玄宗天宝十二年（753 年）的夏天，第二次在天宝十三年（754 年）的春天。[142] 记载了鲫丝脍的诗，是对他们的第一次游踪的描写。由这首诗所记录的食物与成诗的年份来看，至少在 753 年，杜甫已经吃过鲫鱼脍。到园林里去游玩，竟然也有鲫鱼的脍丝可吃，可见杜甫与郑虔所吃到的鱼脍，应该不是普通的食物，而是何将军盛情款待的盛餐里的佳肴。

在唐代，鲫鱼除了可以切成丝脍，以供一般食用以外，根据当时的医方，鲫鱼不但可以治病，而且医用的鲫鱼肉，是也要切成脍的方式以供使用的。譬如据昝殷的记录，医用的鲫鱼脍至少可以使用于下述三种病况：首先，"治肠胃、冷或下赤、白痢"，可用鲫鱼脍四两与没有黏性的粳米二合，煮成鱼粥，吃时再加椒盐与葱白。[143] 其次，"治痔下血不止，或肛肠疼痛"，可吃加蒜末的鲫鱼脍。[144] 第三，"治产后赤、白痢，或脐肚痛"，可把一条一斤重的鲫鱼，先切成片，然后在豆豉汁里渗以莳萝（九茴香）、橘皮、芜荑、干姜与胡椒等五种植物的粉末各一分，最后再把鲫鱼片放进这种豉汁里去调味，然后再吃。[145] 想要医治上述的那几种病，就得吃调和了葱白的鲫鱼片粥，或调和了蒜末的鲫鱼脍，以及在混合了五种植物粉末的豆豉汁里浸过的鲫鱼脍。

丁　唐代的鲤鱼脍

从文献上考察，唐代的鲤鱼脍的历史相当悠长。据刘肃在《大唐新语》里的记载，当李纲（547—631 年）在初唐武德时代，在太子府担任詹事的时候，有一次，太子李建成（589—626 年）曾去洗温泉澡，可是李纲因为有点小病，所以并没陪着太子一起去。可是就在这一天，有人把一条活鱼，献给了太子，于是太子就找厨师来让他把这条鱼切成生鱼片。可是这时候，太子身旁的赵元楷与唐俭都向太子表示，切生鱼片这种事，他们也会。这时候，太子很感慨地说："飞刀鲙鲤，调和鼎食，公实有之。至于富谕弼谐，固属李纲矣。"于是送绢二百尺以遣之。[146]

由这段记载看来，献给李建成的那条活鱼，固然是一条鲤鱼，而李建成想要吃的，并不是用其他方式来烹饪的鲤鱼，而是把活鲤鱼切成生鱼片的鲤鱼脍。在《旧唐书》与《新唐书》的《李纲传》里，唐、赵二人为李建成操刀切脍的这个故事，也是分别有所记载的。[147] 不过根据刘肃的自序，他的《大唐新语》写成于唐宪宗元和二年（丁亥，807 年），《旧唐书》则由刘昫修成于后晋出帝开运二年（945 年），而《新唐书》的传记部分更是迟到北宋仁宗嘉祐三年（1058 年）才由宋祁撰写完成。既然《大唐新语》比《旧唐书》与《新唐书》分别早一百年与二百年，由刘肃所记录的与李建成吃鲤鱼脍有关的这段记载，显然就是刘昫与宋祁所写的《李纲传》的蓝本。虽然刘肃、刘昫与宋祁等三人对于李建成去洗温泉澡与吃鲤鱼脍的时间，都未加以记录，不过李建成既在唐高祖武德九年（626 年）的六月，因为在玄武门政变的事件之中，被其弟李世民以箭射死，[148] 而李建成又是在武德元年（618 年）六月才被册立于太子的，[149] 所以李建成吃鲤鱼的时间之上限与下限，显然是既不会早于 618 年六月，也不会晚于 626 年的六月。易言之，远在唐代立国初年，或者七世纪的初期，要把鲤鱼切成脍来品尝的吃法，以刘肃的记载为例，至少在当时的贵族阶级的生活圈里，是存在的。

在代宗宝应元年（762 年），杜甫因为送严武离开四川，由成都到了绵州。就在绵州，他写过《观打鱼歌》。在这首诗里，他既说“赤鲤跃出如有神”，却也接着说“瓮子左右挥霜刀，鲙飞金盘白雪高”。这些诗句都是在讨论唐代的鳊鱼脍的时候，已经引用过的。根据杜甫的诗篇，可以看出来，在中唐初期的八世纪中期，吃鲤鱼要吃由活鲤鱼切成生鱼片的鲤鱼脍的吃法，至少在西南地区的四川，也是存在的。

在四川东方的邻省是湖北，在中唐时代的中期，湖北有一个名叫王彦伯的道士，“天性善医”。有一次裴胄（729—803 年）的儿子忽暴中病，众医拱手。这时候，有人向裴胄提到这位道士，于是裴胄赶快把王彦伯请来。以下是段成式对王彦伯诊治裴胄之子的病况的记录：“或说彦伯，遽迎，使视脉，良久，曰：‘都无疾。’乃煮散数味，入口而愈。裴向其状，彦伯曰：‘中无腮鲤鱼毒也。’其子因脍得病。裴初不信，乃脍无腮鲤鱼，令左右食之；其候悉同。始大惊异焉。”[150]

在段成式的记录里，他是把裴胄称为尚书的。《旧唐书》与《新唐书》虽然都为裴胄立传，可是除了《新唐书》在《裴胄传》里认为裴胄曾任刑部员外郎，[151] 都没有提到他曾经担任尚书这个职位。不过尚书与尚书省的员外郎，都是中央政府的官员，这些官员是要住在唐代的京城长安来处理公务的。所以裴胄究竟曾经担任什么官职，对于唐代的鲤鱼脍的研究，可说并不重要。重要的倒是可以根据《新唐书》里的《裴胄传》，而找出唐人吃鲤脍在时间上的一个定点。因为根据《新唐书》的《裴胄传》，他是在元载死后，才被任命为刑部员外郎的。再据《新唐书》里的《元载传》，元载是在大历十二年（777 年）的三月，由唐代宗下诏赐他自尽而死的。[152] 如果由段成式所记载的尚书，就是《新唐书》的《裴胄传》里所记载的刑部员外郎，也许裴胄之子因吃鲤鱼脍而中毒的事，就发生在 777 年以后的几年之内。根据这项记载又可看出来，在八世纪的下半期，吃鲤鱼要吃鲤鱼脍的吃法，在唐代的京城里，也还是存在的。

见于李复言的《续玄怪录》的《薛能》，是在讨论唐人是否吃鲤鱼的那一节，已经引用过的。由《薛能》所记载的故事之主角，是四川的一位地方政府的小官薛能。他在化身为鲤鱼后，被渔人所获，因为有人要吃鲤鱼脍，所以斫下了他化身的鲤鱼头。这个故事虽然发生在唐肃宗乾元元年（758 年），可是李复言自己的时代，却是乾元元年八十年以后的唐文宗之大和时代（827—835年），甚至开成时代（836—840年）。所以由李复言所记载的吃鲤鱼脍的事，与其说是发生在八世纪的中期，毋宁说发生在他自己所身处的九世纪之前半期，更为恰当。这样说，由杜甫在八世纪之中期所记载的四川居民吃鲤鱼脍的事，到了九世纪的前半期，仍然是未见改变的。

与唐代鲤鱼脍有关的最后的记载，也许是罗邺的《蒋子文传》。据此传，会稽的少女吴望子，因为曾与蒋侯同船，所以发生了许多奇事。传文说她："心有所欲，专取空中下之。尝思啾鲙，一双鲜鲤，随心而至。"[153]因为想吃生鱼片，蒋侯就赐给她一对活鲤鱼。可见这两条鲤鱼，是准备让她慢慢地切成生鱼片来吃的。吴望子与蒋侯同船的事，究竟发生在什么时候，罗邺是没有记录的，不过他却记载了望子与蒋侯同船之后的三年以后，才到"咸宁"时代。[154]唐代共有二十一位天子，六十九个年号，却没有任何一位天子用过咸宁的年号。在晚唐时代，懿宗的年号是咸通（860—874年），昭宗的年号是乾宁（894—898年）。不过罗邺既在咸通时代，屡次应考进士而始终未能通，[155]也许他的主要活动时代，应在咸通，而不在乾宁。如果这个推测无误，所谓的"咸宁"可能应该是"咸通"之误。这样，吴望子吃到用突然出现的活鲤鱼而切成的鲤鱼脍，或者应该是咸通时代以后三年，也即唐僖宗乾符三年（876年）的事。这个推测还可用五代时人王定保的记载来证明。据王定保的记载，罗邺与罗虬和罗隐，在咸通与乾符时代，同称三罗。[156]罗邺的时代既已进入乾符时代，他在乾符三年，当然是可以对吴望子吃鱼脍之事有所记载的。

综合以上的资料，唐人吃鲤鱼脍的时间，从已见于文字记录的资料来看，自初唐高祖武德九年（626年），到晚唐僖宗乾符三年（876年），前后历时两百五十年。而吃鲤鱼脍的时间，也至少包括了西北方面的京都长安、西南方面的四川，以及东南方面的江苏与浙江。在见于唐人记载的用味鱼、鳊鱼、鲈鱼、鲫鱼与鲤鱼五种不同的淡水鱼类所做成的鱼脍之中，不但鲤鱼脍的地理分布最广，这种吃法所经历的时间，也是最长的。

(四) 结语

大概在宋度宗咸淳十年（甲戌，1274 年）左右，吴自牧写成专门记述杭州居民生活状况的《梦粱录》二十卷。[157] 根据他的记载，在饮食上，杭州的居民除了可以吃到用淡水鱼类所做成的鱼脍，也可以吃到用海水鱼类所做成的鱼脍。[158] 看来他们对于生鱼脍片的喜爱，是尤甚于唐人的。由吴自牧所记载的“海鲜脍”，[159] 虽然是好吃鳊鱼脍的唐人所没吃过的新鲜菜肴，可是在用淡水鱼类所做成的鱼脍方面，南宋的杭州居民所能吃到的，却只有用鲤鱼、鲫鱼与鲈鱼三种鱼所做的鱼脍。[160] 这三种鱼脍是唐人常吃的。如果根据吴自牧的记录，而把唐人所吃的淡水鱼鲙，与南宋人兼吃淡水鱼脍与海水鱼脍的饮食风气相比，固然不难看出来，在时间上，从唐到宋形成的饮食文化在中国文明史上的一种进步。不过只就淡水鱼脍而言，唐人既能吃到由味鱼、鲤鱼、鲫鱼、鲈鱼与鳊鱼五种鱼所做的鱼脍，而南宋人却只能吃到由鲤鱼、鲫鱼和鲈鱼等三种鱼所做的鱼脍，那就显示出来，南宋人兼吃淡水鱼与海水鱼的鱼脍，固然在一方面，扩大了食用生鱼脍的性质与内容，却似乎又在另一方面，把淡水鱼之鱼脍的内容，反而缩小了。

成书于东汉和帝永元十二年（100 年）的《说文解字》（以下简称《说文》）共收鱼名字八十二个。成书于梁武帝大同九年（510 年）的《玉篇》，除收《说文》已收的鱼名字六十五个，又增收《说文》所未收的鱼名字一百六十个。这个事实似乎说明，到了南北朝时期的中期，鱼名字的增加，是由于当时所知道的鱼的种类，已经比在东汉中期所知道的鱼的种类，几乎多了两倍。成书于唐玄宗天宝十年（751 年）的《广韵》，除收《说文》已收的鱼名字，以及《玉篇》已收的鱼名字九十三个外，又增加了《说文》和《玉篇》所未收的鱼名字五十个。由这五十个字所代表的现象似乎是，到了盛唐时代，当时所知道的鱼类，恐怕比南北朝时期所知道的鱼的种类，又增加了五十种。

如用以上所举的这三部书里所收的鱼名字的字数为证，也许不但可以说明，从汉代到唐代，历代对鱼的种类的认识，是逐渐增加的，而且也许还可以说明，到了八世纪的中期，盛唐人所知道的鱼的种类总数，已共有两百九十四种之多。

由本文讨论的鲤鱼与鳊鱼，不过只是盛唐人所知道的接近三百种鱼类的百分之一而已。在比例上，这两种鱼所占的百分比是相当微小的。不过在唐代，无论是当时的制度、法律、文学、医学，还是当时的饮食风气，无不都与这两种鱼的存在积极相关。由制度、法律、文学、医学与饮所共同构成的复杂社会现象，就是生活，而生活正是文化的直接反映。本文的写作，不过只想根据与唐人生活有关的种种资料，从而指出鲤鱼与鳊鱼，曾经在唐代的生活史上，也就是唐代的文化史上，扮演何种角色，又具有何种地位与意义而已。

注释

1 屈万里《诗经释义》(1953 年，台北：台湾“中华文化出版事业委员会”) 下册，第 129 页。

2 同上注，下册，第 135 页。

3 同上注，下册，第 270 页。

4 同上注，上册，第 97 页。

5 谭正骧主编《中国历史地图集》第一册 (1982 年，上海：地图出版社)，第 17—18 页，《西周时期中心区域图》。

6 同上注图。

7 见屈万里《河字意义的演变》，载于《台湾“中央研究院”历史语言研究所集刊》第三十本 (1959 年，台北：台湾“中央研究院”历史语言研究所)，第 143—155 页；又见高亨《诗经今注》(1980 年，上海：上海古籍出版社)，第 179 页；杨任之《诗经今译今注》(1986 年，天津：古籍出版社)，第 186 页；以及徐华龙《国风与民俗》(1988 年，北京：中国民间文艺出版社)，第 55 页。

8 见上引杨任之《诗经今译今注》序，第 9 页。

9 见屈万里《诗经释义》上册，第 97 页。

10 见徐高阮重别文注并校勘本《重刊洛阳伽蓝记》(1960 年，台北：台湾“中央研究院”历史语言研究所) 卷三，第 25 页。

11 秦始皇二十八年 (公元前 219 年)，秦始皇到东方海边去巡视。在山东，他在到过诸城县附近的琅邪台之后，在这个石台上留下了著名的《琅邪台刻石》。这件刻石，直到二十世纪三十年代，还保存在山东省诸城县的民众教育馆里，详见《燕京学报》第十七期 (1935 年，北平：燕京大学)，容庚《秦始皇刻石考》，第 125—172 页。司马迁在西汉的武帝时代，编撰《史记》。他在此书卷六的《秦始皇本纪》，首先记录了“琅邪台刻石”的全文，详见标点本《史记》(1959 年，北京：中华书局)，第 245—247 页。在这篇刻石之中，刻有“端平法度”之句，据注 12 所引司马贞的解释，“端平”应该是“正平”。

12 《史记》卷一六，《秦楚之际月表》，在秦二世二年 (公元前 208 年) 的二月之前，有一栏的标题是“端月”。据唐代的司马贞在《史记索隐》里的解释，由于秦代王朝的建立者秦始皇姓嬴名正，正字成为民间不得使用的讳字。为了避免使用这个讳字，于是用“端”字代替“正”字，所以正月就写成端月。这与注 6 所提到的把“正平”改写成“端平”一样，都是用改字的方法来实行避讳制度。

13 班固在《汉书》卷六《武帝纪》，曾经记载了武帝在元封五年（公元前 106 年）所下的诏文，详见标点本《汉书》(1970 年，香港：中华书局)，第 197 页。诏文之中，提到了“茂材”。据汉人应劭在这两个字下面所加写的注，“茂材”就是“秀才”。把“秀”字改用“茂”字来代替，是由于在汉代，因为秀字是光武帝的本名，所以是一个民间不得使用的讳字。

14 刻于东汉灵帝建宁元年（168 年）的《沛相杨君碑》，记载了杨沛还没担任金城太守之职以前经历，其中一项是茂才。所谓“茂才”，正如应劭在《汉书》的注文里的解释，应该就是“秀才”。

15 庄字见《说文解字》[据段玉裁《说文解字注》本，(1955 年，台北：艺文印书馆)]，第一下，草部，第 4 页；炟字见同书第十上，火部，第 40 页；秀字见同书第七上，禾部，第 38 页。

16 《等慈寺塔记铭》之全文，见王昶《金石萃编》(经训堂刻版，虽无出版时间，但书前有 1805 年，即嘉庆十年的王氏自序）卷四二，第 3—8 页。王充之名，见第 4 页。

17 《赠都泰师孔宣公碑》之全文，见《金石萃编》卷五五，第 5—11 页。“愚智齐泯”四字，见第 7 页。

18 泯字不见《说文解字》，但见南北朝时梁代顾野王所编《玉篇》卷一九，水部。

19 汦字见《说文解字》第十一上，水部，第 27 页。

20 清陈大章《诗传名物集览》(1937 年，上海：商务印书馆《四部丛刊初编》排印本）卷六，第 150 页。

21 刘昫《旧唐书》卷八，《玄宗纪》，玄宗在开元三年二月，“禁断天下采捕鲤鱼”，详见标点本《旧唐书》(1975 年，北京：中华书局)，第 175 页。

22 所谓根据唐律，卖鲤要受六十竹板之杖刑的说法，似乎首见于晚唐的段成式的《酉阳杂俎》(1981 年，北京：中华书局标点本）前集，卷十七，第 163 页。稍后，又见于北宋的钱易的《南部新书》(1958 年，北京：中华书局标点本)，庚集，第 75 页。段、钱两人所说的唐律，应该是《唐律疏议》的简称。由于此律的疏议本是在唐高宗永徽四年（653 年）编撰完成的，所以全书通称《永徽律疏》。唐玄宗虽在开元三年（715 年）下令禁止卖鲤，不过《永徽律疏》既在开元三年之前的六十三年已经编撰完成，玄宗的禁止卖鲤的法令，在《永徽律疏》里，当然是没有的。这样看来，段、钱两人认为唐律规定民间不得卖鲤，在资料上，必定不是《唐律疏议》，而另有来源。

北宋真宗大中祥符元年（1008 年），王钦若等人编成了奉旨编辑的《册府元龟》一千卷（现用 1972 年，台北：中华书局影印明崇祯拾伍年刻本）。此书卷四十二（帝王部·仁慈），第 17—18 页，记载了唐玄宗在天宝六年（747 年）正月所颁发的一道诏书。诏书的全文如下：“今属阳和在布气，蠢物怀生。在于含养，必期遂生。如闻荥阳仆射陂陈，留郡蓬池等，采捕极多，伤害甚广。因循既久，深谓不然。自今已后，特宜禁断。各委所繇长官，严加捉搦，辄有违犯者；白身决六十，仍罚重役。官人具名录奏，当别处分。其仆射陂仍改为广仁陂，蓬池改为福源池，庶弘大道之仁，以广中孚之化。”

由董诰领衔而在清嘉庆十三年（1808 年）编成的《全唐文》，却收有玄宗所颁的《禁采捕诏》，详见《全唐文》(1983 年，北京：中华书局）卷三十二，第 13 页。诏文的本身虽未署明年月，不过诏文明白指出由于民间在河南荥阳的仆射陂与陈留的蓬池二地，“采捕极多”，所以从此要“严加捉搦。辄有违犯者，白身决六十。”

诏文既然提到蓬池，同时又指出，在当时，在荥阳与陈留二地的生物，被“采捕极多”，可见这些生物似乎是应该包括鲤鱼在内的。唐玄宗在此诏文里所用的“采捕”等二字，既与刘昫在《旧唐书》之中所用的词汇完全一样，而诏文规定凡去捕鱼，一定要处以六十竹杖的惩罚，也与段、钱二家的说法前后一致，也许段成式所说的，根据唐律，凡是买卖鲤鱼，要受六十竹杖的这段记录的资料来源，正是《册府元龟》或《全唐文》里的《禁采捕令》。如果段、钱两家的资料来源，确是《禁采捕令》，看来收录在《册府元龟》与《全唐文》里的玄宗的这道诏文，在文字上，是有散佚的。至少在这道诏文中，与禁捕鲤鱼有关的那些字句，已经散佚了。

然而从时间的因素来考虑，把唐玄宗所颁的禁卖鲤鱼令的文献根据，就定为诏文内容或有散佚的《禁采捕令》，似乎也还不能视为定论。因为根据《旧唐书》，玄宗的禁令颁于开元三年，但是根据《册府元龟》与《全唐文》的《禁采捕令》却颁于开元六／十一年。二者在时间上，前后还有三／八年的差距。看来玄宗在开元三年所颁的禁鲤令的资料出处，似乎还得从别的文献中另寻来源。

23 钱大群《唐律译注》(1988 年，南京：江苏古籍出版社）卷一〇，《唐律第四三九》条，第 350 页。

24 同上引，卷十一，《唐律第四六三》条，第 368 页。

25 汪辟疆标点注释本《唐人小说》(1955 年，上海：古典文学出版社)，第 26 页。

26 同上注，第 34 页。

27 木宫泰彦著，陈捷译《中日交通史》(1932 年，上海：商务印书馆）上册，第 68 页。

28 同上注，上册，《遣唐使一览表》，第 82、92 页。

29 同上注。

30 同上注。

31 赵守俨《张鹭与朝野佥载》，刊于《文史》第八辑（1980 年，北京：中华书局)，第 129—140 页。

32 汪辟疆在《唐人小说》，第 35 页，曾有“窃意张氏此书，当为早年一时兴到之作，当时有无寓意，今不可知”之语。

33 据刘昫《旧唐书》卷八，《玄宗纪》，第 165 页，玄宗生于武后垂拱元年（685 年）八月，所以在垂拱三年（687 年）二月，原名李隆基的唐玄宗，只是一名年龄不到三岁的婴孩。

34 据杨伦《杜诗镜铨》[原刻刊于清乾隆五十六年（辛亥 1791 年)，现据 1981 年，北京：中华书局出版的标点排印本］所附《杜甫年谱》(1958 年，成都：四川人民出版社)，第 70 页，杜甫写作《观打鱼歌》的地点是绵竹的东津。

35 杨伦《杜诗镜铨》卷九，第 408 页。

36 汪辟疆《唐人小说》，第 227 页。

37 杨伦《杜诗镜铨》把此诗编入卷九，并在卷九二字下面的注文说：收入这一卷里的，都是杜甫在宝应时代住在成都与客居樟州时所完成的作品。四川省文史研究馆《杜甫年谱》，第 73 页，也把此诗的写成年代确定在宝应元年。

38 据李昉所编《太平广记》(1960 年，北京：中华书局标点排印本)，卷一二八，第 906、908 页所引《续玄怪录》之《尼妙寂》篇，篇内有“大和庚戌岁，陇西李复言游巴南，与进士沈田会于蓬州”等语。大和庚戌为大和四年（830 年)。汪辟疆《唐人小说》，第 215 页于征入《尼妙寂》篇后续云：“据此，则知李复言固大和、开成间人矣”。

39 白居易《白氏长庆集》(1971 年，台北：艺文印书馆影印宋刊本)，卷六，第 76 页。又见标点本《全唐诗》(1960 年，北京：中华书局）卷四二九，第 4739 页。

40 朱金城《白居易年谱》(1982 年，上海：上海古籍出版社)，第 75 页，又见第 101 页。

41 谭其骧《中国历史地图集》第五册（1983 年，上海：地图出版社)，第 57、58 页，《江南西道》图。

42 李贺《李长吉文集》(1967 年，台北：学生书局影印宋版）卷一，第 40 页。

43 朱自清（1898—1948 年)《李贺年谱》，见《清华学报》第十卷，第四期，(1935 年，北平：清华大学)，第 887—915 页。

44 《新唐书》卷三十九，《地理志》三，《潞州上党郡与泽州高平郡》等两条，第 1008 页。
45 见注 41 所引《中国历史地图集》第五册，第 44—47 页，《都畿道》图。
46 段成式《酉阳杂俎》前集，第 163 页。
47 （清）郝懿行（1757—1825 年）《尔雅郭注义疏》（1936 年，上海：中华书局《四部备要》本）卷下之四，《释鱼第十六》，第 2 页。
48 同上注。
49 同上注。
50 张揖《广雅》（1973 年，台北：商务印书馆影印的《五雅》本）卷十，第 6 页下。
51 崔豹《古今注》（据《怡兰堂丛书》本，卷中，第 6 页。但《增订汉魏丛书》本之《古今注》卷中，第 9 页，黄雉作黄雄，无解。今从《怡兰堂丛书》本。
52 《大戴礼记》的四十七篇是《夏小正》。此篇在十二月那一条里曾说："玄驹贲。"《礼记》的传文在此句下说："玄驹也者，蚁也。"再据《尔雅》卷下《释虫》，蚁是大蚍蜉，也就是大蚂蚁。
53 《说文解字》第十篇上，第 2 页。据许慎的解释，驹是两岁的马的专名。所以驹正是年轻力壮的马。
54 同上注，第十篇上，第 2 页。许慎的解释原文是："骥，千里马也。"
55 同上注，第十篇上，第 1 页。许慎的解释的原文是："骐，马青，骊文如綦也。"而骊，据许慎在同书，第十一篇上，第 3 页的解释，就是深黑色的马。
56 据班固《汉书》卷三，《高后纪》，汉代建立者汉高祖的皇后姓吕名雉。民间为了避免雉这个讳字，所以才把雉改称为野鸡。
57 李时珍《本草纲目》（1985 年，台北：商务印书馆影印"台北故宫博物院"藏文渊阁本）卷四十四，第 20 页。
58 明郎奎金辑《五雅》本《尔雅》（1973 年，台北：商务印书馆影印明刻本）第十六篇，《释鱼》，第 24 页。
59 郭璞的说法，在陆玑的《毛诗草本鸟兽虫鱼疏广要》卷下之下，第 111 页，《维鲂及鲂》条，曾加征引。现据陆书转引。
60 司马迁《史记》卷七，第 336 页"项王笑曰：天之亡我，我何渡为！且籍与江东弟子八千人渡江而西，今无一人还。"这是史籍中第一次使用"江东"之名。自汉至唐，向把安徽芜湖以东的长江下游之南岸地区称为江东。
61 陆玑《毛诗草木鸟兽虫鱼疏广要》卷下之下，《维鲂及鲂》条，第 111 页。
62 《汉书》卷二十八下，《地理志》下，第 1625—1626 页，辽东郡。
63 谭其骧《中国历史地图集》第二册，（1982 年，上海：地图出版社），《幽州刺史部》，第 27—28 页。
64 郦道元《水经注》（1936 年，上海：商务印书馆《万有文库》本）卷五，第 25 页，《沔水》条。
65 李时珍《本草纲目》（1983 年，台北：商务印书馆影印"台北故宫博物院"藏《文渊阁四库全书》本）卷四十四，第 20 页。
66 《新唐书》（1975 年，北京：中华书局出版标点本）卷二〇三，《文艺传》下，《孟浩然传》，第 5779 页。
67 据陈贻焮《孟浩然事迹考辨》，初载于《文史》第四辑（1965 年，北京：中华书局），第 41—76 页，后收入同人所著《唐诗论丛》（1980 年，长沙：湖南人民出版社），第 1—62 页。孟浩然一生中共有三次远游：第一次远游的目的是赴京应举，时间是从玄宗开元十六年（728 年）之冬到次年（729 年）之冬。第二次远游的目的是入越求仙，时间是从玄宗开元十八年（730 年）的夏秋之际开始，直到开元二十一年（733年）五月，他才回到襄阳。第三次远游的目的是入蜀游览，时间是从开元二十一年到开元二十五年（733—737年）之间。由于这三次远游，孟浩然离开襄阳的时间，大约八年。

68 《全唐诗》(1960年，北京：中华书局出版标点本）卷一六〇，第1623页。

69 据清光绪十一年（乙酉，1885年）重修本《襄阳府志》卷二，第2页，岘山一名岘首山，距襄阳城南七里。

70 《全唐诗》卷一六〇，第1663—1664页。

71 郦道元《水经注》卷二十八，第39页。

72 《全唐诗》卷一六〇，第1661页。

73 标点本《新唐书》巻一一三，第4189页，《徐有功传》之传文曾云：“当此时，左右及卫仗在廷阶者数百人，皆缩项不敢息，而有功气定言详，巇然不桡。”

74 标点本吴曾《能改斋漫录》(1960年，北京：中华书局）卷六，第133页所引。但杜田《杜诗补遗正谬》，今佚。

75 据注69所揭《襄阳府志》，襄阳无槎头。

76 此亦据注74所揭《能改斋漫录》卷六，第134页转引。

77 乾隆五十三年（1789年）任兆麟校刊本《襄阳耆旧记》无此条。关于习凿齿的说法，同上引书转引。

78 葛立方《韵语阳秋》(1984年，上海：上海古籍出版社影印宋版）卷一六，第7页下。

79 见陆龟蒙《唐甫里先生文集》(1929年，上海：商务印书馆《四部丛刊初编》影印明钞本）卷五，第34页；又见《全唐诗》卷六二〇，第7136页。

80 据注64所揭陈贻焮《孟浩然事迹考辨》，孟浩然生于唐武后永昌元年（689年），再据谭优学《唐诗人行年考》(1981年，成都：四川人民出版社）内的《王昌龄行年考》，王昌龄生于武则天圣历元年（698年）。所以孟浩然比王昌龄年长九岁。

81 见注64所揭陈贻焮《孟浩然事迹考辨》。

82 据上引书，孟浩然约于玄宗开元二十五年（737年）夏末秋初赴荆州，入张九龄幕，同年年底，已还襄阳。

83 据注77所揭谭优学《王昌龄行年考》，王昌龄在开元二十六年（738年）贬赴岭南，系自洛阳首途。但据注65所揭陈贻焮《孟浩然事迹考辨》，“王昌龄于开元二十二年后，到他贬官岭南前曾有数年在襄阳一带作官”，此说恐非。

84 《新唐书》卷五，《玄宗纪》，《开元二十七年二月》条，第141页。

85 据《文史》第二十八辑（1987年，北京：中华书局），第229—238页，刘文刚《两唐书孟浩然传辩证》，王昌龄在岭南遇赦后，第二次到襄阳探望孟浩然的时间是在开元二十八年（740年）的年初。“孟浩然之卒，或在开元二十八年春夏”。

86 同注66。

87 王士源在《孟浩然集》的序文里说：“开元二十八年，王昌龄游襄阳。时浩然疾疹发疽，且愈，相得欢甚，浪情宴谑，食鲜动疾，终于冶城南园。”

88 据明末凌濛初所刻朱墨套印本《孟浩然集》(即刘长翁、李梦阳之批点本），王士源在此集序文中所说的“食鲜动疾”，是刻成“食鳝动疾”的。

89 此书已佚，现有谢海洲、马继兴等四人重辑本《食疗本草》(1984年，北京：人民卫生出版社)。

90 见上引书，卷中，第92页。

91 煮鳝鱼可治内痔出血之说，见李时珍《本草纲目》卷四十四，第31页。

92 同上注。

93 孙思邈的《备急千金要方》(1986年，台北：商务印书馆影印“台北故宫博物院”藏《文渊阁四库书》本)，在卷六十六（丁肿方，痈疽第二）列举了医治疽的药方十六种，又在卷六十七（丁肿方，发背第五）列举了医治背疽的药方十种。合计之，共有二十六种。

94 注89所引书，卷中，第102页。

95 据杨伦《杜诗镜铨》所附《杜甫年谱》及四川省文史研究馆所编《杜甫年谱》，杜甫生于唐睿宗先天二年（713年）。再据注67所引《孟浩然事迹考辨》，孟浩然生于唐武后永昌元年（689年）。所以在年龄上，孟浩然比杜甫年长二十四岁。

96 前揭四川省文史研究馆所编《杜甫年谱》，第125页，把杜甫的《解闷》诗确定在大历二年。

97 据标点本《晋书》(1974年，北京：中华书局）卷九十二，《张翰传》，第2384页，张翰是江苏吴县人，却在河南洛阳做官。“因见秋风起，乃思吴中菰菜、莼羹、鲈鱼脍……遂命驾而归。”可见产于江南的鲈鱼，不但被当时的文人认为是一种美味，而且在黄河流域，是无法吃得到的。所以张翰才会抛弃他在洛阳的官位，专门回故乡去吃鲈鱼。

98 《全唐诗》卷一六〇，第1662页，孟浩然有《与崔二十一游镜湖寄包贺二公》诗，诗文的前二联是：“试览镜湖物，中流到底清。不知鲈鱼味，但识鸥鸟情。”镜湖位于浙江绍兴城南，是当地的名胜。据前引《孟浩然事迹考辨》，孟浩然从开元十八年起到开元二十二年，也即当他在四十二岁到四十六岁的这几年之内，曾经为了求仙，而离开襄阳，经过洛阳，在浙江的沿海地区漫游。如果上述的游镜湖诗是他在开元二十一年或二十二年的作品，似乎可说孟浩然在他四十四岁或四十五岁的时候，还没吃过鲈鱼。

99 《新唐书》卷四〇，《地理志》四，第1027页，山南道，江陵府，江陵郡。

100 同上引，第1030页，山南道，襄州襄阳郡。

101 《礼记郑注》(1936年，上海：中华书局聚珍仿宋版《四部备要》本）卷十一，第19页下。

102 同上注。

103 王国维《鬼方昆夷猃狁考》，载王氏著《观堂集林》(1973年，香港：中华书局影印本）卷十三，第583—606页。

104 《后汉书》(1971年，香港：中华书局标点本）卷八十二下，《方术列传》下，《左慈传》，第2747—2748页。

105 同上注，《华佗传》，第2736—2741页；又见陈寿《三国志》(1959年，北京：中华书局标点本）卷二九，《华佗传》，第799—806页。

106 见注104。

107 《三国志》卷一，《武帝纪》，第14页。

108 同上注，卷七，《吕布·臧洪传》，第224页。

109 同上注，卷七，《吕布·臧洪传》，第226—227页。

110 谭其骧主编《中国历史地图集》第二册，第44—45页，《东汉预州、兖州、徐州、青州刺史部图》。

111 《晋书》(1974年，北京：中华书局标点本）卷九十二，《张翰传》，第2384页。

112 张翰所怀思的家乡风味，各书所记，略有差异：《晋书》在《张翰传》里的记载，是莼菜、莼羹与鲈鱼脍，《世说新语》在《识鉴篇》里的记载，是莼菜羹与鲈鱼脍，而《太平御览》卷二五，在《张翰传》里的记载，又是莼菜羹与鲈鱼脍。

113 《隋书》(1973年，北京：中华书局标点本）卷三，《炀帝纪》，《大业二年三月》条，第65页。

114 李昉等编《太平广记》(1961年，北京：中华书局标点本)，卷二三四，《食》，第1790—1791页，据《大业拾遗记》所引《吴馔》条。

115 贾思勰《齐民要术》(1936年，上海：商务印书馆《万有文库》标点本）卷八，《八和齑》条，第29—30页。

116 见注114所引《大业拾遗记》。

117 同上注。

118 杨伦《杜诗镜铨》附录一《杜甫年谱》，第148页，《乾元元年》条；又见四川省文史研究馆编《杜甫年谱》，第47—51页，《乾元元年（758年）》条。

119 谭其骧主编《中国历史地图集》(1982年，上海：地图出版社）第五册，第46—47页，《河东道》图。

120 见杨伦《杜诗镜铨》卷五，第209—230页，《阌乡姜七少府设鲙，戏赠长歌》。

121 严耕望《唐代交通图考》(1985年，南港：台湾“中央研究院”历史语言研究所）第一册，图一。

122 杨伦《杜诗镜铨》卷五，第1149页，《代宗宝应元年》条。

123 同上注，卷九，《观打鱼歌》，第407—408页。

124《文选》(1926年，上海：商务印书馆，《四部丛刊初编》本）卷五，第67页，左思《吴都赋》：“刚镞润，霜刃染。”此外《李白集》(1980年，上海：古籍出版社，朱金城，瞿蜕园校注本）卷一九，第886页，“酉州中都小吏携斗酒双鱼于逆旅见赠”诗中也说：“平儿拂几霜刃挥，红肌花落白霏霏。”此诗又见《全唐诗》(1960年，北京：中华书局标点本）卷一七八，《李白诗》一八，第1815页。

125 南宋文人范成大（1126—1193年）在光宗绍熙四年著《吴郡志》(1986年，南京：江苏古籍出版社标点本)，五十卷。据其书卷二九，第431—432页，《鲈鱼》条，在吴郡，鲈鱼的产地是松江与太湖。可见从四世纪初期的张翰的时代开始，一直到十二世纪末年的范成大的时代为止，江苏的吴郡，始终是鲈鱼的产地。

126 陆龟蒙《唐甫里先生文集》(1929年，上海：商务印书馆《四部丛刊》影印明钞本）卷十七，第26页，《食鱼》诗云：“江南春旱鱼无泽，岁晏未曾腥鼎鬲。今朝有客卖鲈魴，平提见我长于尺。”同诗又见前揭《全唐诗》卷六二一，《陆龟蒙诗》五，第7149页，《食鱼》诗。

127 唐代的尺度共有两种，小尺的长度，折合米数，等于0.245 784米，大尺的标准长度，折合米数，等于0.294 940 8米。详见万国鼎《唐尺考》，载于由中国农业科学院与南京农业学院之中国农业遗产研究室所编之《农业研究集刊》(1959年，北京：科学出版社)，第931—1000页。

128 见《唐甫里先生文集》卷一，《奉酬袭美先辈吴中苦雨一百韵》诗，第8页。同诗又见《全唐诗》卷六一七，《陆龟蒙诗》一，第7111页。

129《诗经》提到釜的诗篇是《召南》里的《采蘋》篇。诗云：“于以盛之，维筐及筥，于以湘之，维锜及釜。”见前揭《诗经释义》本，上册，第11页。《左传》提到釜的经文见于昭公三年。经文云：“齐旧四量：豆、区、釜、钟。四升为豆，各自其四，以登于釜，釜十则钟。”见都门印书局校印本（应在中日战前出版于北平，然版权页无出版时、地）卷一〇，第16页下。

130 近年出版与古代青铜器有关之书籍，有下列数种：

1. Li Xueqin：*The Wonder of Chinese Bronzes*（1980，Beijing：Foreign Languages Press）
2. 郭宝钧：《商周铜器群综合研究》(1981年，北京：文物出版社）
3. 马承源：《中国古代青铜器》(1982年，上海：上海人民出版社）
4. 杜乃松：《中国古代青铜器解说》(1984年，北京：书目文献出版社）
5. 马承源：《中国青铜器》(1988年，上海：上海古籍出版社）然上列诸书，皆未提到釜。唯一曾经提到釜的，是由容庚与张维持合著《殷商青铜器通论》(1958 年，北京：科学出版社)，在其书第五章《青铜器的类别说明》，第 70—71 页，在盛水器部分，列有釜类。

131 关于陈纯铜釜的介绍，见上引《殷商青铜器通论》，第 71 页，此器的图版，亦见图 144。此外二釜的彩色图版文分见上海博物馆所编《齐量》(1959 年，上海：上海博物馆)，图版五及图版十五。

132 晋代的杜预（222—285 年）对釜的容量曾说：“四豆为区，区斗六升，四区为釜，釜六斗四升，十釜为钟，钟六斛四斗。登，加也，谓加旧量之一也，以五升为豆，四豆为区，四区为釜，则区二斗、釜八斗、钟八斛。”晚清时代的孙诒让（1848—1908 年）认为杜预的这段解释并不正确。他认为釜的容量应该是十斗而不是八斗，详见孙所著《籀庼述林》(1916 年，丙辰年之刊本，原书无出版地点与出版者）卷二，第 31 页（前后页），“左传齐新旧量义”。

133 据近年考古发掘，四川涪陵、新都、巴县与广元等地，都发现了战国时代之巴人或蜀人的墓葬，而在这些墓葬中，不但常有陶釜，而且还有青铜釜。详见四川省博物馆等三单位合写之《四川涪陵地区水田溪战国土坑墓清理简报》，载于 1974 年《文物》(北京：文物出版社）第五期，四川省博物馆等二单位合写之《四川新都战国木椁墓》，载于 1981 年《文物》第六期，以及四川省博物馆《四川文物考古工作三十年》，载于文物编辑委员会主编之《文物考古工作三十年，1949—1979》(1979 年，北京：文物出版社)。

134 唐人刘悚《隋唐嘉话》(1979 年，北京：中华书局标点本）卷上，第 9 页，记载李勣为他病中的姊姊煮粥，“釜燃，辄焚其须。”釜的使用，既在三国时代之后已经停止，所以在唐代初年，李勣用来煮粥的釜应当是锅。釜是锅的代名词，似乎也可由刘悚所记载的故事，而得到文献上的证据。

135 王琦《李太白全集》(1977 年，北京：中华书局出版标点本）卷二二，第 1023 页，《称下荆门》诗。又见《全唐诗》卷一八一，《李白诗》二一，第 1844 页。

136 见臧励龢等人编《中国古今地名大辞典》(1933 年，上海：商务印书馆出版之再版本)，第 940 页。

137 同上注，第 1002 页。

138 王琦《李太白全集》，附录一，《李太白年谱》，《开元十三年》条，第 1579 页。又见安旗、薛天纬合著《李白年谱》(1982 年，济南：齐鲁书社)，第 22—23 页。《开元十三年》条。但郁贤皓则以为李白出蜀至江陵的时间，不是开元十三年而是开元十二年（724 年)。详见郁著《李白丛考》(1982 年，西安：陕西人民出版社)，第 9—15 页，《李白出蜀年代考》。

139 《岑参集校注》(1981 年，上海：上海古籍出版社出版标点本）卷四，第 282 页；又见《全唐诗》卷一九八，《岑参诗》一，第 2035 页，《送张秘书充刘相公通汴河判官便赴外江觐省》诗。但据陈铁民与侯忠义二人在《今参集校注》里写于此诗诗题下的注，岑参的这首诗，作于广德二年（764 年)。

140 《甫里先生文集》卷八，第 15—16 页。

141 《杜诗镜铨》卷二，第 63 页，《陪郑文游何将军山林十首》。正文所引的诗句，出自这十首里的第二首。

142 这两次出游的时间，是根据清人朱鹤年的推测，详见《杜诗镜铨》卷二，第 67 页，《重游何氏五首》诗，诗题下所引朱注。

143 昝殷《食医心鉴》(1924 年，甲子，东方学会排印本)，第 21 页下。按此书无出版地点，然卷末有罗振玉在清光绪三十四年（戊申，1908 年）之短跋，略云：“此书久佚于中土。日人自《高丽医方类聚》中采辑而成。光绪二十七年（辛丑，1901 年)，罗氏游日本方得此书于东京。”据此跋，则东方学会之排印本，系由罗氏筹印。

144　同上注，第 23—24 页。

145　同上注，第 29 页。

146《大唐新语》(1984 年，北京：中华书局标点本）卷十一，《褒锡第二十四》，第 164 页。

147《旧唐书》卷六十二，《李纲传》，第 2376 页；又见《新唐书》卷九十九，《李纲传》，第 3909 页。

148《旧唐书》卷六十四，《李建成传》，第 2418 页；又见《新唐书》卷七十九，《李建成传》，第 3544 页。

149《旧唐书》卷一，《高祖纪》，第 7 页；又见《新唐书》卷一，《高祖纪》，第 7 页。

150　段成式《酉阳杂俎》，前集，《医》部，《王彦伯》条，第 74 页。

151《新唐书》卷一三〇，《裴漼传》，附《裴胄传》，第 4492 页。

152《新唐书》卷一四五，《元载传》，第 4714 页。

153　王文浩、邵希曾同辑《唐代丛书》(有嘉庆十一年，丙寅，即 1806 年，马纬云序），第八十九帙《蒋子文传》。

154　同上注。

155　谭正璧《中国文学家大辞典》(1962 年，台北：世界书局影印本）上册，第 485—486 页，《罗邺》条。

156　王定保《唐摭言》(1959 年，北京：中华书局标点本）卷一〇，第 113 页。

157《梦粱录》有吴自牧的短序。序文末有“甲戌岁中秋日”的系年。甲戌，应合南宋度宗咸淳十年（1274 年）。清人纪昀（1724—1805 年）在《四库全书总目提要》之中认为此书之作，应在宋亡之后。所以他的说法与甲戌岁的纪年是互相抵触的。

158　见《梦粱录》(1958 年，上海：古典文学出版社标点本）卷一六，《分茶酒店》条，第 265 页。

159　同上注。

160　同上注，卷一八，《物产》条，第 291 页。

唐代的绢马贸易

（一）初唐的养马

唐代立国时（618 年），大概只有五千匹马；其中两千匹得自突厥，另外的三千匹是灭隋所得的战利品。[1] 贞观元年（627 年），西突厥的统叶护可汗又献马五千匹。[2] 到这年，唐代中央政府的马匹总数是一万匹。大概在贞观二年（628 年），唐代政府就把五千匹马拨给太仆寺，成立牧监，专门负责马匹的繁殖。[3] 养马的地点，最初是在以下所列的八个马场（当时称为马坊）：1. 保乐、2. 甘露、3. 南普润、4. 北普润、5. 岐阳、6. 太平、7. 宜禄、8. 安定。[4] 保乐、甘露与太平三坊的地点何在，今已不详，但南北普润与岐阳都在岐州、[5] 宜禄在邠州、[6] 安定在泾州 [7]。据《新唐书》在《兵志》里的记载，这八个马坊，占地一千二百三十顷，介于岐、豳、泾、宁四州之间。[8] 所谓岐州，虽领普润等九县，却曾在肃宗至德元年（756 年）改为西京，[9] 地点就在唐代国都长安之西。豳州，领有宜禄等四县，在唐玄宗开元十三年（725 年）改成邠州。[10] 宁州领有定安等五县，[11] 位在豳州西北。泾州领有保安等五县，[12] 位在邠州之北。在行政上，这四州虽然都属于关内道，但在地理上，这四州大致分属于今陕西省的西南部与甘肃省的东南部。[13] 把这五千匹马养在占地一千二百顷的八个马坊之中，就其平均数而论，每坊各占

* 本文原载于《历史文物：台湾“历史博物馆”馆刊》，1992 年 10 月，第二卷，第 12 号，第 33—47 页。

一百五十三顷，每坊各养马六百二十五匹。这些马匹完全不需要担任运输与作战的任务，而且马坊之内，又有丰富的水草，[14] 所以从唐太宗贞观二年（628 年）到唐高宗麟德二年（665 年），虽然不过只有三十八年的时间，可是马匹的总数却已由五千匹增加到七十万零六千匹，比在立国时的马匹总数增加了一百多倍。

这时候，每一马坊所养的马数，已由六百二十五匹增加到八万八千多匹。由于马数的急剧增加，利用八个马坊所占的一千二百三十顷之地，来养七十万零六千匹马，空间已嫌不足。所以从麟德时代开始，唐代政府就不得不在别的地方，另辟新的马坊，来分养旧马坊里过于拥挤的官马。不过新养马场的名称，这时已由马坊改为马监，马监的总数大概是四十六个，除了大部分马监的地点介于秦、兰、原、渭四州之间外，还有河曲之地。[15] 所谓秦州，领六县。此州的西北是陇州，秦州就在陇州之西。[16] 渭州领县四，在秦州以西。[17] 兰州领县三，在渭州的西北。[18] 原州领二县，又在泾州的西北。[19] 在行政区上，除了原州属于关内道，秦、兰、渭三州都属于陇右道。可是在地理上，唐代的秦、兰、原、渭四州，都在今甘肃省东部至中部一带。

至于所谓河曲之地，大体上虽指黄河在陕西与山西二省之间的北部，以马蹄形流转的河套地区，不过由有关的资料来看，成为唐代养马场的河曲之地，似乎却指河套以南的盐州与岚州。所谓盐州，领县二，在行政上，虽然仍属关内道，[20] 但在地理上，却已接近内蒙古的沙漠区。[21] 至于岚州，领四县，在行政上，属于河东道，[22] 在地理上，位于今山西省之西部。[23]

由秦、兰、原、渭、盐、岚六州的地理位置看来，可见从贞观时代到麟德时代，唐代养马场的地点，虽然大致分布在京畿地区的西面、北面与西北面，然而从麟德时代开始，唐代的养马场，却已经从邻近京畿地区的关中道，逐渐移到关内道西北方的陇右道或关内道右侧的河东道。用另一方式来说，从 618 年到 662 年，唐代的养马场，完全集中在陕西省南部，但从 662 年开始，当时养马场的主要地点，已从陕西省的南部，逐渐转移到甘肃省中部以东的地区，位于陕西省北部与山西省西部的马坊，其重要性是比较小的。

可是在麟德时代以后，从高宗乾封元年开始，到仪凤三年的十三年之间（666—678 年），各马监畜养的马匹总数，已由七十万零六千匹减到五十万匹。[24] 此外，在从高宗调露元年到高宗开耀元年的三年之间（679—681 年），马监里的马匹，又减少了十八万匹。[25] 所以到了 681 年，唐代的官马的总数只有三十一万六千匹。在从乾封元年到开耀元年（666—681 年）的十五年内，官马的总数，由七十万零六千匹遽减了三十九万匹，所减少的数目，超过总数的百分之五十。对于唐代政府的财产而言，马数的遽减，当然是一个大损失。大概从武后为政（684—704 年）开始，到睿宗时代（710—712 年）为止的这三十年内（684—712 年），马匹减少的情形最严重。在这时期，官马的总数，虽然缺乏记录，可是在玄宗开元二年（714 年），马匹的总数只有二十四万。[26] 从这个数目看来，大概在上述的三十年内，唐代的官马，又从三十九万匹的总数里，减少了十五万匹。幸亏唐玄宗在开元二年任命为马监之首长的王毛仲，是一个既不避权贵又有才干的行政人员，由于他的经营得法，在从开元二年到十三年的短短十一年内（714—725 年），官马的总数，已由二十四万增加到四十三万。[27] 增长率接近百分之九十。可是开元十一年以后，马匹的数量，又渐减少，所以到唐玄宗天宝十三年（754 年），官马的总数只有三十二万五千多匹。[28] 根据这个简单的回顾，唐代政府在马场养马的最盛时期，是在七世纪初期的初唐时代，次盛时期是八世纪初期的盛唐时代，衰弱的时期，是在七世纪下半期与八世纪前十年的初唐末期。大体上，直到八世纪的前期为止，在养马场里繁殖的马匹，数量相当大，可以应付政府的需求。

（二）马坊的丧失

天宝十四年（755 年）十一月，安禄山在河北起兵叛变，一个月以后，他先攻下唐代的东都洛阳，并于次年元旦在该地自称为帝。当年六月，安禄山攻下国都长安。七月十三日，玄宗在宁夏灵武禅位给太子李亨，改元至德。直到至德二年（757 年）九月，唐军才在从回纥借来的外军的助战之下，陆续收复两京。安禄山在至德二年正月已被其部将所杀，而史思明却被其子史朝义所杀。到宝应元年（762 年），史朝义被唐军所俘之后，由安禄山开始至史朝义结束的安史之乱，前后历时八年，方告结束。受到兵灾的地区，共有河北、河南、山西、陕西、甘肃等五省。

唐代政府在马坊或马监里所养的官马，在麟德二年达到七十万零六千匹的最高数字之后，就陆续减少，可是在数量上，减少得最多的一次，却发生在安史之乱的初期。在天宝十三年（754 年），官马的总数大概是三十二万五千匹，可是到至德元年（756 年），相隔虽然不到两年，官马的总数却已经减少到十万以下。[29]在这一年多时间之内所减少的二十二万匹马，可能都惨死于两军的对战。

从理论上看，马监所养的马虽已死于战场，只要能够在马监里继续繁殖，官马的来源，仍然可以得到补充。然而事实上，安史之乱虽已平定，却由于其他原因，使得唐代的马监，几乎完全丧失了繁殖官马的功能。如前述，太子李亨是在至德元年即位为肃宗皇帝的。就在这年，中国西南边区的吐蕃，派兵攻占了巂州（今云南）。唐代的中央政府当时为了应付安禄山与史思明的叛军，已经自顾不暇，对于吐蕃的军事行动，根本未予理会。这就坐大了吐蕃军势的膨胀。宝应元年（762 年），吐蕃又在西北方大举出击，不但攻占了兰州的临洮，而且更连续取得渭州、秦州与成州，[30]这就等于占领了陇右道的东部。次年（广德元年，763 年），又连续取得鄯州、兰州、河州与洮州四州。[31]到这时候，又等于占领了陇右道的中部。在地理上，陇右道的东部与中部，就在今甘肃省的东部与中部。

唐代政府对于马匹的补给，一向依赖马场。如前述，麟德二年（665 年）以前，当时的八个养马场都分布在属于中道的岐、豳、泾、宁四州，到麟德二年以后，由于马匹的数量骤增，才把养马场由上述四州迁移到属于陇右道的兰、渭、秦三州，与关内道的原、盐二州，以及河东道的岚州。吐蕃既然占据了甘肃省中部以东的八个州，自然也就得到了唐代政府设在兰、渭、秦三州的养马场。由于自然地理的环境，设在盐、岚、原三州内的养马场，与设在兰、渭、秦三州内的养马场相比，重要性是比较差的。三个主要的养马场既已陷入吐蕃的军区，由那三个比较次要的养马场来繁殖马匹，作为唐代政府所需的马匹补给的唯一来源，在短时间之内，是很难办得到的。到这时候，唐代的中央政府，就不得不对把马坊的畜马作为马匹补给之来源的养马政策加以修正，而另谋他法。

（三）唐代的购马

到盛唐时代为止，唐代的中央政府虽曾先后以关内道与陇中道的养马场，作为补给马匹的主要来源；但在另一方面，远在贞观十五年（641 年），唐太宗就曾利用册立西突厥的叶护为可汗的机会，而派人在突厥境内买马。[32] 从此以后，唐代的中央政府就曾多次在东北、西南与西北边界购买胡马。所引进的胡马，不但在国别上，多达八十三种，[33] 就在地理上，引进胡马的地区，东自朝鲜、西至阿拉伯、南至印度、北至西伯利亚，[34] 幅员非常广阔。不过直到安史之乱以前，唐代政府所购买胡马的总数，远比在马坊或马监里所畜养马匹的总数要少。可见从初唐到盛唐，唐代的马政是以养马为主、购马为辅。经过安史之乱，陇西道的三个主要马监既然陷于吐蕃占领区内，已经无法再供应政府所需的马匹。到这时候，唐代的马政就不得不修正为以购马为主、养马为辅的新局面。

唐代领土的北疆，本有突厥与回纥两大游牧民族。而突厥又分为东突厥与西突厥两部分。在东突厥方面，自贞观四年（630 年），其酋长颉利可汗被俘送长安以后，臣服于唐达五十年。[35] 至于西突厥方面，自其酋长阿史那贺鲁，在高宗显庆二年（657 年）在中亚被俘而送到长安以后，[36] 其国亦亡。所以从显庆二年开始，唐代的北疆就因突厥之亡而与回纥直接为邻。等到吐蕃在广德元年占领了唐代陇右道的渭、秦、成、鄯、兰、河、洮等州之后，吐蕃的势力，就在从西面的安西，经过西州与伊州，而到东面甘州之北的居延海附近的那条直线上，与回纥的势力互相交接。[37] 吐蕃与回纥都是游牧民族，所以都有品质很好的马匹。可是吐蕃不但占领了唐廷陇右道的八个州，又经常从北自宁夏、陕西、西康，而南到四川的这一地区之内，抢掠当地的物资。吐蕃既与唐代公然为敌，唐代政府当然不会向敌人购买马匹。于是在唐廷向外族购马以补给马匹的政策之下，购回纥马以补充战马，就成为唐廷马匹补给的最大来源。在时间上，大概在乾元时代（758—760年），唐廷已开始向回纥买马。[38] 此后，在代宗大历八年（773年）[39]，德宗贞元六年（790年）[40]、贞元八年（792年）[41]，宪宗元和三年（808年）[42]、元和十年（815年）[43]、元和十一年（816年）[44]，穆宗长庆二年（822年）[45]，文宗大和元年（827年）[46]，分别向回纥付出购马的费用，前后十三次。

在唐代，丝绢具有许多功用，除了天子的赏赐常常是绢[47]外，由天子特别拨给中央政府去收购农作物的专款，也是绢和绫[48]而不是现金。还有，在部队出发之前，由队长发给士兵的额外军饷，固然是丝绢，[49]就在民间，艺术品的买卖，似乎也可用绢议价。[50]丝绢既然具有货币的功能，因此，马匹的购买，当时也用丝绢议价。在从太宗贞观二年到高宗麟德二年（628—665年）的初唐时代，在国内买马，每一匹马的售价，大致是一匹绢。[51]到了文帝大和七年（833年），在国内买马，每匹上马的马价是二十匹绢、下马的马价是十五匹绢。[52]由从贞观二年到麟德二年的那二十七年再到大和七年，时间的距离大致是两百年。在这段时间之内，马价的涨幅是二十倍。平均每十年才涨价一倍。可是到肃宗乾元时代（758—760年），唐廷向回纥买马，当时的马价是每匹回纥马抵唐绢四十匹。[53]到文宗元和三年（808年），回纥马的售价，又由每匹抵唐绢四十匹的价格再涨到每匹抵唐绢五十匹的新高价。[54]固然唐马在乾元时与在元和初年的售价，现在缺乏资料，不过也许暂时可用大和七年的马价作为标准。这样，就可看出在乾元时代，每买两匹回纥马就可买到四匹唐马，而在元和时代，每买两匹回纥马就可买到五匹上等唐马，或者六匹下等唐马。总之，回纥马的售价，比唐马的售价要高一倍，是相当清楚的。

(四) 购马所付的代价

由肃宗乾元元年（758年）到文宗开成五年（840年），前后八十三年。现据有关资料，把唐代中央政府在这八十三年之内所买马的总量，与为买马而付出的丝绢总数量，列表如下：

表一

时 间	购马数量	所付绢数	资 料 来 源	备 考
肃宗乾元元年（758年）	30 000匹	1 200 000匹	《旧唐书》卷一九五,《回纥传》，第5207页：“回纥恃功，自乾元之后，屡遣使以马和市缯帛，仍岁来市，以马一匹易绢四十匹，动至数万马。”《新唐书》卷二一七上,《回鹘传》上，第6120页：“自乾元后，益负功，每纳一马，取直四十缣；岁以数万求售。”《唐会要》卷七二，第1303页，略同	马数暂以每岁30 000匹计
肃宗乾元二年（759年）	同上	同上		
肃宗上元元年（760年）	同上	同上		
肃宗上元二年（761年）	同上	同上		
肃宗宝应元年（762年）	同上	同上		
代宗广德元年（763年）	同上	同上		
代宗广德二年（764年）	同上	同上		
代宗永泰元年（765年）	同上	同上		
代宗大历元年（766年）	同上	同上		
代宗大历二年（767年）	同上	同上		
代宗大历三年（768年）	同上	同上		
代宗大历四年（769年）	同上	同上		
代宗大历五年（770年）	同上	同上		
代宗大历六年（771年）	同上	同上		
代宗大历七年（772年）	同上	同上		
代宗大历八年（773年）	6 000匹	240 000匹	《旧唐书》卷一九五,《回纥传》，第5207页	大历八年以后各年所买马数，皆暂以6 000匹计
代宗大历九年（774年）	同上	同上		
代宗大历十年（775年）	同上	同上		
代宗大历十一年（776年）	同上	同上		
代宗大历十二年（777年）	同上	同上		
代宗大历十三年（778年）	同上	同上		
代宗大历十四年（779年）	同上	同上		
德宗建中元年（780年）	同上	同上		
德宗建中二年（781年）	同上	同上		
德宗建中三年（782年）	同上	同上		
德宗建中四年（783年）	同上	同上		
德宗兴元元年（784年）	同上	同上		
德宗贞元元年（785年）	同上	同上		
德宗贞元二年（786年）	同上	同上		
德宗贞元三年（787年）	1000匹	同上	《资治通鉴》卷二三三，贞元三年，第7504页	互市次数不明，暂定每年一次，每次售马千匹，以下各年同此

（续表）

时　间	购马数量	所付绢数	资　料　来　源	备　考
德宗贞元四年（788年）	同上	同上		
德宗贞元五年（789年）	同上	同上		
德宗贞元六年（790年）	同上	300 000匹	《旧唐书》卷一九五，《回纥传》，第5208页	
德宗贞元七年（791年）	同上	同上		
德宗贞元八年（792年）	同上	70 000匹	同上，第5210页 《册府元龟》卷九九九，第25页	
德宗贞元九年（793年）	同上	同上		
德宗贞元十年（794年）	同上	同上		
德宗贞元十一年（795年）	同上	同上		
德宗贞元十二年（796年）	同上	同上		
德宗贞元十三年（797年）	同上	同上		
德宗贞元十四年（798年）	同上	同上		
德宗贞元十五年（799年）	同上	同上		
德宗贞元十六年（800年）	同上	同上		
德宗贞元十七年（801年）	同上	同上		
德宗贞元十八年（802年）	同上	同上		
德宗贞元十九年（803年）	同上	同上		
德宗贞元二十年（804年）	同上	同上		
德宗贞元二十一年（805年）	同上	同上		
顺宗永贞元年（805年）	同上	同上		
宪宗元和元年（806年）	6 500匹	同上	《长庆集》卷五七，《与回鹘可汗书》，第73—74页	
宪宗元和二年（807年）	同上	同上		
宪宗元和三年（808年）	20 000匹	250 000匹	同上	
宪宗元和四年（809年）	8 000匹	同上		按《与回鹘可汗书》应市马6 500匹，然回鹘进马，常过万匹，暂定为8 000匹。以下各年市马数量暂同此
宪宗元和五年（810年）	同上	同上		
宪宗元和六年（811年）	同上	同上		
宪宗元和七年（812年）	同上	同上		
宪宗元和八年（813年）	同上	同上		
宪宗元和九年（814年）	同上	同上		
宪宗元和十年（815年）	同上	197 000匹	《册府元龟》卷九九九，第25页	
宪宗元和十一年（816年）	同上	85 000匹	同上，第25页；《唐会要》卷七二，第1304页，仅记60 000匹	

（续表）

时间	购马数量	所付绢数	资料来源	备考
宪宗元和十二年（817年）	同上	同上		
宪宗元和十三年（818年）	同上	同上		
宪宗元和十四年（819年）	同上	同上		
宪宗元和十五年（820年）	同上	同上		
穆宗长庆元年（821年）	5 000匹	190 000匹	《旧唐书》卷一九五，《回纥传》，第5212页；《册府元龟》卷九九九，第26页，作200 000万匹	自此时起所市马数不详，今暂以每年5 000匹计。所付绢数今从《旧唐书》
穆宗长庆二年（822年）	同上	同上		
穆宗长庆三年（823年）	同上	同上		
穆宗长庆四年（824年）	同上	同上		
敬宗宝历元年（825年）	同上	同上		
敬宗宝历二年（826年）	同上	同上		
文宗大和元年（827年）	同上	500 000匹	《新唐书》卷二一七下，《回鹘传》下，第6130页；另《旧唐书》卷一九五，《回纥传》，第5213页，作200 000匹	今从《新唐书》
文宗大和二年（828年）	同上	同上		
文宗大和三年（829年）	同上	230 000匹	《旧唐书》卷一九五，《回纥传》，第5213页	
文宗大和四年（830年）	同上	同上		
文宗大和五年（831年）	同上	同上		
文宗大和六年（832年）	同上	同上		
文宗大和七年（833年）	同上	同上		
文宗大和八年（834年）	同上	同上		
文宗大和九年（835年）	同上	同上		
文宗开成元年（836年）	同上	同上		
文宗开成二年（837年）	同上	同上		
文宗开成三年（838年）	同上	同上		
文宗开成四年（839年）	同上	同上		
文宗开成五年（840年）	同上	同上		

根据表一，唐代在肃宗时代（共五年），买马十五万匹；在代宗时代（共十七年），买马三十四万二千匹；在德宗时代（共二十六年），买马六万一千匹；在顺宗时代（只一年），买马一千匹；在宪宗时代（共十五年），买马十二万九千匹；在穆宗时代（共四年），买马二万匹；在敬宗时代（共二年），买马一万匹；在文宗时代（共十四年），买马七万匹。合计之，在这八十三年之内，唐廷共享

三千一百一十四万二千匹绢，换得七十八万三千匹回纥马，平均每年几乎要用逾三十七万匹绢去换取九千多匹回纥马。

再据表一，以肃宗、代宗与德宗（德宗二十六年间，只买马六万一千匹，数量比宪宗时代和文宗时代还要少）三朝，购马的数量较多。在文献上，唐绢在肃宗朝内的价格虽然不明，但唐绢在代宗与德宗两朝的价格，是大致可知的。现在把唐绢在代、德两朝的卖价，再用钱数计算，看看唐廷在这两朝廷买回纥马，究竟花费多少铜钱。

首先，据杜甫的一首诗，[55]在代宗广德二年（764年），每匹绢的卖价是一万文。现在就根据这个资料，而把广德元年（763年）与永泰元年（765年）的绢价，也都以一万文计算。到大历时代，由安史之乱所带来的动乱逐渐成为过去，而物价也逐渐恢复平稳，所以每匹绢在大历时代的市价大致只有四千文。[56]其次，到了德宗初期的建中时代，由于当时的物价继续下跌，每匹绢的市价只有三千五百文左右。[57]兴元时代只有一年，唐绢在这年的市价，暂时也以建中时代的绢价来计算。到兴元以后的贞元时代，可说是安史之乱以后物价最平稳的时候，在这时期，每匹唐绢的市价不过只在一千五百或一千六百文左右。[58]知道了唐绢在代宗朝的广德与大历二时代，以及在德宗朝的建中与贞元二时代的市价，就可以把唐封为买马而付出的绢的总数，折合成钱数。以下是一个简单的换算表：

表二

时　间	购马数量	所付绢数	每匹马折合唐绢数	每匹唐绢折合钱数	购马的绢数折合钱数
代宗广德元年（763年）	30 000匹	1 200 000匹	40匹	10 000文	1 200万贯
代宗广德二年（764年）	同上	同上	同上	同上	同上
代宗永泰元年（765年）	同上	同上	同上	同上	同上
代宗大历元年（766年）	同上	同上	同上	4 000文	480万贯
代宗大历二年（767年）	同上	同上	同上	同上	同上
代宗大历三年（768年）	同上	同上	同上	同上	同上
代宗大历四年（769年）	同上	同上	同上	同上	同上
代宗大历五年（770年）	同上	同上	同上	同上	同上
代宗大历六年（771年）	同上	同上	同上	同上	同上
代宗大历七年（772年）	同上	同上	同上	同上	同上

（续表）

时　间	购马数量	所付绢数	每匹马折合唐绢数	每匹唐绢折合钱数	购马的绢数折合钱数
代宗大历八年（773年）	6 000匹	240 000匹	同上	同上	96万贯
代宗大历九年（774年）	同上	同上	同上	同上	同上
代宗大历十年（775年）	同上	同上	同上	同上	同上
代宗大历十一年（776年）	同上	同上	同上	同上	同上
代宗大历十二年（777年）	同上	同上	同上	同上	同上
代宗大历十三年（778年）	同上	同上	同上	同上	同上
代宗大历十四年（779年）	同上	同上	同上	同上	同上
德宗建中元年（780年）	同上	同上	同上	3 500文	84万贯
德宗建中二年（781年）	同上	同上	同上	同上	同上
德宗建中三年（782年）	同上	同上	同上	同上	同上
德宗建中四年（783年）	同上	同上	同上	同上	同上
德宗兴元元年（784年）	同上	同上	同上	同上	同上
德宗贞元元年（785年）	同上	同上	同上	1 600文	38.4万贯
德宗贞元二年（786年）	同上	同上	同上	同上	同上
德宗贞元三年（787年）	1 000匹	同上	240匹	同上	同上
德宗贞元四年（788年）	同上	同上	同上	同上	同上
德宗贞元五年（789年）	同上	同上	同上	同上	同上
德宗贞元六年（790年）	同上	300 000匹	300文	同上	48万贯
德宗贞元七年（791年）	同上	同上	同上	同上	同上
德宗贞元八年（792年）	同上	70 000匹	70文	同上	11.2万贯
德宗贞元九年（793年）	同上	同上	同上	同上	同上
德宗贞元十年（794年）	同上	同上	同上	同上	同上
德宗贞元十一年（795年）	同上	同上	同上	同上	同上
德宗贞元十二年（796年）	同上	同上	同上	同上	同上
德宗贞元十三年（797年）	同上	同上	同上	同上	同上
德宗贞元十四年（798年）	同上	同上	同上	同上	同上
德宗贞元十五年（799年）	同上	同上	同上	同上	同上
德宗贞元十六年（800年）	同上	同上	同上	同上	同上
德宗贞元十七年（801年）	同上	同上	同上	同上	同上
德宗贞元十八年（802年）	同上	同上	同上	同上	同上
德宗贞元十九年（803年）	同上	同上	同上	同上	同上
德宗贞元二十年（804年）	同上	同上	同上	同上	同上
德宗贞元二十一年（805年）	同上	同上	同上	同上	同上

（五）结论

根据表二，代宗在朝的十七年内，当时的中央政府为购买三十四万两千匹回纥马，共付出了一千三百六十八万匹绢，相等于七千六百三十二万贯钱。还有，在德宗在朝的二十六年之内，为购买六万一千匹回纥马，共付出了三百九十八万匹绢，相等于八百六十四万八千贯钱。在代宗与德宗两朝，当时的政府总收入是多少，今尚不明。在文献上，只知道在德宗的建中时代之初年，“供京师”的费用是一千零八十九万八千贯，而“供外费”是两千零五十万贯。[59] 据推想，如果所谓“供外费”是指地方政府的总经费，“供京师”应该视为中央政府的总经费。德宗的建中时代，一共只有四年（780—783 年），所谓建中初年，应该指建中元年。在这年，德宗为了购买六千匹回纥马，付出了二十四万匹绢，也即相当于八十四万贯钱。这笔购马费，相当于建中元年的中央政府之总收入的百分之七点七。这个数字当然是相当庞大的。

不但如此，在建中元年，回纥的酋长还派了一位名叫康赤心的使者到长安来，向德宗追讨代宗所欠的购马费，一百八十万匹唐绢。[60] 德宗不得不承认这笔旧账，只好在付了十万匹绢之外，再付金银十万两 [61] 来打发康赤心。所谓金银十万两，文义暧昧，不知究竟有金多少两、银多少两。不过在中国，金价一向贵于银价，这十万两金银，不妨暂以十万两黄金来计算。在宣宗大中时代（847—859 年），黄金的价格是每两八贯。[62] 建中元年的金价不明，也许暂时可把大中时代的金价视为建中元年的金价。代宗所欠的一百八十万匹唐绢，既由德宗还了十万匹，未还的绢数是一百七十万匹。这个绢数相当于五百九十五万贯钱。另一方面十万两黄金的价格是八十万贯，相当于二十二万八千五百余匹绢。德宗既只付出十万匹绢与十万两黄金，这就等于说，唐德宗一共只为唐代宗所欠的一百八十万匹唐绢，偿还了三十二万八千五百余匹，也即偿还了欠债的百分之十八。至于那未偿还的百分之七十二，或者那没有还清的一百四十七万一千余匹唐绢，既然回纥的酋长没再追讨，而唐德宗也没再自动偿还，大概从建中元年之后，唐廷与回纥之间的这笔欠账，终于就这么不了了之。

回纥马的售价，比唐马的售价至少要高了百分之五十，唐的中央政府不是不知道的。其实唐廷忍痛付出高价，去购买回纥马，是有苦衷的。

第一，用购马的方式让回纥人在经济上占便宜，具有安抚作用。吐蕃在中国的西南与西北屡屡为患，唐廷已经穷于应付。如果回纥再从北方沙漠之中南下，唐廷腹背受敌，恐怕早已亡国。可是回纥既在绢马贸易上占了便宜，这个游牧民族不但不会从蒙古沙漠之中侵略中国的北方，而且更愿与唐廷联盟去对抗吐蕃。这样，唐廷就既减少了在北方疆域上的军事危机，又增加了与吐蕃对抗的力量。

第二，向回纥人购马，可以打击河朔方镇，也就是山东、河北与宁夏、山西等地的节度使与回纥的勾结。回纥族处于沙漠之中，没有农业。在生活上，他们最缺少的，就是纺织品。唐德宗刚即帝位时，减少了向回纥购马的数量。回纥立即把与唐廷的绢马贸易转移到河朔方镇方面去。在安禄山叛变之前，安禄山就是河北方面的节度使。唐廷既因安史之乱而在财政与国势上都吃了大亏，对于各地的节度使，特别是河北方面的节度使，一向具有戒心。为了使河朔方镇不会由于绢马贸易的关系，而与回纥产生密切的关系来威胁唐代中央政府的政权，当时的中央政府只好又以忍痛付出高价来买回纥马的方式，以维持唐、回之间的和平关系。

根据这样的了解，唐廷在安史之乱（755—763年）之后，即从广德元年（763年）到开成五年（840年）的七十七年之间，始终不得不以四十至数百匹绢换取一匹回纥马的方式来购买回纥马，无论是从经济的，还是政治的立场来看，无不都是痛苦不堪，有口难言的。到唐宣宗大中时代（847—859年），吐蕃的势力逐渐衰弱，已经不再有侵犯中国的武装能力。到这时候，唐廷也不再需要以高价购马的方式，去拉拢回纥以抵抗吐蕃。唐、回之间的绢马贸易，大概就在唐武宗会昌时代（841—846年），终于悄然结束。唐代为了保持北疆的和平，不惜以高价购买回纥马，虽然得到不少良种的好马，而回纥也从没正式侵略中国，但所付出的代价，毕竟还是惨痛的。

注释

1 《新唐书》(1973 年，北京：中华书局出版标点本）卷五〇,《兵志》，第 1337 页。

2 《旧唐书》(1975 年，北京：中华书局出版标点本）卷一九四下,《突厥传》，第 5182 页。

3 宋常廉《唐代的马政》，见《大陆杂志》卷二十九，第一期（1964 年，台北：大陆杂志社），第 29 页，虽然认为“置监应在贞观元年以后”，但未确定究竟在贞观何年。宜禄是唐代牧监所领的八个马坊之一。但据刘昫的记载，宜禄是在贞观二年才由新平县中分出来而成立的另一个县（见《旧唐书》卷三八,《地理志》，第 1404 页）。马坊既以宜禄为名，可以证明牧监的成立至少不会迟于贞观二年。

4 《新唐书》卷五〇,《兵志》，第 1337 页。

5 普润，见《新唐书》卷三七,《地理志》一，第 966 页。又见《旧唐书》卷三八,《地理志》一，第 1403 页。

6 宜禄，见《新唐书》卷三七,《地理志》一，第 967 页。又见《旧唐书》卷三八,《地理志》一，第 1404 页。

7 安定，见《新唐书》卷三七,《地理志》一，第 968 页。又见《旧唐书》卷三八,《地理志》一，第 1405 页。

8 马坊面积，见《新唐书》卷五〇,《兵志》，第 1337 页。

9 岐州，见《新唐书》卷三七,《地理志》一，第 966 页。又见《旧唐书》卷三八,《地理志》一，第 1402 页。

10 豳州，见《新唐书》卷三七,《地理志》一，第 967 页。又见《旧唐书》卷三八,《地理志》一，第 1404 页。

11 宁州，见《新唐书》卷三七,《地理志》一，第 969 页。又见《旧唐书》卷三八,《地理志》一，第 1406 页。

12 泾州，见《新唐书》卷三七,《地理志》一，第 968 页。又见《旧唐书》卷三八,《地理志》一，第 1404—1405 页。

13 岐、豳、宁、泾四州之地理位置，见谭其骧《中国历史地理图集》第五册（1982 年，上海：地图出版社），第 40—41 图（京畿道、关中道）。

14 马坊水草丰腴，见《新唐书》卷五〇,《兵志》，第 1337 页。

15 麟德以后马监的总数与地点，见司马光《资治通鉴》(1956 年，北京：中华书局标点本）卷二一二，第 6767 页,《开元十三年十一月》条。胡三省在此条下的注文里说：“麟德中，置八使分总监坊，秦、兰、原、渭四州及河曲之地，凡四十八监；南使有监十五、西使有监十六、北使有监七、盐州使有监八、岚州使有监三。”

16 秦州，见《新唐书》卷四〇,《地理志》四，第 1040 页；又见《旧唐书》卷四〇,《地理志》三，第 1630 页。

17 渭州，见《新唐书》卷四〇,《地理志》四，第 1041 页；又见《旧唐书》卷四〇,《地理志》三，第 1632 页。

18 兰州，见《新唐书》卷四〇,《地理志》四，第 1042 页；又见《旧唐书》卷四〇,《地理志》三，第 1633—1634 页。

19 原州，见《新唐书》卷三七,《地理志》一，第 968 页；又见《旧唐书》卷三八,《地理志》一，第 1407 页。

20 盐州，见《新唐书》卷三七，《地理志》一，第 973 页；又见《旧唐书》卷三八，《地理志》一，第 1417 页。

21 《中国历史地图集》第五册，图 40—41（关内道）。

22 岚州，见《新唐书》卷三九，《地理志》三，第 1005 页；又见《旧唐书》卷三九，《地理志》二，第 1484 页。

23 《中国历史地图集》第五册，图 46—47（河东道）。

24 宋常廉《唐代的马政》下，第 27 页。

25 《资治通鉴》卷二〇二，第 6402 页，开耀元年夏州群牧使安元寿奏言。

26 见《新唐书》卷一二一，《王毛仲传》，第 4335 页。

27 同上注，又见《旧唐书》卷一〇六，《王毛仲传》，对他提升了唐代政府官马之总数的事，未见提及。

28 据《元和郡县志》（1983 年，北京：中华书局出版标点本）卷三，第 59 页，《原州》条，天宝十二年，唐代诸马监所养马的总数是三十一万九千三百多匹。但据《册府元龟》（1971 年，台北：中华书局影印明末崇祯刊本）卷六二一，第 25 页，《监牧》条，在天宝十三年六月，马的总数是三十二万五千七百多匹。可见在从天宝十二年到十三年的这一年之内，马匹的总数，似乎略为增加。

29 据《唐会要》（1956 年，上海：商务印书馆出版《丛书集成》本）卷七二，第 1303 页，天宝十五年六月，太子李亨因安禄山事变而逃到平凉，把马监里所养的官马与民间的私马集合起来以后的总数，不过只有数万匹。

30 《新唐书》卷二一六上，《吐蕃传》上，第 6087 页。

31 同上注。

32 《贞观政要》卷二，《纳谏》条。

33 马俊民：《关于唐代胡马引进及其历史作用》，载于《天津师大学报》，1988 年，第四期，第 76—83 页。

34 同上注。

35 沙畹（E. Chavannes）《西突厥史料》（1934 年，上海：商务印书馆初版，1974 年，台北：商务印书馆印重印本），第 189 页，所引刻于和硕柴达木（Koscho Tsaidam）之突厥碑文。

36 《旧唐书》卷一九四下，《突厥传》下，《显庆二年》条，第 5187 页；又见《新唐书》卷二一五下，《突厥传》下，《显庆初》条，第 6063 页。

37 谭其骧《中国历史地图集》第五册，图 36—37，“唐时期全图”三。

38 乾元时代的购回纥马，见《册府元龟》（1967 年，台北：中华书局），卷九九九，第 25 页。

39 大历八年的购回纥马，同上注。

40 贞元六年的购回纥马，同上注。

41 贞元八年的购回纥马，同上注。

42 元和三年的购回纥马，白居易《长庆集》（1971 年，台北：艺文印书馆影印铁琴铜剑楼旧藏宋刻本）卷五十七，第 73 页，《与回鹘可汗书》。据《旧唐书》卷一九五，第 5210 页，回纥在德宗贞元十一年（795 年）改称回鹘。

43 元和十年的购回纥马，见《册府元龟》卷九九九，第 25 页。

44 元和十一年的购回纥马，同上注，第 25 页。

45 长庆二年的购回纥马，同上注，第 26 页。

46 大和元年的购回纥马，同上注，第 26 页。

47 在唐代，天子以绢代金赏赐大臣的记录不胜枚举，现只举三例如下：

一、开元十五年（727 年），唐玄宗赐道士司马承祯绢三百匹，以充药饵之用，见《旧唐书》卷一九二，《司马承祯传》，第 5128 页。

二、贞元元年（785 年），唐德宗赐河中行营将士二十万端匹，以充宴赏，见《旧唐书》卷七二，《德宗纪》，第 350 页。

三、贞元十四年（798 年），唐德宗因崔损久疾在家，赐绢二百匹，以为医药，见《旧唐书》卷一三六，《崔损传》，第 3755 页。

48 文宗大和四年（830 年）八月甲子，内出绫绢三十万匹，付户部充和籴。见《旧唐书》卷十七下，《文宗纪》下，第 538 页。

49 《旧唐书》卷十八上，《武宗纪》，第 599 页，会昌三年（843 年）十二月二十八日，“横水军至太原，清出军优给。旧例每一军绢二匹，时刘沔交代后，军库无绢。（李）石以己绢益之，方可给一匹，便催上路。”

50 据王谠《唐语林》（1978 年，上海：上海古籍出版社标点本）卷七，第 240 页，张维素在宪宗元和时代（806—820 年），以绢数匹买得一幅古画。不久之后，他又以三百匹绢的价钱把该画卖出。

51 见注 38。

52 《唐会要》卷六六，《群牧使大和七年》条，第 1146 页。

53 关于回纥马一匹抵唐绢四十匹的记录，见《旧唐书》卷一九五，《回纥传》，《大历六年》条，第 5207 页。《新唐书》卷一四二上，《回鹘传》上，第 6120 页，在《大历三年》条虽然也记载了这件事，不过却说每匹回纥马抵四十匹绢。

54 见《长庆集》卷四，第 49—50 页，《阴山道》新乐府诗云：“五十匹绢易一匹”。

55 杨伦《杜诗镜铨》（1981 年，台北：华正书局影印标点本）卷十一，第 498 页，《忆昔》诗第二首。据四川省文史研究馆编《杜甫年谱》（1958 年，成都：四州人民出版社），第 81—87 页，《忆昔》诗作于广德二年（764 年）。

56 权德舆《论旱灾表》，载于《全唐文》（1983 年，北京：中华书局影印本）卷四八八，第 4—7 页。又见权德舆《上陈阙府说》，载于《全唐文》卷四八六，第 3 页。

57 见陆贽《均节赋税恤百姓六条说》之第一说“论两税之弊须有厘草说”，载于《全唐文》卷四六五，第 5 页。据此说，初定两税法时，税价每匹折三千二三百文钱。两税法是在建中元年实行的。由此可知，在建中时代，每匹绢可以折钱三千三百文。

58 据同上引《均节赋税恤百姓六条说》在贞元十年，也即在陆贽写此说的那年，每匹绢可折钱一千五六百文，所以暂以贞元十年的绢价，作为贞元时代的绢价。

59 见《通典》（1935 年，上海：商务印书馆《万有文库》本）卷六，《食货》六，第 34 页。

60 《旧唐书》卷一二七，《源休传》，第 3575 页。

61 同上注。

62 赵璘《因话录》（据《稗海丛书》本）卷三，《卢仲元》条，第 10 页，每两黄金值八千文，即八贯。据《新唐书》卷五十九，《艺文志》三，第 1543 页，赵璘在唐宣宗大中时代（847—859 年）曾任衢州刺史。

图一　马球图之一
陕西省章怀太子墓壁画

图二　马球图之二
陕西省章怀太子墓壁画

图三　唐代三彩马

图四　唐代三彩马
河南省洛阳出土
台湾“历史博物馆”藏

图五　唐代三彩马女骑
台湾“历史博物馆”藏

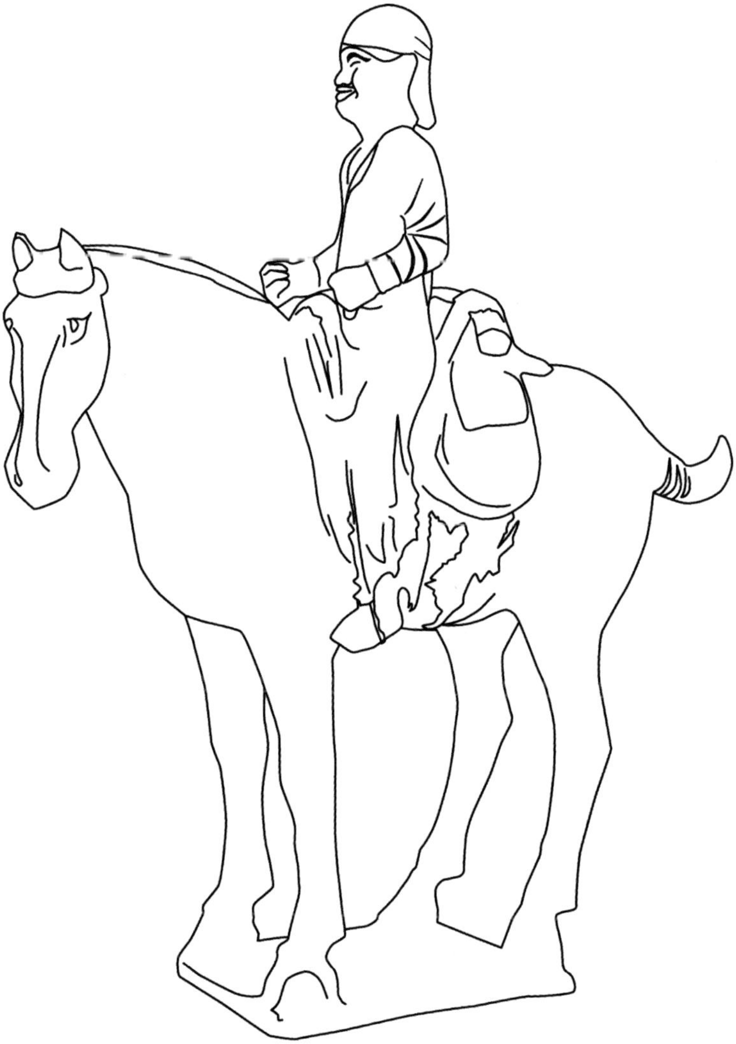

图六　唐代三彩马男骑
　　　台湾“历史博物馆”藏

附录

《唐人生活史》撰写纲要

根据下列庄老师遗存的《唐人生活史》撰写纲要，他心目中的篇章包括十三篇共五十六章，规模庞大，现谨发表及完成四篇十二章、大纲摘要一篇及杂篇两种。

（一）都市篇

第一章　唐都长安

一、长安的建立

1. 隋代的大兴城
2. 唐代的长安

二、长安的都市特征

1. 棋盘式的布局
2. 水道的引道
3. 宫廷的设计

三、长安的居民与生活

1. 人口与人种
2. 区域的划分
3. 长安的行业
4. 长安的宵禁

二、步摇

三、花

四、梳

第四章　唐代男子的服装

一、常服

二、公服

三、胡服

1. 幂离——帷帽

2. 翻领——露胸

3. 窄袖

第五章　唐代男子的装备

一、革带与蹀躞带

二、鱼袋

三、鱼符

四、笏囊

第六章　唐代男子的帽

一、折上巾

二、幞头

（三）饮食篇

第一章　唐代的酒

一、种类

1. 蒸馏烧酒可能已有

2.（不经蒸馏）但用酒醅酒典黄酒

二、面食

第六章　唐代的副食

一、鱼脍

二、肉类

三、珍味

四、常菜

五、外国菜

1. 饆罗

2. 刈饼（有芝麻、应礼无之）

3. 烧饼

4. 拾纳

第七章　唐代的宴会

一、帝宴

二、官宴（烧尾宴）

三、进士宴（樱桃宴）

第八章　唐代之调味品

一、糖（蜜）

二、盐

三、酱

第九章　唐代的茶

一、饮茶风格的兴起

二、制茶工业的兴起

三、烹茶之器具与手续

第十章　唐代饮茶之物价

一、米价

二、茶价

三、酒价

（四）考试篇

第一章　进士

第二章　明经

第三章　明法、明律、明书与明算

第四章　考试科目

第五章　进士之出路

（五）文字篇

第一章　唐代的诗学

一、唐诗的发展

二、唐诗的特别面目

1. 边塞诗

2. 回文诗

3. 药名诗

4. 儿童诗

第二章　唐代的俗文学

一、变文

二、小说

1. 一般特征

2. 西方主题

三、讽刺诗

四、隐语诗

五、俗语之使用

（六）交通篇

第一章　唐代的陆地交通

一、驿道与驿站

二、栈道与旅店

三、过所（护照）

四、车、马、驴

第二章　唐代的水上交通

一、唐代之运河与漕运

二、唐代之河运与货运

三、唐代之桥梁建筑

第三章　唐代的海上交通

一、唐代之海运

二、唐代之海船

三、唐代之市舶司（海关）

四、唐代之祈风

（七）体育运动篇

第一章　马球（白达）(体育史）

第二章　休闲生活

一、围棋

1. 棋盘

2. 棋经

二、弹綦

三、双陆

四、其他

第三章　宫廷娱乐

一、舞马

二、百戏

三、字舞

四、其他

第四章　唐代的赌博

第五章　纪念碑

（九）社会生活篇

第一章　唐代的婚姻

一、门户关系

二、订婚

三、离婚

第二章　唐代的法律

第三章　唐代的医学

一、医术

第二章　唐代引进的西域文明

一、袄教与景教

二、西域食品

三、西域乐舞

四、西域历法

（十一）妇女生活篇

第一章　妇女名字

第二章　家庭生活

第三章　歌舞伎

第四章　宫女生活

第五章　夺妻与文人生活

（十二）艺术篇

第一章　唐代之绘画

一、人物绘画

二、山水绘画

三、花鸟绘画

四、画史与画论

第二章　唐代之书学

一、正书

二、行书与草书

唐代（618—907年）帝王在位年表

高祖	李渊	618—626年
太宗	李世民	627—649年
高宗	李治	650—683年
中宗	李显	684年
睿宗	李旦	684年
则天帝	武曌	684—705年
中宗	李显	705—710年
睿宗	李旦	710—712年
玄宗	李隆基	712—756年
肃宗	李亨	756—761年
代宗	李豫	762—779年
德宗	李适	780—805年
顺宗	李诵	805年
宪宗	李纯	806—820年
穆宗	李恒	821—824年
敬宗	李湛	825—827年
文宗	李昂	827—840年
武宗	李炎	841—846年
宣宗	李忱	847—859年
懿宗	李漼	859—873年
僖宗	李儇	873—888年
昭宗	李晔	889—904年
哀帝	李柷	904—907年

图书在版编目(CIP)数据

长安时代 ：唐人生活史 / 庄申著 .— 上海 ：上海社会科学院出版社，2022
ISBN 978-7-5520-3817-0

Ⅰ. ①长… Ⅱ. ①庄… Ⅲ. ①社会生活—历史—中国—唐代 Ⅳ. ①D691.9

中国版本图书馆 CIP 数据核字(2022)第134360号

上海市版权局著作权合同登记号 图字:09-2020-023

长安时代:唐人生活史

著　　者: 庄　申
责任编辑: 霍　覃
封面设计: 黄婧昉
出版发行: 上海社会科学院出版社
　　　　　上海顺昌路622号　邮编200025
　　　　　电话总机021-63315947　销售热线021-53063735
　　　　　http://www.sassp.cn　E-mail:sassp@sassp.cn
照　　排: 南京理工出版信息技术有限公司
印　　刷: 上海雅昌艺术印刷有限公司
开　　本: 710毫米×1010毫米　1/16
印　　张: 27.5
字　　数: 428千
版　　次: 2022年10月第1版　2022年10月第1次印刷

ISBN 978-7-5520-3817-0/D·654　　定价:128.00元